U0648264

本书的出版得到

国家社科基金项目"清代翰林院与文学研究"
安徽省 A 类重点学科安徽师范大学中国语言文学学科
安徽师范大学中国诗学研究中心　　　　　　　　　　资助
安徽师范大学文学院古代文学重点学科

清代翰林院与文学研究

潘务正 著

人民出版社

责任编辑:陈寒节

责任校对:湖 催

图书在版编目(CIP)数据

清代翰林院与文学研究/潘务正 著. - 北京:人民出版社,2014.6
ISBN 978 - 7 - 01 - 013385 - 0

Ⅰ.①清⋯ Ⅱ.①潘⋯ Ⅲ.①文官制度 - 研究 - 中国 - 清代
②中国文学 - 古典文学研究 - 清代 Ⅳ.①D691.42②I206.2

中国版本图书馆 CIP 数据核字(2014)第 063156 号

清代翰林院与文学研究
QINGDAI HANLINYUAN YU WENXUE YANJIU
潘务正 著

人民出版社 出版发行

(100706 北京市东城区隆福寺街 99 号)

北京龙之冉印务有限公司印刷 新华书店经销

2014 年 6 月第 1 版 2014 年 6 月北京第 1 次印刷

开本:710 毫米 × 1000 毫米 1/16 印张:27.75

字数:408 千字 印数:0,001 - 2,000 册

ISBN 978 - 7 - 01 - 013385 - 0 定价:55.00 元

邮购地址:100706 北京市东城区隆福寺街 99 号

人民东方图书销售中心 电话:(010)65250042 65289539

目　录

《清代翰林院与文学研究》序

许 结

　　潘务正博士将其论文《清代翰林院与文学研究》电子本发到我的邮箱，因待付梓，嘱为序以助行色。作为他的博士论文，已逾时八载，再行阅览，颇有重温之情；而作为国家社科基金项目成果，与昔时论文相比，有所增益，其间尤见近年来作者的学思与心血。八年光阴，务正于课生之余，勤黾治学，已有不少成果问世，包括一百五十万言的《沈德潜诗文集》编校，然于此论文稿，则铲削销磨，旷时日久，自寓厚积薄发之志，亦有积箦成山之功。唐人李肇《翰林论》开篇引宋昌语："所言公，公言之；所言私，王者无私。"已明翰苑之言，乃言公，乃王言。章实斋《文史通义·言公》云："古人之言，所以为公也，未尝矜于文辞，而私据为己有也。"所谓古人为公之言，隐蕴六经载言之义，而帝国朝廷，自汉武"罢黜百家，表彰六经"，王言法经而明公，自成传统，然则翰苑由唐以来，千年承替，发言为文，何以至清代而鼎盛？乾隆皇帝为鄂尔泰、张廷玉编《词林典故》御制序曰："惟六经之士岂易言哉，而况跻玉堂而列芸署者，尽六经之彦也。木天故事，历代沿革，具见于斯，则又何言。惟是国家重馆阁之选，极优遇之隆，讵止蜚其英声，将以华国而已哉！"其中以"六经之彦"对应"古人之言"，复以"馆阁之选"、"优遇之隆"彰显当朝之盛。读翰苑文学，当作如是观；研究翰苑制度之于文学，或亦当作如是观。

　　务正从我问学六年，习诗古文，硕士论文以晚清桐城学为题，博士论文则转向盛清翰苑与文学，因其成于胸而形于文，答辩时宣于言，如数家珍，硕、博论文皆获全优佳绩。2012年秋我受学校派遣往中央党校学习,适逢教师节晚会,与务正同事崔教授同桌,崔教授听说我是务正的指导教师,立即起身示敬说:"您是潘务正的老师,我一定要敬酒,他人品好,学问好。"我当时真有"而今方知为师之可贵"的感受。古人为人与学,要在居敬,敬则有畏,畏则精勤,回想当年与务正或"悟言一室之内",如每周的师生见面会与商量论文的情形,或"放浪形骸之外",如相伴散步秦淮河畔与从图书馆冒雪而返的影像,其为人之居敬,为学之精勤,给我的印象最为深刻。今读其书稿,仍可以"勤"字为言。

一曰勤习。孔子说:"学而时习之,不亦说乎。"(《论语·学而》古注多论"学"而鲜言"习",而孔子"时习"之义,最为要紧。《说文》:"习,鸟数飞也。"故引申为重习、学习。读书反复温习,固重要,倘若如庄子谓"读死书",则如古人所谓"八股"之毒害人心,而未解孔门读书"时习"而"说"(悦)之要义。因为读书与治学,惟有如鸟之振翅翱翔于自然之空际,才能灵动而愉悦。务正为学,深知文献重要,故每究一事、一理,尝埋首书丛,然每得一事、解一理,则喜形于色,如某天忽对我说"桐城谬种"之由来,对自己的发现与想法,滔滔不绝,其愉悦之情,溢于言表,于是成考辨之文以公诸世。至于方苞"义法"之倡与针对"翰林旧体"的问题,为学界论方苞"义法"者所罕及,务正集诸如方苞奉和硕果亲王之命编《古文约选》等细事,结合其居翰苑正文体之举措,尤其与古文辞禁的关系,而陈论新颖,自有所得。所得在于勤习,勤习在于愉悦,于我心有戚戚焉。

二曰勤疑。如果说孟子反对人们"尽信书"致谓"不如无书"是种对泥古的质疑,那么在中国学术史上又有两个阶段出现了两大疑古思潮,一则是自中唐到北宋如啖助的《春秋统例》、陆淳的《春秋集传辨疑》对春秋三传的质疑、孙复的《春秋尊王发微》、欧阳修的《诗本义》、《易童子问》、刘敞的《七经小传》等又由《春秋》衍及诸经,且由疑传到疑经;一则是二十世纪前期由"古史辨"派倡导的史学疑古思潮。尽管后者随着大量出土文献的出现而产生了学术的反拨,所谓"走出疑古时代",但疑古作为一种学术动力,宜为学者必备。我与务正交往,知其多"问"存"疑",读其文章著述,鲜有人云亦云，而是棱角分明，破题解蔽，以致他为文与同辈相比，或"少"而"精"，于时尚之学（数量），我不无担忧，而于学术之担当，则又理解与赞赏。

三曰勤思。《论语·为政》载"子曰：学而不思则罔，思而不学则殆"，主张学思并进；《礼记·中庸》说"博学之，审问之，慎思之，明辨之，笃行之"，而"慎思"在于用心。清人丁柔克《柳弧》卷四《状元被褫》有则故事："国朝有文状元某，试《松柏有心赋》，以题为韵，忘押'心'字，皆未看出。上看出，批曰：'状元有无心之赋，试官无有眼之人。'"写赋失押"心"字，仅是个案，然为学失"心"，恐成通病。今观务正这本书稿，因用心而勤思，故每章皆为一大问题，如翰苑与"诗学"、"赋学"、"古文"等；且每节又俨然为具独见之问题，如第二章有关王士禛入翰林院的"诗史意义"、袁枚性灵诗学与"庶吉士外放"的关联、翁方纲督学广东对"岭南诗风"的影响，均为目前学界罕论的诗学问题；第三章法式善《同馆赋钞》、林联桂《见星庐赋话》与翰苑考律赋的直接关系，以及相关的理论探寻，又是赋学专题研究，值得关注。没有问题，何来学术，没有学术思考，自然也就没有问题意识，务正论文鲜有概论性的描述，原因正在于此。

我与务正知深故言拙，仅陈"三勤"，以期共勉，并塞请序之责。我曾戏言习中国古典文学者，治唐宋者如抓"鳝"，以中指执其中身，旁两指助力扣住即可；而治先秦两汉或明清者则如捉"蛇"，或击头部"七寸"，或执尾部速拎起而抖动之，以松其骨。执尾抖动，骨节尽松，力必达于首，此新"捕蛇者说"，不知务正以为然否？

2004 年 4 月 20 日

绪　论

第一节　翰林院美称及性质

"翰林"一词,出自扬雄《长杨赋》:"故藉翰林以为主人,子墨为客卿以风。""翰"的本义指鸟有文彩的羽毛,《说文解字》释"翰"曰:"天雉赤羽也。"《逸周书》卷七《王会篇》云:"蜀人以文翰,文翰者,若皋鸡。"晋孔晁注曰:"鸟有文彩者。"①古人以羽毛为书写工具,故翰又有"笔"的意思,如陆机《文赋》:"播芳蕤之馥馥,发青条之森森。粲风飞而猋竖,郁云起乎翰林。"吕向注曰:"翰,笔也,言林者,华盛貌。"②引申为文采,李善注《长杨赋》曰:"翰林,文翰之多若林也。"从赋的内容来看,翰林主人在回答子墨客卿关于圣主狩猎的危害时,旁征博引,词采斐然,不愧文翰若林之称。汉魏六朝翰林之意主要就在于形容文采,潘尼《赠陆机出为吴王郎中令》云:"婆娑翰林,容与坟丘。"李善注曰:"《答宾戏》曰:婆娑乎术艺之场。"③翰林即"术艺之场"的意思。晋李充著有《翰林论》,专论当时的文章,亦是在文苑之意上使用该词。

由上可知,"翰林之名,见于汉时,未以署官,特作赋者假喻于文辞云

---

① 黄怀信等:《逸周书汇校集注》,上海古籍出版社1995年版,第920—921页。
② 《六臣注文选》卷一七,《四部丛刊》本。
③ 分别见萧统编:《文选》卷九、二四,上海古籍出版社1986年版,第404、1256—1257页。

尔"①。称翰林为官署的年代,清人姜宸英、黄叔琳均认为始于三国时蜀,姜宸英曰:"《蜀志》诸葛瞻'为翰林中郎将',以翰林名官始见于此。"②然据馆臣考证,监本"翰林"乃"羽林"之讹;且遍稽史料,未有以翰林中郎将名官者,而羽林中郎将自东汉设,比两千石,至南北朝一直存在。则《蜀志》诸葛瞻所任为羽林而非翰林无疑。翰林为官署实设自唐玄宗时,据唐李肇《翰林志》:

> 初,国朝修陈故事,有中书舍人六员,专掌诏诰,虽曰禁省,犹非密切,故温大雅、魏徵、李百药、岑文本、褚遂良、许敬宗、上官仪,时召草制,未有名号。乾封已后,始曰北门学士,刘懿之、刘祎之、周思茂、元万顷、范履冰为之。则天朝,苏味道、韦承庆,其后上官昭容独掌其事。睿宗则苏颋、贾膺福、崔湜。玄宗初改为翰林待诏,张说、陆坚、张九龄、徐安贞相继为之,改为翰林供奉。开元二十六年,刘光谦、张垍乃为学士,始别建学士院于翰林院之南。③

李肇为中唐时人,对玄宗朝掌故的记载应该有坚实的史料作后盾,因此他说翰林待诏设立于玄宗初年是可靠的,这一点也得到今人的认可④。宋王溥在《唐会要》中沿用此说云翰林院"开元初置"。⑤《旧唐书·职官志》、《新唐书·百官志》均沿袭李肇的说法。不过"开元初"具体指哪一年却难以确定。如果以张说为首任待诏的话,那么,他进入翰林院可能在玄宗开元六年以后,因为此前他为姚崇所构,贬为相州刺史(开元元年至二年),除岳州刺史(三年至四年),又迁荆州大都督府长史(五年),直到六年才赴东都任

①　鄂尔泰、张廷玉编:《词林典故》卷二,傅璇琮、施纯德编:《翰学三书》(二),辽宁教育出版社 2003 年版,第 15 页。

②　姜宸英:《湛园札记》卷二,影印文渊阁《四库全书》第 859 册;另见黄叔琳《砚北杂录》卷八"翰林"条,《四库全书存目丛书》子部,第 158 册。

③　《翰学三书》(一),辽宁教育出版社 2003 年版,第 1—2 页。

④　徐茂明:《唐代翰林院和翰林学士设置时间考辨》,《苏州大学学报》1992 年第 3 期。

⑤　王溥:《唐会要》卷五七,中华书局 1955 年版,第 977 页。

职①。至于下限，则不会超过开元十年，因为此前"已有翰林供奉之职"②，如《新唐书·文艺传》称"玄宗开元十年，召（吕向）入翰林，兼集贤院校理"③；又，"开元初，迁监察御史，坐事流岳州，召还复官"的赵冬曦，与秘书少监贺知章等入集贤院修撰，而是时"翰林供奉吕向、东方颢为校理"④，岑仲勉先生《翰林学士壁记注补》考此时为开元十年⑤。照此推论，唐代翰林院应设在玄宗开元六年至十年之间。这是翰林最早作为官署出现在史料的记载中。此后，翰林院开始了它长达一千余年的历史，直至晚清消亡。

古人喜欢为钟爱的事物献上许多美丽而又有来历的称呼。翰林院，文献记载中又称词林、词垣、玉堂、瀛洲、木天、芸阁等。这些名称，恰恰从多个侧面显示了翰林院的性质。

首先，翰林院被称为"文章渊薮"，帝王通过种种途径将有文学才华的士人吸纳进来，形成天下文章聚集于中的盛况，"词林"就是从翰苑人物之盛方面作翰林院代称的。词林，指汇集在一处的文词，也指文人之群。萧统《答晋安王书》曰："斟核坟史，渔猎词林。"杜甫《八哀诗·赠秘书监江夏李公邕》曰："忆昔李公存，词林有根柢。"由此引申，后世便称文士聚集的翰林院为词林。明洪武时初建翰林院于皇城内，"学士而下，晚朝即宿其中"，扁之曰"词林"⑥，遂以之代称翰林院。明廖道南《殿阁词林记》、张位《词林典故》、焦竑《词林历官表》、周应宾《旧京词林志》、清鄂尔泰、张廷玉《词林典故》、朱珪《皇朝词林典故》等，均以"词林"指翰林院。词垣，指词臣的官署，宋宋庠《元宪集》卷一九《扬州谢到任表》曰："猥由文馆入忝词垣。"考《宋史》，宋庠由知制诰迁为翰林学士，此处词垣无疑乃翰林院之意。宋胡沂有

①　陈祖言：《张说年谱》，香港中文大学出版社1984年版。

②　傅璇琮：《唐玄肃两朝翰林学士考论》，《唐宋文史论丛及其他》，大象出版社2004年版，第7页。

③　《新唐书》卷二〇二《吕向传》，中华书局1975年版，第5758页。

④　《新唐书》卷二〇〇《赵冬曦传》，第5702页。

⑤　岑仲勉：《郎官石柱题名新考订》，中华书局2004年版，第205页。傅璇琮《唐翰林学士传论·玄宗朝翰林学士传·吕向》亦有论，辽海出版社2005年版，第184页。

⑥　黄佐：《翰林记》卷一，《翰学三书》（一），第7页。

《词垣草》,清吴鼎雯有《国朝词垣考镜》,前者为其翰林院中所作文字,后者是关于清道光以前翰林院掌故的考述。

其次,翰林作为文学侍从之臣,随侍帝王,职亲地近,位望清华,被视为神仙之职,因此以道家神仙之境"瀛洲"、"玉堂"代称。瀛洲为传说中的仙山,与蓬莱、方丈并称。唐太宗李世民在秦王府时,作文学馆,以杜如晦、房玄龄等十八人为学士,号"十八学士",给五品珍膳,分为三番更直,宿于阁下,讨论坟典。"方是时,在选中者,天下所慕向,谓之'登瀛洲'"①。后世翰林设学士之职,便以瀛洲呼之,翰林院之正门曰"登瀛门"。至于翰林院称"玉堂",则有不同的说法②。据清何焯考证,玉堂为汉代待诏之所,与道家传说无关:"《汉书·李寻传》,哀帝初,待诏黄门,故云'食太官,衣御府,久污玉堂之署'。注:'玉堂殿在未央宫。'汉时待诏于玉堂殿,唐时则待诏于翰林院。至宋以后翰林遂并蒙玉堂之号耳,何谓出于道家手?太宗赐榜,正用《寻传》。"③但征诸文献,玉堂并非与道家无关。"玉堂"一词,自汉始亦指道家神仙居处。汉费长房曾与一卖药老翁进入壶中,"唯见玉堂严丽"④;晋孙绰《游天台山赋》云:"朱阙玲珑于林间,玉堂阴映于高隅。"李善注引《十洲记》曰:"承渊山金台玉楼,流精之阙,琼华之室,西王母之所治,真官仙灵之所宗也。"⑤以玉堂称翰林,清人袁枚认为始于宋代:"今人动以'金马玉堂'称翰林。余按:宋玉《风赋》:'徜徉中庭,比上玉堂。'《古乐府》:'黄金为君门,白玉为君堂。'泛称富贵之家,非翰林也。汉武帝命文学之士待诏金马门。'金马'二字,与文臣微有干涉。至于谷永对成帝曰:'抑损椒房玉堂之盛宠。'颜师古注:'玉堂,嬖幸之舍也。《三辅黄图》曰:"未央宫有殿阁三十二,椒房、玉堂在其中。"'是'玉堂'乃宫闱妃嫔之所,与翰林无干。宋太宗淳化中赐翰林'玉堂之署'四字,想从此遂专属翰林耶?"⑥其实唐人

---

① 《新唐书》卷一〇二《褚亮传》,第3977页。
② 参见陈元锋:《北宋馆阁翰苑与诗坛研究》,中华书局2005年版,第74—75页。
③ 叶梦得:《石林燕语》卷七何焯校语,中华书局1984年版,第105页。
④ 范晔:《后汉书》卷一一二下《费长房传》,中华书局2000年版,第2743页。
⑤ 《文选》卷一一,第498页。
⑥ 袁枚:《随园诗话》卷一五,江苏古籍出版社2000年版,第380页。

即已将翰苑与道家的玉堂之所并论,李肇《翰林志》曰:"居翰苑,皆谓凌玉清,溯紫霄,岂止于登瀛洲哉,亦曰登玉署、玉堂焉。"玉堂与玉清、紫霄并举,显然为神仙之所。宋代君臣亦视翰苑为道家神仙所在。宋代翰林院环境清幽,不啻为人间仙境:"玉堂东西壁,延袤数丈,悉画水以布之,风涛浩渺,拟瀛州之象也。修篁皓鹤,悉图廊庑,奇花异木,罗植轩砌。每外喧已寂,内务不至,风传禁漏,月色满庭,真人世之仙境也。"太宗为翰林院题"玉堂之署"四字,联系他曾说"词臣,实神仙之职也"①之语,可知他绝非仅仅是因为翰苑与玉堂在待诏之地相同这一点上将二者并提,否则,宋太宗也不会如此大书一笔。宋周必大有《玉堂杂记》、元王恽有《玉堂嘉话》、明焦竑有《玉堂丛语》、清朱彝尊有《瀛洲道古录》等记录历代翰林院掌故的著作。

第三,翰林院以读书、校书为己任,故又以"木天"、"芸阁"这些与图书相关的词语为代称。宋代将宫中庋藏图书的秘书阁称为木天,沈括《梦溪笔谈》卷二四云:"内诸司舍屋,唯秘阁最宏壮,阁下穹隆高敞,相传谓之木天。"周麟之在《沈介除秘书少监》一文中希望对方"优游木天,驰骋文囿",即是以木天指称秘书省。因翰林院与秘书监在"出入禁闱,特被亲遇,参谋军国"等方面相似,故以秘书代指翰林。王士禛《居易录》卷七认为木天代称翰林院始于宋代,不过直到元代之后这一称呼才广泛被使用。署名元范德机的《木天禁语》,是一部"集开元大历以来诸公在翰苑所论秘旨述为一编"(序)的诗话,书名"木天"显然指的就是翰林院。元翰林院检讨高克正有《木天遗稿》,当为其在翰林院所著。明清以木天称翰林院甚为普遍。芸阁又称芸台、芸馆,亦是古时藏书之府。宋高似孙《纬略》卷一〇云:"鱼豢《典略》曰:芸香,草也,辟纸蠹鱼。藏书台称芸台,藏书阁称芸阁。"明彭大翼《山堂肆考》卷一二四云:"芸香辟蠹,故藏书台称芸台,阁称芸阁。"②翰林"惟闭户读书,方称其职"③,"后世以入翰林为读中秘书"④;且翰苑负有收

① 苏易简:《续翰林志》(上),《翰学三书》(一),第61—62页。
② 彭大翼:《山堂肆考》卷一二四《文学》引鱼豢《典略》,影印文渊阁《四库全书》,第976册。
③ 中国第一历史档案馆整理《康熙起居注》,中华书局1984年版,第1529页。
④ 《词林典故》卷二,《翰学三书》(二),第16页。

藏秘书、纂修书史、校勘书籍的任务,种种职能均与图书相关,故容易与木天、芸阁这类藏书之所产生联系。翰林院称芸台亦在明清为盛,明永乐二年胡俨由祭酒再官翰林院侍讲,有诗云:"承乏词林愧不才,重承恩诏直芸台。"(黄佐《南廱志》卷二)清毛奇龄在翰林院作《同馆茆君以母讣奔宣城》诗:"仙姥新遗七诫篇,芸台有子泣花砖。"这里芸台均指翰林院而言。清潘曾莹有《芸馆簪毫集》等。

第四,唐代翰林学士与政治关系密切,为皇帝撰拟重要制书,并就重大事件参与决策,故有"天子私人"、"内相",及"坡"、"金銮"之称。唐玄宗初年置翰林待诏,因撰文的中书事务繁多,就选文学之士为翰林供奉,开元二十六年改为学士,并别置学士院,专掌内命。在翰林学士产生之前,唐代中书省一般用简、黄麻纸、黄藤纸、绢四种书写材料区别诏和制。翰林学士出现后,与中书省撰文有明显不同。中书所草制诰,称为"黄麻",而翰林学士所撰称为"白麻"。白麻为翰林院所草重要制书的代称,用在"国之重事、拜授将相、德音赦宥"①等干系军国大事的重要方面。为此,翰林学士责任重大,受到皇帝的隆重礼遇,所以有"内相"及"天子私人"之称。《新唐书》卷四十六云,翰林学士"专掌内命,凡拜免将相、号令征伐,皆用白麻。其后选用益重,而礼遇益亲,至号为'内相',又以为'天子私人'"。"内相"一词最早出现在唐李肇《翰林志》中:"贞元末,(翰林学士)其任益重,时人谓之内相。"陆贽以翰林学士在政治上发挥了重要作用,"虽外有宰相主大议,而贽常居中参裁可否",尽管傅璇琮先生否认这一点②,但翰林学士在皇帝身边的地位是无可争议的。唐代学士院无常处,不专在翰林院。由于国家多故,学士不仅草制,还常常参预重要决策的议定,因此唐德宗对翰林学士益加倚重,尝移学士院于金銮殿上;唐末又置东翰林院于金銮殿,所以又称"坡"、"銮坡"、"金銮"以美之。宋代沿用这些称呼,如王珪曰:"学士,天子私人

---

① 韦执谊:《翰林院故事》,《翰学三书》(一),第16页。
② 《唐德宗朝翰林学士考论》,《唐宋文史论丛及其他》,第31—35页。

也。"①王安中在翰苑,"时人谓之'王内相'"②。明代始并学士院于翰林院,且"参预机务"的内阁大臣也是"非翰林不入"的,翰林院依旧保持着与政治的紧密联系。清代康熙年间词臣也参与政治,只是自雍正七年,军机处设立,形成了军机处、内阁、翰林院并存的撰文机构。这些机构撰述文字的重要程度不同,旨、敕由内阁撰拟以进;南北郊时享祝版、祭告山川、葬祭之文,后妃、宗室、王公册封,由翰林院撰拟以进,而军机处恭拟上谕为至要③。翰林院撰拟的文字不仅重要程度不及军机处,且所撰之文还要经军机处审定。翰林的政治地位一落千丈,成了名副其实的文学侍从之臣。

此外,翰林院性质近于古之秘书监,所以有兰台、麟台之称;又因其与汉代待诏相似,故又以汉代待诏之地如金马门、承明庐代称。但最常用的还是上述四组,兹不多述。

第二节 翰林源流

明人廖道南在《殿阁词林记序》中论述翰林源流道:

> 夫词林奚始也?《周官》太史掌六典以辨法,内史掌八柄以诏治,凡学世子及学士,必时上下交修,内外交养,所以为国本记者,重且大也。汉置太史令,凡供奉承明,待诏金马者,胥丽焉。唐设学士兼讲读,弘文辟馆,丽正创院,集贤挥翰,延英召对,厥仪始备。至宋则彬彬然盛矣。④

清人傅维鳞在《议翰林官名副其实状》中亦对翰林院的源流有概括的介绍:

> 翰林官者,周设内史,汉辟兰台,唐有弘文、集贤,掌天下文章书敕。宋代翰林尤为亲幸,一凡贡举文词,悉属主持裁定。明时内

---

① 叶梦得:《石林燕语》卷九,第128页。
② 蔡絛:《铁围山丛谈》卷六,中华书局1983年版,第111页。
③ 王昶:《军机处题名》,《春融堂集》卷四七,《续修四库全书》,第1438册。
④ 《殿阁词林记》卷首,影印文渊阁《四库全书》,第452册。

阁、詹事、宫坊,俱兼翰林,以其专主文章也。①

周代太史、内史,汉代太史令,唐之集贤、弘文、丽正、延英,宋明翰林,这就是二文对翰林源流所作的一个简要的描述,为我们理清翰苑流别提供了一条线索。

翰林一职虽于唐玄宗开元初年设立,但相当于翰林性质的机构先秦即已存在。傅维鳞以为周代内史相当于翰林,廖道南认为同此职者有内史及太史,清人甚至有以《周礼·春官》所载五史当翰林者,《皇朝词林典故》曰:"史官肇自黄帝。《周礼·春官》具载五史,……皆翰林之职也。"②所谓五史,即大(太)史、小史、外史、内史及御史。大史所掌,乃治国之法、会盟之书、历法及祭祀占卜记录等文字之职:"大史掌建邦之六典,……掌法以逆官府之治,掌则以逆都鄙之治。……凡邦国都鄙及万民之有约剂者藏焉,以贰六官,六官之所登,……正岁年以序事,颁之于官府及都鄙,颁告朔于邦国。……大祭祀,与执事卜日。"小史掌国家记录之事,并辅佐大史:"小史掌邦国之志,奠系世,辨昭穆,若有事则诏王之忌讳。……佐大史,凡国事之用礼法者,掌其小事。"外史则负责京畿以外四方事物的记录,且如史书管理、出使之书辞撰写均为其责:"外史掌书外令,掌四方之志,掌三皇五帝之书,掌达书名于四方。若以书使于四方,则书其令。"内史则"掌王之八枋之法,以诏王治。……执国法及国令之贰,以考政事,以逆会计。掌叙事之法,受纳访,以诏王听治。凡命诸侯及孤卿大夫,则策命之;凡四方之事书,内史读之。王制禄,则赞为之,以方出之(注:赞为之,为之辞也),赏赐亦如之。内史掌书王命,遂贰之(注:副写藏之)"③,凡国家法令、册封诸侯之书、宣读臣民上书及俸禄书榜之事,均为内史所掌。御史则掌法令及撰写诏书:"御史掌邦国都鄙及万民之治令,以赞冢宰。凡治者受法令焉,掌赞书。"④

　　① 《四思堂文集》卷三,《四库全书存目丛书》集部,第213册。
　　② 《皇朝词林典故》卷一七,余来明、潘金英校点《翰林掌故五种》,武汉大学出版社2009年版,第717页。
　　③ 郑玄注、贾公彦疏:《周礼注疏》卷二六,《十三经注疏》本。
　　④ 郑玄注、贾公彦疏:《周礼注疏》卷二七,《十三经注疏》本。

五史所掌,以文字、书史之任为主,与后世翰林院掌撰拟诰敕及编纂书史相似,故后人以为翰林之源出此。明孙承泽《翰苑考》分析后世并史官于翰林院的原因时道:

> 《周礼》内史掌八柄之法以昭王治,凡命诸侯及孤卿大夫,则策命之,盖八柄诏于冢宰,内史复掌以诏王。吴澂谓内史翰林之职,犹今学士院之草制诏也。然谓之史,乃掌文书赞治之名,今制并史馆于翰林,其亦此意也。①

从掌文书赞诏之名来看,内史近翰林之职,以此而论,大史、小史、外史及御史都具有后世翰林的性质。

六国及秦设博士,《宋书·百官志》云:"博士,班固云秦官。史臣案:六国时往往有博士。"王国维经过考证证实,"六国末确有此官"②。六国博士之制已不可考,而因其制的秦代,其博士则多至七十人,姓名可考者,博士仆射有周青臣,博士有淳于越、伏生、叔孙通、黄疵、正先、鲍白令之等人。秦博士有应制诗赋与备顾问之用,如始皇尝"使博士为《仙真人诗》"③;始皇南巡,问博士湘君何神,博士对曰:"闻之,尧女,舜之妻,而葬此。"④这与后世翰林院应制备顾问的职能相似,可视为较早的词臣。

汉代尚书郎、门下省、中书省这类草拟公文的机构被人比为后世翰林之职,李肇《翰林志》曰:"汉制,尚书郎主作文书起草。……自门下省、中书省,盖比今翰林之制略同,而所掌轻也。"⑤而《词林典故》本着"虽官异翰林,而事实相近"的原则,将西汉待诏金马门的贤良文学、写书之官以及五经博士视为翰林性质的官员。唐代翰林"待诏"一词产生于西汉,如公孙弘、刘向、张子侨、华龙、柳褒、贾捐之、东方朔、郑朋等人都曾"待诏金马门"⑥。这

---

① 孙承泽:《春明梦余录》卷三二,北京古籍出版社1992年版,第480页。
② 王国维:《汉魏博士考》,《观堂集林》卷四《艺林四》,河北教育出版社2001年版,第104页。
③ 《史记》卷六《秦始皇本纪》,中华书局1959年版,第259页。
④ 《史记》卷六《秦始皇本纪》,第248页。
⑤ 《翰学三书》(一)第1页。
⑥ 分别见《汉书》卷五八、卷六四下、卷六五、卷七八,中华书局1962年版。

些人多为文学侍从之臣，班固《两都赋序》曰："至于武宣之世，乃崇礼官，考文章，内设金马、石渠之署，外兴乐府协律之事，以兴废继绝，润色鸿业。……故言语侍从之臣，若司马相如、虞丘寿王、东方朔、枚皋、王褒、刘向之属，朝夕论思，日月献纳。"①其中虞丘寿王"以善格五召待诏"、枚皋"召入见待诏"、"令（王）褒待诏"（《文选》李善注），他们的任务是论思献纳，从事文字工作。翰林是文学侍从之臣，从这一点来说，这些待诏之人显然具备了词臣的性质。汉代还置"写书之官"、"校书之职"及"掌图籍、秘书"的秘书监；"汉博士秩卑而职尊，除教授弟子外，或奉使，或议政。中兴以后，此制渐废，专议典礼而已。……盖清要之官，非同秩之文吏比矣。"②翰林掌修书之事，且位望清华，《词林典故》大概就是从这些性质来确定其与翰苑"事实相近"的。

《词林典故》又云："后汉光和元年，置鸿都门学士。"并说"学士之名已始于此"③。然考《后汉书》，"己未，地震，始置鸿都门学生"，"光和元年，遂置鸿都门学"④，显然所置非"鸿都门学士"，《词林典故》误。学士之名也并不始于此，清人赵翼《陔余丛考》曰："学士之名，其来最久。裴松之《三国志注》：正始中诏议圜丘，普延学士。是曹魏时已有学士之称也。"⑤然当今学者对这一判断提出异议，王立群认为，先秦时期"学士之称已经出现"，当时该词乃概指"读书之士"与"弟子"；汉代学士则有"弟子"、"读书之士"及"经生儒生"三义。至曹魏时期学士才成为职司，《三国志·魏书·邓艾传》载邓艾"为都尉学士"⑥。尽管"都尉学士"为何等性质的官员尚无法说清，但勿庸置疑学士一词成为职司则发生在三国时期，从这一点来看，赵翼的判

---

① 《文选》卷一，第2页。
② 王国维：《汉魏博士考》，《观堂集林》，第120—130页。
③ 《词林典故》卷二，《翰学三书》（二），第16页。
④ 分别见《后汉书》卷八《孝灵帝纪》、卷六〇下《蔡邕传》，中华书局1965年版，第340、1998页。
⑤ 赵翼：《陔余丛考》卷二六，河北人民出版社1990年版，第500页。
⑥ 王立群：《先唐学士考》，《中国典籍与文化论丛》第七辑，后收入《文选成书研究》，商务印书馆2005年版。

断不误。此后宋有总明观学士,齐有学士观,梁有士林观、寿光殿、上林观学士,陈有嘉德殿、宣明殿、德教殿、天保殿学士,隋有麟趾殿、露门、通道观学士。南北朝隋时期学士一职与唐代以后的翰林学士所司相似,如刘宋学士职掌礼仪、备帝顾问、修撰国史;萧齐学士撰写郊庙雅乐歌辞、修礼、著书抄书;萧梁学士编纂类书、助编删改、典校书籍、抄录群书、草拟仪礼、撰史;陈代学士抄撰书籍、修撰五礼与书史;北朝学士参预修礼、助编字书、校订经籍、修订历法、参预顾问;隋学士校订经籍、参预顾问等①。

　　魏晋南北朝隋代相当于翰林性质的除学士外尚有其他职司。首先是秘书令、丞、郎一系的文官。魏武帝置秘书令,典尚书奏事;文帝黄初初,乃置中书令,典尚书奏事,而秘书改令为监,掌艺文图籍之事②;惠帝永平中,复置秘书监,其属官有丞有郎③;刘宋置秘书监一人,秘书丞一人,秘书郎四人④;齐、梁、陈秘书监、丞、郎员额悉如宋;北齐、北周、隋仍之。秘书系官重要职掌为整理艺文书籍,晋武帝分秘书图籍为四部,使秘书郎中掌之,其后宋有秘书监谢灵运、秘书丞王俭,齐有秘书丞王亮、秘书监谢朏,各造四部目录;梁则秘书监任昉,以秘阁四部篇卷分杂,手自雠校,篇目遂定,“历代秘书皆有簿录,实秘书监、丞、郎职掌所在也”⑤。后世翰林掌书籍撰修,实际上就是将秘书一系官职并归其中。

　　其次,史官、起居令史、太史等也是魏晋至隋相当于翰林性质的职官。周朝左史记事,右史记言;汉东京图籍在东观,故使名儒硕学著作东观,撰述国史,著作之名自此始。魏世隶中书,晋惠帝复置著作郎一人,佐郎八人,掌国史。晋制,著作郎始到职,必撰名臣传一人⑥。晋元帝建武元年十一月,

①　王立群:《先唐学士考》,《中国典籍与文化论丛》第七辑。
②　《通典》卷二六,中华书局1988年版,第732—733页。
③　《晋书》卷二四,中华书局1974年版,第735页。
④　《宋书》卷四〇,中华书局1974年版,第1246页。
⑤　《钦定历代职官表》卷二五,影印文渊阁《四库全书》,第601册。
⑥　《晋书》卷二四《职官志》,第735页。

置史官①。宋、齐、梁、陈著作之制与晋同。自魏至晋起居注则著作掌之②，北魏置左右史官③、起居令史④；北齐有起居省，后周有外史，掌书王言及动作之事⑤。明清词臣有修史及记注起居的职责，皆是"官从并省，统归翰林"⑥的结果。隋置太史曹，令、丞各二人⑦，至此已抛弃其"文史星历，近乎卜祝之间"⑧的日官性质，成为专门的史官。此后唐宋居史职者多称太史，明清则将其作为词臣的代称。

唐代翰林学士出现之前，相似性质的机构几经演变，李肇《翰林志》对这个变化过程有简要的描述：

> 唐兴，太宗始于秦王府开文学馆，擢房玄龄、杜如晦一十八人，皆以本官兼学士，给五品珍膳，分为三番更直，宿于阁下，讨论坟典，时人谓之登瀛洲。贞观初，置弘文馆学士，听朝之隙，引入大内殿，讲论文义，商较时政，或夜分而罢。至玄宗，置丽正殿学士，名儒大臣，皆在其中。后改为集贤殿，亦草书诏。至翰林置学士，集贤书诏乃罢。

"登瀛洲"的十八学士是翰林学士的雏形，他们为李世民起草重要文件，充当参谋顾问⑨，在唐代初年政治生活中发挥了重要的作用。十八学士中的虞世南、褚亮、姚思廉等人还在贞观初年设置的弘文馆中任职，其职责也是与帝王"讲论文义，商较时政"。唐玄宗开元五年置乾元院使，"于乾元殿东廊下写四部书"⑩，六年更名丽正修书院，修书官称丽正殿学士，张说为此职

---

① 《晋书》卷六《帝纪第六》，第 149 页。
② 《通典》卷二一，第 555 页。
③ 《魏书》卷七下，中华书局 1974 年版，第 167 页。
④ 《文献通考》卷五〇，中华书局 1986 年版，第 460 页。
⑤ 《文献通考》卷五〇，第 460 页。
⑥ 《词林典故》卷二，《翰学三书》（二），第 16 页。
⑦ 《隋书》卷二八《百官志下》，中华书局 1973 年版，第 775 页。
⑧ 司马迁：《报任少卿书》，《文选》卷四一，第 1860 页。
⑨ 杨果：《中国翰林制度研究》，武汉大学出版社 1996 年版，第 3—4 页。
⑩ 李林甫等：《唐六典》卷九，中华书局 1992 年版，第 279 页。

时,曾"献诗明皇"①,可见亦有应制的功能。十三年,改丽正修书院为集贤殿书院,丽正修书使为集贤书院学士;后又设侍讲学士②,起草内廷文书。待翰林学士出现之后,集贤院的草诏权就取消了。

唐代帝王身边围绕着文词、经学、卜医、伎术之流,另有草制的名儒学士。为了安置这类人物,唐玄宗建立了翰林院,后又别置学士院:

> 唐制,乘舆所在,必有文词、经学之士,下至卜、医、伎术之流,皆直于别院,以备宴见;而文书诏令,则中书舍人掌之。自太宗时,名儒学士时时召以草制,然犹未有名号。乾封以后,始号"北门学士"。玄宗初置"翰林待诏",以张说、陆坚、张九龄等为之,掌四方表疏批答、应和文章;既而又以中书务剧,文书多壅滞,乃选文学之士,号翰林供奉,与集贤院学士分掌制诏书敕。开元二十六年,又改翰林供奉为学士,别置学士院,专掌内命。③

所谓"翰林待诏"就是以艺能技术见召者,包括"词学、经术、合炼、僧道、卜祝、术艺、书奕"④之流;"翰林供奉"是"选朝官有词艺学识者,入居翰林,供奉敕旨"⑤。至开元二十六年,翰林院中掌参议表章、撰拟诏命的文学侍从之臣独立出来,在翰林院之南别建学士院,至德宗以后,翰林始兼学士之名。唐代翰林学士本非专设,"以他官兼充之,自中舍、尚书郎、拾遗、补阙、著作,皆选任"⑥。翰林学士的职能包括草诏和充当侍从顾问之职,据毛蕾的研究,其所草内容有制、诏敕、表疏批答、外事文书等;而翰林学士作为政治力量,在唐代后期解决藩镇、宦官等问题上都发挥了重要的作用。此外,他们还主持或参与了各种修撰、著述及主持科考复试的工作⑦。

---

① 倪涛:《六艺之一录》卷三一二,影印文渊阁《四库全书》,第830册。
② 《旧唐书》卷四三《职官二》,中华书局1975年版,第1851—1852页。
③ 《新唐书》卷四六《百官志一》,第1183页。
④ 《旧唐书》卷四三《职官二》,第1853页。
⑤ 王溥:《唐会要》卷五七,第977页。
⑥ 《词林典故》卷二,《翰学三书》(二),第20页。
⑦ 毛蕾:《唐代翰林学士》第三章《翰林学士的职能作用及在中书决策体系中的地位》。

五代十国虽亦设翰林学士,但由于战乱频仍,武人专政,词臣基本不受重视。值得一提的是,翰林学士掌内制与中书舍人掌外制的两制形式在此时定型。宋代翰林学士与中书舍人分掌两制即承此而来。

宋代翰林学士之官有四:"曰权直院,曰直院,曰翰林学士,曰承旨。"①《宋史》则将翰林学士分成五类:"翰林学士承旨、翰林学士、知制诰、直学士院、翰林权直、学士院权直。"②承旨非常设官,"以学士久次者为之",地位在众学士之上,被称为"翰长",负责起草各种诏命;"凡他官入院未除学士,谓之直院",直院一般以资历较浅者为之;"学士俱阙,他官暂行院中文书,谓之权直"③,权直就是暂且代摄,但南宋时有任期超过一年的情况,其任职官员的资历较直院更低;学士院权直与翰林权直仅仅是因为名称有所不同,他们比权直学士院的资历略低一些;翰林学士是学士院的正官,在院中的地位介于承旨与直院之间。宋代翰林院还有翰林待诏及翰林侍读、侍讲学士。翰林待诏以善书法者充任,书写翰林学士的撰文。清人认为"唐之讲、读学士,皆不系翰林,其系以翰林者,则自宋始"④,但据杨果研究,宋代讲、读也并非一直系以翰林,而是或不冠翰林,或不冠学士,名称屡有变动,是翰林学士的兼职、换职,禄赐同翰林学士⑤。除此之外,宋代还置枢密院直学士、资政殿大学士、观文殿大学士等。

宋代翰林学士"掌制诰、诏、令撰述之事"⑥,举凡制、诏、批答、敕、国书、口宣等御用文章由他们草拟,书写时一般用四六文体。翰林学士还有参谋顾问的作用,如议定典章制度、讨论朝政得失、品评人物良莠以及探究诗书义理等。此外还有知贡举、编纂书籍、充当使臣等功用(详见杨果《中国翰林制度研究》关于宋代部分的介绍)。

---

① 周必大:《玉堂类稿序》,《庐陵周益国文忠公集》本,清道光二十八年(1848)刊本。
② 《宋史》卷一六二《职官志二》,中华书局1977年版,第3811页。
③ 《宋史》卷一六二《职官志二》,第3812页。
④ 《词林典故》卷二,《翰学三书》(二),第15页。
⑤ 杨果:《中国翰林制度研究》,第51—53页。
⑥ 《宋史》卷一六二《职官志二》,第3811页。

辽置翰林学士承旨、翰林学士、翰林祭酒等①,官制承唐之旧;金置翰林学士承旨、翰林学士、翰林侍读学士、侍讲学士、翰林直学士、翰林待制、翰林修撰、应奉翰林文字②,官制循辽、宋之旧。自金代始,翰林学士更多地转向文字撰述方面,翰林院的性质发生了重大的变化。

辽代在翰林院之外尚设国史院,置学士、修撰③,元代将翰林院与国史馆合并,形成新的翰林院机构——翰林兼国史院。下置学士承旨、翰林学士、侍讲学士、侍读学士、直学士、待制、应奉翰林文字、修撰、编修、检阅、典籍、经历、都事,以及掾史、译史、通事、知印、书写、典吏、典书等低级官吏。元代翰林官品秩高,员额多。至元元年翰林院秩正三品,八年升从二品,大德九年升正二品,皇庆元年升从一品,这种情况,在翰林院史上是绝无仅有的。再从员额上看,至元六年置承旨三员,而到了至大元年承旨增至九员;学士及讲读学士亦有所增加,后定制:承旨六员,学士二员,侍读学士二员,侍讲学士二员,直学士二员④。另外元代还设立蒙古翰林院。翰林国史院的职能是撰修国史、典制诰、备顾问⑤,而蒙古翰林院的职能是专掌翻译一切文字。

翰林院发展到明代,官制已经相当完备。明代翰林院初置于吴元年,洪武十八年的翰林院品秩员额为此后的明政权所遵守。时设学士一人,正五品;侍读学士、侍讲学士各二人,并从五品;侍读、侍讲各二人,并正六品;五经博士九人,正八品,并世袭;典籍二人,从八品;侍书二人,正九品,不常设;待诏六人,从九品,不常设;孔目一人,未入流;史馆修撰,从六品,编修,正七品,检讨,从七品,庶吉士,无定员⑥。永乐十九年后陪都南京亦设翰林院,其地位并不重要。职能上,此时的翰林院"兼前代两制、三馆、二史之任"⑦,

---

①　《辽史》卷四七《百官志三》,中华书局 1974 年版,第 781 页。

②　《金史》卷五五《百官志一》,中华书局 1975 年版,第 1246 页。

③　《辽史》卷四七《百官志三》,第 781—782 页。

④　《元史》卷八七《百官志三》,中华书局 1976 年版,第 2189—2190 页。

⑤　《元史》卷一五八《窦默传》,第 3732 页。

⑥　《明史》卷七三《职官志二》,中华书局 1974 年版,第 1785—1786 页。

⑦　周应宾:《旧京词林志》卷三《纪典上》,《四库全书存目丛书》史部,第 259 册。

掌制诰、史册、文翰之事,备天子顾问以及讲读经史、撰修国史等。

与前代相比,明代翰林院有以下一些特点:

首先,形成"非进士不入翰林"①的定制。清人沈廷芳认为明代以前的翰林官"率由他职试除"②,如唐代翰林学士"自诸曹尚书以下至校书郎,皆得与其选"③,不过宋代"进士、制科是馆阁取人的主要来源"④,翰林官中进士出身者逐渐增加。明代进士之入翰林,自洪武十八年始,是年廷试后,擢一甲进士丁显等为翰林院修撰,二甲马京等为编修,吴文为检讨⑤。为确保翰林院人才的质量,明代增设并改进了庶常馆这一教育庶吉士的机构。洪武初年设庶吉士,但此时尚"不专属于翰林也"。永乐二年,一甲三人授职翰林之后,"(成祖)命于第二甲择文学优等杨相等五十人,及善书者汤流等十人,俱为翰林院庶吉士,庶吉士遂专属翰林矣"。"复命学士解缙等选才资英敏者,就学文渊阁。缙等选修撰(曾)棨,编修(周)述、(周)孟简,庶吉士(杨)相等共二十八人,以应二十八宿之数。庶吉士周忱自陈少年愿学,……增忱为二十九人"⑥。这些人在庶常馆一般要学习三年,经过散馆考试,成绩优秀者留翰林院任职,其余改他官。这种馆选制度的确立,使得大量进士厕身翰苑。自明英宗天顺二年,"专选进士充翰林院,遂为定制"⑦,此后,非进士出身者不得为翰林。

其次,翰林院的政治作用减弱,撰文的功能凸显。明成祖永乐以前的翰林院亦以掌制诰、备顾问为主,与唐宋时期的翰林学士院相似。成祖选拔一批拥护自己的翰林官组成了一个新的机构,即内阁,帝王与他们就"六部大

---

① 《明史》卷七〇《选举志二》,第1702页。
② 沈廷芳:《国朝馆选录序》,《隐拙斋集》卷三七,《四库全书存目丛书补编》,第10册。
③ 赵翼:《陔余丛考》卷二六"唐时翰林学士不必皆进士出身"条,第503页。
④ 陈元锋:《北宋馆阁翰苑与诗坛研究》,第6页。
⑤ 龙文彬:《明会要》卷三五《职官七》,中华书局1956年版,第617-618页。
⑥ 《明史》卷七〇《选举志二》,第1700页。
⑦ 《明会要》卷三六《职官八》,第621页。

政,咸共平章"①,而同为翰林官的其他人"不得与闻"②。随着内阁职权的进一步扩大,至正统年间,与翰林院分署办公,成为两个独立的机构。内阁分割了翰林院撰拟重要文件的职权,促使其政治功能萎缩。此后,"翰林院成为修纂书史、侍讲经筵、起草一般文件的普通文秘机构"③。

明代庶常馆制度的设立和内阁分割翰林院视草重要文件权力的特点为清代所接受,对有清一代翰林院建置、性质产生了重要的影响。

第三节　清代翰林院述略

清代翰林院承明旧制,不过,它并非前代的复本,其机构设置及人员选拔等各方面都有自己的特色;而且"事实上,明、清两朝机构的基本职能是迥然不同的"④。本文根据邸永君《清代翰林院制度》、王云松《清初翰林院研究》等现有的研究成果,结合清代相关文献,从沿革、机构、选拔、考核及迁转等方面对此作一简单的概述。

(一)沿革

清代翰林院的雏形,《词林典故》认为是"国初"设立的"文馆"⑤,但邸永君认为应该始于"书房",其根据是王钟翰先生 1994 年访日期间,曾于日本学者神田信夫寓所亲睹《清太宗实录》天聪三年四月丙戌朔后有"改书房为文馆"六字⑥。征诸史实,这一论断是正确的。书房创立了满文,翻译了大量汉籍,其职能是起草诏令、奉旨出使、率师出征、主持典礼等。天聪三年改书房为文馆,以翻译书籍、记注政事为职责,并在政治中发挥了一定的作用。

---

① 傅维鳞:《明书》卷六五《职官志一》,《畿辅丛书》本。
② 廖道南:《殿阁词林记》卷九。
③ 杨果:《中国翰林制度研究》,第 241 页。
④ (美)魏斐德:《洪业——清朝开国史》,陈苏镇、薄小莹等译,江苏人民出版社 1995 年版,第793 页。
⑤ 《词林典故》卷二,《翰学三书》(二),第 26 页。
⑥ 邸永君:《清代翰林院制度》,社会科学文献出版社 2002 年版,第 35—36 页。

天聪十年三月,改文馆为内三院:一名内国史院,一名内秘书院,一名内弘文院,分任职掌。内国史院掌记注皇上起居诏令,收藏御制文字。凡皇上用兵、行政事宜,编纂史书,撰拟郊天告庙祝文;及升殿宣读庆贺表文,纂修历代祖宗实录,撰拟圹志文;编纂一切机密文移,及各官章奏;掌记官员升降文册,撰拟功臣母、妻诰命、印文;追赠诸贝勒册文;凡六部所办事宜,可入史册者,选择记载;一应邻国远方往来书札,俱编为册。内秘书院掌撰拟外国往来书札;掌录各衙门奏疏及辩冤词状;皇上敕谕;文武各官敕书并告祭文庙、谕祭文武各官文。内弘文院掌注释历代行事善恶,进讲御前;侍讲皇子并教诸亲王;颁行制度①。内三院"始亦沿承政名,后各置大学士一人",掌院事,定为二品衙门②。

为适应清初政治形势,顺治元年设立翰林院,定掌院学士为专官,置汉员一人,兼礼部侍郎衔。侍读学士、侍讲学士各二人,侍读侍讲各二人,修撰、编修、检讨、庶吉士无定员。典簿二人,孔目一人,俱汉人为之③。晋掌院学士秩正三品,侍读侍讲学士从四品,侍读、侍讲正六品,修撰从六品,编修正七品,检讨从七品。此后,翰林院制度屡有变更。顺治二年四月,令翰林官由内院补授。闰六月,裁翰林院以归内三院。十五年七月,裁内三院,置翰林院,增满洲掌院学士一人,兼衔如故。康熙九年,定满、汉侍读学士、侍讲学士、侍读、侍讲各三人,典簿、孔目各一人,待诏各二人④。

关于翰林院职掌,顺治十六年定制:经筵日讲;撰拟讲章;外国奏书令四译馆翻译;考选庶吉士;开列教习庶吉士职名,送内阁具题;纂修、翻译各项书史,开列纂修职名送内阁具题;会试、乡试及武会试主考,开列职名送该部具题;撰拟封赠诰敕,开列翰林官职名送内阁具题;题补翰林官员,及差遣、俸满、丁忧、给假等项,行文各部;侍直、侍班、扈从、贴黄、修玉牒、捧敕书、

---

① 《清实录》第二册卷二八,中华书局 1985 年影印,第 256 页。
② 《清史稿》卷一一四《职官志一》,中华书局 1977 年版,第 3268 页。
③ 《清史稿》卷一一五《职官志二》,第 3310 页。
④ 《清史稿》卷一一五《职官志二》,第 3309—3311 页。

教内书堂、上陵、分献、赍诏等①。

顺治十八年六月,裁内阁、翰林院,复设内三院。至康熙九年八月,复改内三院为内阁,置翰林院,"其大学士、学士官衔,及设立翰林院衙门等官,俱著察顺治十五年例议奏"②。此后虽有人员的增减,而制度方面无大的变更。有清一代翰林院制度至此基本确立。

清初翰林院的废设更动,其原因是"当时统治集团内部主张援用汉族传统政治体制的一部分势力和力图维护关外时代的满族祖制、旧俗的另一部分势力之间的政治斗争。若着眼于更深层面,则是反映了入关后满、汉两种文化从碰撞逐渐走向交融的过程"③。

(二)机构

清代翰林院设掌院学士兼礼部侍郎满、汉各一人(初秩正五品,以兼礼部侍郎衔,为正三品。雍正八年升从二品),掌国史、图籍、制诰、文章之事;侍读学士、侍讲学士(初秩从五品,雍正三年改为从四品)、侍读、侍讲(初秩正六品,雍正三年改从五品)均满、汉各三人;修撰(从六品)、编修(正七品)、检讨(从七品)无定员,掌撰述、编辑、爆直经幄;庶吉士(无品级)无定员,入馆肄业,不任以事;典簿(从八品)满、汉各一人,掌出纳文移;孔目(从九品)满、汉各一人,掌收贮图籍;待诏(从九品)满、汉各二人,掌校对章疏文史;笔帖式满四十人,汉军四人,掌缮书翻译;五经博士十八员④。侍讲以上称正官;自修撰至庶吉士称史官;待诏、笔帖式、典簿、五经博士称属官;孔目、供事称首领官。

其内部组织主要有典簿厅、待诏厅和当月处。典簿厅掌章奏、文移及官员、差役之管理事务,并保管图书。由典簿、孔目、笔帖式等负责。雍正元年,择才守优长者满、汉各二人为"司官",又设协办官,统称"办事翰林",掌

①　《清实录》第三册卷一二四顺治十六年三月己未,第962页。
②　《清实录》第四册卷三三康熙九年八月乙未,第453页。
③　王云松:《清初翰林院研究》,中国社会科学院历史研究所清史研究室编《清史论丛》2005年号,中国广播电视出版社2005年版,第32页。
④　《钦定大清会典》卷八四,影印文渊阁《四库全书》第619册;《词林典故》卷二,《翰学三书》(二),第26—27页。

督办章奏、文移事务以及典簿、孔目、笔帖式等员之考察、保举①。典簿厅藏有《永乐大典》、《古今图书集成》及《四库全书》副本等,供院中之人参考。待诏厅掌缮写、校勘之事,设有待诏满、汉各二人,笔帖式若干人。满待诏掌校对、翻译章奏、文史;汉待诏掌校对、缮写翰林院所撰之史书。当月处掌存贮翰林院堂印、厅印。

翰林院下属庶常馆、起居注馆及国史馆。

庶常馆是庶吉士学习的所在。雍正以前,庶吉士入翰林读书无固定场所,雍正十一年始"拨给官房一所,为教习馆,令庶吉士肄业其中,颁给……经、史、诗文每种各三部,存贮馆内,以资课习"②。馆设满、汉教习二人,由吏部开列,初年多以内院学士为之,侍读等亦间参预。翰林院设置后,亦掌院学士领其事,而内阁学士时有参用。康熙六十一年以工部尚书陈元龙领教习事,此后尚书、侍郎不兼掌院者亦为之。康熙三十三年,命教习学士等选讲读以下官资深学优者,分司训课,为小教习,雍正八年停其选派。三年学习期满,举行散馆考试,成绩不合格者,有的还要留馆再教习三年。

起居注馆掌记注帝王日常言行,编纂起居注。康熙九年正式设置,令满、汉记注官每月各一员侍直,事后将本日应记之事用满文记注。五十七年裁去。雍正元年复设,满记注官六员,汉记注官十二员。"记注册籍,书明月日及该直官姓名,每月满、汉文各一册,至次年按月排纂。凡记注官侍班,所纪一一备载卷末,汇为总跋,册中用翰林院印钤缝贮,以铁柜局鐍封识,岁十二月题明记注官,会同内阁学士藏之内阁大库。"③

国史馆为撰修国史的官署。康熙二十九年,以修开国三朝史书,置三朝国史馆。乾隆元年又下诏修史,重开国史馆,完工即罢。乾隆三十年重修《国史列传》,史馆复设,此后直至清末才结束使命。史官设总裁满、汉各一人;由皇帝在大学士、尚书、侍郎中简派。总裁以下有提调官,满、汉各二人,由内阁学士及翰林院侍读学士以下各官派充,掌章奏、文稿及吏员、差役等

---

① 昆冈等修、刘启瑞等撰:《钦定大清会典事例》卷一〇五二,《续修四库全书》,第812册。
② 《词林典故》卷三,《翰学三书》(二),第52页。
③ 《词林典故》卷三,《翰学三书》(二),第49页。

人事管理。下又设总纂,满四人,汉六人;纂修满十二人,汉二十二人,分掌编纂之事;校对满、汉各八人,掌校勘之事。

另外,四译馆也曾有段时间隶属翰林院,乾隆十三年改属礼部。

(三)选拔

清代翰林官的选拔,主要有馆选、特授、制科以及外班翰林等几种途径。

清代"非科甲正途,不为翰詹"①,数量众多的翰林为进士出身。清制每科殿试之后,一甲一名授翰林院修撰,二三名授编修,并通过朝考从二三甲中选拔"年貌合格、文字雅醇"②者入庶常馆读书,称为庶吉士。因为朝考是用来选拔翰林院的初级人才庶吉士,故又称"馆选"。具体作法是:"先由吏部移咨到院,题请日期。至期驾御便殿,御座前设案,陈朱笔砚。掌院学士豫以新科进士名单进呈,次第引见,伏候钦选。……选毕,由院以选中诸进士并一甲进士籍贯及乡试、会试、殿试名次与所习本经,开明进呈,御览得旨后交内阁。钦遵上谕分别读清、汉书。"③与前代不同,清代庶吉士采取分省选拔的制度。庶吉士教习三年,逢恩科则时间缩短,此间他们既无品位,也无俸禄,只靠"廪饩月给银四两五钱"生活,"器用什物由工部支取"④。教习期满,"由掌院学士奏请定期散馆。届日,满汉教习学士,引庶吉士等行三跪九叩礼,吏部官散卷,庶吉士等恭领钦命诗赋题。完卷后,吏部官收卷进呈,钦定甲乙。引见,分别除授。留馆者,二甲出身授编修,三甲授检讨,余改用有差"⑤。大量的词臣就是通过这种途径进入翰苑。

也有一部分人或经皇帝特擢,或由大臣荐举,乃"未经馆选,特授清班"者。康熙九年,杜镇以刑部主事授翰林院编修;十七年,王士禛以户部郎中授翰林院侍讲;十九年,高士奇以内阁中书授翰林院侍讲,厉杜纳以州同授翰林院编修;三十九年,王原祁以礼科给事中授詹事府右中允;四十四年,赵

① 《清史稿》卷一一〇《选举五》,第 3205 页。
② 《清朝文献通考》卷四七《选举一》,商务印书馆 1936 年版,第 5303 页。
③ 《钦定大清会典则例》卷一五三,影印文渊阁《四库全书》,第 625 册。
④ 《词林典故》卷三,《翰学三书》(二),第 52 页。
⑤ 《钦定大清会典事例》卷一〇五三。

申季以广西迁江县知县授翰林院编修;五十二年,陈厚耀以内阁中书授翰林院编修。雍正元年,王懋竑以安庆府教授授翰林院编修;三年,夏之芳以景山教习授翰林院编修;九年,方苞以贡士授詹事府中允。乾隆三十八年,陆锡熊以刑部郎中授翰林院侍读;四十二年,程晋芳以吏部主事授翰林院编修;四十五年,孙士毅以已革云南巡抚授翰林院编修。嘉庆九年,黄钺以户部主事授詹事府赞善;十四年,聂铣敏以兵部主事授翰林院编修。光绪三十四年,王闿运以举人授翰林院检讨①。

此外,制科也是进入翰苑的重要途径。清康熙十七年,圣祖有鉴于国内政治局面和民族矛盾,下诏开博学鸿词科考试。据李集《鹤征录》记载,此次荐到人员共一百七十余人,实际参加考试者一百五十三人。取一等彭孙遹等二十人,二等李来泰等三十人,授翰林院侍读、侍讲、编修、检讨不等,均入明史馆与修《明史》。此次考试不仅起到了满汉融合的政治作用②,而且拉开了清代文学发展的序幕③。乾隆元年再试鸿博,御试一百七十六人于保和殿,取一等五人,授编修,二等十人,授检讨,余为庶吉士。二年,补试体仁阁,一等授检讨,二等或授检讨,或为庶吉士。乾隆十六年另开经学特科,陈祖范、顾栋高俱因年老授司业职衔,吴鼎、梁锡玙以国子监司业用。这些人因非科举"正途"出身,故被称为"野翰林"④。

"外班翰林"是针对一部分非正常馆选而进入词垣的满蒙籍翰林而言。这部分人一般为进士出身;若为举人而进入翰林院的满蒙籍人则称为"斗字翰林"⑤,这是带有轻视的称呼。

(四)考核

清制京官每三年举行一次"京察"考试,翰林属京官,故而也要参加此类评估考核。对翰林而言,最重要的考试为大考。所谓大考,就是通过考试

---

①　朱彭寿:《旧典备征》卷四,中华书局 1982 年版,第 102—103 页。
②　陈祖武:《清初学术思辨录》,中国社会科学出版社 1992 年版,第 35 页。
③　竹村则行:《康熙十八年博学鸿词词科と清朝文学の出発》,《中国文学论集》第 9 号,九州大学中国文学会 1980 年 11 月刊。
④　陈康祺:《郎潜纪闻初笔》卷六,中华书局 1984 年版,第 125 页。
⑤　继昌:《行素斋杂记》卷上,光绪二十七年(1901)湖南桌署刻本。

的方式甄别翰林官的才品,进行奖罚黜陟。翰林院乃储才之地,但并不是所有的翰林官都能及时得到重用,大部分人员还是闲置等待空缺。时间一久,必然导致思想的懈怠,学业也可能荒废,"大考一举,不过为文学侍从之臣,藉稽勤惰,因材任使"①。创立大考制度,一则选拔人才,同时也能激励翰林保持进取之心。徐珂《清稗类钞·考试类》认为"翰林大考始于雍正",其实顺治十年大考制度就已经正式启动。这年三月,顺治下诏:"翰林官不下百员,其中通经学古与未尝学问者,朕何由知。今将亲加考试。先阅其文,继观其品,再考其孝心持己之实据,务求真学,备朕异日顾问。"②四月,御试翰詹于太和门,御笔定其去留。大考是翰林院中最重要的考试,说它重要,是因为"一等及二等前数名得迁擢,稍后或被文绮之赐"③。乾隆戊辰科(十三年)大考,一等一名的侍讲学士齐召南升为内阁学士,一等二名的编修李因培升为侍讲学士。乾隆壬申科(十七年)大考,一等一名的编修汪廷玙升侍讲学士,一等二名的侍读学士窦光鼐升内阁学士,二等二名的编修朱珪升侍读学士。从官阶来说,内阁学士为二品,侍读、侍讲学士为四品,而编修为七品,一次考试就能连升五六级,升迁之速是普通京官难以相比的。而"中、赞以上列三等末,率改官降黜,编、检夺俸。至四等则无不降斥者"④。乾隆八年癸亥科大考,三等十七人,四等七十一人,降调十九人,罚俸一年者三十二人,休致二十人。乾隆三十三年戊子科大考,三等三十人,降补四人,降知县四人,罚俸一年二人,休致四人;四等十五人,降调四人,休致八人。大考对翰林来说是一次艰巨的考验,为了取得好的名次,平时的刻苦研习是少不了的。大考不定期举行,康熙年间共举行了四次。乾隆朝大考平均五六年一次,共举行了九次,嘉庆朝举行了四次,道光朝五次,咸丰朝二次,同光以后虽亦偶尔举行,但影响不大,各种文献包括《实录》记载均少。

---

①　陈康祺:《郎潜纪闻三笔》卷一一,第840页。

②　《词林典故》卷四,《翰学三书》(二),第87页。

③　陈康祺:《郎潜纪闻初笔》卷二,第37页。

④　陈康祺:《郎潜纪闻初笔》卷二,第37页。

(五)迁转

清代词臣通过馆选、特授、制科等数种途径进入翰苑,康熙时玉堂人才最富,"编、检几至二百人,庶吉士亦五六十人"①,正常情况下也有一百多人。为防止词垣人满为患,必须要有相应的迁转制度使词臣人尽其材。

翰林官首先在本院按资进行升迁。顺治九年奏准:"修撰、编修、检讨,按科分先后资序升转。凡奉差、终养、丁忧,依限到京者,仍序资;违者,计所违日月序于后。给假告病者,概序于后。"②由此可见,只要翰林官遵守院中规定,到时间都能获得平稳的升迁。从清代的笔记中还可以了解到清初侍读、侍讲以上官可以升为掌院学士:"国初,满掌院学士缺出,以詹事、少詹事、读、讲学士、祭酒、庶子……为应升,侍读、侍讲、洗马、司业……为其次应升。汉掌院学士缺出,以詹事、少詹事、读、讲学士、祭酒为应升,庶子、侍读、侍讲为其次应升。由吏部开列具奏。"③对升迁的具体运作,亦有明文规定:"满掌院学士由吏部开列题补,读讲学士以下由吏部以应升官拟正陪题补;汉掌院学士由吏部开列题补,读讲学士暨国子监祭酒、司业由院会同詹事府以应升官职名咨送吏部题补考选。"④

翰林官还在与其关系密切的詹事府与国子监这两个机构中升迁。詹事之名始于汉代,为太子侍从。明詹事府与翰林院"互兼职事"⑤,清康熙朝由于不置太子,故为闲职。之所以不废,"第以翰林叙进之阶,姑留以备词臣迁转地耳"⑥。由此两个机构差不多一体化,出现了"翰詹原无分别"⑦的现象。詹事府各汉官由翰林院相应职衔补缺:詹事兼侍读学士衔,少詹事兼侍讲学士衔,左庶子兼侍读衔,右庶子兼侍讲衔,谕德兼修撰衔,中允兼编修

---

① 《清实录》第七册卷一二雍正元年十月乙丑,第223页。

② 《钦定大清会典事例》卷一〇四。

③ 吴振棫:《养吉斋丛录》卷二,中华书局2005年版,第21页。

④ 《钦定大清会则例》卷一五三。

⑤ 黄佐:《翰林记》卷一,《翰学三书》(一)第4页。

⑥ 《清实录》第十四册卷四五〇乾隆十八年十一月壬子,第858页。

⑦ 《康熙起居注》,第1507页。

衔,赞善兼检讨衔。作为"培养人才之地"①的国子监,其官亦多由翰詹除授,例如,汉祭酒由科甲出身之詹事府庶子、翰林院侍读、侍讲、司经局洗马、詹事府中允、国子监司业、詹事府赞善开列;汉司业由翰林院修撰、编修、检讨论资开列二十人,引见补授应行升转太常寺少卿、鸿胪寺卿、太仆寺少卿、顺天府府丞、奉天府府丞、翰林院侍读学士、侍讲学士、国子监祭酒、詹事府庶子、翰林院侍读、侍讲、司经局洗马、詹事府中允等官②。三个机构内部互相迁转,而詹事府和国子监也成了翰林官升迁的途径。

仅在内部按资晋升或在相近机构之间迁转依旧解决不了众多词臣的出路,康熙三十三年圣祖就已经意识到"翰林官壅滞"③的问题;三十七年十二月,副都御史吴涵上奏:"编修、检讨等员升转壅滞,请酌复变通。"④鉴于这种情况,翰林官迁转的途径不断扩大,内阁、部院京堂以及科道都是升转的衙署。

"翰林仕宦之捷,有偃息林泉,坐待迁转,至九卿而后入朝供职者。"⑤词臣的升迁较他官有优先权,且可以晋升为品秩极高的大学士。清代内阁大学士一般要求翰林出身,据邸永君统计,有清一代汉大学士119人,其中翰林出身(包括庶吉士)者达101人,占总数的85%⑥,基本上印证了"非翰林出身,例不得至大学士"⑦一语。康熙十八年谕:"内阁与翰林官不妨互为调用。"⑧内阁学士成为翰林官的专缺:"内阁学士,由詹事府詹事、少詹事、翰林院侍读学士、侍讲学士、国子监祭酒升任。以上各衙门无人,方以左右春坊庶子、翰林院侍读、侍讲升任。"⑨正因翰林与内阁这种密切的关系,故内

---

① 《康熙起居注》,第1637页。

② 文庆、李宗昉等纂修:《钦定国子监志》卷四四《官师志四·铨除》,北京古籍出版社2000年版,第692—694页。

③ 《钦定大清会典事例》卷一〇四四。

④ 《清实录》第五册卷一九一康熙三十七年十二月己未,第1028页。

⑤ 纪昀:《端本导源论》,《纪晓岚文集》卷七,河北教育出版社1991年版,第137页。

⑥ 邸永君:《清代翰林院制度》,社会科学文献出版社2002年版,第150页。

⑦ 龚自珍:《明良论三》,《龚自珍全集》第一辑,上海古籍出版社1975年版,第33页。

⑧ 《清实录》第四册卷八六康熙十八年十一月壬辰,第1088页。

⑨ 《钦定大清会典事例》卷一八,《续修四库全书》,第798册。

阁学士亦称翰林①。

　　清代吏、礼两部侍郎为翰林专缺。顺治十六年，吏部题补右侍郎，著照礼部侍郎之例，亦用翰林官补授。此前汉吏部侍郎，一兼学士衔，一不兼。故事，不兼学士衔者，翰林官不得推补，至是亦得开列②。至康熙五十七年八月，则翰林官可以题补六部侍郎之缺。

　　康熙三十三年谕："朕先虑翰林官壅滞，故用数人于部院衙门。所用数人学问皆优，如有翰林缺出，仍著开列升补。"自是翰林官任京堂成为定制。翰詹官改补京堂尚分满、汉，满洲则通政使、大理寺卿缺出，以詹事开列；太常寺卿、奉天府府尹、光禄寺卿、太仆寺卿缺出，以少詹事、侍读学士、侍讲学士、祭酒、庶子开列。汉员太常寺卿、光禄寺卿、太仆寺卿缺出，以少詹事、侍读学士、侍讲学士、祭酒开列；顺天府府尹、通政司副使、大理寺少卿缺出，以侍读学士、侍讲学士、庶子开列；太常寺少卿、鸿胪寺卿、太仆寺少卿、顺天府府丞缺出，以侍读、侍讲、洗马、中允、司业、赞善开列③。词臣在补官上享有特权，自康熙三十六年后，候缺者可不须坐补原官，即可通融补用，较其他官员为优先。

　　编、检转为科道始于康熙三十九年，这年四月，令编修、检讨等拣选科道。奉旨：改授者冯云骕、汤右曾、刘灏、宋朝楠（《词林典故》作"南"误）、彭始抟（《词林典故》作"搏"误）、张瑗六人④。至于非正式的翰林官庶吉士改授科道则更早，"国初，庶常散馆，间改科道"⑤。顺治年间庶吉士未经散馆即授为科道者有之："顺治十三年上谕：'庶吉士教习已一年，授为科道，果有忠言谠论，始为不负所学。'时乙未庶常，授御史、给事中者甚多。"⑥编、

① 福格：《听雨丛谈》第 64 则"内阁学士亦称翰林"云："《居易录》载：祭告五岳、四渎、帝王陵寝及先师孔子，旧例遣侍郎、副都通，大至四品而止，翰林则阁学、掌詹、少詹而止云云。然则从前阁学，亦称翰林矣。"中华书局 1984 年版，第 53—54 页。
② 《钦定大清会典事例》卷一〇四四。
③ 《钦定大清会典事例》卷一〇四四。
④ 吴鼎雯：《国朝翰詹源流编年》卷一，清道光刻本。
⑤ 吴振棫：《养吉斋丛录》卷二，第 23 页。
⑥ 陈康祺：《郎潜纪闻初笔》卷七"庶吉士教习一年授为科道"，第 147 页。

检改御史,向例试俸一年,始得实授。至康熙四十四年,以翰林班在科道之上,遂决定此后"毋庸试俸"。乾隆三年,由于翰林院编检多,命将其分成三班,"记名之后,陆续交与吏部,俟有御史缺出,按其品级俸次开列引见"①。

除在京任职外,词臣还可以获得外转为地方官的机会,这是明代翰林官不曾拥有过的待遇。王云松认为清代翰林之外转始于顺治十年大考②,是年四月,顺治"亲试词臣,量为分别,有照旧留任者,有改授外任者",但外转之例并非始于本年,因为这段话后面接着说:"其外任编、检以上官,照词臣外转旧例,优予司道等缺。"③可见此前外转已经有了"旧例"。至于外转之例始于何年,限于文献难征,无从考证。外转之定制是:詹事以布政使用,支正二品俸;少詹事以布政使用,侍读学士以按察使用,侍读、中允以参政用,编修、检讨以副使用④。十六年九月,令翰林官侍读以下照科道例,每年外转,春季、秋季各一员,侍读、侍讲以参政用,修撰以副使用,编修、检讨以参议用。十八年九月,鉴于院中"翰林现在无多,且皆经酌量选用",著停止外转⑤。康熙年间,由于编书的需要,翰林院积压了大量的词臣,外转又变得十分必要。二十八年五月,编修李涛、丁廷楗、检讨汪楫外用为知府。不过此后词臣壅滞的现象依旧十分严重,三十七年,左都御史吴涵奏请"编修、检讨,或照李涛等之例,外补一二人,……庶仕路均平,群才竞奋",复将检讨刘涵改为扬州府知府⑥。雍正登基伊始,将"才具练达","长于吏治"的编修、检讨改为道府,庶吉士改为州县⑦。由此外转之例一直延续至清亡。

由于翰林官优越的出身,在迁转中较他官有优先权,且人数可观,这样,在清代的官僚体系中,词臣逐渐占据了主要的成分,很多要职也为他们把持。《清史稿·选举志》云:"有清一代宰辅,多由此选。其余列卿、尹、膴疆

---

① 《钦定大清会典事例》卷一〇四四。
② 王云松:《清初翰林院研究》,《清史论丛》2005 年号,第 39 页。
③ 《钦定大清会典事例》卷一〇四五。
④ 《钦定大清会典事例》卷一〇四五。
⑤ 《钦定大清会典事例》卷一〇四五。
⑥ 《钦定大清会典事例》卷一〇四五。
⑦ 《清实录》第七册卷一二雍正元年十月乙丑,第 223 页。

寄者,不可胜数。"龚自珍亦说:"本朝宰辅,必由翰林院官。卿贰及封圻大臣,由翰林者大半。"①清楚地道出清代翰林出身的官员在国家机构中的重要作用。

第四节 理论基础与研究思路

清代翰林院与文学的关系在顺治朝至嘉庆朝比较密切,此后,由于翰林院地位的下降,其在文坛发挥的作用也随之减弱。

嘉庆以前清代社会注重文治,因此翰林的地位很高,受士人亲睐;嘉庆以后,随着社会的衰败,翰林院清贫的待遇遭到鄙夷,词臣的地位也随之下降。张玉书之子在散馆时出了问题,这位康熙朝大学士不顾成例,想方设法将他留在翰林院中:"散馆改用他官,即不得复入翰林。惟张逸少由庶常散馆改知县,迁秦州牧,以父大学士张玉书奏乞内用,改授编修。"②这是清代前期的情况。而到了嘉道以后,庶吉士却不想留在馆中,甚至在散馆时故意求劣等以获得知县的职位,就在于知县的待遇高于翰林:

> 郎苏门(郎葆辰)入词馆后,假归挈眷,附粮艘入都,作俳体三首自嘲,云:(诗略)。述冷曹贫况可笑。都人相沿呼翰林为"疥骆驼",谓其高视阔步,又服敝貂,状亦似之。庶吉士散馆,用知县者,例压诸班,目为"老虎班"。贫士觊乞外,至有故为庇累以求劣等者。而最恶得主事,以其积资淹滞也。后改定选例,庶常、主事自请改外者,亦得压班,遂有"豹班"之目。③

郎葆辰为嘉庆二十二年进士,改庶吉士,可见自其时始,翰林已不如知县受人尊重。又如同治戊辰进士改庶吉士的孙慧基,"以母老求禄,散馆,自取

---

① 龚自珍:《干禄新书自序》,《龚自珍全集》第三辑,第237页。
② 吴振棫:《养吉斋丛录》卷二,第25页。另见陈康祺《郎潜纪闻初笔》卷二,第38页。
③ 龙顾山人:《十朝诗乘》卷一四,福建人民出版社2000年版,第548页。

墨沈涴试卷,得知县"①,可见"故为疵累以求劣等者"并非个案。这是再清楚不过的对比。在这种形势下,进入翰苑不再是人们的梦想,玉堂的光环散碎,其文学作用以及社会影响也严重滑落。基于这一前提,本书的研究偏重于清代前中期。

研究清代翰林院与文学的关系,有三点需要说明。

首先,帝王的文学思想对词臣的影响。翰林是文学侍从之臣,随侍帝王身边,最高统治者的文学观念以及文化政策时时左右着他们的意志。康熙为了显示盛世昌明的气象,表现出对唐诗的无比亲睐,在翰林院的考试中,他有意识地贬斥作宋体诗的词臣;编选诗集者有时可以凭借所编的唐诗选本得到礼部侍郎的头衔,而宋诗选本的编者几乎不可能有这样的待遇。在此形势下,众翰林纷纷以"嗺杀"的宋诗为戒,而代表清明广大盛世之音的唐诗成为他们创作的首选风格。散文方面,鉴于明代词臣撰文使用四六文造成庸虚浮滥的文风从而导致政权旁落(至少康熙是这样认为的)的历史教训,以及其时满族执政者文化素质不高的社会现实,康熙规定文学侍从草诏时力求简洁明当。无疑,这对身为南书房侍从且刚刚从死亡线上侥幸活下来的方苞是一个绝好的报恩机会,不久,简洁论不但成为众词臣创作的追求,也为平常的士人接受。律赋抛弃讽喻,专事颂美,这也与帝王在考试时对称扬得体的作品之创作者封官进爵的政策导向密不可分。钱载与翁方纲受乾隆宗宋崇苏诗学思想的影响,也逐渐由唐入宋,宗尚杜、韩、苏、黄诗风。普通士人可以置国家的文化政策于不顾,而词臣则需要无条件地接受。

其次,翰林的角色认知与文学创作的关系。清代词臣于自身"规定性的角色"有清楚的认识,"翰林一官,经籍文章,固其职业"②,"词林为文学侍从之臣,怀铅握椠,固其职事,不得以雕虫篆刻为嫌"③,翰林就是以文字为务。尽管他们不时有经世致用的冲动,但到了明清,他们连起草重要文件的职能都被剥夺了,于是这些人认识到"翰林之官,执笔札以事上,咏歌颂述,乃其

---

① 吴汝纶:《武安县孙君墓志铭》,《吴汝纶全集》卷二,黄山书社 2002 年版,第 113 页。
② 徐元文:《凤池园诗集序》,顾沂《凤池园诗集》卷首,《四库未收书辑刊》第 7 辑第 26 册。
③ 潘耒:《南州草堂集序》,《遂初堂文集》卷八,《续修四库全书》,第 1417 册。

职也"①,写一些"润色鸿业"的文章成了他们最主要的工作。进入词垣,便要区分山林之文与台阁之文了,穷愁之作显然不太贴合这样的场所,批判穷而后工这一影响巨大的文学理论也成为玉堂之人的共识:

> 玉堂鸾坡,文章之府也;故文章之士必归焉。……乃说者谓,诗必穷而后工,彼《东山》《豳风》诸什,《行行》十九首之作,岂尽骚人逸士之所为耶?大约国家值昌大之运,光岳气辟,贞元会合,则必有英伟魁硕之彦,起而申畅之。……诗之为教,优柔敦厚,足以和人性情,故唐人谓,天子近臣不可以不亲风雅。②

天子近臣必须亲风雅,这是角色的使然,故而其文学风格与非翰林有明显不同。这个角色还使他们有担负起引领天下文风走向的责任,"词臣,学者宗师也"③,故而王士禛进入翰林院后,改变诗坛由自己带动的宋诗"泛滥"的局面,提倡唐诗便顺理成章。而李澄中和庞垲则认识到在当时"诗道榛芜"的局面下他们承担着什么样的任务:

> 当君(李澄中)之初官翰林也,念既以文章结主知,于权贵人一无所依附。精力职事外,唯砥砺诗古文辞,以期不朽大业。同举者五十人,独与今任丘庞君雪崖(垲)太史最善。两人痛诗道榛芜,于烦音嘈节中,独刻意少陵,而各得其性之所近。④

他们的文学活动对文坛产生多大的影响,这是词垣内外的人都清楚的事情,得天独厚的地位因素使他们成为社会关注的焦点。

第三,士林对词垣的倾慕是其文学能产生影响的根本。"四民首儒,乡党之风俗,多视儒士趋向;儒士又以翰林为首。名场之声气,尤多视翰林之

---

① 彭孙遹:《圣德诗序》,《松桂堂全集》卷一,影印文渊阁《四库全书》,第1317页。
② 魏裔介:《张素存内翰诗草序》,《兼济堂文集》卷五,中华书局2007年版,第111—112页。
③ 李焘:《续资治通鉴长编》卷七一,中华书局1979年版,第1589页。
④ 安致远:《翰林院侍读李公(澄中)墓志铭》,《玉礎集》卷四,《四库全书存目丛书》集部,第211册。

导引"①,翰林之所以能"导引",在于其社会地位:

> 　　国朝仕路,以科目为正,科目尤重翰林。卜相非翰林不与,大臣饰终,必翰林乃得谥"文",他官序资亦必先翰林。翰林入直两书房(上书房职授王子读,南书房职拟御纂笔札),及为讲官,迁詹事府者,人尤贵之。其次主考、督学。迁詹事府必由左右春坊,谓之开坊,则不外用。②

翰苑是"储材之地",词臣位望清华,一旦机会来临,则或出阁为相,或为六部官员,其次也能够到科道部门任职。总之词臣的升转比他途来得要直接。而且,有一些部门还是翰林的专缺。如吏、礼两部侍郎之缺,督学衡文、奉使告祭之类的差使,一般情况下都是以他们为首先考虑的对象。翰林院就是这样能够让人们对其刮目相看。自然,词臣的学术趣味,文章风格,甚至某种文体的更动,用字造句的技巧等等,都被词垣之外的士人津津乐道。一旦有关于馆阁典故的著作面世,动不动就产生"风靡寰宇"的轰动效应。处在这样的地位,翰林院对社会文风的导向作用几乎不需要再作过多的说明。

　　自唐至明翰林院与文学研究的成果颇丰,研究亦比较深入;而清代翰林院与文学研究尚是一片待开垦的领域。从现有的成果看,清代翰林院制度的研究比较深入,最著者为邸永君《清代翰林院制度》③,这位在研究生学习阶段有感于翰林院与研究生制度的相似性而选择此课题的著者,将清代翰林院的起源、建置与职掌、翰林官的遴选途径以及翰林官的培养、考课与任用作了全面而深入的研究,他对翰林与皇权、思想文化的论述得到了滕绍箴先生的肯定(见该书后附录)。运用同样的体例,他还对满蒙翰林作了研究,撰成《清代满蒙翰林群体研究》④一书。王云松的硕士论文《清初翰林院研究》在四个方面考察了此时的翰林院:从文馆到内三院到翰林院的设置沿

---

①　纪昀:《端本导源论》,《纪晓岚文集》第一册卷七,第137页。
②　朱克敬:《翰林仪品记》,收入《暝庵二识》,《抱秀山房丛书》本。
③　邸永君:《清代翰林院制度》,社会科学文献出版社2002年版,2007年第2版。
④　邸永君:《清代满蒙翰林群体研究》,黑龙江人民出版社2005年版。

革;机构与职官设置、选拔、考核与迁转的概况;陈书讲幄、入承偃直及南书房翰林的政治作用;翰林院在清初社会秩序重建、清初学术文化及清初文化工程中的作用①。亦可资参考。欧美方面,吕元聪(Adam Yuen - chung Lui)1968 年伦敦大学博士论文《翰林院:才略之士培训之地,1644 - 1850》也以制度研究为主。是书分为两个部分,第一部分为"翰林院的机构",从翰林院的教育、考试与选拔、翰林学士的职能与影响两方面论述;第二部分为"'学者—官员'的职业模式",从清代官员的基本特征、翰林学士的职业模式、体制内与体制外影响(进步)因素等方面论述。此书在欧美影响较大,这只要看看其在魏斐德(Frederic E. Wakeman,Jr.)《洪业——清朝开国史》一书中出现的频率即可知晓;但因没有中译本,国内学者知之甚少。相对于制度研究的成熟,翰林院与清代文学的研究尚未受到学者应有的重视,不仅尚无专著出现,就是单篇论文也甚为罕见。有鉴于此,本书不再对清代翰林院制度作过多涉及,仅在绪论部分参照邸永君与王云松等的研究成果对其作简要介绍,将重心放在翰林院与文学的关系探讨中。

　　翰林院对文学的影响主要体现在诗、赋、文等正统文学方面,而与词、散曲、戏曲、小说等通俗文学的关系不是太密切。词臣应制以诗,逢大典而献赋,草诏则以文;同时,翰林院考试如朝考、馆课、散馆、大考等以诗、赋、文为主;再次,翰林院督学衡文,指导士子应科举考试,也是以试帖诗、八股文、律赋等文体为主。所以此三种文体与翰林院的职能联系最紧密。而通俗文学如散曲、戏曲、小说等,与翰苑职能关系不大,为其所轻视,这从翰林院所编纂的《四库全书》排斥戏曲、小说等通俗文学可以看出。词的情况比较特殊,康熙通过博学鸿词科考试及命词臣编纂《历代诗余》、《词谱》等,对清代词学产生了较大的影响②;但因其与词臣职责关系不大,亦在本文的论述之外。因此,本书论述翰林院与清代文学关系时,侧重于诗、赋、古文等正统文学文体,而于其他文体则略之。

---

① 此文后发表于《清史论丛》2005 年号。
② 参见于翠玲:《康熙"文治"与词学走向》,《民族文学研究》2004 年第 2 期。

　　全书布局上,力求做到整体观照与具体探讨相结合的写作方式。绪论部分着重于制度的介绍,第一章"职能与文学"、第二章第一节"清初翰林院诗风的确立"及第三章第一节"翰林院与清代律赋的兴盛"等力图宏观把握,其他章节则主要以具体问题为中心,围绕清代重要的文学事件与文学现象,探求其中隐含的翰林院制度、职能等因素。彰显问题意识是本书的一个特色,但同时也带来一些不足,如时间的不连贯(前期顺治、雍正二朝因对翰林院建设投入不多,本书论述时涉及亦少;第二章由王士禛直接跳到袁枚等)、范围的不全面(清代翰林院中的一些重要人物涉及不多,如朱彝尊、沈德潜等)、篇幅的不平衡(诗歌、律赋研究占的篇幅大,而古文研究占的比重少)等,都是难以避免的。但著者不发空言、力求解决实际问题的苦心,相信读者能够感知并给予理解。

第一章 清代翰林院职能与文学

　　清政府需要庞大的翰林队伍,因为许多工作需有才华的文士充当:翰林官是文学侍从之臣,奉和应制、撰拟诏诰需文学之士;耤田之礼、封禅大典都离不开文士润色鸿业;翰林官是科举考试的成功者,他们对考试的文体烂熟于心,可以担当乡会试的阅卷官、地方的督学;翰林官的文采可以折服远人,故而派他们出使外交;翰林文士最熟悉的莫过于书籍,编撰书史的任务离不开他们。

第一节　人才渊薮

　　《清史稿·文苑传》共收 348 位文士,其中 83 人曾任职翰林院或者曾为庶吉士,占总数的近 24%,如果考虑到此中尚不包括诸如王士禛、方苞等录在列传中的众多诗文家,则这一比重就极为可观。清人自豪地称本朝的翰林院为"人才渊薮",为"储材重地"①,并非毫无根据。纪昀说"自宋迄明,及以翰林为文薮"②,清代翰林院就储存的文学之士来说,是继唐宋之后影响极大的又一个够得上"文章渊薮"称号的机构。

　　康熙曾下谕:"内阁、翰林院皆属文翰之地,关系紧要,仍应以文学优通者补用。"③"文学优通"是入选翰林的首要条件。顺、康、乾三朝的词垣中聚集了当时第一流的文学家和学者。虽顺治帝接受的汉文化熏陶不及其子及

---

① 刘锦藻:《清朝续文献通考》卷一二八《职官十四》,商务印书馆 1936 年版,第 8880 页。
② 纪昀:《端本导源论》,《纪晓岚文集》第一册卷七,第 137 页。
③ 《康熙起居注》第 1174 页。

曾孙,但这并不能阻止其"稽古好文":

> 顺治戊戌(十五年)夏,湘北李先生(天馥)始官翰林,才名满
> 天下。时值先皇帝稽古好文,崇尚儒术,每敕召近臣集内殿赋诗论
> 学,或扈从南苑、瀛台间,观获及骑射大阅,命应制为诗。①

康熙帝比其父更注重礼遇文学之士,试观圣祖一朝的重要作家,绝大多数都
曾任职翰苑。当社会渐趋稳定时,圣祖敏锐地指出文治的功能。十六年三
月他曾谕大学士喇沙里与侍讲学士张英曰:

> 治道在崇儒雅,前有旨,着翰林官将所作诗赋词章及真行草书
> 不时进呈。后因吴逆反叛,军事倥偬,遂未进呈。今四方渐定,正
> 宜修举文教之时,翰林官有愿将所作诗赋词章及真行草书进呈者,
> 着不时陆续送翰林院进呈。②

"治道在崇儒雅",基于这点认识,他一直关注翰林院中词臣的文学修养,并
不时令他们将诗赋词章进呈御览。这种关注自十二年"吴逆反叛"以前就
已经提上日程。这年三月十一日康熙谕当时的掌院学士傅达礼、熊赐履曰:

> 翰林官系文学侍从之臣,朕前有旨,令其勤习学业,以备任用。
> 今观尔等所进试卷及手卷册页,俱有可观。③

他还将影响巨大的文学家选拔进入翰林院,并委以要职。十五年,康熙帝玄
烨就向大臣打听"今各衙门官读书博学善诗文者,孰为最",大臣们推举时
为户部郎中的王士禛。次年,康熙帝又征询张英、冯溥等人的看法,众人也
公认其文采为当今第一④,于是传谕:"王某诗文兼优,著以翰林官用。"⑤特

---

① 计东:《容斋诗集合选序》,《改亭文集》卷三,《续修四库全书》,第1408册。
② 《康熙起居注》,第297页。
③ 《康熙起居注》,第88页。
④ 王士禛:《召对录》,《渔洋山人自撰年谱》康熙十七年条,《渔洋精华录集释》附录,上海古籍出版社1999年版,第2031页。
⑤ 宋荦:《资政大夫刑部尚书王公士禛暨配张宜人墓志铭》,《西陂类稿》卷三一,影印文渊阁《四库全书》,第1323册。

旨授翰林院侍读。十八年,开博学鸿词科,将"奇才硕彦、学问渊通、文藻瑰丽、追踪前哲"①的五十位当时一流的文士召进翰林院,朱彝尊、陈维崧、尤侗、毛奇龄、施闰章、潘耒、徐釚、彭孙遹、李因笃、曹禾等人,或由布衣入选,或由他职拔擢,一时词垣人文之盛,"拟之唐宋,盖远过云"②。其后方苞以"能作古文"③,何焯以"博雅"④被召入南书房,为文学侍从。乾隆继承其祖崇文风范,两开特科,并通过召试、朝考和荐举,拔擢大量文士厕身词垣,试数当时著名作家和学者,无翰苑经历者所占比重极小。

在上者注重文教,在下者也将进入词垣作为奋斗的目标。能够跻身玉堂对当时的士子来说是莫大的荣耀,记录这种兴奋之情的诗篇很多。写馆选的如乾隆二十八年癸未科庶吉士吴省钦《五月九日乾清宫引见选馆恭纪》,其三曰:"引对频烦翰苑司,传宣顷出凤凰池。瀛洲虽到官称士,效殿初旋帝命师。掌院分书长论齿,到门换帖缓需期。山林台阁悬宵壤,勉习唐贤二应诗。"⑤诗写出了馆选前后的情形:先是由掌院率众进士分班觐见,帝先观其文,再观其品,决定庶吉士人选,并派员教习,之后新科庶吉士们持刺拜谒馆中前辈。一切安顿下来,就要在馆师的教习下用心学习应制诗、文、律赋以及其他应用文体了。述散馆的如查慎行《十二月二十日奉旨特授编修感恩恭纪四首》,其一曰:"纶书璀璨下金銮,同直三人并授官。湛露九重频渥泽,条冰一署不知寒。登瀛路许回翔入(翰林旧制:庶吉士俱于二门外下马,授职后乃骑马入登瀛门),藏阁书容次第看。总是鳌峰清切地,浑忘弱羽篦鹓鸾。"⑥诗中传达出因跻身翰苑而无比兴奋之情。

士子以文才得预馆阁之选,故而仅凭文章就可判断其是否能进入词垣。

---

　　① 《清史稿》卷一〇九《选举志四》,第 3175 页。

　　② 沈德潜:《博学鸿词考》,潘务正、李言编辑点校《沈德潜诗文集》(三),人民文学出版社 2011 年版,第 1147 页。

　　③ 《清史稿》卷二六二《李光地传》,第 9899 页。

　　④ 朱克敬:《儒林琐记》卷一,《挹秀山房丛书》本。

　　⑤ 《白华前稿》卷三三,《续修四库全书》,第 1448 册。

　　⑥ 《敬业堂诗集》卷三一《直庐集》,上海古籍出版社 1986 年版,第 879 页。

因此当曹尔堪登南宫上第,宰相爱其门第才华,"亟欲致之馆阁"①,不久就进入词垣;李光地读到徐釚之文,击节称赏道:"此馆阁中人也。"②果然,徐釚被荐举参加康熙十八年鸿博考试,以高等入翰林。像曹尔堪、徐釚这样的人是幸运的,更有一些才华横溢而不得进入词垣的作家,这些人往往是被惋惜的对象。宋琬在顺治、康熙时名满天下,与施闰章并称"南施北宋"。顺治丁亥进士,授户部主事,升四川按察使。回京述职时蜀中兵乱,妻儿流离,郁郁以终,时为康熙十四年。其凄凉身世本足以令人感伤,而当王熙为《安雅堂文集》作序时,让其唏嘘不已的却是未能进入翰林院的遭际:"先生早负盛名,不得排金门上玉堂,而浮沉郎署间,俯仰眉睫,可谓诎矣。……先生没之四年,滇黔巴蜀相继底定。天子征用文学之士,使先生而在石渠天禄之间,自当首让一席,出其经济学问以为我国家之光,而惜乎先生之墓草已宿矣。"③田肇丽在康熙文坛上也较有名气,"其诗直接唐响,不蹈袭宋元之习,可谓兼群雅之长者也。其文则准的乎司马氏、欧阳氏,一切开阖顿挫遥接远应之妙,有难以言磬者"。由荫生官户部郎中,等雍正发现他时,他已六十八岁,难堪大用了。时人为其《有怀堂文集》作序时,不胜感慨地论道:"使当时得遂科名,珥笔玉堂之中,其文章风雅知必卓绝一时,而惜乎一第阙如,郎官淹滞,遂落落以终其身也,宁非先生一大憾事哉!"④前有王士禛以户部郎中擢为翰林院侍读,两相比较,其落差之大,难怪人们为其"不幸"的身世感慨万千了。他如罗人琮,"自成童时即纵横文苑",当人们都期待他成进士之后"读中秘书,侍草明光"时,不幸未能如愿,委派外属,陈鸣塪不禁为之慨叹:"则先生屈矣。"⑤

局外人在惋惜,当事者也常因此而忿忿不平,以致抱憾终身。"金台十

---

① 王晫:《今世说》卷三《文学》,《续修四库全书》,第1175册。
② 王熙:《徐华隐诗集序》,《王文靖公集》卷一二,《四库全书存目丛书》集部,第214册。
③ 王熙:《重刻安雅堂文集序》,《王文靖公集》卷一一。
④ 罗克昌:《有怀堂文集叙》,田肇丽《有怀堂文集》卷首,《四库全书存目丛书》集部,第272册。
⑤ 陈鸣塪:《最古园二编序》,罗人琮《最古园二编》卷首,《四库全书存目丛书》集部,第270册。

子"之一的汪懋麟,王士禛弟子。以刑部主事为《明史》纂修官,身在词垣而未授馆职,临终时口占一绝见其隐衷:"半生心事无多字,只在儒臣法吏间。"他为何而耿耿于怀呢?挚友宋荦分析此诗道:"盖君名厕纂修,而未尝授史职;官西曹,雅非其好,而又未竟其用,赍志以没,弥留哽咽,诚心怆乎其言之也。"①方象瑛也说:"虽在史馆,而实非儒臣,……半生心事,亦其言之悲也。"②史职和儒臣均指翰林而言,不得为官翰林是其一生最大的遗憾,难怪其临终"怆乎其言"了。袁枚参加了乾隆元年的博学鸿词考试,虽未能入选,但以十八之龄遭遇盛典足令其自豪③。四年馆选为庶吉士,有《入翰林》一诗记其喜悦之情:"弱水蓬山路几重?今朝身到蕊珠宫。尚无秘省书教读,已见名笺字不同。斑管润生红药雨,锦袍香散玉堂风。国恩岂是文章报,况复文章尚未工。"④本年请假归娶,同馆中人赋诗相送,可谓极一时之荣。不料散馆改任知县,这对他无疑是一个巨大的打击。《改官白下留别诸同年》一诗写道:"三年春梦玉堂空,珂马萧萧落叶中。生本粗才甘外吏,去犹忍泪为诸公。红兰委露天无意,黄鹄摩霜夜有风。莫向河梁频握手,古来沟水尚西东。"南归的路上,一首首诗倾泻了他一阵阵的不满,《次日雾更大》诗云:"连宵驼背锦模糊,写出洪荒一幅图。此际群仙雾里看,可知下界有人无?"⑤诗中流落出"顾瞻玉堂如在天上"的无比失望之情。抵达金陵后,又有《抵金陵》一诗:"才子合从三楚谪,美人愁向六朝生。"⑥袁枚诗中进出词垣时情感的巨大落差,鲜明地展示了那个时代翰林在人们心目中的地位。

　　清人总喜欢将本朝的翰苑与前代甚至唐宋时盛况进行比较,而相比的结果,他们往往满怀自信地说:"自古词臣之盛,未有如今日者也。"⑦如果从

---

①　《百尺梧桐阁遗稿序》,《百尺梧桐阁遗稿》卷首,《四库全书存目丛书》集部,第241册。
②　方象瑛:《汪蛟门墓志铭》,《健松斋续集》卷八,《四库全书存目丛书》集部,第241册。
③　袁枚:《随园诗话》卷五,江苏古籍出版社2000年版,第123页。
④　《袁枚全集·小仓山房诗集》卷二,第18页。
⑤　《袁枚全集·小仓山房诗集》卷三,第31、33页。
⑥　《袁枚全集·小仓山房诗集》卷三,江苏古籍出版社1993年版,第37页。
⑦　叶方蔼:《拟上疏通翰詹官僚疏》,《叶文敏公集》卷一,《续修四库全书》,第1410册。

翰林院中拥有的当代著名文人之比重而言,清人这种自信并非盲目自大。且不管清代词臣能否与白居易、元稹、欧阳修、苏轼等唐宋时玉堂人物一较高下,但至少远胜于明代是没有太大问题的。曾在翰林院中编纂《明史》的潘耒说:"往余与徐子虹亭(釚)同在史局,得尽观馆中所贮天下书籍,尝叹有明词臣不下千人,而其有集传世者数十人而已。"①千人中仅数十人有文集传世,此可见明代翰林院中有文学成就者不多。而清代仅就康熙十八年博学鸿词一科五十人来说,其有文集行世的就有四十余家②:

姓名	诗文集	姓名	诗文集
彭孙遹	松桂堂集	黄与坚	愿学斋集、忍庵文集
倪灿	雁园集	李铠	艮斋诗文集
张烈	孜堂文集	徐釚	南洲草堂集
汪霦	敬静定斋文钞	沈筠	斗虹集
乔莱	使粤诗文集、石林集	周庆曾	砚山遗稿
王顼龄	世恩堂集	尤侗	西堂全集
李因笃	受祺堂诗文集	范必英	
秦松龄	苍岘山人诗文集	崔如岳	
周清原	司空遗集	张鸿烈	
陈维崧	迦陵集、湖海楼集	方象瑛	健松斋集、续集、锦官集
徐嘉炎	抱经斋集	李澄中	白云村集、卧象山房集
陆荣	雅坪诗文稿	吴元龙	问月堂集
冯勖	葑东集	庞垲	丛碧山房集
钱中谐	簏裀集、湘耘集	毛奇龄	西河合集
汪楫	悔斋诗文正续集、观海集	钱金甫	保素堂稿
袁佑	予省集、霁轩诗钞	吴任臣	讬园诗文集
朱彝尊	曝书亭集	陈鸿绩	

---

① 《南州草堂集序》,《遂初堂文集》卷八。
② 此表据秦瀛《己未词科录》制,《续修四库全书》,第537册。

汤斌	汤子遗书	曹宜溥	
汪琬	钝翁前后类稿	毛升芳	古获斋骈体、竹枝词
邱象随	西山纪年集	曹禾	峨嵋集
李来泰	莲龛集、石苔集	黎骞	
潘耒	遂初堂诗文集	高咏	遗山堂集、若岩堂集
沈珩	耿岩集	龙燮	
施闰章	学余堂诗文集	邵远平	戒庵诗存
米汉雯	漫园诗集、始存集	严绳孙	秋水集

当然这是个特例,像这样著名文人大规模进入翰苑之事在清代亦仅此一见。但从总体上来说,清代翰林院中文学家之多是明代不能与之并论的。原因在于有明一代特别是中后期第一流作家并非都为翰林出身,如前后七子、公安三袁等人多未预馆选,他们以主事这类低级官职活跃在文坛上,并和玉堂中人一较高下,从而形成"尊主事而薄馆翰"①的局面,以自己的文学才华使馆阁中人相形见绌,导致文章之权不在词垣而在郎署。清人回想起这段往事常常为明人感到羞耻:

> 在昔词臣职司翰墨,唐宋以来,实以文章衣被海内。明初号"玉堂体",结藻丰缛,义乏风劝,遂为世所诟病。茶陵风骨虽遒,然适当北地、信阳龙骧凤鸷之秋,力固不能自振。嗣后王、李代兴,叱咤风云,千夫皆废。下逮公安、竟陵,别标宗旨,几堕魔道,然率能号召群雄,自为风气,盖自弘、正而后,一百五六十年,而文章之权不在馆阁,此亦古今所未有之辱也。②

比起明代词垣尴尬的境遇,清人有足够的理由为本朝的翰苑感到自豪。在清代前中期,玉堂是读书人向往的圣地,是文士科举的终极目标。

---

① 毛奇龄:《唐七律选序》,《西河合集·文集·序》卷三〇,清嘉庆元年(1796)萧山陆凝瑞堂补刊印本。

② 郑方坤:《国朝名家诗钞小传》卷三《怀清堂诗钞小传》,光绪丙戌(1886)孟夏万山草堂藏版。

第二节　草诏应制

"翰林官撰拟文章,是其专任。"①草诏应制是文学侍从之臣最基本的职责。不过相对于明以前的翰林院,清代词臣撰拟文章的范围以及作用大为减小。宋代翰林掌内制,所撰拟的文章可分为两类:一类是君主的诏命,如制、敕、诏、赦、批答、德音、口宣、国书等;一类是受君主之命撰述的其他文字,如青词、斋文、上梁文及致语、口号等②。明代翰林院撰文的重要性相对下降,"自永乐以来,一切诏敕实内阁主之","唯遇覃恩驰赠、忠节赠官,则行词头,谓之诰命"③,翰林院已经无权起草重要诏命。清代雍正以前,南书房"最为亲切地,如唐翰林学士掌内制"④,"一时制诰,多出其手"⑤;但雍正以后,掌撰述文字之任的除内阁、翰林外,还有军机处,三者分工不同,重要的程度也有异:

> 本朝谕旨诰命,其别有四。凡批内外臣工题本,常事谓之旨;颁将军、总督、巡抚、学政、提督、总兵官、榷税使,谓之敕,皆由内阁撰拟以进。凡南北部时享祝版,及祭告山川,予大臣死事者祭葬之文,与夫后妃、宗室、王公封册,皆由翰林院撰拟以进。然惟军机处恭拟上谕为至要。……内阁、翰林院撰拟有弗当,又下军机处审定,故所任最为严密繁巨。⑥

由此可知,翰林院撰拟的文字仅与祭祀、哀悼、册封等典礼相关,显然难以同内阁和军机处拟制的军国大事之类文章相提并论。另外,翰林院草拟的文字不为帝王俞允的还要经军机处审定,可见其地位也明显降低。

---

①　《钦定大清会典事例》卷一〇四八。
②　杨果:《中国翰林制度研究》第 93 页。
③　《词林典故》卷三,《翰学三书》(二),第 44 页。
④　赵翼:《檐曝杂记》卷一,中华书局 1982 年版,第 1 页。
⑤　《清史稿》卷二六七《张英传》,第 9965 页。
⑥　王昶:《军机处题名》,《春融堂集》卷四七,《续修四库全书》,第 1438 册。

据《钦定大清会典事例》,清代翰林院撰拟的文章包括:

> 尊崇册立,暨册封妃嫔各册宝印文、恭上恭加尊谥、升祔册谥各册宝文,均由翰林院撰拟进呈,酌委本院官会同内阁官监视镌刻。册封公主、王、贝勒、贝子、公、将军、福晋、夫人,册诰文由院题定文式,填名咨送中书科;祭告祝文,及谕祭内外文武官祭文、碑文,由院遵照礼部来文撰拟翻译,进呈钦定后,仍交礼部转行;封赠内外文武各官诰敕文,由院开列撰拟官职名,送内阁具题。①

据此,清代翰林院所撰文字为祀祝文、册文、宝文、诰敕文、碑文、祭文等。

清代翰林院撰拟文章最大的特点是散体文多于四六骈体文,这一特点在康熙朝最为突出。"四六施于制诰、表奏、文檄,本以便于宣读,多以四字、六字为句。"②唐宋翰林撰文多以四六为主,即宋叶适所谓:"自词科之兴,其最贵者四六之文。"③明代前期以四六为戒,清代则以散体文为主,这与其外族掌权的国情以及康熙对简洁文风的提倡有关。正因如此,清初翰林撰文不以骈体取胜(详后《方苞古文理论与清代翰林院之关系》)。试以王士禛官翰林院侍读时的视草为例,此间他撰有《孝昭皇后谥册文》、《谕祭天妃文》、《拟镶红旗副都统佐领阿尔虎碑文》、《拟太子少保正白旗汉军副都统徐大贵碑文》等,这些文章无一例外都是散体。《拟太子少保正白旗汉军副都统徐大贵碑文》曰:

> 制曰:朕抚有宇内,凡百尔臣工勤劳王家者,朕未尝忘其于厚终之典。曷有斁焉。尔原任太子少保正白旗汉军副都统徐大贵,久从戎事,累立战功,爰自偏裨,拔之亚帅。念其久劳疆场,俾遂引年,溘焉告终,良用悼息。式命有司,予葬祭如礼。谥曰"勤果"。呜呼!谥以易名,古之制也。闻谥知行礼之经也。修官之勤,致勇

---

①　《钦定大清会典事例》卷一〇四八。

②　谢伋:《四六谈麈》,影印文渊阁《四库全书》,第1480册。

③　叶适:《水心集》卷三《奏议·宏词》,影印文渊阁《四库全书》,第1164册。

之果,惟尔有焉。用勒丰碑,以光幽壤,以有闻于来世,不其休与?①

文中虽夹杂一二骈句,但不占主导成分。统治者的提倡以及身居文章渊薮翰林官们的实践,以"简洁"为主的文风成为清代散文的主流。不过到了乾隆中期,撰拟文字开始变得华丽起来,四六又成为词臣的宠儿。如钱载《吏部尚书王安国谥文肃墓碑》一文,通体是工整的骈文:

> 惟臣工之称位,首重清操;必中外以宣猷,弥坚晚节。良模已邈,美谥斯传。尔吏部尚书王安国,江甸钟英,岩廊振采,巍科荐擢,屡司柄于文章;臣任频膺,诞抒诚于政事。出播仁风于岭海,入襄懋绩于钧枢。久作秋宗,晋掌邦治。守兹介石,亮哉夙夜之心;翊我昌辰,允矣中朝之望。何沉痾之莫起,遂溘逝以长辞。卹典具颁,易名爰定,谥之文肃,孚厥生平。于戏! 翠墨摛华,贲重泉之芬苾;贞珉纪懿,焕奕世之松楸。勖尔后人,敬承庥命。②

似乎历史规律就是这样,在开国年间,统治者总是提倡简易的文风,而一旦社会发展到一定程度,华缛的辞藻便渐渐夺回了它固有的地盘。

宋欧阳修集中收录的内制文达八卷之多,苏轼文集中亦有六卷内制文,而周必大《玉堂类稿》二十卷收录的竟全是其在学士院所草文辞。相比之下,清代词臣撰拟的内制文收入私集的很少,如韩菼《有怀堂文集》专以卷九的一整卷来收录他在翰林院撰拟"制草"的情况当时已属罕见,这可能是由于"朝廷公牍,同署者不一人,故不复列入私集"③的原因。

翰林为天子侍从,有顾问应对之事,且出阁为相者有之,这要求他们将文章与政事相结合:"欧阳子有云,翰林学士非文章不可故登金门上玉堂者,咸只以为文章之官,而无所事乎其他,不知文者所以载道者也,文而不本乎道,则文为空言;而道者乃致治之本,道而不施于治,则道为虚名。"④也许

---

① 王士禛:《渔洋文集》卷一三,《王士禛全集》,齐鲁书社 2007 年版,第 1720 页。
② 钱载撰,丁小明整理:《萚石斋文集》卷一,上海古籍出版社 2012 年版,第 872 页。
③ 《四库全书总目》卷一六九《陶学士集》提要,中华书局 1981 年影印本。
④ 汪士铉:《巡道杨宾实先生序》,《秋泉居士集》卷二,《四库未收书辑刊》,第 8 辑第 19 册。

是清代词臣撰拟的文章距军国之大政甚为遥远,所以于国家大事的关切之意亦愈来愈淡泊,这对于作为官场后备力量的词臣来说无疑是一个危险的信号。雍正七年十月谕:"尔等翰林,自以文章为职业,但须为经世之文、华国之文。一切风云月露之词,何所用之。"①乾隆登基伊始,就谕告总理事务大臣:"翰林以读书为职业,然读书将以致用,非徒诵习其文辞也。古来制诰,多出于词臣之手,必学问淹雅,识见明通,始称华国之选,有裨于政事。今翰詹官员甚多,于诗赋外亦当留心诰敕。掌院学士以下,编、检以上,可各以己意拟写上谕一道,陆续封呈朕览,既可以觇其文艺之浅深,并可以观其胸中之蕴蓄,倘有切于吏治民生者,朕亦即颁发见诸施行,则词曹非徒章句之虚文,而国家亦收文章之实用矣。"②为了提高词臣的经世理念,乾隆鼓励翰林官进呈所撰拟文章,以期变虚文为实用。不管词臣到底能提出多少有益实政的观点,但这道圣谕却有利于征实文风的树立,诚如陈康祺所说:"高宗是谕,实足以培植儒臣,俾各储经邦济世之略。设永永遵守,则西清东观,必无复有空疏不学,谬玷华资者矣。"③嗣后庶吉士散馆考试的科目中也增加了拟制诏诰一项。

康熙十年题准:"诰敕文按品刊刻文式,停止撰拟。"④当年宋太祖对翰林草制极为鄙视,认为这项工作不过就是"检前人旧本,改换词语,此乃俗所谓依样画葫芦耳,何宣力之有"⑤。制定文式,比依样画葫芦之职更为轻易,故按品刊刻文式的规定遭到词臣的反对,潘耒在代人所作的《请举词臣旧职以尽官守疏》中说道:"诰敕一项,自唐宋以来皆属词臣撰拟,元明至我朝相沿无改,停止才十余年。夫煌煌天语,如纶如绋,自应极其黼黻。翰林一官,其初本为代言而设,历观前代两制之词,皆出一时才隽之笔,文章尔雅,训词深厚,烂焉可观。且随事制词,因人立义,详略轻重,有伦不紊。今

①　朱珪等编:《皇朝词林典故》卷一,《翰林掌故五种》,第604页。
②　《钦定大清会典事例》卷一〇四八。
③　陈康祺:《郎潜纪闻二笔》卷一四"翰林须留心诏敕"条,第586页。
④　《钦定大清会典事例》卷一〇四八。
⑤　魏泰:《东轩笔录》卷一,影印文渊阁《四库全书》,第1037册。

造为一定之式,令中书舍人按品依官,照例誊写,千轴一辞,毫无同异,恐未足以彰我皇上日星之文,典谟之旨。"他重举康熙十八年上谕中"撰拟碑文祭文,俱应照依本人实迹撰拟,勿使太过"之语,要求制诰一类的文章亦应如此规定,并让翰林主笔:"请敕下所司,嗣后一应诰敕,仍令翰林官员撰拟,阁臣勘定,付中书誊写。"①潘耒于康熙二十三年七月以母丧归乡,据文中"停止才十余年"一语,此文应该写于之前不久。二十四年,大臣议准,"诰敕文,各照官职撰定文式颁给"②。也就是说,潘耒的建议在经过讨论后,部分被采纳,诰文由翰林撰拟,而敕文仍旧按品刊刻文式。他的"书之史册而可诵,传之万世而不刊,庶足少尽词臣代言之职"③的愿望也难以完全实现。

清代对专职文字之任的翰林要求很严,撰拟不合格的词臣将受到惩罚。康熙三十四年专门针对翰林撰文的赏罚作出明文规定:"翰林官撰拟文章,是其专任。善与不善,皆应有鼓励惩戒之处。自是以后,凡碑文、祭文,其撰拟人姓名及所撰之文,或经俞允,或被申饬,一一记名,有三次善有三次不善者,俱行奏闻。"乾隆八年圣驾临幸奉天恭谒祖陵,按照规定,翰林要撰拟祭文。但这次满汉词臣所撰之文"甚属平常,语意亦多重复",乾隆甚为恼怒,"将撰拟之于振,翻译之文保、德通,各罚俸三个月,以示惩儆"④。可见虽处于文章渊薮的翰林院,但并不是人人都能称职。期盼拥有一支五色神笔是这些翰林的美好愿望,清代笔记中关于此类传说记载较多,便是这种心理的折射。

作为文学侍从之臣的另一文学作用就是君臣之间互动的文学活动,可分君臣联句、唱和以及应制、恭纪等形式。如果从"凡被命有所述作则谓之应制"⑤的角度来说,则这几种形式的创作均可称之为应制。

---

① 潘耒:《遂初堂文集》卷四。
② 《钦定大清会典事例》卷一○四八。
③ 潘耒:《请举词臣旧职以尽官守疏》,《遂初堂文集》卷四。
④ 《钦定大清会典事例》卷一○四八。
⑤ 廖道南:《殿阁词林记》卷一三"应制"。

　　清人赵翼《陔余丛考》说:"汉武宴柏梁台,赋诗,人各一句,句皆用韵,后人遂以每句用韵者为柏梁体。"①关于柏梁体是否句句用韵学界尚有争议,此处可置不论。这种仅限于君臣之间联句的形式易为后世帝王效法,在歌咏升平以及体现君臣之间和睦关系方面,柏梁联句显然是最合适的方式。清代康、雍、乾三朝柏梁联句共五次。平定三藩之乱后的康熙二十一年上元节,圣祖有感于"海内宴安,兵革偃息,……丰穰有征,吾民咸乐"的盛世心态,"思与诸臣欣时式燕",于乾清宫宴集群臣,仿柏梁体,"用昭升平盛事"②。圣祖首倡"丽日和风被万方",赓和者自内阁大学士觉罗勒德洪以下至陕西道御史卫执蒲共九十二人,其中任职翰林者三十一人,占三分之一强,其中尚不包括曾任职翰林者。雍正四年重阳节,世宗"览百谷之斯登,忻三农之有稔",集王公卿尹,赐宴柏梁体诗,"欲昭圣祖养育之深恩,朕廷泰交之雅会"③,世宗始倡"天清地宁四序成",赓歌者自和硕诚亲王允祉以下九十二人,其中任职翰林者三十二人。乾隆朝共三次赐宴柏梁体诗,"凡籍翰林及既改官而旧为翰林者,皆与焉"④。十一年瀛台联句的规模超过四年和九年,参加者自大学士讷亲以下一百七十六人,而仅现任翰林就有八十九人,超过总人数的一半。在这几次柏梁联句中,翰林官始终占据着主导成分,这是他们工作的一部分。

　　联句之外,帝王和词臣之间的唱和在清代亦是常事,其中最著名的莫过于乾隆和沈德潜之间的诗歌酬唱。沈氏于康熙诗坛就负有盛名,只是试途坎坷,直到乾隆四年六十七岁才考中进士,馆选庶吉士。高宗对其诗名早有耳闻,据《十朝诗乘》记载:"沈归愚未第时,高宗于《南邦黎献集》(满洲诗人鄂尔泰编)中见其诗,即赏之。"⑤君臣际合之后,演绎了一场文坛佳话。在庶常馆学习期间,沈氏尝以所作诗文进呈。乾隆和其《觉生寺大钟歌》作

　　① 《陔余丛考》卷二三"柏梁体"条,第443页。
　　② 康熙:《升平嘉宴同群臣赋诗用柏梁体并序》,《圣祖仁皇帝御制文集》卷三五,影印文渊阁《四库全书》,第1298册。
　　③ 《词林典故》卷五,《翰学三书》(二),第99、102页。
　　④ 吴鼎雯:《国朝翰詹源流编年》卷二。
　　⑤ 龙顾山人:《十朝诗乘》卷一〇,第390页。

《觉生寺大钟歌用沈德潜韵》，中有"我惜德潜老始达，其诗亦复伦考功"之句。七年四月，乾隆命和《消夏十五咏》五律；七月侍班，命和《讨源书屋恭瞻皇祖御笔》七言二律，"君倡臣赓，几同《卷阿》之矢音也"①。十一年沈德潜晋阶内阁学士，九月请假葬亲，乾隆赋《内阁学士沈德潜乞假葬亲诗以赐之》五言长律以宠其行，诗云：

> 我爱德潜德，纯风挹古初。从来称晚达，差未负耽书。正藉通元笔，胡悬韦孟车。其如感风木，暂许返林间。南国欣归陆，东门漫拟疏。江乡春兴懒，能不忆金除。

沈德潜恭和云：

> 濡滞驱征辔，宁云赋遂初。君恩深惜去，臣老不中书。迹欲辞丹陛，心仍恋属车。宠光荣祖父，欢喜到乡闾。常矢涓埃报，几忘鬓发疏。园葵勤手植，向日近前除。

时送行者中钱陈群赋诗曰："帝爱德潜德，我羡归愚归。"②道出大臣的殷羡心理，一时广为传诵。十二年假满赴阙，乾隆为赋《沈德潜乞假葬亲毕还朝诗以赐之》五古诗一章，云：

> 朋友重然诺，况在君臣间。我命德潜来，岂宜遽引年。泷冈表阡垄，白驹来贲然。即此至性腴，令我俞以怜。昼锦匪所夸，孝乌或致焉。席前陈民瘼，不负余谆延。儿辈粗知书，善为道孔颜。

沈德潜恭和云：

> 人生在三节，最重天地间。恩深被存没，敢谢衰颓年。及时封兆域，堂斧马鬣然。刻期觐云日，辱荷圣人怜。葵忱既抒矣，鸿衰

---

① 沈德潜：《沈归愚自订年谱》，潘务正、李言编辑点校《沈德潜诗文集》（四），人民文学出版社2011年版，第2118页。
② 陈康祺：《郎潜纪闻初笔》卷一三"高宗赐沈德潜诗"条，第278页。

亦陈焉。典礼重豫教,琢玉蒙访延。性善称尧舜,岂惟希伊颜。①

严迪昌先生认为乾隆和沈德潜之间"朋友重然诺"的关系,"就其本质言,是一种历史性相互选择,是后期封建社会的统治发展到极致时期特有的文化现象"②。而这种关系的构建,是在君臣之间对诗歌的共同兴趣以及应制唱和中逐渐积淀形成的。

应制诗的创作是词臣重要的活动,康熙、乾隆二君雅善文学,经常召集翰林撰拟应制诗篇。以康熙三十三年五月为例,翰苑诸臣上应制计诗十五题:初九日,少詹事李录予、朱阜,侍讲学士顾祖荣、李铠入直,拟夏日内廷应制七律。初十日,侍读学士徐嘉炎,侍讲学士张廷瓒、史夔、曹鉴伦入直,拟赋得西园翰墨林应制五言律。十一日,左庶子陈伦,右庶子孙岳颁,侍读张榕瑞、王思轼入直,拟赋得膏雨润公田应制五言律。十二日,侍读陆肯堂,侍讲佘志贞、彭定求,左谕德沈涵入直,拟赋得紫禁朱樱出上阑应制七律,限五微。十三日,洗马邱象随,左中允王思沛,左赞善沈朝初、陆棻入直,拟咏金莲花应制五律,限八齐。十四日,右中允杨大鹤、彭宁求,右赞善魏希征,司业彭会淇入直,拟赋得崇文聊驻辇应制五言古,限"辇"字。十五日,检讨胡作海,编修仇兆鳌、徐元正、汪灏入直,拟赋得衣露净琴张应制五律,限五微。十六日,编修陈迁鹤,修撰沈廷文、陈元龙,检讨王之枢入直,拟恭读御制览贞观政要诗应制五律,限二萧。十七日,编修袁佑、王化鹤,检讨潘应宾、方韩入直,拟恭读御制时巡近郊悯农事有作应制五律,限八齐。十八日,编修张豫章、郑昆瑛,检讨刘涵,编修张希良入直,拟恭读御制懋勤殿读尚书至无逸篇有作应制五律,限五微。十九日,编修沈辰垣、李孚青、宋敏求、宋大业、沈三曾,检讨刘坤、鲁瑗、宋如辰入直,拟恭读御制观浑天仪器诗应制五律,限九佳。二十六日,编修吴世焘、汤右曾、郝士钧、凌绍雯、刘灏、张复,检讨宋朝楠、彭世拚、叶淳入直,拟圣驾夏日阅视河堤应制五律,限六鱼。二十七日,修撰戴有祺,编修吴昞,检讨万光宗、孙勷入直,拟恭读御制宫门听政示

① 《词林典故》卷五,《翰学三书》(二)第 120—122 页。
② 严迪昌:《清诗史》,浙江古籍出版社 2002 年版,第 669 页。

各部诸臣诗应制七律,限十灰。二十八日,编修许贺来,检讨梅之珩、张明先、李朝鼎入直,拟恭读御制咏史诗应制七律,限十灰。二十九日,检讨邓咸齐、郑际泰、窦克勤、徐日暄入直,拟浑天仪应制七律,限十蒸①。

清代长于应制的诗人众多,如张英、高士奇乃应制能手,"所著《随辇》、《扈驾》二集,为瀛洲枕秘"②。查慎行亦多应制诗篇,《敬业堂诗集》中《赴召》、《随辇》、《直庐》、《考牧》、《甘雨》五集多为应制而作,这类诗为其带来无上的荣耀。在翰林院期间,其族子查升以宫坊久侍直,宫监无以分别二查,呼慎行为老查,升为少查③。不过自《连日恩赐鲜鱼恭纪》一诗后,查慎行有了一个全新的称呼。诗云:"银鬣金鳞照坐隅,烹鲜连日赐行厨。感逾学士蓬池鲙,味压诗人丙穴腴。素食余惭留匕箸,加餐远信慰江湖。笠檐蓑袂平生梦,臣本烟波一钓徒。"④据《郎潜纪闻初笔》记载:

> 康熙间,查初白(慎行)学士、声山(升)宫詹,均在词馆,有文望,人皆呼为查翰林。初白从圣祖驾幸南海,捕鱼赋诗,先成,有"臣本烟波一钓徒"之句。翌日,内侍传旨,呼为"烟波钓徒查翰林",可与"春城无处不飞花"韩翃、"桃杏嫁东风"张郎中并传矣。⑤

此诗收入《随辇集》中,应该是康熙四十二年以庶吉士身份随辇所作,四十三年十二月查氏才被授予翰林院编修,作于这一年的《直庐集》中有《十二月二十日奉旨特授编修感恩恭纪》一首可证。"臣本烟波一钓徒"诗句出现后,"烟波钓徒查翰林"就是大查的特有称呼了。身居玉堂而有江湖之想是此诗成功的关键。康熙曾曰:"翰林乃侍从清要之官,……迩来翰林官内,……遇一缺出,不肯安分静守,钻营奔竞,觊觎升迁。此等之人深为可鄙!"⑥查慎行此诗流露出淡泊名利的态度,所以深得康熙的喜爱。四十五

① 《郎潜纪闻初笔》卷一二"召翰苑诸臣番上应制"条,第251—252页。
② 商盘:《赐书堂诗钞序》,周长发:《赐书堂诗钞》卷首,《四库全书存目丛书》集部,第274册。
③ 陈康祺:《郎潜纪闻二笔》卷九"老查少查"条,第486页。
④ 《敬业堂诗集》卷三〇《随辇集》,第825页。
⑤ 陈康祺:《郎潜纪闻初笔》卷三"烟波钓徒查翰林"条,第53页。
⑥ 《康熙起居注》,第1331页。

年，扈驾至古北口，"襃衣襜服行山谷间，仁皇帝望而笑曰：'行者必查某也。'"①足见"烟波钓徒"在康熙脑海中深刻的印象。为此查慎行作《雪中戴青毡大帽上顾见大笑口占纪之》，诗曰："大于暖耳覆双肩，冰雪骑驴二十年。今日重蒙天一笑，白头还恋旧青毡。"②文学侍从要将帝王的一举一动记录下来，这些诗篇与他们的仕途密切相关。查氏在康熙朝后期的经历以及雍正朝的免祸，归功于他的应制诗并不为过，雍正就曾评价其诗曰："查某每饭不忘君，杜甫流也。"③所谓"不忘君"在其应制诗中体现更为充分。

应制诗讲究得体。袁枚馆选的题目是《赋得"因风想玉珂"》，为刻画"想"字，有句云："声疑来禁院，人似隔天河。"诸总裁以为语涉不庄，将予罢黜。大司寇尹继善力争曰："此人肯用心思，必年少有才者；尚未解应制体裁耳。此庶吉士之所以需教习也"。④而秦松龄却因应制得体受到帝王的关注："官庶常，世祖章皇帝召试《咏鹤诗》，有'高鸣常向月，善舞不迎人'之句，指示阁臣曰：'此人必有品。'置第一。"⑤应制诗需如张英诗"鼓吹升平，黼黻廊庙，无不雍容和平"⑥，或如周清原诗"多堂皇典丽"⑦，雍容典雅、堂皇典丽是其特有的风格。袁枚的诗由于让人产生男女之情的联想，故而给人以体涉艳情的感觉，与应制之体相背。张廷玉总结这类作品的创作经验道："夫应制之篇，以和平庄雅为贵，气虽驰骋有余，而音之厉者弗尚也；意虽跌宕可喜，而格之奇者弗尚也；语虽新颖巧合，而体之佻者弗尚也；辞藻虽丰，征引虽博，而言与事之凡俗者弗尚也。鞞铎之振厉，不足语云门韶濩之铿锵；林壑之幽深，不足语建章鸤鹊之巨丽；雉头蝉翼之瑰异，不足语山龙黼黻之文章。"⑧从诗风来说，应制诗一般倾向唐诗尤其是初盛唐时期诗歌的

---

① 昭梿：《啸亭续录》卷二"查初白"条，中华书局 1980 年版，第 412 页。
② 《敬业堂诗集》卷三二《考牧集》，第 899 页。
③ 昭梿：《啸亭续录》卷二"查初白"条，第 413 页。
④ 袁枚：《随园诗话》卷一，第 4 页。
⑤ 李集辑：《鹤征录》卷一，《四库未收书辑刊》第 2 辑第 23 册。
⑥ 《四库全书总目》卷一七三《文端集》提要。
⑦ 徐世昌：《晚晴簃诗话》卷四一，华东师范大学出版社 2009 年版，第 266 页。
⑧ 张廷玉：《同馆课艺序》，《澄怀园文存》卷九，《四库全书存目丛书》集部，第 262 册。

风格,因为这种诗风与处在上升期或全盛期社会风貌吻合。即使时局尚未达到类似的程度,帝王及统治者都乐意用此类诗风粉饰太平。在清初宗唐与宗宋之争的文学背景之下,进入翰林院对诗人诗风的改变影响甚大,宗宋诗人往往以此为转折点,在诗风上变而宗唐。这类事例很多,此处先不论王士禛诗风转变与此之关系,毛奇龄和查慎行都经历了这样的变化。毛奇龄"中年以前所作,豪宕哀感",近于宋诗;"通籍后,庄雅近台阁体,意境一变,要皆一守唐格,不作宋以后语"①。所言"通籍"乃指康熙十八年经博学鸿词科进入翰林院,这一境遇的改变带动其诗风的转向。查慎行"少时奔走四方,发言悲壮",以宋诗风为主;"晚遭恩遇,叙述温雅"②,近于唐诗风格,显然,这一变化也与其翰林经历相关。所以,考察康熙朝乃至乾隆朝诗人诗风,关注其是否有翰林经历至为重要。

第三节 衡文督学

(一)衡文

衡文即担任乡会试主考官、同考官以及殿试阅卷官一职。自科举制度产生,出任衡文的官员几经变化。商衍鎏先生认为:"考官宋时皆选外官有文者任之,不限资格。……明初由监临、提调等官延聘,……其用京官典试自嘉靖戊子始,参用翰林自万历乙酉始。"③其实自宋以后,衡文一任由礼部逐渐转移到翰苑。由于这一职能对文学才能的特殊要求,"深通文义之人"④的翰林官员便成为最佳人选。据杨果《中国翰林制度研究》,宋代翰林学士经常充任省试知举官,亦不时出任省试以外的诸州发解试、避亲别头试以及殿试,此外还有皇帝临时设置的制科、武举等⑤。明代凡会试考官,礼

---

① 徐世昌:《晚晴簃诗话》卷四四,第 278 页。
② 姚鼐:《方恪敏公诗后集序》,《惜抱轩诗文集·文集后集》卷一,上海古籍出版社 1992 年版,第 265 页。
③ 商衍鎏:《清代科举考试述录及有关著作》,百花文艺出版社 2004 年版,第 93 页。
④ 《康熙起居注》,第 477 页。
⑤ 杨果:《中国翰林制度研究》,第 124 页。

部奏行于大学士、学士等官,及詹事府各坊、司经局官内具名请奏;同考官于本院侍读等官及春坊、司经局,与各衙门官相兼推选。初制,"会试同考八人,三人用翰林,五人用教职"①,正德六年,"命用十七人,翰林十一人。……(万历)四十四年,……翰林十二人"②。同考之外,主考也多以翰林官充任③。至于顺天府、应天府两京乡试,主考也多用翰林。此外殿试读卷官、武会试考官亦常由翰林出任。

　　清代翰林院更多地参与了衡文的任务。据《清史稿》卷一〇八《选举志三》,乡、会试考官,初制,顺天、江南正、副主考,浙江、江西、湖广、福建正主考,差翰林官八员。他省用给事中、光禄寺少卿、六部司官、行人、中书、评事。以顺治十四年丁酉科乡试为例,顺天考官为庶子曹本荣、中允宋之绳;江南考官为侍讲方犹、检讨钱开宗;江西考官为谕德王绍隆、吏科给事中王益朋;浙江考官为中允张瑞征、刑科给事中史彪古;福建考官为谕德余恂、兵科给事中刘鸿儒;湖广考官为检讨薛漗、礼科给事中孙光祀④,正合差翰林八员之数。但八员并非一贯的制度,一般情况下或多于或少于这个数目。是时考官尚未严限出身,顺治十七年庚子科给事中袁懋德以岁贡典试山东,康熙二年癸卯科、五年丙午科主事蔡骃、曹首望俱以拔贡典试云南、广西⑤。至圣祖康熙三年定制,各省通行差遣会试,则掌院学士并充主考官,侍讲学士、侍读学士以下充同考官。十年,以御史何元英请,考官专用进士出身人员,然举人出身者亦时与是选,出身限制仍未严格。

　　乡试官的确定,先是以保举法,雍正三年采取考试选拔试差。这年三月,以遣学(政)、试(官)两差,考试翰詹、科道、部属诸臣于太和殿。考取人员姓名识以牙签,贮以金筒,临遣时大学士齐至午门前,每省掣正、陪各一员

---

①　《明史》卷七〇《选举二》,第1699页。
②　《明史》卷七〇《选举二》,第1699—1700页。
③　沈德符:《万历野获编》卷一四《科场》载:永乐十六年、二十二年会试,皆侍读学士曾棨为正主考;宣德八年,少詹事、侍读学士王直为副考,正统元年为正主考;景泰二年,修撰林文为考官;景泰五年,侍讲杨鼎,成化间,钱溥两度以学士为正考。中华书局1959年版,第368、370页。
④　法式善:《清秘述闻》卷一,中华书局1982年版,第20—21页。
⑤　陈康祺:《郎潜纪闻二笔》卷六"掌文衡者不必皆甲科出身"条,第427页。

引见差用。自此,试官身份始限翰林及进士出身的部、院官,乡试官的确定亦由保举、考试二法产生。乾隆元年三月谕内阁:"今年八月举行恩科乡试,其正副考官必人品端方、学问醇正者,始足膺衡鉴之寄。朕即位之初,不能深知诸臣之底蕴,著鄂尔泰、张廷玉、朱轼、徐本、邵基、任兰枝、徐元梦、福敏、孙家淦、杨名时于翰詹、科道、部属内,各据所知,多举数员,于五日内交送内阁汇奏,候朕考试简用,庶得才品兼优之员,以副抡才之大典。"①三十六年后,保举法废,考试遂著为令。乾隆以前,凡御试开列试差诸臣,皆发出等第名次。惟乾隆四十二年三月考试差单不发出,越二年,又改如前例。此后始密定名次,不复揭晓②。

会试主考曰总裁,初用阁部大员四人,或六人,多至七人。后简为四人,以大学士及一二品官、翰林、进士出身者充任。会试同考官初用二十人,其中翰林官十二,六科四,吏、礼、兵部官各一,户、刑、工部官每科轮用一。康熙三年甲辰科后皆十八人,遂为定额,称"十八房"。起初会试房官兼用庶吉士,各部中举人亦间用者。至乾、嘉以后,始专用翰林院编修、检讨及进士出身的京曹官。武会试则学士以下充主考官,康熙九年定制:文武会试主考官兼用侍讲学士、侍读学士。至于殿试读卷,掌院学士充读卷官,侍讲学士、侍读学士以下充受卷弥封掌卷官。

衡文与文风关系甚大。"文运所关,非浅鲜也"③,清代帝王认为前明文风的浮靡是导致国家衰败的重要因素,因此极其注意文风的导向,雍正、乾隆屡次下诏厘正文体,如雍正十年晓谕考官:"所拔之文,务令清真雅正,理法兼备。"④而朝廷政策的实施者就是考官,"试官奉天子之命,其职在于正文体"⑤。如何"正文体"? 如何引导文风使之朝着有利于统治的方向发展? 这就是在取舍之间树立标准,所谓"士子之趋向,视乎衡文者之好尚,诚使

---

① 《词林典故》卷三,《翰学三书》(二),第53—54页。
② 陈康祺:《郎潜纪闻初笔》卷三"考试差名次不揭晓"条,第48—49页。
③ 《钦定学政全书》卷六,《续修四库全书》第828册。
④ 《钦定学政全书》卷六。
⑤ 纪昀:《丙辰会试录序》,《纪晓岚文集》第一册卷八,第149页。

衡文者置怪僻于不录,则士子亦何所利而习之"①。康熙十一年徐乾学主顺天乡试,"常病士子治经义骫骳屈曲以趋时好,率卤莽苟且,侥幸一得,人才将日坏。……公入闱,以独赏为公鉴,以吐故为研真。酌万派以一源,扫荒途于正道。……一惟公之从榜出,文体一变,以至于今,识者咸谓功不减欧阳子也"②。据记载,在徐氏衡文之前,顺天一地的风气是"为文者竞尚浮靡,往往习为空虚无用之学",徐氏采取的策略就是在取舍中改变风气,其"所取皆醇古渊懿,近于先民之矩,而天下闻其风者亦遂翕然趋于实学"③。取实学而弃空虚,这就是徐氏兄弟的衡文原则;由空虚而趋向实学,这大概就是"文体一变"的具体内容。欧阳修于嘉祐二年知贡举,罢黜以险怪著称的"太学体",使文风朝着平易的方向发展,奠定了有宋一代的文风趋向④,成为后世考官的楷模。徐乾学的努力是否能和欧阳修的功劳媲美是另一回事,不过时人将二者相提则是对其做法的推崇。

　　至于考官衡文的标准,不外是厘正文体诏中规定的"清真雅正"以及"理法辞气"等要求⑤。所谓"清真雅正",清即"书理透露,明白晓畅";真即"有意义,不剿袭";雅即"有书卷,无鄙语,有先正气息,无油腔滥调";正即"不俶诡,不纤佻,……无奇格"⑥。"理法辞气"中理即道,法即作法,辞指文采,气言气势⑦。考官就是根据这八个字取舍文章。如王熙于康熙二十七年任会试主考官,"惟理宗先圣,行文古雅者,然后详审再三,慎选登进"⑧。严虞惇在《福建乡试录》中申明录取原则为:"理取正大,不取险僻也;词取

　　① 《钦定学政全书》卷六。
　　② 韩菼:《资政大夫经筵讲官刑部尚书徐公(乾学)行状》,《有怀堂文稿》卷一八,《四库全书存目丛书》集部,第 245 册。
　　③ 许承宣:《掌院学士徐公寿序》,《金台集》卷下,《四库未收书辑刊》第 7 辑第 26 册。
　　④ 参见王水照:《嘉祐二年贡举事件的文学史意义》,《王水照自选集》,上海教育出版社 2000年版,第 219—226 页。
　　⑤ 《钦定学政全书》卷六。
　　⑥ 张之洞:《劝学篇·语文第三》,《张文襄公全集》本。
　　⑦ 龚延明、高明扬:《清代科举八股文的衡文标准》,《中国社会科学》2005 年第 4 期。
　　⑧ 《戊辰会试录序》,《王文靖公集》卷一〇。

典雅,不取纤缛也;气取宏达,不取卑琐庸弱也。"①纪昀任会试考官时,"(所取)以平正通达,不悖于理法者为主;而一切支离涂饰,貌为古学者,概不录焉"②。也正是这些试官的努力,清代文学的雅正风格得以树立。

由于试官的主体翰林官老于文事,其衡文往往以精准而传为佳话。康熙二十九年李澄中任云南乡试主考官,有李约山者,自云南学使幕中归,与检讨朱彝尊论滇中人才,列所取知名士二十二人署壁间,占其取舍。"既试录至,其不与者才三人"③。甚至还有所录取者与外间估计不差分毫。吴鸿视学湖南,是科典试者为钱大昕、王杰,三人皆衡文巨眼。诸生出闱后,各以闱卷呈吴鸿,其最赏者为丁甡、丁正心、张德安、石鸿翥、陈圣清五人,曰:"此五卷不售,吾此后不复论文矣。"榜发之日,招客具饮,使人走探,俄而抄榜来,自第六名至末仅有陈圣清一人,吴旁皇莫释。未几五魁报至,则四生已各冠其经矣。吴大喜,一时传为佳话④。

(二)督学

督学是提督学政的简称,其职责一是主持岁考,每年对所属各府、州、县生员进行巡回考试;二是主持科考,每届乡试前,对所属地区生员进行考试,选拔合格者参加乡试。学政一官,清以前并不专属翰林。考其历史,"督学之职,盖合古司徒、司马之掌而兼之"⑤,"汉京师置五经博士,郡国置文学掾。至宋崇宁初每路设提举学士一人,元各省设儒学提举二人。明宣德间敕遣各省提学官,以重其任。"⑥检明黄佐《翰林记》,翰林职能中并没有督学一项,可知明代虽重学官,却并未以学政一职委任翰林。至清初,"凡提督学政之官,于直隶、江南、浙江曰学院,以翰林院侍读、侍讲等官充之。馀曰学道,并系以按察司副使佥事之名,由六部郎及知府之有资望者推用,其后

---

① 严虞惇:《福建乡试录序》,《严太仆先生集》卷五,《四库未收书辑刊》第8辑第19册。
② 纪昀:《丙辰会试录序》,《纪晓岚文集》第一册卷八,第149页。
③ 《国朝耆献类征初编》卷一一九,李绂撰传,清光绪甲申(1884)湘阴李氏刊本。
④ 陈康祺:《郎潜纪闻初笔》卷三"衡文巨眼"条,第60页。
⑤ 陈仪:《答某学政书》,《陈学士文集》卷八,《四库未收书辑刊》第9辑第17册。
⑥ 吴省钦:《四川学院题名碑记》,《白华前稿》卷九,《续修四库全书》第1447册。

遇缺则请特简。"①清初学院、学道的区别就在于使用翰林与否："由翰林、科道简用,则为学院;由部属简用,则为学道。"②雍正四年以后废除学道,统称学政。清代翰林任学政一职比较复杂,需要加以考察。

直隶、江南等学院清代初年"皆以台员视学"③,直至顺治十六年六月,"始以翰林五品以下官提督直隶、江南、江北学政,其学习国书者不差"。康熙二十三年十二月又对学院使用翰林官的情况作了具体的规定:"顺天学政以侍读、侍讲、谕德、洗马开列,江南、浙江以侍读、侍讲、谕德、洗马、中允、赞善开列,停其补用郎中道府"④。可见顺天、江南、浙江的学政自康熙二十四年以后不再使用郎中科道等官,已为翰林专差。

各省学政清初亦不差遣翰林,其差词臣自康熙三十九年始。本年七月,内阁奉上谕:"各省学道,原不差遣翰林官员,嗣后各省学道,宜将翰林官员一并差遣。"⑤这次上谕遭到翰林院掌院学士韩菼等人的反对,原因是翰林官出任学政,"倘有一之未称,不特一己之面目所关,深恐负我皇上格外擢用之至意"⑥,其真实用意在于为点缀升平的翰林官推卸事务,以防暴露其不称位居清华之职的事实。但最终的结果是,"此后各省学道缺出,翰林官内自侍读、侍讲以下,开列职名,仰俟钦点"⑦,各省学政差遣翰林始于本年。至雍正四年十一月,"凡部内郎中等官,膺督学之任,则加以编修、检讨之衔,使其名副其实"⑧,郎中等官督学时加以翰林官之衔,就是使其具备词臣的名誉,可见各省学政至雍正四年以后非翰林官不差。自此,每至"更换学政之期,偶有一二他衙门人员,翰林官多以为非分"⑨,学政成了翰林的专

①　吴省钦:《四川学院题名碑记》,《白华前稿》卷九。
②　《清实录》第七册卷五〇雍正四年十一月辛卯,第750页。
③　法式善:《槐厅载笔》卷三引《浣初集》。
④　《词林典故》卷三,《翰学三书》(二),第53页。
⑤　陈康祺:《郎潜纪闻初笔》卷三"国初学政不差翰林"条,第62页。
⑥　韩菼:《辞翰林官差遣学道折子》,《有怀堂文稿》卷一一。
⑦　《清实录》第六册卷二〇〇康熙三十九年七月乙巳,第35页。
⑧　《清实录》第七册卷五〇雍正四年十一月辛卯,第750页。
⑨　陈康祺:《郎潜纪闻初笔》卷三"国初学政不差翰林"条,第62页。

缺。

"督学"所重在"学",清代学风的树立与学政的努力分不开。如惠士奇督学广东,"毅然以经学倡。三年之后,通经者多"①;朱筠视学安徽,临行前下决心:"吾于是役,将使是邦人士为注疏之学,而无不穷经;为《说文》之学,而无不识字。"到任后立即"拜奠婺源故士江永之木主,崇祀乡贤以劝学",并刊刻旧本许氏《说文解字》、《十三经注疏》②。后来"安徽八府有能通声音训诂及讲求经史实学者,类皆先生视学时所拔擢"③。学政的提倡必然导致士子的向风,如阮元督学浙江就立刻带动了当地汉学的发展:

> 萧山毛西河、德清胡朏明所著书,初时鲜过问者。自阮文达来督浙学,为作序推重之,坊间遂多流传。时苏州书贾语人:"许氏《说文》贩脱,皆向浙江去矣。"文达闻之,谓幕中友人曰:"此好消息也。"④

身为学政的阮元为毛奇龄、胡渭所著之书作序,遂使之得以流传,并促进了汉学在浙江的兴盛,此可见学政在清代普及汉学的作用。

督学所重虽在学,但并不忽视督"文"的作用。据黄之隽《学政条约》,学政督学的内容除经学、理学、实学、古学外,尚有"文章"一项⑤;徐汝霖在其《新颁学政》"文章所戒"一款中有"勿庸腐"、"勿离奇"、"勿冗长"、"勿油滑"四戒⑥,可知学政也以督文为能事。惠士奇督学广东,闻当地文士胡方名,前去诚恳拜访,并咨询其乡人中"谁能为文者",胡方推荐明季梁朝钟,"遂求梁文并各家文刻之,名曰《岭南文选》"⑦,岭南一地文风由是而盛。李应鹏为学政,"厘正文体,振拔寒滞","又引进诸生,反复开导以读书为文

---

① 支伟成:《清代朴学大师列传》,岳麓书社1986年版,第53页。
② 余廷灿:《朱侍读学士筠传》,《存吾文稿》(不分卷),《续修四库全书》,第1456册。
③ 姚名达:《朱筠年谱》,商务印书馆1933年版,第64页。
④ 陈康祺:《郎潜纪闻二笔》卷一六"阮文达推重经学"条,第633页。
⑤ 黄之隽:《唐堂集》卷一八,《四库全书存目丛书》,第271册。
⑥ 徐汝霖:《德星堂文集》卷九,《四库全书存目丛书》集部,第253册。
⑦ 《清史稿》卷四八〇《儒林传·胡方传》,第13146页。

之法。于是人知研究经史为有用之学，而文气亦骎骎复古矣"①。洪亮吉任贵州学政，在他购买的书籍中，不仅有经史足本以及《通典》，尚有《文选》等书俾士子诵习②。

学政督学中所谓的文章，虽是针对时文八股而言，但并不仅仅局限于此，其所论亦关系到广义的文学。黄之隽在《学政条约》中针对"文章"一条与诸生相约道：

> 夫作文者在明理与养气而已，六经为根本，迁、固二史，唐宋八家为菁华，幅勿论长短，格勿论奇正，词勿论浓淡，期于发挥圣贤之精义，而去其陈言。昌黎所云醇而肆，奇而法，斯为巨观。若以枯率而貌成、弘，以空疏而袭庆、历，以粗莽而托天、崇，皆为赝鼎。识者弗取也。……我皇上振兴文治，……又谕衡文者以理明学正、典雅醇洁为主，诚谓文章可以觇人品也。③

虽是论时文的作法，实际上其所论述的理论基础是文学史上关于古文创作的经验，这对清代古文亦有影响。汪廷珍先后任安徽、江西学政，作有《安徽试牍立诚编文序附条约十八则》及《江西试牍立诚编文序附续刊条约二十八则》，在后一篇中有一则论诗赋曰："诗赋认神理，循序次。……饾饤襞积，捃扯芜杂，均属最忌。"④这些均涉及到文学的特性，因此不仅于考试文体起作用，就是对其他体类也产生较大的影响，此即张之洞所谓"不惟制义，即诗古文辞，岂能有外于此"⑤。以方苞为例，其文章经历了由才思奔放到才气收敛的转变过程，挚友戴名世对此写道："始灵皋少时，才思横逸，其奇杰卓荦之气，发扬蹈厉，纵横驰骋，莫可涯涘。已而自谓弗善也，于是收敛其才气，浚发其心思，一以阐明义理为主。"⑥探究这一转变原因，恐怕要归

---

① 法式善：《槐厅载笔》卷一四引《文贞集》。
② 李桓：《国朝耆献类征初编》卷一三二。
③ 黄之隽：《学政条约》，《唐堂集》卷一八。
④ 汪廷珍：《实事求是斋遗稿》卷二，清道光二十九年(1849)扬州刻本。
⑤ 张之洞：《劝学篇·语文第三》。
⑥ 戴名世：《方灵皋稿序》，《戴名世集》卷三，中华书局1986年版，第53—54页。

之于江南学政高裔对他的影响。高裔,字素侯,顺天宛平人,康熙十五年馆选庶吉士。二十八年在江南学政任上,对方苞甚为爱护。他教导诸生为文就是从文以明道的角度切入的,他说:"凡吾所取于二三子者,非徒外之文也;观其言轨于道而气不侻,其于人亦概乎能有立者也。"①方苞后来为文注重儒家之"道",无疑有翰林院出身的江南学政高裔教导的痕迹。

翰林院衡文督学的职能在《词林典故》中统归在"衡文"条下,就是说二者有共同的地方。不过就其作用来说,清人更注重翰林院督学的职能,原因在于衡文者考官于某地所处时间毕竟不长,此外还要受到许多限制,所起作用自然有限,正如邱嘉穗所说:"乡会总裁衔命将事,忙无刻暇,入闱不一月,阅文仅浃旬,辄仓皇揭晓。其间分经荐卷之权,又半出同考官所得士,或非才望,即不免马首之噪,而其文亦终不足传。"②又如李绂所说:"乡会试之科典虽重大,又皆仅仅取必于一日之短长,苟且者多侥幸焉。"③至于督学,一般情况下最短也是一届三年,有时可以像翁方纲在广东学政任上获得连任那样呆上三届八年,其影响自然较乡会试考官衡文之任为巨。正如李绂所说:"督学任久而权尊,考课再三,非特一试而已。其登降黜取,足以奔走一时之骏豪,盖非具卓然独出于流俗之识者,不足以与乎此也。"④正因如此,乾隆对督学使者改变文风寄予深厚的期望:

> 为学政者,果能以清真雅正为正宗,一切好尚奇诡之徒,无从幸售,文章自归醇正,否则素日趋向纷歧,一当大比,为试官者锁闱校拔,不过就文论文,又何从激劝而惩创之。且学政按临,调庙讲书,原与士子相见,非考官易书糊名,暗中摸索者比。文字一道,人品心术,即于此见端,自应随时训励整顿,务去侻巧僻涩之浇风,将能为清真雅正之文。而其人亦可望为醇茂端正之士。由此贤书释褐,足备国家任使。斯士子无负科名,而学臣亦不负文衡之任,但

---

① 方苞:《余西麓文稿序》,《方苞集集外文》卷四,上海古籍出版社1983年版,第623页。
② 邱嘉穗:《汪侯杭川课士录序》,《东山草堂文集》卷一,《四库全书存目丛书》集部第259册。
③ 李绂:《督学乔公德教碑》,《穆堂初稿》卷三〇,《续修四库全书》第1421册。
④ 李绂:《督学乔公德教碑》,《穆堂初稿》卷三〇。

不得因有是旨,徒以字句庇颣,易为磨勘指摘,遂专取貌似先正之
文,于传注无所发明,至相率而归于空疏浅陋,此又所谓矫枉过正,
救弊适以滋弊,不独舆论难诬,一经朕鉴察,亦惟于该学政是问。
今岁正学政受代之始,诸臣皆朕特简,各宜勉副兴贤育才至意。①

从一些曾经担任过学政的翰林官履历记录中能看到他们对于改变清代文风
的重要作用。如蓝润为顺天学政,"励颓靡,拔寒畯,士风文风为之一变"②;
颜光敦督学浙江,"训士如严师慈父,士气腾踊,文风丕变"③;郑江视学安
徽,"标清真雅正之文为正鹄,险诡者概从斥落,风习为之一变"④。这些评
价虽不免阿谀之嫌,但其中也包含着对他们在学政任上改变文风之政绩的
肯定。

翰林官在衡文督学任上于整个社会的文风产生的重要作用,已如上论。
作为衡文督学的副产品,他们在赴任往来途中也创作了大量诗歌,留下许多
精彩的诗集。翰林官作为文学侍从之臣,具有一定的文学才华。不过由于
职守决定,他们一般在内廷奉旨修书或应制赋诗,眼界狭小,限制了才华的
发挥;而衡文督学的职任为他们提供了接触生活、亲近自然的机会,从而使
他们的灵感不时迸发。齐召南在为张映斗《秋水斋诗》作序时便着重强调
这一点:

> 先生早负重名,其在翰林,诗笔为一时冠。尝自谓生长东南,
> 官在禁近,无由历览宇内名山大川,以发其奇。幸得以衡文出使,
> 由晋入秦,由秦入蜀,所在名山大川,一快生平愿游之志,而诗亦遂
> 止于是。⑤

王士禛门人乔莱于康熙二十年奉命典粤试,"往返半岁,有诗若干篇,编为

---

① 《钦定学政全书》卷六。
② 法式善:《槐厅载笔》卷三引《浣初集》。
③ 《碑传集》卷四四《浙江学政(颜)光敦》,周骏富辑《清代笔记丛刊》本,(台)明文书局 1985
年印行。
④ 李桓:《国朝耆献类征初编》卷一二五杭世骏撰郑江行状。
⑤ 齐召南:《秋水斋诗序》,张映斗《秋水斋诗》卷首,《四库全书存目丛书》集部第 276 册。

一通",曰《使粤集》。西粤山川奇秀峭拔,但自古为荒服,"士大夫非游宦奉使,则不得至焉"①,正是典试的机遇,使乔莱有机会将这一片与世隔绝的风光形之笔端。史申义于乾隆二十年奉命典试云南,"輶轩所至,凡有感触,悉见之于诗,于是有《使滇集》三卷"②,顾图河评价其诗曰:"先生之诗之崒然高者,与滇之山争长;泓然深者,与滇之水争流。入于九幽,抗于九霄,穷搜溟涬而独宝其清虚,月锻季炼,矜慎不轻出。异才之与异境,幸而相值,岂漫然云尔哉!"③试想如果不是衡文督学的机会让他们有机会接触到奇异的自然景观,这些整天关闭在内廷修书的翰林,哪能写出这样充满生机的诗作?同是入蜀典试,郎中王士禛传有《蜀道集》,翰林院编修方象瑛作有《锦官集》,其时有人将二者进行比较:"壬子(康熙十一年)王公阮亭使蜀,著有《蜀道集》;癸亥(康熙二十二年)方公渭仁(象瑛)亦使蜀,而《锦官》之集成。两公同属典试,其入蜀也,同由秦陇,及其归也,同自荆巫,为诗之数亦略相当。顾王公在未乱之先,方公在乱定之后,一则多绸缪阴雨之防,一则多哀悯疮痍之什。诗皆高秀古奥,罕有等伦。"④如果联系渔洋《蜀道集》"毋论大篇短章,每首具有二十分力量,所谓师子搏象兔,皆用全力者也"⑤的成就而论,则这里将方象瑛《锦官集》与之相提并论,无疑是对其艺术成就的莫大肯定。而这都是衡文督学所赋予的际遇之结果。

第四节　奉使告祭

(一)出使

清代翰林院负有出使的职能,包括册封、出使国外以及告祭等。溯其历史,儒臣出使由来已久,所谓"昔者汉文帝谕南粤则遣陆贾,武帝通西南则

① 王士禛:《使粤集序》,《渔洋文集》卷三,《王士禛全集》(三),第1555—1556页。
② 朱书:《使滇集序》,史申义《使滇集》卷首,《四库未收书辑刊》第9辑第17册。
③ 《使滇集序》,史申义《使滇集》卷首。
④ 邓汉仪:《诗观三集》卷八,《四库禁毁书丛刊》集部第3册。
⑤ 王士禛:《分甘余话》卷二"评《蜀道集》《南海集》诗"条,中华书局1989年版,第39—40页。

用司马相如,两公皆文人,克副任使"①。宋时与辽岁通使问,遣正副使二人,仁宗以后多用翰林学士一人,如胡宿、欧阳修、刘敞、苏颂,并以学士出使②。明代翰林院亦有充使、使国外、代祀的职能。凡册封诸王及妃,内阁官充正使,册封副使以翰林官充。由于内阁在明代政治中的地位,翰林院的使臣性质较弱,次数亦不多。至于出使外国则多用翰林官,如颁诏及册封朝鲜、安南国,学士等官充正使;祈告代祀,也多用本院儒臣③。

清代出使一般委派翰林官充任,并按出使的规格分派不同品级的官员。册封亲王、世子、郡王及内外固伦、和硕公主、亲王世子、君王嫡妃,以掌院学士充副使;长子、贝勒、贝子及长子妃、贝勒、贝子夫人、内外郡主、县主、郡君并外藩蒙古亲王、郡王嫡妃,以讲读学士、讲读充正副使。外藩蒙古贝勒以下、公以上夫人,以讲读充正副使。本院五品以上官,皆预国子监春秋展祀,大学士具名上请,而以资深编修、检讨二员司其分献。出使外国,顺治朝至康熙初年尚不限制身份,康熙以后,翰林满汉官皆列名请简④。下表以奉使琉球、朝鲜、安南为例,对出使人员身份作一简单统计⑤:

出使时间	出使地点	出使原因	出使人员	出使身份
顺治二年	朝鲜	册封世子	祁充格	弘文院大学士
顺治十一年	琉球	封王尚质	张学礼	兵科副理事官
康熙元年	琉球	封王尚质	张学礼	兵科副理事官
康熙三年	安南	吊祭维禔	吴光	编修
康熙五年	安南	封王黎维禧	程芳朝	侍读
康熙六年	安南	敕谕寝兵	李仙根	侍读
康熙二十一年	朝鲜	册封王妃	阿兰泰	内阁学士
康熙二十二年	琉球	封王尚贞	汪楫	检讨

---

① 方象瑛:《送汪悔斋检讨册封琉球序》,《健松斋文集》卷四。
② 《词林典故》卷三,《翰学三书》(二)第42页。
③ 黄佐:《翰林记》卷一五"充使"、"使国外"、"代祀"条。
④ 《词林典故》卷三,《翰学三书》(二),第54页。
⑤ 此表根据《清朝文献通考》卷二九三至二九六《四裔考》制成。

康熙二十二年	安南	封王黎维正	明图(正使) 孙卓(副使)	侍读 编修
康熙二十二年	安南	谕祭故王	邬黑	侍读
康熙四十二年	朝鲜	册封王妃	揆叙	掌院学士
康熙五十六年	朝鲜	谕祭故王	阿克敦	侍读学士
康熙五十八年	琉球	封王尚敬	海宝(正使) 徐葆光(副使)	检讨 编修
康熙五十八年	安南	封王黎维祹	成文	编修
雍正二年	朝鲜	封王及王妃	阿克敦	侍读学士
雍正十二年	安南	封王黎维祐	春山	侍读
乾隆二十一年	琉球	封王尚穆	全魁(正使) 周煌(副使)	侍讲 编修
乾隆二十六年	安南	谕祭故王	德保	侍读
乾隆四十九年	朝鲜	册封世子	阿肃	侍读学士
嘉庆五年	琉球	封王尚温	赵文楷	修撰
嘉庆十三年	琉球	封王尚灏	齐鲲	编修

　　清廷委派翰林出使特别注重其文学才华。康熙二十年琉球国中山王尚质薨,次年,世子贞遣陪臣奉表请封。往时册封琉球常以给事中、行人为正副使。这次康熙诏公卿推择文学隽异之臣,大臣保举翰林院检讨汪楫、中书舍人林麟焻为正副使。康熙对这次出使非常慎重,人员确定之后,又多次向大臣询问二人情况:

　　　　上问曰:"此二人何如"?明珠奏曰:"汪楫系荐举博学弘词,扬州人,家贫,人优。林麟昌系臣衙门中书,其人亦优。"上顾学士库勒纳问曰:"汪楫学问如何?"库勒纳奏曰:"文学颇通。"上又问曰:"其人如何?"库勒纳奏曰:"人亦甚优。"上颔之。[1]

当康熙得知汪楫"文学颇通"时才放下心来。在当时的翰林院中,汪楫的文名很高,潘耒评价曰:"汪君才气真无双,龙文之鼎笔力扛。"[2]王士禛评价

---

[1] 《康熙起居注》,第833—834页。

[2] 潘耒:《送同年汪舟次奉使琉球》,《遂初堂诗集》卷四《梦游草》。

曰:"太史承明彦,名高著作庭。……笔掣鲸鱼动,文驱螭象灵。"①宗定九称其文"理不谬摇其枝,字不妄舒其藻"②。可能因为这些,汪楫才被推荐出使琉球。

奉使以文人为最宜,对此潘耒有详细的说明:

> 自古奉使有声者,往往多文雅之士,春秋子产、季札、晏婴之徒,皆宏览博物,长于辞命。汉世陆贾、严助、终军、司马相如诸人,亦数数奉使。至如陈汤立功绝域,而传称其工为章奏;苏子卿大节皎然,而赠别五言为千古风诗之祖。以是知为天子使,惟文人最宜也。③

详悉清代派遣翰林出使的原因有三。一是文教安抚的作用,即所谓"远人不服,则修文德以来之"(《论语·卫灵公》)的意思,派遣文臣出使,正是展示文德的最好方法。如汪楫奉使琉球,"礼成将归,长史郑绍良将国王命,请为舟次(汪楫字)画像,留国中供奉"④,充分展示了自身魅力。在非常时期文臣撰文还能起到安抚边疆及远人的作用。康熙三年吴光奉使安南,"时海外初服,未识大体,光移书宣谕之"⑤,这是继承了汉代司马相如奉使巴蜀作《喻巴蜀檄》以安定当地民心的作法。二是词臣宏览博物,长于辞命。以翰林出使,由于其学问渊博,善于言词,故能不辱使命。康熙六年,安南黎维禧据莫氏高平地,莫元清奔寓南宁,诏择部院官往饬谕。廷臣举翰林院侍读李仙根,命充正使。次年正月抵安南,"维禧不出,遣谕十余返乃出迎"。既而议事受阻,"公草书一通,首言皇上如上天好生,视交民犹内地,不忍以元清故而辄加兵,先遣使宣谕,开尔国悔吝之路,为黎氏,非为莫氏也"。复数其重臣郑楻误国之罪:"尔家系世勋,慎无俾黎氏覆祀。"其臣得书咋舌曰:"天

---

① 王士禛:《送汪舟次太史林石来舍人奉使琉球》其四,《渔洋续诗集》卷一五,《王士禛全集》(二),第 1002 页。

② 王晫:《今世说》卷三《文学》。

③ 潘耒:《送汪舟次奉使琉球序》,《遂初堂文集》卷九。

④ 龙顾山人:《十朝诗乘》卷四,第 137 页。

⑤ 《国朝耆献类征初编》卷一一六。

使语是。"经过不懈努力,"交人词屈,议始合"①。自古以文臣出使,首重其应对能力,即在于此。其三,翰林出使有利于了解异域风土人情,并撰述成书,所谓"古者輶轩之使,必纪土风,志物宜,所以重其俗也"②。如汪楫撰有《中山沿革志》,徐葆光出使琉球撰有《中山传信录》等,所以送行者都有"早成《风土记》,归报圣明君"③的期待。这些需要一定文学才能的职责,到了清代就属于翰林院的职使。

翰林出使是件大事,送行的场面隆重,送行诗文是少不了的。汪楫奉使琉球,"自国门驾八骑,天仗前导,龙旆飞扬,都亭张设,不绝于路,朝士赋诗送者数百人"④。送行者既有馆阁中人,亦有平常人士。王士禛有《送汪舟次太史林石来舍人奉使琉球》诗六首,方象瑛既作有《送汪悔斋检讨册封琉球序》一文,又赋诗四首,潘耒作《送同年汪舟次奉使琉球》诗同时,又撰《送汪舟次奉使琉球序》文。康熙五十七年,翰林院检讨海宝、编修徐葆光奉使琉球,"一时士大夫相属为诗文以大其事"⑤,这也是翰苑词臣展示其文采的最好时机。

"雄才能作赋,休让木玄虚。"⑥这是王士禛对汪楫出使创作诗文的希望。出使的途中,异域风光大开身居禁地词臣的眼界,于是产生了为数不少的诗篇。汪楫撰有《观海集》一卷,徐葆光撰有《奉使琉球诗》三卷。使者至国外,通常要与外邦人士诗酒唱和,翰林官的文采往往令对方折服,这也对促进汉文学在域外的传播起到了一定的作用。

(二) 祭告

据《清史稿·礼志二》,清代祭祀地祇主要包括岳、镇、海、渎诸神。康

---

① 《国朝耆献类征初编》卷五一储大文撰传。

② 汪士鋐:《中山传信录序》,徐葆光《中山传信录》卷首,《续修四库全书》第745册。

③ 王士禛:《送汪舟次太史林石来舍人奉使琉球》其六,《渔洋续诗集》卷一五,《王士禛全集》(二),第1002页。

④ 王晫:《今世说》卷七《宠礼》。

⑤ 杨椿:《送徐编修出使流求序》,《孟邻堂文钞》卷一三,《续修四库全书》第1423册。

⑥ 王士禛:《送汪舟次太史林石来舍人奉使琉球》其二,《渔洋续诗集》卷一五,《王士禛全集》(二),第1001—1002页。

熙三十五年正月定祭祀地祇,岳有五:东岳泰山、南岳衡山、中岳嵩山、西岳华山,北岳恒山;镇五:东镇沂山、南镇会稽山、中镇霍山、西镇吴山、北镇医巫闾山;海四:东海、南海、西海、北海;渎四:江渎、淮渎、济渎、河渎。在人员分配上,顺治三年定北镇、北海合遣一人,东岳、东镇、东海一人,西岳、西镇、江渎一人,中岳、淮渎、济渎一人,北岳、中镇、西海、河渎一人,南镇、南海一人,南岳专遣一人。

担任祭告使人员的身份清初并不固定,不过随着时代的推移,翰林官逐渐在这项职能中占据着主导地位。《词林典故》卷三曰:"凡祭告使,初用掌院学士及讲读学士,康熙三十六年令讲读亦得列衔,五十七年令检讨以上皆得列衔。"这段话虽交待了祭告使人员身份的确定过程,但亦存在着一些问题。清初的祭告使,并不仅限于掌院学士及侍讲学士、侍读学士,而且可以说其中词臣的数量极少。康熙二十三年遣官祭告,户部侍郎鄂尔多祭告嵩山北海淮济二渎,工部侍郎金汝祥祭衡山,内阁学士兼礼部侍郎牛钮祭华山西镇吴岳江渎,内阁学士兼礼部侍郎范承勋祭长白山北镇医无闾,通政使司通政使王守才祭恒山中镇霍太山西海河渎,提督四译馆太常寺少卿王曰温祭东镇沂山东海,兵部督抚左理事官郑重祭南镇会稽山,少詹事兼翰林院侍讲学士王士禛祭告南海①。该年祭告使中只有王士禛一人为现任翰林官,可见此时祭告使中词臣所占的比重并不大。侍讲、侍读列衔祭告使亦不始于康熙三十六年,王士禛完成于康熙四十年的《居易录》曰:

> 祭告五岳、四渎、帝王陵寝、先师孔子阙里,旧例遣侍郎、副都、通大至四品京堂而止,翰林则阁学、掌詹至少詹而止。予为祭酒日,曾与礼部言及,辄云例不开列。丙子(康熙三十五年)之役,则读讲学士、云麾使者皆列名矣。丁丑(康熙三十六年)之役,则祭酒以下至谕、洗、读、讲悉列名矣,不知例起于何年也。②

康熙三十六年侍讲、侍读悉列名,但并非如《词林典故》所言此例起于本年,

---

① 蒋寅:《王渔洋事迹征略》,人民文学出版社 2001 年版,第 293—294 页。
② 《居易录》卷三〇,《王士禛全集》(六),第 4290 页。

大概这种情况很早就有,故而亲历其间的王士禛亦不能确定具体的起源时间。王士禛于康熙十九年为祭酒,据此,则侍读、侍讲、谕德、洗马开列祭告使始于此后。康熙五十七年检讨亦得列衔,说明祭告使中翰林官的比重大为增加。

"国之大事,在祀与戎"(《左传·成公十三年》),祭祀乃国之盛典,派遣翰林官,体现出对词臣的重视。康熙十五年陈廷敬受命行役北镇,李霨道出这一安排的用意:"北镇之役,天子念丰、镐重地,秩祀大典非文学禁近,誉望夙孚之臣,不足以宣德意而和神人,故子端复受命以行。"①而之所以派遣王士禛祭告南海,亦在于"其地尤为庙堂所注意"②。词臣祭告,还要发挥其文采。汉代文学侍从之臣在帝王祭祀后还要献赋,这种传统保持到清代。工赋者能获得祭告的优先权,惠士奇就曾有过这样的荣誉:"圣祖尝问廷臣:'谁工作赋者?'阁学蒋公廷锡以华亭王公顼龄、仁和汤公右曾及先生三人名对。……己亥(康熙五十八年)正月,太皇太后升祔礼成,特命祭告炎帝陵、舜陵。故事,祭告使臣,学士以上乃得开列,先生以编修与焉,洵异数也。"③这种"异数"的获得看来靠的是他作赋的才能。祭告祝文由使者撰拟,这也是此项工作派遣词臣的原因之一。韩愈的《祭鳄鱼文》据说在宣读之后,兴风作浪的怪物从此就销声匿迹了,这暗喻了韩文的文采和气势。清代词臣撰写这类文章亦有此意图,如钱载《祭钱塘江神文》:

> 维神浙祀疏灵,海邦播润,朝潮夕汐,嘘噏禀夫阴阳;秋旺春生,往来符于晦朔。是以山开吴越,一江之形势占雄;州合东西,千里之人文汇秀。既岁时而典秩,胥民物以绥嘉。朕玉辂初巡,曾临凤舰;青旗载拂,更锡龙章。揽蕴藻以荐芬,专官肃告;答涛澜之循

① 李霨:《北镇集序》,陈廷敬《午亭集》卷首,《四库全书存目丛书补编》第78册。
② 徐乾学:《送王阮亭奉使南海序》,《憺园文集》卷二三,《四库全书存目丛书》集部,第243册。
③ 钱大昕:《惠先生士奇传》,《潜研堂集·文集》卷三八,上海古籍出版社1989年版,第688页。

轨,沃壤丰登。神贶维歆,渊衷是格。①

词臣在祭告中逐渐成为主要的力量,就与发挥他们的文学才华,撰拟极富感染力的祝文,从而使鬼神得到安抚的作用密切相关。

奉使告祭丰富了翰苑词臣的生活,扩大了他们的视野,其诗歌创作相应也有受益。词臣的文学才华在绚丽多姿的山水间找到触发点,多年来忙于考试、学习和官场应酬的生活使他们的天赋受到限制,而以使者身份打量新奇的景色则别有一番心境和感悟。陈廷敬在告祭的过程中,得诗百余首,"凡所历塞上名山大川,攒岩峭壁,飞涛怒擎,与夫时序之流连,人物之遗迹,悉举而发之于诗"②;王士禛告祭南海,"过东平,会大雪连日夜。遥望湖中天水相际,有数嬴隐现于烟霭灭没之间者,土人指此曰:'此蚕尾山也'。"遂以"蚕尾"名其集③。"粤故多佳山水,罗浮西樵诸胜皆在焉。先生每游屐所到,长篇短咏,山川生色"④,士禛此行,乃粤山川之幸也,而山川又为《南海集》增姿润色。周长发两奉使祭告嵩、华、吴山,江、淮渎,在奉命祭江源之前,将八十张纸装订成册,说:"吾归必吟满此编。"等他回来时,"诗果满编,无剩纸"⑤。这一方面是其好吟的原因,另一方面也是生活经历的丰富对其创作激情的促发。以上这些都得益于告祭的差使为才华横溢的词臣提供的契机。

清代前中期,告祭凸显了翰林的身份和地位,行役过程中所写的诗与那些为生计而奔波的劳苦中产生的诗歌,风格上有很大的差异,这一点最为清人乐道,李霨说:"尝观昔人于役,必有纪行之作。大率临眺山川,留连景物,以适兴一时已耳。其次则怨羁旅,写穷愁,叹老嗟卑,抑郁无聊之思,一于诗乎发之。"⑥而词臣告祭行役之诗,如《北镇集》"其声雄而壮,其辞博而

---

① 钱载:《籜石斋文集》卷一,第 867 页。
② 缪彤:《北镇集序》,陈廷敬《午亭集》卷首。
③ 王士禛:《蚕尾集自序》,《蚕尾集》卷首,《王士禛全集》(二),第 1053 页。
④ 佘乾学:《送工阮亭奉使南海序》,《憺园文集》卷二二。
⑤ 阮元:《两浙輶轩录》卷一七引《鬼亭诗话》,浙江古籍出版社 2012 年版,第 1204 页。
⑥ 李霨:《北镇集序》,陈廷敬:《午亭集》卷首。

丽,其格高而古"①,"其言之高华深稳,而无烦声促节、噍杀啴缓之习"②,穷愁滞涩、叹老嗟卑的调子在这些诗里是见不到踪影的。王士禛《南海集》"虽不及《蜀道集》之宏放,而天然处乃反过之"③,赴蜀主考创作《蜀道集》时期,王士禛正对宋诗兴趣浓厚,故而诗风"宏放";厕身翰苑后其诗风由宗宋转为宗唐,《蚕尾》《南海》二集就是这一转变的集中体现,"诗歌风格从刻意营造、讲究修饰,重新回归自然"④。南海之行又一次丰富了诗人的生活,激发了创作高峰的到来,诗歌的格调也显得典重而庄雅。

奉使告祭的经历对词臣创作风格的改变也是显而易见的。周长发应制之外的诗,内容贫乏,连柴米油盐酱醋茶生活七事都成了吟咏的题材。而祭告过程中,青柯坪、日月岩、苍龙岩、朝元洞、玉女峰这些奇异的风光闯进他的视野,成为吟咏的主题,诗风也随之一变:

> 乾隆十七年春,天子命公祭秦蜀两省名山大川,礼也。……一枭破镜,八颂占风。九河出没于毫端,五岭盘旋于腕下。境无虚接,必篡入于文枢;景不空描,尽雕搜(镂)于意匠。摩娑铜狄,感岁月之沧桑;缅睇巫山,写荒唐之云雨。镌姓名于崖上,恍如委宛千言;携西海于袖中,不仅韩陵片石。复命,天子庆大礼之成,付诗史馆,赓小雅之作,编《西使集》八卷。孔子称:诵诗三百,使于四方。先生有焉。⑤

钱载"既入翰林,应制赓歌,颇仿御制,长君恶以结主知,诗遂大坏"⑥,亦是因出使而改变了诗风:"更历万里游,壮观岳渎,吸灵奇之气而张之,故老益肆益硬。"⑦山川嘉惠于诗人,岂易言哉!

---

① 缪彤:《北镇集序》,陈廷敬:《午亭集》卷首。
② 李霨:《北镇集序》,陈廷敬:《午亭集》卷首。
③ 王士禛:《分甘余话》卷二"评《蜀道集》《南海集》诗",第40页。
④ 王小舒:《神韵诗学论稿》,广西师范大学出版社2001年版,第69页。
⑤ 袁枚:《西使集序》,周长发:《赐书堂诗钞》卷首,《四库全书存目丛书》集部,第274册。
⑥ 钱锺书:《谈艺录》,中华书局1984年版,第179页。
⑦ 朱休度:《礼部侍郎秀水钱公载传》,《碑传集》卷三六。

第五节　纂修书籍

　　翰林源于史官,史官最主要的职责是记言记行以存信史,撰述史类著作是其本职工作。明清机构精简,史官并入翰林院,因此词臣的一项基本职能便是修史。在承平的年代,翰林院撰修包括史书在内的各种典籍的功能显得尤为突出。清代康熙、乾隆二朝特别强调词臣的编书功能,康熙曾说:"翰林官员职司修纂,所系匪轻。"①其时由于纂事繁多,故需员亦不少,翰苑中人数最多时,仅编修、检讨就有二百余人,庶吉士亦有五六十人。康熙如此强调词臣的职司,意在提高文士待遇,稳固统治。这一措施为乾隆继承,他说:"至于朕之敕修诸书,固以阐往开来,备乙览而牖后学。亦使词馆诸臣,得效编摩之职,且于常俸以外,复叨月给餐钱,用示朕体恤之惠。"②为了让文士安心读书,听命政权,政府不惜斥资优养。在此形势下,清代翰林院撰修的职能较前代尤为突出……。

　　清代凡纂修实录、圣训,掌院学士充副总裁官,侍讲、侍读学士以下充纂修官。纂修玉牒,则以修撰、编检职名移宗人府充纂修官。其编撰诸书,掌院学士充正副总裁官,侍讲、侍读学士以下充纂修官。康熙五十二年十月,令书局编校兼派用庶吉士。词臣纂修一般在书局工作,不过也有例外。如康熙二十八年十一月原任尚书总裁官徐乾学请假,准其以雠校诸书携归编次;四十三年詹事陈元龙乞归,令以《历代赋汇》携至其家,校对增益;乾隆十年三月,传谕在籍侍读齐召南,令将承修《礼记》、《汉书》考证,属草后交原籍抚臣邮递进呈。这些平常的恩典,对以文字读书为职业的词臣来说,已是莫大的恩宠。

　　清代翰林院修书态度是比较严谨的。明人修书不谨、制造伪书等现象不一而足,王士禛云:"万历间学士多撰伪书以欺世,如《天禄阁外史》之类,

----

① 《康熙起居注》,第85页。
② 《清实录》第十八册卷七七八乾隆三十二年二月丙申,第547页。

人多知之。今类书中所刻唐韩鄂《岁华纪丽》,乃海盐胡震亨孝辕所造;《于陵子》,其友姚士粦叔祥作也。"①清代统治者鉴于前人修书草率的教训,在撰修方面往往要求较高,所编书籍错误相对来说较少。能够做到这一点,还在于词臣的修养。清代词臣多为博学之士,修书时往往招募大量著名学者参与其中。如徐乾学奉命纂修《一统志》,聘请胡渭、阎若璩、黄宗羲等人入幕,保证了书的质量。乾隆朝修《四库全书》,馆中聚集了当时最著名的一批学者,使得该书的质量有了充分的保障。词臣进身途径不多,而修书则是效果明显的晋级阶梯。只要修书过关,词臣即可获得升迁的机会。雍正四年议准,修成《古今图书集成》人员,原品休致翰林院检讨,以堂主事用;现任官员,各加二级。乾隆四十六年议定,内廷散馆纂修、誊录、供事,俱有定额,每月给予公费。书成议叙,自满、汉翰詹部属及汉中书等官,俱按该馆所列等第,予以加级纪录。而修书不谨则要受到惩罚。乾隆朝曾因修书出现问题处治了当时重臣如张廷玉、梁诗正、汪由敦等人。嘉庆五年奏准:各馆修书,纂修官文理错误者,罚俸三月,总裁罚俸一月,校对官不能对出错字,校刊官版片笔画错误,不能查出者,亦罚俸一月。这些措施一定程度上保证了清代翰林院所修之书的质量胜于明代。

清代翰林院修书的自觉性提高。和前代类似,清代翰林院亦纂修了一系列钦定、御定之类的著述,但在此之外,还有许多以个人名义编纂的书籍。康熙朝曾多次提拔或表彰一些献书之人,如四十二年胡渭献《禹贡锥指》,御书"耆年笃学"四大字赐之,这令阎若璩羡慕不已,多次献书希望获此殊荣②。词臣献书有时还能获得晋升。翰林院侍读徐倬献《全唐诗录》,受康熙赏识,提拔为礼部侍郎,并为该书作序,冠以"御定"二字以示褒奖。在此风气之下,翰林院编纂书籍的自觉性大为提高,词臣希望通过进献书籍获得好处。另外,清代前中期翰苑地位显赫,其中的掌故为普通士子关注,馆阁外的文学风气亦视词垣而变化。康熙二十四年夏,在籍家居的陆葇应乡人

---

① 《居易录》卷六,《王士禛全集》(五),第3781页。
② 张穆:《阎潜邱先生年谱》康熙四十二年条,《北京图书馆馆藏珍本年谱丛刊》本。

之请"取累朝之赋汇为一书"①,编成《历朝赋格》。究其因由,在于是年正月翰林院大考,尤为重视辞赋,词垣之外亦闻风而动。由于翰林院考赋频繁,词臣赋艺较高,成为舆论关注的焦点。应社会的需求,清代中后期《馆阁诗》、《同馆赋》纷纷涌现,据不完全统计,仅同馆赋就有近二十种之多,大部分出自翰苑人士之手。社会的需要也促进词臣自觉地编纂书籍。

清代翰林院编纂的文学类总集增多。根据《国朝宫史》记载,清代翰林院编纂的书籍包括实录、圣训、御制、方略、典则、经学、史学、仪象、志乘、字学、类纂、总集、类书等,而文学类总集的数量远远超过前代。其中诗总集包括《全唐诗》、《全唐诗录》、《御选四朝诗》、《御定佩文斋咏物诗选》、《御定历代题画诗类》、《御选唐宋诗醇》、《国朝诗别裁集》、《元诗选》、《熙朝雅颂集》、《唐诗掞藻》等十几种,文总集有《古文渊鉴》、《古文精藻》、《古文雅正》、《钦定四书文》、《全唐文》等,赋总集有《历朝赋格》、《历代赋汇》、《同馆赋选》、《同馆赋钞》等,其他总集则有《皇清文颖》、《续皇清文颖》及《历代诗余》等。这些书籍的编纂,寓含着词垣及其所代表的庙堂提倡的文学倾向及文学观念。翰林院编纂的书籍在社会上有很大的影响,如诗歌总集的大量出现为宗唐诗风在康熙诗坛占据主导地位奠定了基础,古文总集的编纂使得清真雅正的风格成为主流,各种赋集的纂修带动了赋学的兴盛,并促进律赋的发展。

从总体上来说,乾嘉以前翰林院纂修的职能相当突出;而道光以后,由于国力衰弱,国事多艰,朝廷无暇顾及于此,故而纂修书籍数量大减,影响也完全不能与此前相提并论。

为一览清代翰林院编纂概貌,兹将其所编总集类著作梳理并撮要如下。

(一)诗集

《全唐诗》九百卷

曹寅奉敕校阅刊刻。该书以季振宜《全唐诗》为稿本,而益以胡震亨

---

① 陆棻:《历朝赋格序》,《历朝赋格》卷首,《四库全书存目丛书》集部,第 399 册。

《唐音统签》①,共收诗 48900 余首,作者 2200 余人。修书始于康熙四十四年三月,于次年十月竣工。康熙为之作序,书名冠以"御定"二字。

参与编校的十人均为在籍翰林官②,此据《明清进士题名碑录》、《碑传集》等文献简述其翰林履历如下:

彭定求,字勤止,学者称南畇先生,江苏长洲人。康熙十五年一甲一名进士,授翰林修撰,时任翰林院侍讲。撰有《南畇文集》、《南畇诗集》。

沈三曾,浙江乌程人。康熙十五年二甲二名进士,改庶吉士,散馆授编修,后擢赞善。时任左春坊左赞善兼翰林院检讨。

潘从律,江苏溧阳人。康熙三十年二甲十名进士,改庶吉士,散馆授编修。时任翰林院侍读。

杨中纳,浙江海宁人。康熙三十年二甲一名进士,改庶吉士,散馆授编修。时任右春坊右中允兼翰林院编修。

汪士鋐,江苏长洲人。康熙三十六年二甲一名进士,改庶吉士,散馆授编修。与兄份、钧、弟俟称"吴中四汪"。时任日讲官起居注左春坊左中允兼翰林院编修。撰有《秋泉居士集》、《辇下和鸣集》。

徐树本,江苏昆山人。康熙三十六年二甲二名进士,改庶吉士,散馆授编修。时任翰林院编修。

车鼎晋,湖南邵阳人。康熙三十六年二甲三名进士,改庶吉士,散馆授编修。时任翰林院编修。

汪绎,江苏常熟人。康熙三十九年一甲一名进士,授修撰。时任翰林院修撰。撰有《秋影楼诗集》。

查嗣瑮,字德尹,号查浦,浙江海宁人。康熙三十九年二甲十三名进士,改庶吉士,散馆授编修。少有诗名,与兄慎行被目为"查氏二才子"。时任翰林院编修。撰有《查浦诗钞》。

---

① 《四库全书总目》曰"以震亨书为稿本,而益以内府所藏《全唐诗集》",此据周勋初先生《叙〈全唐诗〉成书经过》,《周勋初文集》卷四《文史探微》,江苏古籍出版社 2001 年版,第 202 页。

② 彭定求:《翰林院修撰东山汪君墓志铭》,《南畇文稿》卷八,《四库全书存目丛书》集部,第 246 册。

　　俞梅,江苏泰州人。康熙四十二年二甲三十五名进士,改庶吉士,散馆授编修。时任翰林院编修。

　　《全唐诗》是由皇帝亲自出面、由一帮科名得意的文学侍从参与编校的,这些因素在该书编纂体例上有所体现。如其书开篇"自太宗始",以显示"一代文章之盛,有所自开"(《全唐诗凡例》),其意图在于颂扬康熙帝继皇考顺治开国之功后的武功文教。又如,"唐人世次,前后最为冗杂,向来别无善本,《全唐诗》及《唐音统签》亦多讹谬,应以登第之年为主。其未曾登第,及虽登第而无考者,以入仕之年为主。"(《全唐诗凡例》)显然是这些翰林注重登第年辈之观点的反映。这样的编排,必然导致诸多问题产生①。

　　《全唐诗》的出现,与康熙诗坛宗唐诗风相关。作为一个处在上升期的王朝,宋诗由于其"杀伐之音"和"骂詈之声"而为其所不喜,高华朗丽的唐诗符合新兴统治者心理而得到提倡(详见第二章第一节)。

　　《全唐诗录》一百卷

　　徐倬编。倬字方虎,号苹村,德清人。康熙十二年进士,选入史馆,授编修。乞归养十年。三十二年主顺天乡试,寻致仕。四十四年圣驾南巡,驻跸西湖,召试在籍诸臣,以翰林院侍读徐倬为第一,进《全唐诗录》,得旨嘉奖,特擢礼部侍郎,以旌好学,并御制序文,赐帑金刊板。

　　此编采撷唐诗菁华,汇为一集,每人各附小传,又间附诗话诗评,以备考证。《全唐诗》编纂成书在康熙四十六年,此书则先一年成,编次有所异同。《四库全书总目》指出不同之处有:《全唐诗》用胡震亨《唐音统签》之例,或分体或不分体,各因诸家原集以存其旧,《全唐诗录》除仙鬼之诗仍不分体,其余皆以古体近体分编;《全唐诗》以上官昭容、宋若昭姊妹列帝后之后,倬书则以长孙皇后、徐贤妃、江采苹附于帝王,而以上官昭容等别入宫闱;联句随人类附,不另为门,韩愈效玉川子《月蚀》诗,不入韩愈本集,而附于卢全诗下,香山九老诗则附于白居易诗下。

------

　　① 周勋初先生:《御定〈全唐诗〉的时代印记与局限》,见《周勋初文集》卷四《文史新知》,第531页。

康熙酷爱唐诗,这在为该书所作的序中说的很清楚:"朕万几余闲,回环览咏,寻其指归,晰其正变,而三百年升降得失之故,亦因以可考焉。于是论世观人,即其章句,揽其菁英,勒为成书,置诸几席,每勤披阅,加以精研,迄于今已历有年所矣。"他还在翰林院大力推广这种风格,将试卷中以唐诗风作应制诗的词臣拔置一等,而将宋诗风作应制诗的置于二等(详见第二章第一节)。在翰林院任职多年的徐倬对此当然很清楚,其所选诗,也是尽量符合康熙的欣赏口味,因此圣祖才有"展卷而读之,与朕平时品第者,盖有合焉"的感觉。正是投合了这种心理,徐倬因献此书而获得晋升。

《御选四朝诗》二百九十二卷

张豫章等奉勅编次。豫章,浙江海宁人,康熙二十七年进士,授翰林院修撰,时任右庶子。参加编撰者尚有左春坊左谕德兼翰林院修撰魏学诚、原任翰林院侍讲吴昺、翰林院编修陈至言、日讲官起居注翰林院编修陈璋、日讲官起居注翰林院检讨王景曾。

凡选宋诗八十七卷,作者882人;金诗二十五卷,作者321人;元诗八十一卷,作者1197人;明诗一百二十八卷,作者3400人。每代之前各详叙作者爵里,其诗则首帝王,次四言,次乐府歌行,次古体,次律诗,次绝句,次六言,次杂言,除每编卷首外,均以体分。

从四朝所选卷数来看,在康熙以及词臣眼中,宋诗水平只能和元诗相提并论,甚至比不上模拟唐诗的明诗。当然,如此编排也不是为了凸现明诗的地位,用四库馆臣的话说,其编选目的在于"(令)读者沿波以得奇,于诗家正变源流,亦一一识其门径",此四朝皆是唐诗衰落之后的新变,然而均未能达到唐诗的境界。

《御定佩文斋咏物诗选》四百八十二卷

大学士陈廷敬、尚书王鸿绪校理,翰林蔡升元、杨瑄、陈元龙、查升、陈壮履、励廷仪、张廷玉、钱名世、汪灏、查慎行、蒋廷锡编录。

蔡升元,浙江德清人,康熙二十一年壬戌科状元,授修撰。康熙四十三年以詹事充经筵讲官。

杨瑄,江南华亭人,康熙十五年进士,改庶吉士,散馆授编修。康熙四十五年以内阁学士充经筵讲官。

陈元龙,见《历代赋汇》条。

查升,浙江钱塘人,康熙二十七年进士,选庶吉士,授编修。历谕德、侍读、庶子。晋少詹,兼侍讲学士。负诗文盛名,撰有《静学斋诗稿》。

陈壮履,山西泽州人,康熙三十六年进士,改庶吉士,授编修。康熙四十一年以编修充日讲起居注官。

励廷仪,静海人,康熙三十九年进士,入翰林。累迁内阁学士兼礼部侍郎。

张廷玉,江南桐城人,康熙三十九年进士,选庶吉士,授检讨。康熙四十三年以检讨充日讲起居注官。雍正、乾隆二朝宦名显达,官至礼部尚书保和殿大学士。

钱名世,江南武进人,康熙四十二年探花及第,授编修。

汪灏,字紫沧,休宁人,康熙四十一年以献赋召入内庭,四十二年赐进士第,授编修,总武英殿纂修事。撰有《知本堂诗文稿》。

查慎行,字悔余,号初白,浙江海宁人。康熙三十二年举顺天乡试,以大学士李光地荐,召对入直南书房。四十二年成进士,选庶吉士,授编修,以疾告归。撰有《敬业堂集》。

蒋廷锡,字扬孙,江苏常熟人。康熙四十二年钦赐进士,选庶吉士,明年即授编修。才名冠史馆,屡擢内阁学士。

是编所录,上起古初,下讫明代,凡四百八十类,又附见者四十九类。每类首五言古,次七言古,次五言律,次七言律,次五言绝,次七言绝。康熙四十五年圣祖仁皇帝御定。御制序曰:"诗者,极其至足以通天地,类万物而不越乎虫鱼草木之微。诗之咏物,自三百篇而已然矣。……吾夫子并举而极言之,然则诗之道,其称名也小,其取类也大,即一物之情,而关乎忠孝之旨。继自骚赋以来,未之有易也。此昔人咏物之诗所由作也欤?朕自经帏进御,覃精六籍,至于燕暇,未尝废书,于诗之道,时尽心焉。爰自古昔逸诗,汉魏六朝,洎夫有唐,讫于宋元明之作,博观耽味,撄其萧稂,掇其菁英,……盖搜采既多,义类咸备,又不仅如向者所云虫鱼鸟兽草木之属而已也。若天经、地志、人事之可以物名者,冈弗列焉。于是镂板行世,与天下学文之士共之,将使之由名物度数之中,求合乎温柔敦厚之指,充诗之量,如卜商氏之所言,而不负古圣谆复诂训之心,其于诗教有裨益也夫。"在康熙看来,咏物诸作不仅可以多识鸟兽草木之名,亦可于其中接受温柔敦厚的诗教。故虽讽咏花草,亦不失其经国之用。

《御定历代题画诗类》一百二十卷

陈邦彦编。邦彦字世南,浙江海宁人。康熙四十二年进士,选庶吉士,散馆授编修。

是编完成于康熙四十六年,前有圣祖御制序。《四库全书总目》称之为《御定题画诗》,其实该编以类分卷,称之为"诗类"更符合实际。全书收诗8962首,分为三十类,分别是:天文、地理、山水、名胜、古迹、故实、闲适、古像、写真、行旅、羽猎、仕女、仙佛、神鬼、渔樵、耕织、牧养、树石、兰竹、花卉、禾麦蔬果、禽、兽、鳞介、花鸟合景、草虫、宫室、器用、人事、杂题。其杂题一类则诗无专属,或义取赏鉴,或意在应酬,故别为一类。每类之中又各以题为次,如天文分云雨阴晴,地理分山川城郭等,互不相杂。

《御选唐宋诗醇》四十七卷

是书虽题"御选",实际是出于"梁诗正等数儒臣之手"(《御选唐宋诗醇序》)。这些儒臣尚有钱陈群、陆宗楷、陈浩、孙人龙、张馨、徐堂等人。

梁诗正,浙江钱塘人,雍正八年探花及第,授编修。乾隆三年以侍读学士充日讲起居注官。

钱陈群,浙江嘉兴人,康熙六十年进士,选庶吉士,授编修。乾隆九年以刑部侍郎充经筵讲官。

陆宗楷,浙江仁和人,雍正元年进士,改馆职,授检讨。雍正十一年以检讨充日讲起居注官,乾隆六年再以洗马充。

陈浩,顺天昌平人,雍正二年进士,选庶吉士,授编修。乾隆二年以侍读学士充日讲起居注官。

孙人龙,浙江乌程人,雍正八年进士,选庶吉士,授编修。

张馨,陕西临潼人,乾隆十年进士,选庶吉士,授编修。

徐堂，生平不详。

据朱彭寿《安乐康平室随笔》，其所藏内府原刻本《诗醇》，评点用诸色套印：高宗御评及圈点用朱色，诸家品题用蓝色，考证事迹用绿色①。《四库全书总目·唐宋文醇提要》云"前人评跋有所发明，及姓名事迹有资考证者"所用之色则用紫色、绿色②。二者不同在于一为蓝色，一为紫色，朱氏发现这一问题，甚觉惘然，疑为"修《四库》时别钞一部入录，特改用紫色、绿色"之故。然考《诗醇》凡例云："其中有援据正史、杂说，用资考订疏解者，与古今人评诗之语义，各有在《文醇》未经区别，今于蓝笔之外，另作绿笔书。"所言正与朱氏所见相同，则修《四库》时并未别用一本，只是《总目》偶误，《简明目录》随之而误罢了。

此书体现出崇唐抑宋的观点，其要有三。首先，是书的编选只是为了匹配《唐宋文醇》。出于"有文醇不可无诗醇"的考虑，就要编选《唐宋诗醇》，而实际上"宋之文足可以匹唐，而诗则实不足以匹唐也"（《御选唐宋诗醇序》），看来唐宋诗并选也是不得已而为之的。其次，从入选的六家来看，唐代诗人有李白、杜甫、白居易、韩愈，宋代只有苏轼和陆游，入选诗人的数量是唐多于宋。再考察入选诗作占诗人作品总数比例，《唐宋诗醇》所选唐代四家诗占该诗人作品总数的比重较大，而宋代陆游诗入选率却低至十七分之一。最后，崇唐抑宋的观念也体现在此书的评注中，"似唐"、"不逊唐"之类的词语经常出现，显然说明编者是以唐诗为标准衡量宋诗③。

《唐诗掞藻》八卷

高士奇编。士奇字澹人，号江村，浙江平湖人。由诸生入太学，以书法称旨，入翰林，授詹事府录事，历詹事府少詹事，晋詹事。后守制，即家拜礼部侍郎，兼学士。士奇性格谨密，才情敏妙，侍对诗文，应声立就，深得康熙的宠爱。

是集仿《文选》、《文苑英华》之例，分天象、岁时等四十二类选录，诸类

---

①　朱彭寿：《安乐平康室随笔》卷二，中华书局 1982 年版，第 176 页。
②　《四库全书总目》卷一九〇。
③　参见莫砺锋：《论＜唐宋诗醇＞的编选宗旨与诗学思想》，《南京大学学报》2002 年第 3 期。

皆先五言后七言,先古体后近体。所选乃馆阁之体,故称"捴藻"。凡例后列诗人小传。集中作品务取华整,诗题必关典制,虽不专应制一体,大要可施于廊庙。编者称虽搜罗广博,但简汰必严:调尚雅驯,语求伦脊者选。而鸿篇微瑕、只句称工者,则宁割不录。

其论诗崇欢愉之词而黜穷苦之言:"自贞观景龙迄于开宝间,君赓而臣和,莫不衔华佩实,泽于儒雅。其文典以则,其音平大而雍容,发乎情而止乎义,有以起人忠敬之思,而荡涤其淫佚之气,可以为极盛矣。后之说诗者,为不平则鸣之谭,为穷而后工之论,里闾匹士循声蹑迹,敝敝于词章,朝镂而夕琢,得一二清疏隽冷佻巧僻涩之句为诗家能事,于是祀郊、岛为高朕,斥燕、许为伧楚,似乎声诗一道,席门穷巷者之所讴吟,而非履丰美者之所得与也。推而极之,不至废二雅而薄三颂不止,亦已过矣。"作为帝王身边的文学侍从之臣,其应制之作须清明广大,彰显盛世的气象;且词臣位望清华,台阁山林异壤,故其论诗如此。

《元诗选》初集六十八卷卷首一卷二集二十六卷三集十六卷

顾嗣立编。嗣立字侠君,长洲人。康熙五十一年进士,改庶吉士,后因故罢职。

嗣立入庶常馆前,"锐意搜辑元人诗集,自元遗山而下,汇为百家,未已也,又广之为三百家,凡四集,合千二百卷,次第刊布,几于家有其书"①,此时是书尚名《元百家诗选》,亦仅九卷。康熙四十四年召试中式后,为庶吉士,纂修《御选宋金元明四朝诗》,得窥大量元代文献,以补《元百家诗选》之不足,五十九年成《元诗选》。是书凡三集,每集之中又以十干分为十集,癸集有录无文,因此每集中仅有九集。初集所录,帝王别为卷首外,元好问以下凡一百家。二集所录,段克己兄弟以下凡一百家;三集所录,麻革以下凡一百家。每人各存原集之名,前列小传,兼评论其诗。《四库全书总目》评此书曰:"虽去取不必尽当,而网罗浩博,一一采自本书,具见崖略,非他家选本饾饤缀合者可比。有元一代之诗,要以此本为巨观矣。"王士祯《居易

---

　① 　郑方坤:《国朝名家诗钞小传》卷三《秀野诗钞小传》。

录》评论此书曰:"其传例仿虞山(钱谦益)明《列朝诗》,甚有雅裁。"①

《钦定国朝诗别裁集》三十二卷

沈德潜原编,乾隆钦定。是集原编起始于乾隆十年,完成于二十六年。入选者996人,诗3952首。集中采取,均为已往之人。卷首为钱谦益诗,将其作为开代诗人之首,有别于其时几部诗总集。诗人名下略作小传,并加以扼要的评论。虽编者在《凡例》中声称"温柔敦厚"的诗教观,但乾隆皇帝对是书的体例非常不满,曾训谕军机大臣等曰:"沈德潜来京,进所选《国朝诗别裁集》,求为题辞。披阅卷首,即冠以钱谦益。伊在前明,曾任大僚,复仕国朝,人品尚何足论?即以诗言,任其还之明末可耳,何得引为开代诗人之首?又如慎郡王,以亲藩贵介,乃直书其名,至为非体;更有钱名世,在雍正年间,获罪名教,亦行入选。甚至所选诗人中,其名两字俱与朕名同音者,虽另易他字,岂臣子之谊所安?且其间小传评注,俱多纰谬。"②为此,他"命内廷翰林为之精校去留,俾重镂板"③。和沈德潜原本相比,钦定本中删去凡例两则,顺治、康熙两朝被删去的诗人近60位,雍正和乾隆两朝被删去的诗人约有90位。在删除的作品中,一类是反映明清易代之际的时事之作,如李滢《武昌漫兴》、宋琬《诏狱行》等;一类是涉及一些在清代遭到贬黜之人,如施闰章《季天中给事以直谏谪塞外追送不及》、曹尔堪《季天中给谏病没于辽左赋诗吊之》等④。沈德潜原本虽也提倡诗教精神,但还是以艺术标准为主;而钦定本在政治原则的统摄下,将文学视为政教的工具,无疑是违背文学发展规律。

(二)赋集

《历朝赋格》十五卷

陆葇编。葇字义山,浙江平湖人。康熙六年进士,授内阁典籍,试博学鸿儒,改授翰林院编修,官至内阁学士兼礼部侍郎。

---

① 王士禛:《居易录》卷四,《王士禛全集》(五),第3755页。
② 《清实录》第十七册卷六四八乾隆二十六年十一月庚子,第251页。
③ 乾隆:《国朝诗别裁集序》,《御制文集初集》卷一二,《故宫珍本丛刊》本。
④ 可参看王宏林:《沈德潜〈清诗别裁集〉版本述评》,《宁夏大学学报》2009年第3期。

是编汇选历代赋分为三格，"凡用散词，总为一格"，称文赋格；"以拟骚为一格"，称骚赋格；"凡属词俪事，比偶成文者"，列为骈赋格。三格之中又各分天文、地理、人事、帝治、物类五类。所选上起荀卿、宋玉，下至元、明，每格前有小引，为其婿沈季友所作。

凡例中论赋之言颇有可采之处，如论作赋的要求道："学贵乎博，才贵乎通，运笔贵乎灵，选词贵乎粹。博则叙事典核，通则体物精详，灵则梳理无肤滞之讥，粹则宣藻无诐流之失。"有此四善，再加上畅然之气、秩然之法，贯之以人事，合之以时宜，以风雅为宗，衷六经之正，则可成为理想中的"天地之至文"。言论中亦有庙堂文化的显现。因赋有不歌而诵、铺采摛文的特点，故而编者认为"虽意主箴规而辞华不妨溢美"，因此在取舍上，"多有取"的是体孝怀贞、戒盈躁进，审乎立身经世之道，或微文刺讥，不伤于激者。而若"名涉琐细，旨过悲凄"者，即使"脍炙由来"，也"略焉弗录"①。书编成于康熙二十五年，正是陆葇以翰林院编修闲置家居之时，其"鼓吹休明"的意图较为明显。其后以赞善入詹事府，即得力于是书。

《历代赋汇》一百四十卷外集二十卷逸句二卷补遗二十二卷

陈元龙奉敕编。元龙，浙江海宁人。康熙二十四年进士，殿试一甲入翰林，翌年即充日讲官记注起居，康熙十九年擢补翰林院掌院之职。时任经筵日讲官起居注詹事府詹事兼翰林院侍读学士。

是书编成于康熙四十五年。前有御制序，体现了康熙的赋学思想。其一是尊赋体，"赋居兴比之中，盖其敷陈事理，抒写物情，兴比不得并焉。故赋之于诗，功尤为独多。""兴比不能单行，而赋遂继诗之后，卓然自见于世。"将赋的作用推至诗之上。其二是经世致用思想，在描述赋史时，康熙津津乐道汉唐盛世之下的赋，特别是律赋，"唐宋则用以取士，其时名臣伟人往往多出其中。"唐宋名臣如陆贽、韩愈、范仲淹、欧阳修等这些无论是政治还是文学上影响巨大的人物，都是通过科考律赋拔选出来的，这对康熙很有启发。他在位的第十八年开博学鸿词科通过诗赋考试选拔人才，就是这

---

① 陆葇：《历朝赋格凡例》，《历朝赋格》卷首，《四库全书存目丛书》集部，第399册。

种观念的体现。

《历代赋汇》的编纂贯彻了"致用"精神,四库馆臣认为正集是"有关于经济学问者",而外集乃"劳人思妇,哀怨穷愁,畸士幽人,放言任达者",正外之分,轻重自见。该书收入朱熹四篇赋作,署名均为"朱子"。康熙重视朱熹理学思想,意图将赋学重新纳入正统文学轨道,从而为其统治服务的用心,在此得到反映。《历代赋汇》古律并收,全面搜罗,收赋超过百篇的有汉(124篇),魏(161篇),晋(399篇),唐(1509篇),宋(577篇),元(323篇),明(710篇)。其中唐赋占总数的37%以上,唐以后又超过总数的四分之三,这些数据在一定程度上反映了历代赋作保存的情况。

《历代赋汇》在赋史上占有非常重要的地位,"自此书出,《赋苑》、《赋格》,均不足言矣"①。作为翰林官编纂的一部历代赋总集,对清代辞赋的创作、赋集的编纂以及赋学批评的兴盛均起到不可估量的作用。

《同馆赋选》(亡佚)

钟衡编。衡字仲恒,号岱峰,浙江长兴人。雍正八年进士,改庶吉士,散馆授编修。

钟氏编有《同馆课艺四集》②,其书今已不存。《皇朝词林典故》卷四二中尚保存有馆阁大佬张廷玉和翰林同仁黄叔琳所作《同馆课艺序》两篇。据张、黄二序,钟氏起初所选赋作未以赋名,而是以《同馆课艺》行世,其实则仅为其中一种之《同馆赋艺》。"是编所录,大都宫商协应,抗坠得宜,藻思纤眠,首尾温丽。"(张序)所收分三集,录入自癸卯(雍正元年)迄壬戌(乾隆七年)二十年间翰林院试赋之作。是集面世,立即"风行寰宇,人编摩而户弦诵",受到普遍关注。为裒集一部赋苑完书,编者后又花三年时间广为搜辑名家刻本,并从黄叔琳处借其抄录赋本二册,详加选择③。此次所搜集的一百五十余首赋作,主要是顺治丁亥(四年)至康熙辛丑(六十年)期间

---

① 法式善:《陶庐杂录》第十五则,中华书局1959年版,第8页。
② 《长兴县志》卷二三,清同治十二年修,光绪十八年邵同珩、孙德祖增补重校刻本。
③ 钟衡:《同馆赋选序》,朱珪等编:《皇朝词林典故》卷四二,《翰林掌故五种》,第882—884页。

作品,钟氏并《同馆赋艺》而合为《同馆赋选》(法式善《同馆赋钞·凡例》)。是编对法式善编撰《同馆赋钞》影响很大,法选"实范围于钟本",只是由于体例上的差异,法式善才没有将其命名为《续同馆赋钞》。

《三十科同馆赋钞》三十二卷

详见本书第三章第二节《法式善<同馆赋钞>与乾嘉朝翰林院赋风》。

《同馆赋钞》十六卷

王家相辑。家相,字宗旦,号艺斋,常熟人。嘉庆己巳(十四年)进士,改庶吉士,散馆授编修,升御史。道光元年充顺天同考官,官至河南南汝光道、署按察使。著有《茗香堂集》。王家相曾协助法式善编《同馆赋钞》,式善老病,后期工作多由他完成。法选定本后,翰苑作赋并未停止,王氏意在续前人未竟之业。是编上接法氏之选,编次亦依其成例,录赋自嘉庆辛未(十六年)科馆课起,至道光癸未(三年)科散馆止,凡两科大考(嘉庆戊寅潘锡恩、许邦光《澄海楼赋》,道光甲申朱方增、戚人镜《八月其获赋》)、六科散馆卷(嘉庆甲戌科吴慈鹤《盘圆盂方赋》、丁丑科马步蟾《三阶平则风雨时赋》、乙卯科吴其浚、龙元任《云无心以出岫赋》、庚辰科周组培、蔡如蘅《星宿海赋》、道光壬午科何桂馨《琼岛春阴赋》、癸未科翁心存《任官惟贤才赋》)、六科馆课卷(嘉庆辛未、甲戌、丁丑、己卯、庚辰、道光壬午),收赋约三百篇。续得者列为补编,嗣是逐科编入。前有编者序,序云:"阅是编者,于此见国家作育之宏,于此觇英才辈出之盛。循声按律,步矩翔规,则是编固鸣凤之先资,而绣鸳之秘谱也。"用心于此,一为见人才之盛,一为作效法之资。

《馆课赋钞》二十卷

翰林院原本、小蓬莱山馆重刊。扉页"馆课赋钞"右侧题"道光戊戌迄辛丑三科",而实际上收自道光三年癸未科至二十一年辛丑科十科翰林院馆课赋作。是书两卷一科,各有编辑者,南京图书馆藏两种《馆课赋钞》,目录一署林召棠,一署翁心存,均误,应为集体编撰。其每卷都署名者,唯龙瑛一人,可见仅有他从事全书的选编工作。瑛字白华,号云东,湖南湘潭人。嘉靖二十二年进士,选庶吉士,散馆授编修。历官至赞善。林召棠为道光二年庶吉士,翁心存为道光三年庶吉士,为龙氏馆中后辈。是书每卷辑者三人或四人不等,其中第二署名人其作品置于该卷卷首,如卷一署"常熟翁心存二铭、吴川林召棠苇南、湘潭龙瑛白华同辑",首选林召棠《治河赋》《诗牌赋》二篇即是,有自我标榜的倾向。共收赋787篇,搜罗较为宏富。

《同馆律赋精萃》六卷

蒋攸铦辑,门生汪怀、李恩继、鄂恒编校。道光刻本,有道光七年曹振镛序及编者叙,后有是年朱昌颐附记,附《同馆七言长律钞》一卷。攸铦字颖芳,号砺堂。汉军镶蓝旗人。乾隆四十九年进士,选庶吉士,散馆授编修,升御史。历任两广、四川总督,道光年间官至文渊阁大学士、两江总督、刑部尚书、体仁阁大学士,谥文勤。著有《绳枻斋集》《黔轺纪行集》。《清史稿》卷三六六、《清史列传》卷三四等有传。此前尝选《闱墨斯盛集》与《同馆试帖精粹》等编,由于其"叠司文柄",故所选"艺林珍若拱璧"(曹序),"由此掇巍科、膺高第如操左券"(蒋叙)。曹振镛建议其选律赋之什。道光六年秋冬之间直庐之暇,取同馆律赋读之,凡三阅月而成是编。选赋起康熙己未(十八年),首彭孙遹《璇玑玉衡赋》,至嘉庆甲戌(十九年)端木杰《鲁风鞋赋》,凡六卷,计赋199篇,附刻阙名8篇。收赋最多者为纪昀、彭元瑞、祝德麟,均9篇,次曹仁虎6篇,次曹振镛5篇,3篇者除编者外,尚有齐召南、姚颐、李尧栋、吴省兰、汪学金、张燮、李宗瀚等人。自康熙朝至嘉庆朝,馆阁赋作何止万千,此选"不欲夸多斗靡,务在敛才就范"(蒋叙),供肄业者"备敷奏对扬之用",意在"嘉惠来学于无穷"(曹序)。"精萃"意识极为明显。

《同馆赋钞》不分卷

朱九山辑。道光丁酉(十七年)夏镌,京都郁郁堂藏板,书脊题"试赋汇选新编",前有序。九山名其镇,浙江嘉兴人。道光九年进士,选庶吉士,散馆授编修。历任云南副考官、会试同考官、顺天同考官、御史、甘肃巩秦阶道署按察使。自序曰:"余昨入都,见馆阁巨制,风华典赡,古雅绝伦,虽其体不一,而春菊秋兰,各极一时之秀,视从前词垣诸作,花样又新。因择其尤者,分类汇成一帙,俾学赋者知所取法焉。"收赋75篇,分为天文、时令、方舆、山水、宫室、君臣、任进、人品、人事、闺阁、性理、文学、武艺、仙释、游眺、珍玩、服饰、饮食、器用、音乐、书画、花草、谷果、竹木、禽兽、昆虫、鳞介共27类。有评点。评语多骈语，如评徐岷《张敞画眉赋》云："绿意初浓，红情不定，非握江郎之管，何来荀令之香？"较有特色。

《馆赋精选》四卷

题绮葱楼主人辑。道光丁未（二十七年）春镌，绮葱楼藏板。凡例云："馆阁巨制随录一篇，皆堪楷模，不必问谁选本也，故不借名。"是以编者未署真名，难以考实。前有自序云："乙巳之冬，余注馆赋数十首，属草稿未定，坊□（按：原文字缺）携去，漫足成而刻之。丙午书出，检阅之次，谬略綦多，暇辄为订补，复加评焉，俾再入梓，而不惮烦也。人见而悦之，怂恿集金以付梨枣，故志其缘始，以为就正之端云。"录赋81篇，选嘉庆己巳、甲戌、丁丑、道光壬午、癸未、丙戌、己丑、壬辰、癸巳、乙未、丙申、戊戌、庚子共十三科翰苑试赋。是编"科愈近者录愈多"，其中戊戌科选赋20篇，庚子科选赋13篇，其他各科均未超越此数目。而嘉庆朝三科每科仅选一篇，如此编排，意在"俾知时尚"。嘉道时期赋重"清秀"，是编评语多着意于此。如评孔庆镠《新柳赋》云："清新妩媚，秀色可餐。"评江绍仪《琼岛春阴赋》云："蔚然深秀，能怡我情。"其他"清超"、"秀润"之语不一而足。夹评多分析章法，如钮福保《众星环北极赋》夹评有如下语：缓缓引入、开局堂皇、按星字、按众字、点题、一陪、一拍、先顿北极、一设、暗暗挑逗上三字、转落众星、分写三段、前段着眼星名，此段着眼星度、此段浑写众字、翻落下三字、收醒正意。分析如此详细，纯为初学者举隅，故多浅近语。然是编选赋"间有章删其句，句删其字者"，如此处理，"以便登诸短幅"，虽用心良苦，然稍失其真，不能无过。

《近九科同馆赋钞》四卷

孙钦昂辑。前有光绪二年林宝鋆序及毛昶熙叙，光绪六年上海精一阁刻本，光绪十一年上海著易堂校印本。钦昂字子昂，号师竹，河南荥阳人。咸丰九年进士，选庶吉士，散馆授编修。同治三年任广西学政。所谓"近九科"，即咸丰丙辰（六年）、己未（九年）、庚申（十年）、同治壬戌（元年）、癸亥（二年）、乙丑（四年）、戊辰（七年）、辛未（十年）、甲戌（十三年）。自法式善之选后，"馆中传为故实，科有一编"（毛叙）。咸丰年间由于战事蜂起，未遑编辑，遂至阙如。时为翰林院掌院学士的毛昶熙命孙氏编纂此集，得此两朝九科 158 篇。同治朝馆选庶吉士每科多达 90 人，为清代之最。但此九科共 617 名庶吉士存赋不足 200 篇，流失者亦夥矣。是编以字数多寡为题之先后，字数相同而意义各别者则仿吴淑《事类赋》之例为次第；一题数篇者以科为次，同科则以甲第为次，体例与其他按科而次者不同。道光间余丙照云："清秀，此近时风尚。"而唐人赋作，"大都以清新典雅为宗"（汤稼堂《律赋衡裁·例言》)，所以林宝銍评此时赋曰："清新典雅，步武唐贤。"（林序）正可见其时词垣赋作宗尚。

　　《同馆赋续钞》十八卷

　　徐桐辑。光绪庚寅镌，前有光绪十六年自序。徐桐字豫如，号荫轩、仲琴。汉军正蓝旗人。道光三十年进士，选庶吉士，散馆授编修，入值上书房。历任太常寺卿、左副都御史、内阁学士、礼部右侍郎。光绪年间又历任礼部与吏部尚书、协办大学士、体仁阁大学士，数任会试主考官。负理学名，反对康梁变法，八国联军攻入北京，自缢而死。著有《治平宝鉴》等。同馆赋选前有法、王以及近九科馆赋刻本等，存馆阁赋自乾隆乙丑至同治甲戌，中缺道光庚戌、咸丰壬子、癸丑三科，是编以此三科冠于前，又录光绪丙子至己丑六科馆阁试赋，增入于后，收赋共 418 篇。以"续钞"为名，意在续前人之业。由是自乾隆乙丑至光绪己丑，六朝六十七科馆赋得以保存，"徽徽乎篇人之林薮，词苑之笙匏也"，得意之情自见。序云："赋固不易为，为之而尽其道，则必以经史为根柢，以性情为陶冶。"重经史、性情，以此摆脱赋为雕虫小技的鄙薄观念，而将其提至"道德之华"的崇高地位。此选之编纂，亦不仅"为朝廷备著作之选"，而期"与大雅宏达为黼黻休明之责"，则其所冀望于赋者大矣。

　　《同馆经进赋钞》不分卷

　　不著撰人。光绪丙戌（1886 年）仲春京师秀文斋刊本。书中有"防伪标志"曰："此本系翰苑分缮真迹，初版恐有渔利者假兹翻板，故书此以别之。秀文斋主人识。"据此，该书为翰林院集体缮写，书商秀文斋主人视之为珍本。收赋仅十七篇，多为翰林院散馆、大考卷之一等一名者。散馆、大考的试卷都要"经进御览"，故书名云"经进"。是书编排次序有异常书，按光绪、同治、咸丰、道光、嘉庆往上逆推。其中大考卷九科十篇，分别是：同治丙寅（五年）科大考三等四名黄体芳《黼冕昭文赋》、咸丰己未（九年）科大考一等一名顾宗仪《拟谢庄月赋》、咸丰壬子（二年）科大考一等三名沈桂芬《正大光明殿赋》、道光丁未（二十七年）科大考一等一名王庆云《远佞赋》、道光癸卯（二十三年）一等一名万青藜、一等二名殷寿彭《如石投水赋》、道光己亥（十九年）大考一等三名季芝昌《拟魏丁仪励志赋》、道光癸巳（十三年）大考一等五名贾桢《落叶赋》、道光甲申（四年）大考一等一名朱方增《八月其获赋》及嘉庆戊寅（二十三年）科大考一等一名潘锡恩《澄海楼赋》；散馆卷七科七篇，分别是：光绪癸未（九年）科散馆一等一名黄绍箕《六事廉为本赋》、光绪庚辰（六年）科散馆一等一名吴郁生《位一天下之动赋》、同治甲戌（十三年）科散馆一等八名牛瑄《松柏有心赋》、咸丰庚申（十年）散馆一等一名张丙炎《燕山八景赋》、咸丰己未（九年）科散馆一等四名孙钦昂《政在顺民心赋》、道光癸巳（十三年）科散馆一等一名朱凤标《富贵如浮云赋》及嘉庆丁丑（二十二年）科散馆一等一名龙汝言《三阶平则风雨时赋》。另黄绍箕与吴郁生赋后还附有五言八韵诗各一首。是编选赋虽少，然均为一等前几名之作品，择汰力求精良。是书分写精缮，每篇后均列书工姓名，计有吴树梅、林绍年、志锐、褚成博、吕珮芬、张星炳、福楙、李佩铭、蒋艮、刘纶襄、郑思贺、杨晨、吴甲同、崔永安、姚礼泰、戴彬元等，为此时翰林院在职者。此书不仅保存赋作，亦可窥翰苑书法风貌。

（三）文集

《古文渊鉴》六十四卷

徐乾学奉敕编。乾学字原一，江苏昆山人。八岁能文，十三岁通五经。康熙九年殿试第三名，授编修。十一年主顺天乡试，二十四年以内阁学士充教习庶吉士，以文章受主知，累迁左都御史，刑部尚书。有《憺园文集》。

是书编于康熙二十四年，圣祖本打算将此书分三集编排。至于区分标准，则"取古人之文，自春秋以迄于宋，择其辞义精纯，可以鼓吹六经者，汇为正集;即间有瑰丽之篇,要皆归于古雅,其绮章秀制,弗能尽载者,则列之别集;傍采诸子,录其要论以为外集"(《御制古文渊鉴序》)。正集之文取其载道之用,别集之文注重文藻而归于古雅,外集之文采自诸子。此即法式善所谓"风教攸关者,咸著录焉"①。但徐乾学并没有完全依照这个构想,而是取先秦至宋代的文章,以时序排列,体类上没有正、别、外之分。

中国文学史上总集编纂以及评注历史悠久,经验丰富。徐氏编此书时,从体例到注释,均吸纳了前人成果。所收文章上起《春秋左传》,下至有宋,用真德秀《文章正宗》例;名物训诂,各有笺释,用李善注《文选》例;每篇各有评点,用楼昉《古文标注》例;备载前人评语,用王霆震《古文集成》例;诸臣附论,各列其名,用五臣注《文选》例②。取各家之长,又力避其短。

《古文精藻》二卷

李光地编。光地字晋卿,福建安溪人。康熙九年进士,选庶常,授翰林院编修。历升翰林掌院学士、通政使兵部右侍郎、提督顺天学政,补工部侍郎,擢吏部尚书,拜文渊阁大学士。卒谥文贞。

康熙三十一年李光地以詹事出任顺天学政,鉴于下邑孤村之士贫不能得书,甚者终身不曾见古文一字,致使所作之文气体卑凡,深感有必要纂刻一集以惠僻远。故选《史记》、《汉书》以来六十四篇古文都为一集,"使稚年晚出读而知好焉"③。上卷选唐以前之文,下卷为唐宋八家之文。所选以有笔势有文采为标准,选文最多者为韩愈(12篇),其次为王安石(7篇)、司马迁(5篇)、诸葛亮(5篇),文体多为疏、表、书、论等应用文。选文中有圈点有评语,文末有总评,提示作法,但较为粗略,故《总目》评曰:"此集以海乡曲诸生,不求尽古文之变也。"

《古文雅正》十四卷

蔡世远编。世远字闻之,福建漳浦人,康熙四十八年进士,选翰林院庶吉士,授编修。历礼部右侍郎。为乾隆帝师,其理学思想及古文见解多为乾

---

① 法式善:《陶庐杂录》第十四则,第8页。
② 《四库全书总目》卷一九〇。
③ 李光地:《古文精藻序》,《古文精藻》卷首,《四库全书存目丛书》集部,第400册。

隆采纳。著有《二希堂文集》。

据编者自序,是书初编于康熙五十四年,至雍正元年又与友人李立侯、张季长加以订正之后付梓,则刻成当在雍正初年。是集倡为雅正之说,所谓"雅正"者,"其辞雅,其理正也。"于具体篇目,则详加甄别:"文虽佳,非有关于修身经世之大者不录也;言虽切,而体裁不美备,则贤哲格言不能尽载也;其事则可法可传,其文则可歌可诵,然后录之。"(《原序》)是知其去取关键在于是否合乎修身经世且体裁美备的标准。编者声明不载《左传》、《公羊》、《谷梁》三传及《檀弓》,缘于此已经列入经类;不载《战国策》,缘于"多机知害道之言";不载荀、韩、庄、列,缘于"斥异学"的目的,此种观点颇类昭明太子之于《文选》。而其排斥佳文,则正与昭明相左。

是集与方苞《钦定四书文》同被列为国子监授课教材。雍正十年七月颁布厘定文体书,始提出"清真雅正"的准则,世远此编已开其先声。

《钦定四书文》四十一卷

方苞编。是书专收明、清两代经义制举之文。经义取士滥觞于宋,元延祐中兼以经义经疑取士,明洪武初定科举法,兼用经疑,后世专用经义。康熙甲辰(三年)、丁未(六年)两科曾敕废八比[①],后复前例。是编收明代化、治文六卷,正、嘉文六卷,隆、万文六卷,启、祯文九卷,共四百八十六篇;本朝文十四卷,二百九十七篇。书前载乾隆上谕,阐明编撰宗旨:"时文之风尚屡变不一,苟非明示以准的,使海内学者于从违去取之介,晓然知所别择,而不惑于岐趋,则大比之期,主司何所操以为绳尺? 士子何所守以为矩矱?"清代统治者有鉴于明代士习弇陋,将其归因于文风的衰蔽,故而数次颁布正文体书,乾隆元年又重申清真雅正之训。所以该编所录,大抵"辞达理醇",以阐发理道为宗[②]。方苞与其兄舟为当时时文名手,舟早逝,苞曾教授时文为生,并得到制艺大家韩菼的指点,故四书文义烂熟于心。此时又膺翰林院教习庶吉士之职,故被乾隆委以编撰重任。

---

① 毛奇龄:《西河合集·经集》卷首凡例。
② 《四库全书总目》卷一九〇。

《御选唐宋文醇》五十八卷

总裁为和硕庄亲王允禄,总理其事者为经筵讲官内阁学士兼礼部侍郎张照,参加者尚有翰林院编修朱良裘、董邦达、翰林院检讨吴泰、唐进贤、万松龄、翰林院庶吉士帅家相、冯祁、吴绂。乾隆三年书成。

是编选文韩愈 105 篇、柳宗元 88 篇、李翱 12 篇、孙樵 10 篇、欧阳修 80篇、苏洵 27 篇、苏轼 86 篇、苏辙 23 篇、曾巩 32 篇、王安石 18 篇。于唐宋八大家之外,增李、孙为十家,仿储欣所选《唐宋十大家全集录》之例。欣字同人,宜兴人,博通经史,文誉赫然,东南之士奉为宗工。康熙二十九年始领乡荐①。欣以茅坤选本只为经义计,乃于八家外增李翱、孙樵。书出,风行海内。乾隆中,御选《唐宋文醇》,盖"因其本而增益之"②。对此乾隆亦不讳言,《御选唐宋文醇序》曰:"本朝储欣谓茅坤之选便于举业,而弊即在是,乃复增损之,附以李习之、孙可之为十大家,欲俾读者兴起于古,毋祇为发策决科之用,意良美矣。顾其识之未衷,而见之未当,则所去取,与茅坤亦未始径庭。朕读其书,嘉其意,而亦未尝不惩其失也。"二者同中有异,"欣本所遗而不可不采者,亦并录入,通计十之二"(《凡例》)。以 105 篇韩文为例,与欣本所收 260 篇③同者 90 篇,另补 15 篇,适当"十之二"之数。

储欣病士子以骈文为制义,故选十家,欲复兴古学。而乾隆则显示出对骈文的偏爱,序云:"骈句固属文体之病,然若唐之魏郑公、陆宣公,其文亦多骈句,而辞达理诣,足为世用。则骈又奚病? 日月丽乎天,天之文也;百谷草木丽乎土,地之文也。化工之所为,有定形乎哉? 化工形形而不形于形,而谓文可有定形乎哉? 顾其言之所立者何如耳。"然观所选并未增加骈体文比重,甚至将欣本中所收赋作亦大量删削,岂故意立异以别于欣本欤?

选文之外,尚采古今人评跋及诗文论说,用诸色套印,康熙御评用黄色,乾隆御评及圈点用朱色,诸家品题及考证事迹则用蓝色④,与《诗醇》略有不

① 《江南通志》一六六,影印文渊阁《四库全书》,第 511 册。
② 《清国史》卷二四《文苑传·储欣传》,中华书局 1993 年影印嘉业堂抄本。
③ 本文所用《唐宋十大家全集录》为光绪壬午(1882)江苏书局刻本。
④ 朱彭寿:《安乐平康室随笔》卷二,第 176 页。

同。

《全唐文》一千卷

是书的编纂,列名衔者自总裁经筵讲官文华殿大学士董诰以下凡一百余人,然大多数并不负责具体编纂事务。如总纂官阮元,于嘉庆十四年秋以循隐夺职后,居京师三年,仁宗以其学问素优,给编修在文颖馆行走,因而在《全唐文》上具名,但在其口授的年谱《雷塘庵主弟子记》中,于《全唐文》只字未提,则其用功甚微可知。据陈尚君研究,"程功最多的应为徐松、孙尔准、胡敬、陈鸿墀四人,法式善于前期普查用力颇勤"①。徐松字星伯,直隶大兴人,嘉庆十年进士,十四年初入馆,在馆约一年余,《全唐文》前期编修及体例匡定,应由其负责。孙尔准字平叔,江苏金坛人,亦十年进士,书成前夕离馆,继徐松为总纂。胡敬字以庄,号书农,浙江仁和人,亦十年进士,一直在馆,"(任)《全唐文》、《治河方略》、《明鉴》总纂官,所辑皆精审,《唐文》小传出其手者为多。其《进唐文表》凡数千言,典核翕皇,尤称杰作"②。陈鸿墀字万宁,号范川,浙江嘉善人,十年进士,散馆授编修。有《全唐文纪事》,为出力最多者之一,书成时已罢官。法式善于嘉庆十三年末入馆,有《奉校唐人文集寄示芸台渊如蓉裳琴士诸朋好》③一诗纪事。在馆一年,"力疾阅《永乐大典》六千余卷,复于万善殿、大高殿等处阅释、道藏二千八百余种"④。此外时任经筵讲官的英和亦出力不少⑤。与事者多为翰林官,体现了嘉庆帝期望词臣"藉资探讨,用广见闻"⑥之意。自嘉庆十三年至十九年,历时七年完书。

---

① 陈尚君:《述＜全唐文＞成书经过》,《唐代文学丛考》,中国社会科学出版社 1997 年版,第 67 页。

② 《清史列传》卷七三,中华书局 1987 年版,第 5994 页。

③ 法式善:《存素堂诗二集》卷一,清嘉庆十一年(1806)刻本。

④ 《国朝耆献类征初编》卷一三二,黄安涛撰小传。法式善《陶庐杂录》第 35、36 两则述其在馆辑文之事,中华书局 1959 年版,第 19、20 页。

⑤ 英和:《恩福堂笔记》卷下:"开《全唐文》馆时,余奉诏偕馆臣诣西苑之万善殿,检阅佛书,既于释藏经律论疏中采出唐人序论若干篇,又于旧《清凉山志》得王子安文一篇,《唐西域记》得玄奘表启十余篇,惟慧苑《华严经音义》今藏无之,复购得旧时北藏本,录其原序。"

⑥ 《清实录》第三十册卷二〇三嘉庆十三年十一月甲子,第 702 页。

先是嘉庆得《唐文》一百六十册,"觉其体例未协,选择不精,乃命儒臣重加厘定",以"示士林之准则,正小民之趋向"(嘉庆《全唐文序》),于是有是书之编。该书在据说为陈邦彦所编的一百六十册《唐文》基础上,参校《四库全书》中的唐人别集,抄撮《文苑英华》、《唐文粹》、《崇古文诀》、《文章辨体汇选》等多种总集,又钩稽《永乐大典》中的单篇残段,广搜史子杂家记载,以及金石碑刻资料(《凡例》),汇成这部包罗一代文章,卷帙浩繁的唐文总集。全书裒辑唐五代文章 18488 篇,作者 3042 人①,敬遵圣祖命名《全唐诗》之意,名之曰《全唐文》。俞樾评曰:"读唐文者,自有此书,叹观止矣。"②

是书卷帙繁重,故编者变自来总集之体,以文从人,谨遵《全唐诗》例,各自成卷。文体分类铨次,仍依《文苑英华》。编排首帝王,次后妃,次宗室诸王,次公主(五代亦依此序次,其十国主附五代后),次臣工,次释道,次闺秀,至宦官四裔,各文无类可从,附编卷末。

作为一代文章总汇,其错误不可避免,举其要者,有作者张冠李戴、姓名舛错、题目夺误、正文讹脱、重出和互见、误收唐前后文等③。

(四)其他总集

《皇清文颖》一百二十四卷

始编于康熙朝,大学士陈廷敬奉命选辑之后,未及刊布。雍正朝继续开馆编辑,随时附益,久未竣工。乾隆初年命经筵日讲起居注官保和殿大学士兼吏部尚书管翰林院事张廷玉、经筵讲官户部尚书梁诗正、经筵讲官刑部尚书教习庶吉士汪由敦任总裁续修,董其事者为内阁学士兼礼部侍郎刘纶、董邦达、督察院左都御史赵大鲸、詹事府詹事兼翰林院侍读学士徐以烜、日讲官起居注翰林院侍读学士于振、日讲官起居注翰林院侍讲学士周长发、署日讲官起居注右春坊右庶子堂坊事兼翰林院侍讲林蒲封、翰林院侍读双庆、周

---

① 日人平冈武夫经逐篇验数,得出存文二万二十五篇,作者三千三十五人,见陈尚君《述<全唐文>成书经过》。

② 俞樾:《全唐文拾遗序》,《春在堂杂文四编》七,《续修四库全书》第 1550 册。

③ 参见《全唐文》的出版说明,中华书局 1983 年版。

玉章、左春坊左谕德翰林院修撰罗源汉、左春坊左赞善宋楠、国子监司业鹤年、翰林院检讨阮学浩、编修阮学浚、朱铨、钱锜、经闻、署日讲起居注翰林院检讨郭肇鐄等。乾隆十二年完成。

是编断自乾隆甲子(十年),凡御制诗文二十四卷,臣工赋颂及诸体诗文一百卷。编排上,首帝王(康熙、乾隆),次宗室诸王,次群臣。录取的原则是:"惟取经进之作,朝廷馆阁之篇。"①这些作品体现了一代人文之盛:"其文学诸臣,起逢掖而登蓬瀛,列承明而参槐棘,盈廷师济,莫不涵咏圣涯,摛词染翰,综其大概,以备昭代人文。"(《凡例》)至于此外诸什,编者以"究无关风雅"的原则,将其尽行黜落。所取之文均为"宣扬德意,黼藻文明,必风雅无乖"的馆阁体文字,然其中"波澜虽富,而音调未谐,绘藻虽华,而体裁未合"之作,亦"概不滥入",去取之间尚有一定的尺度。

《皇清文颖续编》一百六十四卷

经筵讲官文华殿大学士董诰、经筵日讲起居注体仁阁大学士戴衢亨、经筵讲官户部尚书曹振镛、经筵讲官吏部左侍郎潘世恩、经筵讲官吏部右侍郎浙江学政周兆基、经筵讲官吏部右侍郎英和、经筵日讲起居注官翰林院掌院学士觉罗桂芳、经筵讲官吏部左侍郎教习庶吉士秀宁、工部左侍郎教习庶吉士陈希曾等人纂修,书成于嘉庆十五年。

首列高宗乾隆文十卷,诗二十八卷;次则嘉庆幼时恭和诗篇及书窗日课之作文六卷,诗十二卷。其后为诸王臣工"赍扬骏烈,赓和奎章,溯虞廷喜起之歌,遵唐代早朝之作","文则清真雅正为宗,诗以国风雅颂为本"(嘉庆《序》),共文五十卷,诗五十八卷,统成一百六十四卷,较之《皇清文颖》多出四十卷。同前编专收馆阁应制之作类似,是书臣工诸作除进呈应制外,全集曾经奏进者方行选择,其未呈乙览者均不入选,"以杜滥收"(《凡例》)。二书在细节上有如下不同:

前编所载臣工诸作,进册恭和与私作前后互见,初无定例。是编分门别类,先典礼,次奉敕,次应制,次敬题,次恭和,次纪恩,而以私作殿尾。

---

① 乾隆:《皇清文颖序》,《皇清文颖》卷首,《故宫珍本丛刊》本。

前编以四言列五言之前,六言附七言之后,是编四言仍遵旧例,六言则改置七言之前。

是编文目体例悉遵前书,惟臣工文内答问、露布二体,前编附见杂著中,此编所甄采较前增富,因另立两门,益昭美备。

《历代诗余》一百二十卷

日讲官起居注翰林院侍读学士沈辰垣、司经局洗马兼翰林院修撰王奕清、提督广西学政翰林院编修阎锡爵、翰林院编修余正健等,于康熙四十六年编纂成书。

康熙右文之盛,旁及声律。无锡杜诏以监生迎銮,进词,为圣祖赏拔,在馆最久。五十一年春闱落第,有诏搜阅遗卷,特赐一体殿试,改庶吉士。《纪恩》诗云:"群玉书仓浩烟海,愧将词句续《花间》。"自注谓:"臣始终以词受知,两奉校词之命。"①继《全唐诗》、《宋金元明四朝诗选》后,圣祖"以词者,继响夫诗者也"之故,乃命词臣辑其"风华典丽,悉归于正者"若干卷,亲加裁定,编成是书。其后又命詹事王奕清等辑《词谱》四十卷,以期"裨益身心"(康熙《历代诗余序》)。

词史上有婉约与豪放之争,康熙所谓"风华典丽,悉归于正"的观点,正是承继了词学的正统观念。然词臣在选录时虽言遵此为"准式",但"沉郁排宕,寄托深远,不涉绮靡,卓然名家者","尤多收录",选择范围较广。如张孝祥《六州歌头》(长淮望断)、辛弃疾《摸鱼儿》(更能消几番风雨)等感慨时事的作品均列选中,尤能立于门户之外。编排上,以字数多寡分卷,不分小令、中调、长调;闺媛、方外工词擅名者,亦皆采入;词人以时代为序,其爵里姓氏汇载卷后;词话别录卷末。

---

① 《钦点庶常纪恩八首》其五,《云川阁集·诗》卷三,《四库全书存目丛书》集部,第266册。

第二章 翰林院与清代诗风的流变

诗歌发展有其自身内在的规律,但清代诗风的流变,却与翰林院有着密切的关系。清初明遗民出于民族意识,提倡宗宋诗风;帝王与台阁重臣为整顿这一诗风,以翰林院为基地,采取多种措施,提倡唐诗,贬斥宋诗,从而宗唐诗风流衍一时。至乾隆朝由于考据学风兴盛,宋诗风重新抬头,在馆阁诸公的提倡下,此风一直延续到晚清宋诗运动。当然,在馆阁诗风盛行之际,由于诸种原因,亦出现与之立异的现象,特别是憧憬词垣而未能如愿者,或遭遇变故的翰林官,如汪懋麟、袁枚等,其诗风则故意与玉堂风气相背离。因此,清代诗坛并未因翰林院的影响而显得单调,相反却呈现出丰富多彩的绚烂景象。

第一节 翰林院与清初诗风的确立

当唐诗成为典范竖立在宋人面前之时,如何突破前贤成了宋代诗人长久的"焦虑"。经过欧阳修、苏轼、黄庭坚等人的努力,宋调取得了并驾唐风的成就。然而,自南宋开始,关于唐宋诗的优劣问题上升为诗坛争论的焦点之一,宗唐宗宋也成了诗人的理论取向。明代宗尚唐诗滥觞于闽中诗派,茶陵李东阳踵之,前后七子接着大声疾呼,力倡"诗必盛唐",中晚以下乃至宋元,视若唅等。袁中道等虽亦间或提倡宋诗,然难以扭转势头。清初,"人皆厌明代王、李之肤廓,钟、谭之纤仄,于是谈诗者竞尚宋元"①,此风实开自

---

① 《四库全书总目》卷一七三《精华录》提要。

钱谦益,他"力诋弘、正诸公,始缵宋人余绪","风气一大变也"①。黄宗羲、吴之振等人编选的《宋诗钞》于康熙十年问世,主坛坫的王士禛也由唐转宋,宗尚宋诗遂成为诗坛的流行风气。一时间朝野纷纷讨论宋诗,贬斥唐诗,"物有迂夸不入市者辄以唐人诗呼之"②。然而,这种风气并未持续多久即遭人厌弃。从文学角度来说,"宋诗质直,流为有韵之语录;元诗缛艳,流为对句之小词"③。由此,批判宋诗风的声浪迭起,王士禛鉴于各方面的原因,又开始由宋返唐,编纂《五七言古诗选》、《唐贤三昧集》以示旨归,宗唐风气复盛。自是终康熙之朝,虽"宋元诗格家喻户晓"④,而"馆阁诸公尚仍唐制"⑤,宗唐诗风一直占据着主导地位。

　　清代初年诗歌宗唐宗宋虽是文学发展规律所致,然社会政治因素亦产生了重要作用。易代巨变之下,"负奇之士不趋宋不足以泄其纵横驰骤之气"⑥,故尚宋诗;而清初提倡唐诗,亦"有一种政治力量存乎其间"⑦。帝王和台阁重臣端正诗风的举措影响了诗坛的面貌,而此种影响之所以产生预期的效果,则不能不考虑介乎政治与文坛之间的"人文渊薮"翰林院的中介作用。

一、康熙对清初翰林院诗风的整饬

　　清代翰林与前代文学侍从之臣在身份上是一致的,均是围绕在皇帝身边从事文字工作的文士,故而他们的思想、文学观点以及文学创作都不能不受到君主的影响。所以熊礼汇认为:"所谓翰林文化,乃是一种以君主为核

---

①　乔亿:《剑谿说诗》卷下,《清诗话续编》,第 1104 页。
②　毛奇龄:《徐宝名诗集序》,《西河合集·文集·序》卷三一。
③　《四库全书总目》卷一七三《精华录》提要。
④　张尚瑗:《六莹堂集序》,梁佩兰《六莹堂集》卷首,《四库全书存目丛书》集部,第 255 册。
⑤　郑方坤:《国朝名家诗钞小传》卷四《春迟(马朴臣)诗钞小传》。
⑥　邵长蘅:《研堂诗稿序》,《邵子湘全集·青门剩稿》卷四,《四库全书存目丛书》集部,第 248 册。
⑦　齐治平:《唐宋诗之争概述》,岳麓书社 1984 年版,第 98 页。

心，……为满足现实社会政治需要服务的实用文化。"①论及康熙时期翰林院与诗坛诗风的关系，首先也需要考虑康熙皇帝在其中所起的作用。

康熙主张"诗必崇唐"②，其诗作也极力以唐诗为模范。《清稗类钞·文学类》云："圣祖诗气魄博大，出语精深。尝……亲征额鲁特，御制前后《出塞诗》数篇，体为五律，饶有唐音。……（《弹琴峡》、《瀚海》、《赐将士食》、《剿平葛尔丹大捷》）是固可与唐贞观、开元御制诸篇辉耀千古也。"③平时赐予诸臣的书法也写的多是唐诗，由此可见其诗宗尚。引起康熙对唐诗兴趣的原因，首先在于唐代诗歌创作所达到的"自邃古以来，未尝有也"④的水准。探究唐诗繁荣根源，康熙认为："盖唐当开国之初，即用声律取士，聚天下才智英杰之彦，悉从事于六义之学，以为进身之阶，则习之者固已专且勤矣；而又堂陛之赓和，友朋之赠处，与夫登临宴赏之即事感怀，劳人迁客之触物寓兴，一举而托之于诗。"⑤唐代以诗赋取士，客观上刺激了诗歌创作的繁盛；且最高统治者如唐太宗亦不遗余力地提倡，一时文人才士将相名臣争相吟咏，形成彬彬之盛的局面。唐诗的兴盛和唐代经济文化的全面繁荣紧密相关。作为中国历史上最强大的王朝，康熙对它的向往之情是不言而喻的。用诗歌来装点盛世，成为康熙文化政策之一。

从艺术上来说，康熙之所以选择唐诗为标准，在于他认识到"诗至唐而众体悉备，亦诸法毕该"⑥。唐诗的最大特点，康熙认为在于含蓄高远且有深厚雄浑之气："唐人诗命意高远，用事清新，吟咏再三，意味不穷。近代人诗虽工，然英华外露，终乏唐人深厚雄浑之气。"⑦这两个特征的结合，康熙自然将兴趣落到初盛唐诗上，尽管他一度反对诗分四唐之说，认为这些都是

---

①　熊礼汇：《明清散文流派论》，武汉大学出版社 2003 年版，第 82 页。
②　张玉书：《御定全唐诗录后序》，《张文贞集》卷四，影印文渊阁《四库全书》第 1322 册。
③　徐珂：《清稗类钞·文学类》，中华书局 1985 年版，第 3908 页。
④　康熙：《全唐诗录序》，《圣祖仁皇帝御制文三集》卷二〇，影印文渊阁《四库全书》第 1299 册。
⑤　《全唐诗序》，《圣祖仁皇帝御制文三集》卷二〇。
⑥　《全唐诗序》，《圣祖仁皇帝御制文三集》卷二〇。
⑦　康熙：《杂著·讲筵绪论》，《圣祖仁皇帝御制文集》卷二六。

"后人强为之名,非通论也"①,可实际上他对初盛唐诗是情有独钟的,他说:"初唐、盛唐,咸足上追风雅,然其间矩矱虽一,而心声各别,奇正浓淡,品格自成,不可强而同也。至中晚则菁华尽露,而浑厚之象为稍变矣。"②

推崇唐诗,并不意味着康熙会全然抹煞宋诗的价值。当然,康熙对宋诗的肯定是有条件的,那就是能明道德,他说:"若夫宋人为诗,大率宗师杜甫,其卓然骚坛者,洵能树帜一代,虽后人览之,觉言理之意居多,言情之趣居寡然,反复涵泳,自具舒畅道德之致。"③宋诗虽情趣寡然,可是由于其具有舒畅道德之致,"而为道德之助"④,故而部分可以为其所接受。宋诗中能为道德之助的主要是理学家的诗,康熙肯定的也就是这类作品。由此标准出发,他虽然也喜爱苏轼之诗,但对其评价并不高,他认为苏轼的作品未达到理学家的醇厚境界,偏于粉饰:"宋儒讲论性理,亦未尝不作诗赋,但所作诗赋皆醇厚,朱子以苏轼所作文字偏于粉饰,细阅之果然。"⑤连苏轼这样的宋诗大家由于偏离道德之助而遭到康熙的批评,其他成就不及苏氏者就可想而知了。

康熙不完全排斥宋诗的另一原因,是在于他认为宋人为诗大率宗师杜甫。康熙没有多少直接赞扬杜甫的言论,可无论从政治意义还是艺术感受,他都不能忽略"每饭未尝忘君"的忧患诗人的典范性。康熙对杜诗非常熟悉,亦深有体悟。南巡驻跸兖州府,他立刻想到杜甫"浮云连海岱,平野入青徐"(《登兖州城楼》)的诗句;论述题画诗通于治道,就援引杜甫"绘事功殊绝,幽襟兴激昂"(《奉观严郑公厅事岷山沱江画图十韵》)的诗句为佐证;他还根据杜诗"水流心不竞,云在意俱迟"(《江亭》)作了一首《水流云在》

---

① 康熙:《全唐诗序》。
② 康熙:《诗说》,《圣祖仁皇帝御制文集》卷二一。
③ 康熙:《诗说》,《圣祖仁皇帝御制文集》卷二一。
④ 康熙:《御选唐诗序》,《圣祖仁皇帝御制文四集》卷二二。
⑤ 《圣祖仁皇帝圣训》卷五"康熙五十一年壬辰十月癸亥"条,影印文渊阁《四库全书》,第411册。

的诗,并颇有感触地赞叹道:"斯言深有体验。"①

　　康熙崇唐的诗学思想一方面是外族新兴统治者推行文化政策的需要,另一方面也受到当时南书房翰林的影响。南书房在乾清宫之南,故有是称;所谓南书房翰林,是清代对入直南书房词臣的统称。翰林官入直南书房的制度始于康熙十六年,圣祖建南书房,主要是为了探讨学问、研习书法及进行诗文创作②。康熙十六年十月二十日,谕大学士等曰:"朕不时观书写字,近侍内无博学善书者,以致讲论不能应对。今欲于翰林内选二员,常侍左右,讲究文义。"③熟悉翰林掌故的清人昭梿也写道:"仁庙与(南书房)诸文士赏花钓鱼,剖晰经义,无异同堂师友。"④康熙前期入直南书房的著名文人就有张英、高士奇、熊赐履、张玉书、陈廷敬、王士禛、徐乾学、朱彝尊等人,他们的文集中保留了很多应制、唱和诗作。这些在诗文创作上取得较高成就的文士,显然能对康熙的诗学思想产生一定的影响。

　　给予康熙诗学思想资源的首先要数康熙十七年入直南书房的陈廷敬、叶方蔼等人。陈廷敬以《赐石榴子》一诗受知康熙。这一年正月二十二日,陈廷敬同王士禛同受命各以近诗进见于懋勤殿,"温语良久,至诵《赐石榴子诗》:'风霜历后含苞实,只有丹心老不迷。'蒙恩褒美,命至南书房,撤御膳以赐"⑤。陈廷敬论诗"门径宗仰少陵"⑥,著有《杜律诗话》二卷。他对杜甫、韩愈、白居易、李商隐等人诗歌的评价,着重于其与"道"距离的远近:"夫文以载道,诗独不然乎? 自昔宋初学者,祧少陵而宗义山,虽以欧阳公

---

　　① 分别见《圣祖仁皇帝御制文集》卷二〇《南巡笔记》、《三集》卷二二《历代题画诗类序》、《三集》卷五〇《水流云在(并序)》。

　　② 关于南书房的作用,钱金甫认为"至于所谓康熙时的南书房,实际上已起到中枢机构的作用,参加了国家政务处理的说法,更令人难以接受",见《论康熙时期的南书房》,清代宫史研究会编《清代宫史探微》第 16 页,紫禁城出版社 1991 年版;而邸永君认为康熙建立南书房有遏制权臣的政治目的,见《清代翰林院制度》第 173–175 页。但二者都一致认定陪伴帝王探讨学问、唱和诗文是南书房翰林的主要任务。

　　③ 《清实录》第四册卷六九康熙十六年十月癸亥,第 891 页。

　　④ 昭梿:《啸亭续录》卷一,中华书局 1980 年版,第 398 页。

　　⑤ 陈廷敬:《召见懋勤殿应制有序》,《午亭文编》卷一二,影印文渊阁《四库全书》第 1316 册。

　　⑥ 《午亭文编》提要,《午亭文编》卷首。

之贤,犹舍杜而学韩,欧阳公诗不逮文,固无可论,然亦岂非以韩诗之为尤近于道与? 近世诗人多学白香山,香山之诗视义山为优,然当时之人已有议之者,而杜牧之为特甚,则其弗几乎道者不为时所重,而传之后世,得无流弊也,不其难与?"①他视穷理尽性而能明道德为诗歌艺术至境,满怀高山仰止的向往之情:"夫诗之为物,发乎情,止乎礼义,其至者足以动天地而格神祇,穷性命而明道德。虽不能至,然心窃向往焉,岂不亦盛矣乎?"②

陈廷敬对宋诗亦不完全排斥,曹禾就说他的诗是"眉山氏之诗",是"今代之眉山也",这点也得到陈氏的首肯③。与他相似,叶方蔼亦不反感宋诗,以至王原祁认为其"诗宗苏陆"④。实际上叶氏之诗主要还是宗法杜甫,旁及苏、陆,即所谓"诗法传夔州,苏陆属其植"⑤。他们二人的诗学观与康熙帝极其相似,此时的康熙才二十五岁,与其说是康熙影响了陈、叶二人,不如说是入值南书房的二位词臣为青年康熙提供了诗学资源。

南书房翰林对年轻的康熙皇帝诗学观以及与之相关的文化政策产生了很大的影响,此后,康熙通过一系列措施将自己的文学思想灌输进入翰林院,以此来带动天下诗风的转变。

首先,康熙帝通过翰林院的考试,特别是决定官员升迁的大考来推行其诗学主张。毛奇龄《西河诗话》卷七中记录了一次考试的情况:

> 初盛唐多殿阁诗,在中晚亦未尝无有,此正高文典册也。近学宋诗者,率以为板重而却之。予入馆后,上特御试保和殿,严加甄别。时同馆钱编修以宋诗体十二韵抑置乙卷,则已显有成效矣。唐人最重二应体,一应试,一应制也。人纵不屑作官样文字,然亦

---

① 《吴元朗诗集序》,《午亭文编》卷三七。
② 《史蕉饮过江集序》,《午亭文编》卷三七。
③ 曹禾:《午亭集序》,《午亭集》卷首,《四库全书存目丛书补编》,第78册。
④ 《四库全书总目》卷一七三《读书斋偶存稿》提要。
⑤ 邓之诚:《清诗纪事初编》卷三:"《提要》引王原祁序,称方蔼诗宗苏陆,文宗眉山,《感旧集》小传引此以为王原《哀三公咏》之语,此本无此序。王原为方蔼汲引,见徐乾学《王令治制义序》。检《学庵类稿》,《哀三公咏》作'诗法传夔州,苏陆属其植'。提要及《感旧集》皆误。"上海古籍出版社1984年版,第357页。

何可不一晓其体而漫然应之。

查康熙朝的翰林院考试,"御试保和殿"的是二十四年进行的一次大考,文献中有详细的记录:

> 春正月,御试翰詹于保和殿,擢徐乾学等十一人,再试于乾清宫,赏赉调用有差。(试题)《经史赋》、《懋勤殿早春应制》五言排律诗。越二日,再试《班马异同辨》、《乾清宫读书记》、《扈从祈谷坛》七言律诗,……徐乾学、韩菼、孙岳颁、归允肃、乔莱学问优长,文章古雅,均加赏赉。①

此次所考,诗为《懋勤殿早春应制》五言排律诗、《扈从祈谷坛》七言律诗,名次在前的徐乾学、韩菼、孙岳颁、归允肃、乔莱等人均有相应升迁,而钱编修却因用宋诗体作应制诗而抑置乙等。这位钱编修就是钱中谐,据《鹤征录》,中谐字宫声,号庸亭,顺天昌平籍,江南吴县人,顺治十五年进士。由庶吉士彭会淇荐举试鸿博,授编修②。在应博学鸿词试之前,他一直郁郁不得志,陈廷敬曾为其所画"松屋图"赋诗曰:"钱郎钱郎何为郁郁久居此,旧隐如斯不归去。……古来材大非偶然,坎壈岂受时人怜。"③这种不平的身世可能导致其诗风比较接近宋诗,故在大考时以宋诗风格作应制体。考试的结果,钱中谐不仅是被抑置乙等,而是遭到了清前期词臣最不愿接受的结果,就是改任他官。与钱中谐同时改调的还有崔如岳、周之麟、颜光猷、李元振等九人,他们都是因应制诗作"未娴体式"而"对品调用"④,离开了翰林院。

钱谦益说:"应制之诗,椎轮于汉武之《柏梁》,陈思之《应诏》,而增华挼藻,极于唐之景龙、开元。茂矣美矣,不可以复请矣。"⑤徐元文也说:"唐初

---

① 吴鼎雯:《国朝翰詹源流编年》卷一,清道光刻本。
② 李集辑:《鹤征录》卷一。
③ 陈廷敬:《钱宫声松屋图歌》,《午亭集》卷八。
④ 《清实录》第五册卷一一九康熙二十四年二月丁酉,第251页。
⑤ 《历朝应制诗序》,《牧斋有学集》卷一五,《钱牧斋全集》(五),上海古籍出版社1996年版,第715页。

应制之篇,最为弘富。"①康熙帝对翰林院文学侍从之臣应制之作无疑也是以此为榜样。清代文士进入翰林院时都要学习应制体诗②,而应制体又以唐诗为标准,如邵远平"己未再入京,五载内所作多典礼纪颂之章,酷摹唐音,颇见宏赡"③;董讷"在馆阁应制诸作,出雅入颂,全乎盛唐"④。而宋诗在此种格调上不及唐人,导致其不能成为历代宫廷应制诗范式,因此以宋体应制被视为"未娴体制"。不过这次考试并不只是针对应制诗体,还在于力图肃清盛行的宗宋风气,因为此时词垣中也有"争先为宋诗者"⑤。这些宗宋诗人反感唐代"板重"的应制诗风,因而将新奇的宋调阑入其中,以宋体作应制正是宗宋诗风盛行的结果。康熙虽并不完全反对宋诗,但他不能允许翰林院中出现祧唐祖宋的现象。这次大考,对宗宋诗风是一个巨大的打击。此后,宗唐诗风逐渐成为词垣和诗坛的主导诗风。

其次,康熙还通过指派翰林院刊刻诗歌来推行他的文学主张。其中规模庞大的《全唐诗》最引人注目。该书共九百卷,收唐代二千二百余位诗人的诗作四万八千九百余首。修书始于康熙四十四年三月,次年十月竣工。康熙为之作序,并于书名冠以"御定"二字。该书虽署"通政使司通政使曹寅奉敕校阅刊刻",实际上主要工作由十位在籍翰林完成。其他如《全唐诗录》、《御选唐诗》等选本编者也均为翰林。

修书的倾向体现了康熙的诗学宗尚。康熙朝除了编纂《全唐诗》、《御选唐诗》这两部唐诗总集选本外,还刊刻了《御选四朝诗》二百九十二卷。其中包括宋诗八十七卷,金诗二十五卷,元诗八十一卷,明诗一百二十八卷。

---

① 徐元文:《随辇集序》,高士奇《随辇集》卷首,《四库未收书辑刊》第9辑第16册。
② 沈珩《方渭仁健松斋文集序》曰:"岁己未……予是时方攻应制诸体……"见《耿岩文钞》二集。《四库全书存目丛书》集部,第218册。吴省钦《五月九日乾清宫引见选馆恭纪》曰:"山林台阁悬霄壤,勉习唐贤二应诗(自注:唐人以应制、应教作为二应体)。"见《白华前稿》卷三三。法式善"乾隆四十五年入词馆,专攻应制体",见法式善《存素堂诗初集录存自序》,《存素堂诗初集录存》卷首。
③ 《四库全书总目》卷一八三《戒庵诗存》提要。
④ 张希良:《柳村诗集序》,董讷《柳村诗集》卷首,《四库全书存目丛书》集部,第242册。
⑤ 毛奇龄:《唐七律选序》,《西河合集·文集·序》卷三〇。

康熙前期的诗坛一直存在宗唐宗宋之争,不过就刊刻的诗歌选本来看,圣祖向翰林院明示了他崇唐而贬宋的诗学宗尚。《御选四朝诗》中八十七卷的宋诗不但无法和九百卷的《全唐诗》相提并论,甚至也比不上以模拟唐人诗歌为主要艺术取向的明诗,似乎只能与成就并不高的元诗相较。翰苑官员对这种政策的倾斜自然心领神会,崇唐黜宋就成了翰林院论诗的标准。

翰林院私人编纂诗歌总集的风气亦很兴盛。高士奇编有《续三体唐诗》八卷和《唐诗掞藻》八卷,徐倬编有《全唐诗录》一百卷。诗集的编纂甚至能改变翰苑官员的命运,且不论投康熙所好的高士奇,徐倬由于进献《全唐诗录》,从翰林院侍读一跃而成为礼部侍郎。康熙在为该书所作的御制序中写道:"翰林侍读徐倬,以《全唐诗录》进,展卷而读之,与朕平时品第者盖有合焉。嘉其耄年好学,迁秩礼部侍郎,以为天下学者之劝。"并"亲为鉴定,赐以帑金,即命校刊"。徐倬正是抓住了康熙爱好唐诗的特点,在恰当的时候进献该书而获得殊荣,康熙也藉此机会大加表彰以为天下学者劝。还有人凭借进献唐诗选本而得到进入翰林院的机会。杜诏《唐诗叩弹集》十二卷是其取得功名之前所编。本来会试榜发后他已经落选,更无望参加遴选庶吉士的朝考。康熙见了这部唐诗选本,立即命阅卷官搜查遗卷,特命一体殿试,赐进士出身,并钦点庶常。兴奋之余,杜诏写道:"几束残编旧讨论,元和诗体及西昆。敢云风雅师前哲,何意流传达至尊(是春正月六日上遣官至寓所取臣所辑中晚唐诗恭进五部……)。"[1]而编选其他朝诗选本的则是另一种情况。顾嗣立为翰林院庶吉士时编《元诗选》,此书非但没能为其带来光明的仕途,反倒可能因此而获谴。其《罢职感怀》五首其二写道:"献赋曾逢特达知,半生毁誉为吟诗。"[2]出于此种原因,康熙一朝私人编纂的唐诗选本极为丰富。所展示的诗学倾向也非常明显,这对翰林院中形成宗唐诗风起着非常重要的作用。

经过翰林院的考试、唐诗选本的编撰以及对编者的表彰,唐诗成了康熙

---

① 杜诏:《壬辰会试榜发后奉旨搜阅遗卷三月二十九日命下特赐一体殿试四月五日传胪赐进士出身十四日钦点庶常纪恩八首》其六,《云川阁集》卷三,《四库全书存目丛书》集部,266 册。

② 《闾丘诗集》卷四三,《四库全书存目丛书》集部,第 266 册。

时期翰林院中占据统治地位的文学宗尚。对梦想着有朝一日能进入玉堂的士子来说,及早地学习、写作唐诗风格的作品,就成了举业之外不多的文学活动之一。康熙诗坛尽管宋诗曾一度兴盛,并有取唐诗而代之的倾向,但它不可能撼动唐诗的主导地位。

二、台阁重臣与翰苑诗风的规范化

康熙朝翰林院宗唐诗风的建立,也与台阁重臣的大力提倡有关。这些台阁重臣与康熙亲密接触的机会较多,经常同帝王诗酒唱和,故而对康熙的诗学趣味能够透彻领悟。限于特定背景,他们在政治上无所作为,因此将兴趣转移到文学,对此邓之诚论述道:"是时大学士备位不问政事,虽各兼部务,亦见夺于满尚书,间有建白,无关大政。故冯溥、李霨、宋德宜及(王)熙仅以文学备顾问。暇则结纳名士,竞尚诗文。"①所列诸人中,冯溥于康熙时翰林院诗风产生的作用比较突出,故本节以他为例论述台阁重臣与翰苑诗风的关系。

冯溥,字孔博,别字易斋,山东青州府益都县人,世籍临朐。顺治四年进士,授翰林院编修,屡迁至侍读学士。康熙时官至刑部尚书、文华殿大学士。诗集有《佳山堂集》十卷,《二集》八卷。

顺治曾称赞冯溥为"真翰林"②,其实就诗歌创作方面来看,冯氏之诗并没有什么值得称道的地方,其诗内容不外郊庙、封祀、临雍、耕耤、选举、辟除、蒐狩、征讨、朝会、燕享诸大典;作诗的目的,亦不过为"铺张扬厉,优游彬蔚,美盛德之形容,以昭成功也"③;诗风"取材于八代而归宿于三唐"④,"依然汉魏三唐之遗响"⑤。而这些方面却是清初翰苑文学的集中体现。清初翰林院除名称、建置稍有不同外,基本上沿袭明代旧制。顺治还将前明翰

---

① 邓之诚:《清诗纪事初编》卷五,第611页。
② 毛奇龄:《文华殿大学士太子太傅兼刑部尚书易斋冯公年谱》,《西河合集》本。
③ 王嗣槐:《佳山堂诗集序》,《佳山堂诗集》卷首,《四库全书存目丛书》集部,第215册。
④ 吴任臣:《佳山堂诗集跋》,《佳山堂诗集》卷末。
⑤ 毛瑞士:《佳山堂诗集后序》,《佳山堂诗集》卷末。

林安排进入本朝词垣,如顺治二年四月,以故明侍讲陈具庆为内翰林弘文院侍读,侍讲朱之俊为内翰林秘书院侍读,庶吉士成克巩、胡统虞为内翰林国史院检讨,张端、刘肇国为内翰林弘文院检讨,高珩、罗宪汶为内翰林秘书院检讨①。顺治三年正月,以故明礼部右侍郎钱谦益仍以原官管内翰林秘书院学士事,礼部尚书王铎仍以原官管内翰林弘文院学士事,编修刘正宗为内翰林国史院编修,庶吉士魏天赏为内翰林国史院庶吉士②。明代翰林院的作风同时也被带进清初的翰林院中。明代翰林院庶吉士月课文三篇,诗三首,文学《文章正宗》,诗学《唐音》、李杜诗③,清初翰林院的教育方式与此大致相近④。不难想象,顺治四年进入翰林院学习的冯溥所接受的教育内容。

冯溥的诗,“出入三唐、乐府”⑤,具有典型的台阁体气象:“公以博大之质,振朱弦清庙之章,含咀宫商,吐纳元雅,不骋奇于篇什,不求巧于字句,春容而弘丽,铿锵而鞺鞳,汹汹乎如四时之有春,而五音之有宫也。天地元声具在于是。”倪灿在《佳山堂诗集跋》中不仅指出冯溥诗具有春容弘丽、铿锵鞺鞳的盛世特色,而且明言了其诗对诗坛更张的作用:“公诗出,而世之幽忧僻奥者方且改弦易辙,其关气运,顾不大欤?”⑥他的言论难免有夸大之处,实际上冯溥的诗“未为精诣”⑦,能否使诗坛“改弦易辙”值得怀疑。但冯氏凭借其馆阁地位,其论诗宗尚无疑影响了他身边的追随者,对当时的诗风走向产生巨大的指导作用,这一点是值得重视的。

冯溥论诗宗唐而黜宋,施闰章在《佳山堂诗集序》中说:

> 尝窃论诗文之道,与治乱终始,先生则喟叹曰:“宋诗自有其工,采之可以综正变焉。近乃欲祖宋、元而祧前,古风渐以不竞,非

---

① 《清实录》第三册卷一五顺治二年四月乙亥、辛巳,第139—140页。
② 《清实录》第三册卷二三顺治三年正月乙亥,第202页。
③ 《大学士徐阶示新庶吉士条约》,孙承泽《春明梦余录》卷三二,第508页。
④ 韩菼:《瀛洲亭经说初集序》:“往教习堂读书,听占一经,背诵所习诗古文,《唐诗正声》、《文章正宗》而已……”《有怀堂文稿》卷二。
⑤ 施闰章:《佳山堂诗集序》,见《学余堂文集》卷七,影印文渊阁《四库全书》,第1313册。
⑥ 倪灿:《佳山堂诗集跋》,《佳山堂诗集》卷末。
⑦ 《四库全书总目》卷一八一《佳山堂集》条提要。

盛世清明广大之音也。愿与子共振之。"①

施闰章的序作于康熙十九年八月,则冯溥的这段话应发于自施氏进入翰林院的康熙十八年三月至此之间。冯溥也承认宋诗有它自身的特色,是诗歌史中不可缺少的一环;但他更看重宋诗之弊,这种弊端就是和开国盛世清明广大之音不协调的"佻凉鄙夯之习"。声音之道与政通,这是中国古代诗论中绵延久远的理论,"治世之音安以乐",作为中枢机构的大臣,冯溥自信其时的社会已经进入盛世阶段,故而与之相应的诗歌声调应该是清明广大、高华典丽,可以成为这种声调代表的无疑是唐诗。而宋代由于社会的积弱不振,诗歌气象很难达到唐代尤其是盛唐的风貌。因此从现实出发,尊唐黜宋成为必然。

与提倡安以乐的盛世之音相关,"温柔敦厚"的诗教观也为其高度重视,冯溥经常向他的弟子们阐述这一古老而又非常实用的诗学观点:

> 吾师之言曰:诗之为教也,温柔敦厚,文已尽而意有余。是道也,四始六义而降,楚骚汉魏靡不由之,岂不以指事造形,穷情写物,味之者无极,闻之者感心,舍是则无以为诗耶?昔人云:专用比兴,则患在意深,意深则词踬。不知词踬之病,艰晦为累,非真能深也。若其旷然取境,悠然会心,言在耳目之内,情寄八荒之表,非远非近,如或遇之。比兴之妙,其至矣乎!至于但用赋体,则患在意浮,意浮则文散,……有芜漫之累焉。……汉魏唐人之精微具在,其所存者隽而膏,味无穷而旨愈出也。然徒掇其陈言则已刍狗矣,况乎过此以往,等而下之,矫枉过正者,顾可寻其郭郭,啜其糟醨乎?……余非墨守于一端之说而有所左右者,惟是读书好古,历有年岁,知清新大雅之作,出于比兴者为多,溯流以穷源,而实见其然也。盖吾师之论说如此。②

---

① 施闰章:《佳山堂诗序》,《学余堂文集》卷七。
② 徐嘉炎:《佳山堂诗集跋》,《佳山堂诗集》卷末。

要做到"温柔敦厚",表现手法上就要多用比兴而少用赋体,因为赋体重铺陈,直露冗漫;比兴尚曲笔,委婉含蓄。尽管冯溥没有忽略比兴的短处,然而在读书的过程中,经过衡量比较,他还是觉得比兴胜于赋体,"清新大雅之作,出于比兴者为多"。在以往的文学遗产中,符合这一标准的,冯氏认为只有汉、魏、唐人,过此以往,则等而下之。显而言之,欲创作清新大雅、盛世清明广大之音,其师法对象不外是汉、魏、三唐。

凭借台阁重臣的地位,冯溥笼络了大批诗坛精英分子入其门下,通过他们,对当时的翰林院以及整个诗坛产生巨大的影响。冯氏弟子中有号称"佳山堂六子"①的吴农祥、吴任臣、王嗣槐、徐林鸿、毛奇龄和陈维崧,此六人皆"绩学之士"。六人中吴任臣、毛奇龄、陈维崧通过考试进入翰林院,其余三人也都被举荐参加了康熙十八年的博学鸿词科考试,王嗣槐因年老被授予内阁中书,吴农祥与徐林鸿落榜。在其他自称"门生"的冯溥弟子中,绝大多数是通过康熙十八年博学鸿词科考试进入翰林院的人员。据称,当时应诏来京师者,"会天子蕃时机,无暇亲策制举,得仿旧例,先具词业,缴丞相府"②。且冯氏又是鸿博考试阅卷人之一,利用这一机会,冯溥将当时诗坛的佼佼者聚集在门下,而众多翰苑词臣也乐意用"吾师"来称呼他。

康熙十二年,一座对清初诗学产生重要影响的林园万柳堂落成。"万柳堂在广渠门内,为国朝大学士益都冯溥别业。康熙时开博学鸿词科,待诏者尝雅集于此。"③其实万柳堂不仅是博学鸿词待诏者聚集的中心,还是鸿博取中者以及其他围绕在冯溥周围的文士们修禊雅聚的所在。自康熙十八年至冯氏致仕的二十一年,每逢上巳,冯溥都要率领以翰林为主体的官员修禊其中:

> 京师万柳堂在崇文门外,平畴曼衍,布以万柳,……此本益都
> 夫子创置之,为朝士游憩地。每岁逢上巳,夫子必率门下士修禊其

---

① 吴翌凤:《逊志斋杂钞》已集,清光绪刻槐庐丛书本。
② 毛奇龄:《佳山堂诗集序》,《佳山堂诗集》卷首。
③ 于敏中等编:《日下旧闻考》卷五六,北京古籍出版社1983年版,第911页。

中,饮酒赋诗,竟日而散。①

其实如据冯氏及相关人员的诗集,则万柳堂的雅集远不止每年的上巳,此中的诗会相当频繁,据汪懋麟记载,"每月之八日,公必携客游于斯。"②而据冯氏诗集,平常的日子他们也在其中聚会③。

雅集之时,冯溥利用自己的地位在优美的万柳堂中召集翰林官讨伐宋诗:

> 益都师相尝率同馆官集万柳堂,大言宋诗之弊,谓开国全盛,自有气象,顿鹜此佻凉鄙俗之习,无论诗格有升降,即国运盛杀,于此系之,不可不饬也。因庄诵皇上《元旦日》并《远望西山积雪》二诗以示法。……《望雪诗》曰:"积雪西山秀,仙峰玉树林。冻云添曙色,寒日淡遥岑。"时侍讲施闰章、春坊徐乾学、检讨陈维崧辈皆俯首听命,且曰:"近来风气日正,渐鲜时弊。"④

《望雪诗》即康熙《远望西山积雪》,该诗收录在结集于二十二年的《御制文初集》卷三四,按时间顺序排列在此诗之前的有:《春日内苑赐宴诗》(序称作于康熙十八年己未)、《夏旱步祷》、《初寒》、《春雪》、《秋日出郊观稼》、《长至日祀》等,此诗之后为《春盘》、《巡幸出喜峰口》(二十年出游之作)等,由此顺序可推知《远望西山积雪》作于康熙十九年底,较收录在卷三一的《元旦日》为迟。据此则此次冯氏号召翰林官批判宋诗之举是在十九年之后至二十一年致仕前。在冯溥看来,宗尚宋诗不仅仅是诗歌创作中一个取法对象的问题,而且是关系到社会治乱的政治问题,"国运盛杀,于此系之"。诗歌风格上升到这一高度,已经逸出艺术的领域。因此诗坛的导向,不能只靠诗歌自身的发展逻辑,政治的干预是不可避免的,所以冯溥组织翰

---

① 《西河诗话》卷四,《西河合集》本。
② 《万柳堂记》,《百尺梧桐阁文集》卷三。
③ 如冯溥集中有《重阳前一日万柳堂雅集》、《春日万柳堂宴集》、《春日同王仲昭毛大可吴志伊陈其年吴庆伯徐仲山徐大文胡胤明集万柳堂即席赋》、《春日万柳堂宴集》、《三月八日万柳堂》、《四月八日万柳堂》等作。见冯溥《佳山堂诗集》卷五、卷六。
④ 毛奇龄:《西河诗话》卷五,《西河合集》本。

林官对宋诗进行口诛笔伐。

据王嗣槐《万柳堂修禊诗序》记载,康熙二十一年暮春三日参加冯溥主持的万柳堂修禊事者共有三十二人(王氏所列名单仅三十一人①),他们是左春坊左赞善徐乾学、翰林院侍讲施闰章、编修徐秉义、陆棻、沈珩、黄与坚、方象瑛、曹禾、袁佑、汪霦、赵执信、检讨尤侗、毛奇龄、陈维崧、高咏、吴任臣、严绳孙、倪灿、徐嘉炎、汪楫、潘耒、李澄中、周清原、徐釚、龙燮、纂修主事汪懋麟、刑部主事王无忝、中书舍人林麟焻、督捕司务冯慈彻、候选郡丞冯协一与王嗣槐②。其中翰林官二十五人,而以鸿博进入翰林院的有二十二人,另有六人非翰林出身。可见在冯溥万柳堂的座上客中,翰林官是主体部分。此外,曾经参加过万柳堂雅聚的翰林官还有陈廷敬(《次韵益都相公重阳前一日万柳堂燕集二首》,《午亭文编》卷一一)、叶方蔼(《万柳堂即事》,《读书斋偶存稿》卷四)、彭孙遹(《奉和冯益都夫子秋日燕集万柳堂即席留别之作》,《松桂堂全集》卷二一)、朱彝尊(《上巳万柳堂燕集同诸君和相国冯夫子韵二首》,《曝书亭集》卷一一)等人。文人雅集对一种诗风的形成会产生重要作用,特别是冯溥将其作为一种有目的的活动展开时,其效果一定不差。

由上引施闰章《佳山堂诗集序》与毛奇龄《西河诗话》可知,冯溥极力批判宋诗并非一次,且集中在康熙十八年之后。其实在此之前,这位大学士也曾对宋诗产生过兴趣,其诗集中有"辛亥(康熙十年)除日作"的《膝痛行五首用东坡先生韵》③。那么为何到康熙十八年以后他如此激烈地反对宋诗呢? 这主要是与当时社会背景和翰林院诗风状况相关。

首先,清代初年,宗尚宋诗让人联想到敏感的民族问题。满族入主中原,与400年前蒙元灭宋何其相似? 编撰《宋诗钞》的黄宗羲、吕留良等人

---

① 毛奇龄《西河诗话》卷四亦云:"壬戌(康熙二十一年)上巳,陪侍者三十二人。"但未举全部,可知此次实有三十二人参加。并且,此次修禊与"大言宋诗之弊"的并非一次,在《西河诗话》中,这两条分别记载。

② 王嗣槐:《桂山堂文选》卷一,《四库未收书辑刊》第7辑第27册。

③ 《佳山堂诗集》卷二。

都是遗民,遗民诗人对宋诗的重新发现,实际上是对被异族征服的王朝所留下的文化遗产的保护①。在清人眼中,与清明广大气象对立的满布"噍杀"之音的诗风自宋开始,例如朱彝尊就说:

> 唐人之作,中正而和平,其变者率能成方。迨宋而粗厉噍杀之音起,好溢者其志淫,燕女者其志溺,趍数者其志烦,教辟者其志乔。由是被之于声,高者硠而下者肆,陂者散而险者敛,侈者筰而弇者郁,斯未可以道古也。②

这种"噍杀"的宋诗风为明遗民接受,成为遗民诗的重要特点。朱鹤龄分析时代巨变与清初遗民诗风的关系时就指出这一点:"诸君子生濡首之时,值焚巢之遇,则触物而含凄,怀清而激响,怒而怨,哀而伤,固其宜也。"③钱谦益则说得更明白:"兵兴以来,海内之诗弥盛。要皆角声多宫声寡,阴律多阳律寡,噍杀恚怒之音多,顺成啴缓之音寡。"④诗风与志节的结合,清楚地表明一代遗民的立场。这一点估计当时的统治者是能够感受到的。由此出发,扫除笼罩在康熙诗坛的明遗民亡国之音的翳障,从诗风上斩断遗民的民族情感是新的政权极为迫切的工作要点。于是,树立清明广大的盛世之诗风便成为文治的首要任务,宗唐黜宋也就具有了与前代唐宋诗之争所不具有的政治内涵。

其次,当时的翰林院中"同馆诸官有争先为宋诗者"⑤,如徐嘉炎"入都后间涉昌黎、苏、陆"⑥,徐釚"新诗学放翁"⑦,汪琬"专以宋为师"⑧。而此时

---

① 参见张仲谋:《清代文化与浙派诗》,东方出版社1997年版,第17页;潘承玉在《清初诗坛:卓尔堪与＜遗民诗＞研究》一书中概括明遗民弘扬的诸种价值时就有"存宋—存明说"一项,中华书局2004年版,第313—314页。
② 朱彝尊:《刘介于诗集序》,《曝书亭集》卷三九,《曝书亭全集》,吉林文史出版社2009年版,第448页。
③ 朱鹤龄:《寒山集序》,《愚庵小集》卷八,上海古籍出版社1979年版影印本,第408页。
④ 钱谦益:《施愚山诗集序》,《牧斋有学集》卷一七,《钱牧斋全集》(五),第760页。
⑤ 毛奇龄:《唐七律选序》,《西河合集·文集·序》卷三〇。
⑥ 徐世昌:《晚晴簃诗话》卷四一,第266页。
⑦ 郑方坤:《国朝名家诗钞小传》卷二《南州草堂诗钞小传》。
⑧ 郑方坤:《国朝名家诗钞小传》卷二《尧峰诗钞小传》。

在馆诸公,大部分是博学鸿辞科取中者,康熙举行制科的目的在于"试图通过它来阻止旧明遗臣投奔吴三桂"①,这些遗民改变立场进入新朝的翰林院,依旧作着带有敏感的民族色彩的诗风,这是统治者不能容忍的。翰林院是为熙朝润色鸿业的机构,而不是感怀故国的场所。改变这一现状便是当务之急,这就是大学士冯溥在康熙十八年之后组织翰林官声讨宋诗的主要原因。

此外,康熙初年"朝贵俱尚宋诗"②。曾经有一段时间,连陈廷敬也对宋诗极为痴迷,反复和苏轼韵作诗③。他们之所以对宋诗产生兴趣,一方面是由于宋诗尤其是苏轼诗韵脚新奇,故借之以逞才。观冯溥及陈廷敬诸人多用苏轼诗韵作诗可知。另一方面来自遗民诗人的影响,陈廷敬与宋诗倡导者、《宋诗钞》编撰者之一的吴之振关系密切,他的宋诗风之作大量出现在《送吴孟举(按:即吴之振)还语溪》④一诗之后,可见二者之间的联系。朝贵中宗宋诗风的兴盛景象,也需要加以抑制。

在"俯首听命"于冯相国对宋诗的声讨时,翰林官的理论和创作发生相应的变化便在意料之中。以施闰章为例,其诗歌理论带有明显的冯氏诗论的色彩。施闰章论诗强调温柔敦厚的诗教:

> 夫诗与乐为源流,古者诗作而被诸乐,后世乐亡而散见诸诗。大抵忧心感者,其声噍以杀;乐心感者,其声啴以缓;怒心感者,其声粗以厉;敬心感者,其声直以廉。君子怀易直子谅之心,则必多和平啴缓之声。诚积之于中,不自知其然也。故曰温柔敦厚,诗教

---

① (美)魏斐德:《洪业——清代开国史》,第983页注③。

② 吴乔:《围炉诗话》卷五,《清诗话续编》,第602页。

③ 《午亭集》卷七《和子瞻饮酒四首》、《用东坡岐下韵三首》,卷八《人日雪宿左掖用坡公聚星堂韵》、《同南溟湘北春宿左掖闻贻上将至用坡公喜刘景文至韵迎之》、《放歌再用坡公韵》,卷一〇《梅花用坡公次李公择韵》,卷一二《东坡和渊明读山海经十三首谓其七首皆仙语读抱朴子有感和之余尝欲作游仙诗因次其韵》。另,延君寿《老生常谈》云:"午亭七律兼学宋人。……如《卧病缀直》云:'回惊廊阁三番仗,稍学仙人五禽戏。'《课儿》云:'绳床穿座知吾老,书案梁身觉汝长。'亦宋人中之卓然能自立者。"《清诗话续编》第1828页。

④ 《午亭集》卷七。

也。①

本来"温柔敦厚"的诗教为传统诗论,施闰章不必受冯氏影响亦可如此论述,但观前举徐嘉炎所言,则知冯氏于此特别强调,且施氏此言又是为其诗集作序时所发,故可断言,此论意在应和。最明显的是作为冯氏诗论核心的"清明广大"一词在施闰章诗学言论中多次出现,如:

> 古人称诗,莫尚于六经,《书》曰:"诗言志,歌永言。"《诗》曰"穆如清风",曰"其风肆好",《记》称"温柔敦厚,诗教也"。于乎!蔑以进已。风雅递变,义归正始,率多清明广大、一唱三叹之遗音焉。②

在回答程山尊问诗中又说:

> 去浮艳与清态。去浮艳近古,去清态近厚。夫裘马纨绔之习,既不足尚,就使楮冠芒屦,敝敝焉憔悴其形容,凄寒其音节,以号为诗人,岂所为清明广大之道哉!③

"清明广大"之音成为他评价诗史发展与诗人诗风的标准,此中可窥冯氏观点于其作用的一斑。

与提倡盛世清明广大之音相关,批判自韩愈"不平则鸣"到欧阳修"穷而后工"的文学思想也是康熙时翰林院的重要任务。因为这种观点支持下的文学创作强调个人坎坷的生活道路于诗歌感染力的作用,其结果必然是对"穷愁之言"的推崇,而贬低"欢愉之词"的地位。如此一来,怨怒哀伤的噍杀之音,其艺术价值必然高于清明广大的盛世之响,这不但是统治者所不愿看到的文学现象,也是那些围绕在帝王身边的翰苑诗人不能接受的理论:

> 韩昌黎曰:"欢愉之词难工,穷愁之言易好。"夫诗必待穷愁而后工,则是金谷兰亭,必尽幽忧愤郁之士,而曹、陆、王、谢,皆不可

---

① 施闰章:《佳山堂诗序》,《学余堂文集》卷七。
② 施闰章:《重刻何大复诗集序》,《学余堂文集》卷三。
③ 施闰章:《程山尊诗序》,《学余堂文集》卷七。

与言诗矣。昌黎之言非谓能诗者尽穷愁也。①

世传诗穷而后工,盖谓能穷风雅之正变,极比兴之指归,进乎技而求尽其量,斯寄托之言多而排比之文少,不求工而自工焉。至宋欧阳子始谓工者必出古穷人之辞,是以雕琢之语为工,非以大雅之音为工也,不亦谬与?②

迨其后为诗者,止于雕绘风云,流连光景,其人不必有用于世,而世主亦莫之省。于是有穷而后工之谭,有不平则鸣之论,一似山林放废之所独为,而非有位者之所得与,诗人之失其职久矣。③

欧阳永叔之序圣俞诗也,曰穷愁之言易好,欢愉之词难工。后之人率题其言,余以为非也。……若必欧阳之说以为诗,是将舍其和平广大,入于愤惨诡激,改其常而后可,岂古人作诗之意也哉!④

后之说诗者,为不平则鸣之谭,为穷而后工之论,里阎匹士循声蹑迹,敝敝于词章,朝镌而夕琢,得一二清疏隽冷佻巧僻涩之句为诗家能事,于是祀郊、岛为高朕,斥燕许为伧楚,似乎声诗一道,席门穷巷者之所讴吟,而非履丰美者之所得与也。推而极之,不至废二雅而薄三颂不止,亦已过矣。⑤

以上数段,或曲解“穷而后工”之义,或强调台阁山林之别,同韩愈、欧阳修等从文学的本质来解释这一理论完全不同⑥,充斥了更多的武断和不屑。

---

① 方象瑛:《顾向中诗序》,《健松斋集·文集》卷二。
② 曹禾:《佳山堂诗集序》,《佳山堂诗集》卷首。
③ 徐乾学:《百尺梧桐阁诗集序》,《百尺梧桐阁诗集》卷首。
④ 黄与坚:《吴巢薇诗集序》,《愿学斋文集》卷二八,《清代诗文集汇编》第74册。
⑤ 高士奇:《唐诗掞藻序》,《唐诗掞藻》卷首,《四库全书存目丛书》集部,第402册。
⑥ 关于“不平则鸣”的含义,可参考吴承学《诗人的宿命》,收入《中国古代文体学研究》,人民出版社2011年版,第104—105页。

这种观念的产生也与词臣的地位变化有关。汉代文学侍从之臣地位低下，故士不遇的感慨深；清代词臣位望清华，"遭逢圣主，悠游侍从，有非汉唐以下诸臣所能及"①，故反对山林放废之音，提倡台阁典丽之体。而在清初社会政治形势下，"穷而后工"与"不平则鸣"的理论既不适合力倡进入盛世的统治者的心理，亦不贴切位登清华之地的翰苑词臣的际遇，故而在此时遭到严厉的批判。

当然，宋诗的"俗"和"露"根据诗教观和盛世之音的标准也受到批判。朱彝尊就非常反感宋人特别是杨万里等人"鄙俚以为文，诙笑嬉亵以为尚"的作风，认为这些表现都是学唐诗"不善变"的结果②。通籍后一守唐格的毛奇龄则以更激烈的言辞抨击学宋诗者，尽管中年以前他亦曾对宋诗颇为致力：

> 诗以雅见难，若裸私布秽，则狂夫能之矣；亦以涵蕴见难，若反唇戛膊，则市牙能之矣；又以不著厓际见难，若搬檀头翻锅底，则呆儿能之矣。然则为宋诗者，亦何难何能何才技，而以此夸人？吾不解也。故曰：为台阁不能，且为堂皇，慎勿为草野，况藩溷乎？③

毛氏以典雅、含蓄评诗，讥刺宋诗的俚俗为"裸私布秽"，直露为"反唇戛膊"。他认为，只要是仿效，则只能是等而下之。但如果效法的是台阁，至少也能学到其堂皇的气象，因为起点高。在他的心目中，宋诗不用说台阁，连草野也谈不上，只能相当于"藩溷"之类的肮脏场所。取则如此下作的对象，真是让人难以理解。毛氏论诗论学感情用事的成分较多，这段言辞激烈的话语流露出其对宋诗的极度反感。

寻根溯源，追究宗宋诗风的始作俑者，翰苑词臣将矢镞对准了钱谦益。如魏裔介指出钱谦益"语多骂詈，且诗落宋人熟套"而"不足观"④；徐乾学则

---

① 李必果：《展台诗钞序》，方象瑛《健松斋集》卷一八。

② 《王学士西征草序》，《曝书亭集》卷三七，《曝书亭全集》，第432页。

③ 《西河诗话》卷五。

④ 魏裔介：《与黄石公》，《昆林小品》卷下，《四库全书存目丛书补编》第78册。

不点名地指出"近代操觚家"①复言宋元带来的后果:"今人概举何李而訾謷之,承学之徒,末师竞是,其目中初不知三唐为何物,况于隋梁以及建安以还!"②关于钱谦益与康熙诗坛宗宋诗风的兴起,有学者认为二者之间没有直接关系③,其实钱谦益对康熙朝以至清代宗宋诗风影响甚大,沈德潜论钱氏在清代诗坛的地位时说:"(钱谦益)论诗称扬乐天、东坡、放翁诸公。而明代如李、何、王、李,概挥斥之;余如二袁、钟、谭,在不足比数之列。一时帖耳推服,百年以后,流风余韵,犹足耸人也。……向尊之者,几谓上掩古人;而近日薄之者,又谓澌灭唐风……"④百余年后的乾隆诗坛犹有其诗的嗣响者,何况离他更近的康熙诗坛呢? 康熙诗坛宗宋诗风倡导者都或多或少与钱氏有联系。就遗民来说,毛奇龄用亲身经历证明二者之间的关系:"往者予来杭州,每与陆君景宣、丁君药园主客论诗,其时持论太峻,尚墨守嘉隆间人'不读唐以后书'之说。既而于役海内,则时局大变,阴袭虞山(钱)宗伯之指,反唐为宋。"⑤这些遗民都活跃在康熙诗坛上。再看其他人,毛奇龄认为汪琬宗宋诗风也是承袭钱氏而来⑥,汪氏曾与王士禛等人论诗,而后者倡导宗宋诗风也与钱谦益有很大关系⑦。钱氏言论还带动吴地宋诗风气的兴起,清人郑方坤说:"康熙庚午(二十九年)、辛未(三十年)间,诗人竞趋宋派,而吴闿一带,宗仰虞山,几于团扇之画放翁。"⑧不管是胜国遗民还是本朝命官,其宗宋诗风均与钱谦益有千丝万缕的瓜葛,故而说他是康熙诗坛宗宋诗风的始作俑者并不过分。

"擒贼先擒王",批判钱氏宗宋诗风的弊端,实际上等于否定了其在诗坛上的地位,也基本上否定了宗宋诗风。肃清工作自他入手也是政治的需

---

① 《宋金元诗选序》,《憺园文集》卷一九,《四库全书存目丛书》第 243 册。

② 《蕉林二集序》,《憺园文集》卷一九。

③ 见蒋寅:《王渔洋与康熙诗坛》,中国社会科学出版社 2001 年版,第 28 页。

④ 《清诗别裁集》卷一,上海古籍出版社 1984 年版,第 1 页。

⑤ 《沈方舟诗集序》,《西河合集·文集·序》卷二八。

⑥ 《西河诗话》卷五曰:"吴门汪编修……生平袭钱宗伯说,以宋诗为宗。"

⑦ 见蒋寅:《王渔洋与康熙诗坛》,第 13—14 页。

⑧ 郑方坤:《国朝名家诗钞小传》卷四《陆堂(陆奎勋)诗钞小传》。

要,钱氏入仕清朝却进行复明的活动,这也是清统治者厌恶他的原因。不用说后来将他列入《贰臣传》的乾隆皇帝,就是顺治帝也不喜欢他,反感他编撰的《列朝诗集》①。钱氏曾经供职于清代翰林院,以他当时的位望,自然会于翰林院诗风产生很大的影响。于是康熙朝便将清算钱氏诗学影响提上日程,这种活动当然由文章渊薮之地翰林院来完成。

三、康熙朝翰苑内外诗风差异
　　　　——以汪懋麟与施闰章、徐乾学唐宋诗之争为中心

在帝王与台阁重臣的努力之下,康熙朝翰林院诗风得以确立。于是,一段时间内,馆阁内外诗风出现了比较明显的差异,并导致尖锐的对立。清代诗学的研究者注意到,在清初诗坛宗唐宗宋的论争中,主宋的汪懋麟和崇唐的毛奇龄、施闰章、徐乾学之间的争辩颇引人注目②。汪懋麟,字季角,号蛟门,扬州江都人。"金台十子"之一,王士禛弟子。康熙六年进士,授内阁中书,刑部主事。徐乾学荐入明史馆充纂修官,二十四年罢归。著有《百尺梧桐阁集》。

毛奇龄与汪懋麟之间的争论发生在康熙十八年以前③,因意气成分居多,且不涉及诗风的异同,与本文所论关系不大,故不赘述。关于汪懋麟与施闰章之间的论争,二人的文集、诗集中没有留下任何记载,但毛奇龄《唐七律选序》中透露了一些情况。毛氏说:"前此入史馆,时值长安词客高谈宋诗之际,宣城侍读施君与扬州汪主事论诗不合,自选唐人长句律一百首以

---

　　① 宋征舆《书钱牧斋列朝诗选后》曰:"乙未冬,上在南海子行幄中,与翰林王君熙及宗兄之绳语次,忽问曰:'钱谦益来时为何官?'两君对曰:'曾为学士告病去。'上笑曰:'彼为学士,著书当尔耶?'"宋氏认为顺治是针对《列朝诗集》而言,因为"所载皆明人诗,应称明朝诗集,何得云列朝?……未仕本朝者则可,钱既为学士,北面受禄而归,奈何设此疑贰之名也。"《林屋文稿》卷一五。
　　② 参见张健:《清代诗学研究》(第390—392页)、张仲谋:《清代文化与浙派诗》(第44—46页)中的相关论述。
　　③ 据《西河诗话》卷五"尝在金观察许,与汪蛟门舍人论宋诗",称汪懋麟为"舍人",当在康熙十八年补官刑部主事之前。

示指趋,题曰《馆选》。"①据此,汪、施二人的这次争论发生在康熙十八年博学鸿词中试诸人进入翰林院修《明史》之时,他们的争论是围绕诗风展开的。当时宗宋诗风弥漫全国,在王士禛影响下的汪懋麟倾向宋诗,从而与翰林院侍读施闰章之宗唐诗风发生矛盾,二人论诗不合,施闰章选了一百首唐人七律为《馆选》以申明自己的观点。因为其时宗宋诗人主要学习宋人歌行长篇,故而施闰章选唐代七律来与之对抗。

汪懋麟与徐乾学之间的争论二人文字中多有记录,康熙十九年汪懋麟作了组诗《赠徐赞善》五首,其三写道:

> 雅颂不可作,汹汹江河下。反古为清吟,态度实潇洒。懋也肆狂纵,苏陆间披泻。对君惭冠裳,短衣不掩踝。往往奉良诲,磨治到砥瓦。黾勉就追逐,庶几救朴野。习气苦未知,此过行将寡。②

崇尚苏、陆的汪懋麟自述在宗唐的徐乾学面前有"短衣不掩踝"的寒酸相,在徐氏的教诲下,他也流露出以唐诗来补救"朴野"之气的想法。可是,直到康熙二十二年他依旧和徐乾学就宗唐宗宋发生争论,徐氏文中有详细的记载:

> 往岁邰阳王黄湄、江都汪季用,邀泽州陈说岩、新城王阮亭及余五人,集于城南祝氏之园亭,为文酒之会。余与诸公共称新城之诗为国朝正宗,度越有唐。季用为新城门人,举觞言曰:"诗不必学唐,吾师之论诗,未尝不采取宋元。……吾师之学无所不该,奈何以唐人比拟?"余告之曰:"季用君,新城弟子,升堂矣,未入于室。新城先生之才,足以挥斥八极,丹青万物,其学问广博而闳肆,年少通籍,四十余年,为风雅宗主,海内学者趋之如龙鱼之归渊泽。先生诲人不倦,因才而笃,各依其天资,以为造就。季用但知有明前后七子剽窃盛唐,为后来士大夫讪笑,尝欲尽桃去开元大历以前,

---

① 《西河合集·文集·序》卷三〇。
② 《百尺梧桐阁遗稿》卷二。

专尊少陵为祖,而昌黎、眉山、剑南以次昭穆,先生亦曾首肯其言。季角信谓固然,不寻诗之源流正变以合乎国风雅颂之遗意,仅取一时之快意,欲以雄词震荡一时,且谓吾师之教其门人者如是,先生《渔洋前后集》具在,惟七言古颇类韩苏,自余各体,持择不可谓不慎,选练不可谓不精,其造诣固超越千载,而体制风格,未尝废唐人之绳尺。君熟读自得之,何可诬也?"①

徐乾学《祭汪蛟门文》云:"至于论诗,余守贞则,君宗苏、陆,优入其域。"②道出了二人诗学宗尚的差异。汪氏论诗主张"不必学唐",徐氏认为其观点违背了《国风》、《雅》、《颂》的遗意,只不过"欲以雄词震荡一时",图一时之快;汪氏抬出其师王士禛的诗学主张作为其宗宋的依据,徐氏认为其师之诗除七言古"类韩、苏"外,其他诗体未废"唐人之绳尺"。徐乾学笔下他们争论的场面还算平和,这也许是徐氏顾及自己身份。清人的记录中则详细刻画了他们激烈辩论的场面:

> (汪懋麟)尝大会名士于都城之祝氏园,酒半扬觯,言欲尽祧开元、大历诸家,独尊少陵为鼻祖,而昌黎、眉山、剑南而下,以次昭穆,语悉数未可终。昆山徐健庵先生独抗论与争,谓宋诗颓放,无蕴藉,不足学,学之必损风格。君子一言以为知,奈何用偏词取快一时。辨难喧呶,林鸟皆拍拍惊起。③

据汪懋麟《城南山庄画像记》,康熙二十二年之前,他们由于种种变动,一直未能相聚,直到本年,五人才得以相聚,并在城南山庄举行文酒之会。则此条与徐乾学所记应为同一次。他们争论的声音连林中鸟儿都被惊动了,可见气氛的紧张激烈。看来,二人在宗唐宗宋上实有不小的差异。汪懋麟在为《渔洋续集》作序曾说:"今之名诗人者,往往诟懋麟之学,谓与先生异。"

---

① 徐乾学:《十种唐诗选书后》,王士禛:《十种唐诗选》卷末,《四库全书存目丛书》集部,第394册。

② 《憺园文集》卷三三。

③ 郑方坤:《国朝名家诗钞小传》卷二《百尺梧桐阁诗钞小传》。

这里的"名诗人者"应该指的就是徐乾学,在上述争论中他就明确指出汪懋麟的宗宋与王士禛宗唐之异。

汪懋麟与施闰章、徐乾学之间的争论是否仅仅因为诗风的差异而引起的呢? 毛奇龄认为施闰章与汪懋麟之间的论争是出于历史上的翰林与主事之争,他分析施氏名所选曰"馆选"的原因道:"其曰'馆选'者,以明代论诗尊主事而薄馆翰,故特标举之以雪其事也。"(《唐七律选序》)毛奇龄将汪、施的争论和明代的主事与翰林之间的关系联系起来。毛氏所言"主事",主要是指前后七子等人,他们之中的多数中进士后未获馆选,成为各部主事。前七子"鉴于陈献章、庄昶等曾隐居山林,导致诗风流易,且多有俚俗鄙语;又鉴于李东阳等高居台阁,多受庙堂文化的牵制而诗风萎弱,如衰周弱鲁不足以力挽颓风,……便利用他们自己新中进士、供职郎署等有利的条件进而主持一代文柄"①。他们"唱导古学,相与訾警馆阁之体"②,于是"台阁坛坫移于郎署"③。最终,前后七子在明代诗坛上的地位远远超过了当时玉堂中人。

毛奇龄认为施闰章以"馆选"命名是为了雪翰林在明代败于主事之下的耻辱,这"雪耻"之事是否符合事实? 与施闰章同邑且同时进入翰林院的检讨高咏对这一说法提出异议,他说:"侍读作《馆选》,非馆阁也。贫不能受邸,假宣城会馆而翘居之。会馆所选,岂敢借馆阁为昭文地哉!"(毛奇龄《唐七律选序》)高咏说得是实情,施闰章入京后贫不能自给,居住在宣城会馆,所以此处所言之"馆"极有可能指的是"会馆"。另外,说他的《馆选》带有"雪耻"的成分也不符合他和汪懋麟之间的关系。汪、施二人常有诗酒唱和之作,体现了很深的友谊,如施闰章《次韵汪蛟门舍人见赠》其二:"论交真造次,何处更相期。每踏昭亭路,思君杖策时。病身从把钓,野性爱烹葵。京洛千秋事,凭诗记别离。"④施闰章辞世后,汪懋麟不仅有文祭之,且有诗

---

① 陈书录:《明代诗文的演变》,江苏教育出版社 1996 年版,第 197 页。
② 钱谦益:《列朝诗集小传》,上海古籍出版社 1983 年版,第 314 页。
③ 陈田:《明诗纪事》丁签卷一《李梦阳诗》按语,《续修四库全书》,第 1712 册。
④ 施闰章:《学余堂诗集》卷二九。

哭之："谁道先生好酒悲？每当哀乐泪争垂。秦淮杯案淋漓夜，燕市朋交聚散时。孤馆五年遗旧史，双溪百代有传诗。素车竟负生刍谊，未作坟前四尺碑。"①以这样的友情来看，施闰章不可能出于"报仇"的心理选唐人七律。不过，即使"馆选"之"馆"并非指翰林院，即使施闰章编选的动机不像毛氏所言，但《馆选》的宗旨却体现了翰林院宗唐而黜宋的观点，在这一意义上，施闰章与汪懋麟之间的论争代表了翰林与非翰林在诗风上的分歧。

毛奇龄以明代翰林与主事之争来解释施闰章编纂《馆选》的动机，实际上正体现了他本人心中存有翰林与非翰林之差异的观念。高咏所以有必要澄清"馆"的含义，说明当时翰林院中存在同毛奇龄类似看法的人。清代词臣认为明代"文章之权不在馆阁"之历史是"古今所未有之辱"②，而此时的翰林官，主要是康熙十八年博学鸿词科中式诸人，帝王的稽古右文，使词臣地位陡然提高，于是，他们搬出明代翰林诗学落败于主事的历史耻辱而雪之。可以看出，关于《馆选》的态度，一定程度上反映了清代翰林与主事之争的事实。

徐乾学与汪懋麟诗学观的差异体现的则是"玉堂家数"对诗坛非正统诗学思想的反驳。徐氏康熙九年进士，选庶吉士，接受的是《唐诗正声》、《唐音》等唐诗教育，其论诗力主温柔敦厚、圆整和谐的诗风，代表的是诗学正格：

> 先生(徐乾学)与汪蛟门论诗不合，至于忿争攘臂，若昔日陈(子龙)、艾(南英)然者。盖汪主韩、苏，专取才气；司寇则格律圆整，音调和谐，不离《唐诗正声》者近是。同时梁苍岩(清标)相国有《蕉林集》，王藻儒(掞)相国有《西田集》，王俨斋(鸿绪)司农有《横云山人集》，皆肆好和平，不失玉堂家数，而司寇尤意余于匠，情深于文，蔚然成一家言。③

---

① 《寄挽施侍讲尚白》，《百尺梧桐阁遗稿》卷七。
② 郑方坤：《国朝名家诗钞小传》卷三《怀清堂诗钞小传》。
③ 郑方坤：《国朝名家诗钞小传》卷一《憺园诗钞小传》。

所谓"玉堂家数",即诗歌格调的"圆整和谐",诗风的"肆好和平",这集中体现在受过翰林院教育的官员诗集中,如梁清标的《蕉林集》、王掞的《西田集》、王鸿绪的《横云山人集》等。徐乾学评梁清标《蕉林二集》曰:"其风调高古,不落凡近是已。而于其所谓妍练精切,稳顺声势者,亦能敛抑其才气,而与夫沈宋之作者相合于毫厘之间。"①正是这种"玉堂家数"的特征。而汪懋麟宗宋诗风的"颓唐"气象显然与之大相径庭,所以导致徐乾学与他争辩。

毛、施、徐诸人均有不同程度以"玉堂家数"的宗唐诗风来纠正诗坛流行的宗宋诗风的意图,他们同宋诗风发生矛盾,其实就是翰林文化与非翰林文化之间的矛盾。汪懋麟康熙十八年以主事继博学鸿词科诸翰林之后进入史馆撰修《明史》,若以这种身份来说,他也算得上是个准翰林,其诗风应该随着这种境遇的改变而变化。博学鸿词科诸人中就有进入翰林院而改变诗风的事例。如庞垲,朱彝尊评价他的诗为"雅而醇,奇而不肆,合乎唐开元、天宝之风格"②。其实在进入翰林院之前庞垲诗风是另一番模样,李澄中对其诗的变化有很清楚的说明:"昔予来京师,识庞子雪崖最早。一日,出所为丛碧山堂旧稿相示,时尚沿近今之习,予读之弗善也。无何,雪崖与予同寓悯忠寺侧,距夹巷不百步,乃相与扬扢风雅之旨。"③李澄中入京是在康熙十七年底十八年初,其时庞垲的诗"尚沿近今之习",即宗尚宋诗。不久,即与李澄中"相与扬扢风雅",放弃"近今之习"而合乎"唐开元、天宝之风格"。这种转变,既有李澄中督促的作用,翰林院环境也是一个重要原因。曹禾也是这一转变的典型。康熙十三年他由于受王士禛的影响,对宋诗风尤其是苏轼的诗兴趣狂热④。但在康熙二十年为《渔洋续集》作序时又极力辩明其师之诗"去眉山远",并非宋调,从观念上转向了宗唐。汪懋麟在这

① 《蕉林二集序》,《憺园文集》卷一九。
② 朱彝尊:《丛碧山房诗集序》,庞垲:《丛碧山房诗集》卷首,《四库全书存目丛书补编》,第52册。
③ 李澄中:《庞雪崖丛碧山堂诗序》,《白云村文集》卷一,《四库全书存目丛书》集部,第250册。
④ 曹禾:《午亭集序》,《午亭集》卷首。

种翰林文化氛围下,在与他的翰林同事诗酒唱和过程中,按理其诗风会发生变化。

　　此外,汪懋麟的两位老师也能促使其诗风转变。汪氏"学诗初由唐人六朝汉魏上溯风骚,规旋矩折,各有源本,不敢放逸"①,后来在其诗学老师王士禛的影响下转而宗宋。不过康熙十八年之后王士禛的诗风已经开始向唐音复归,受其影响的王又旦、曹禾诗风亦相应地有所改变(详见下节《王士禛进入翰林院的诗史意义》),汪氏随之由唐转宋也是在情理之中,可他并未如此。汪懋麟在《佳山堂诗集序》中称冯溥为"吾师"②,考冯氏年谱,康熙六年任会试主考③,汪懋麟亦于此科中进士,则冯氏乃其座师。汪氏在《万柳堂记》中写道:"相国益都冯公将于季秋之八日游于亦园之万柳堂,先二日,徐赞善乾学与懋麟饮公斋,命之从。……我公方领政事,相天下,尝为余小子言安危治乱之理。"汪氏曾参加过万柳堂诗歌雅集,在与座师讨论"安危治乱之理"时也可能涉及与之相关的诗风问题,因为冯溥一贯将诗风与世风相联系。座师权威性的观点应该会对汪懋麟诗学观造成巨大的冲击,但是,其诗风依旧保持不变。

　　以上多种因素都未能促使其诗风转变,那么,汪懋麟坚持原来的诗学宗尚一定有深刻的背景因素。他是不是故意和翰林诗风立异呢?

　　康熙九年汪懋麟诗风开始由唐转宋,他说:"庚戌(九年)官京师,旅居多暇,渐就颓唐,涉笔于昌黎、香山、东坡、放翁之间,原非邀誉,聊以自娱。"(《百尺梧桐阁诗集》凡例)是什么原因导致他"颓唐"的呢? 在《见山楼诗集序》中他透露了一些消息:

　　　　二十以后,余谬通籍,趋走中书,去家四年,俯仰不给,遂大困。兄里居奉先人养,省试又屡蹶,南北俱失意,穷愁无聊,益肆志为诗,邮书缄寄无虚日。……余性通脱,懒于雠较,又不肯强记,遂颓

---

① 《百尺梧桐阁诗集》凡例。
② 《百尺梧桐阁文集》卷三。
③ 毛奇龄:《文华殿大学士太子太傅兼刑部尚书易斋冯公年谱》,《西河合集·年谱》。

唐自恣,按以古人之法,不知何如已。①

汪氏康熙六年二甲第十一名进士,未能通过馆选,改中书舍人。"去家四年"即从康熙六年至九年。这期间经济上的困顿,兄省试失利,导致他心情苦闷,陷入颓唐的境地。于是,其诗转而学韩愈、白居易、苏轼、陆游,实现了诗风的转变。可见,汪懋麟是在极不得意的情况下才踏上宗宋之旅。而康熙十八年入史馆修《明史》,其状况是否有所改变呢?

王士禛在《汪比部传》中写道:"君仅以主事入史馆,充纂修官。"②宋荦也说:"君又格于部议,仅以原官(按:指主事)充纂修。"③二人是在为汪懋麟未能以翰林充史官而惋惜,还是另有他意? 主事和翰林充纂修官有何不同?毛奇龄记录了当时明史馆中的等级差别:

> 自上开制科,以予辈五十人充明史馆官。其到任日,监修总裁与诸史官只一揖。监修总裁负北牖南面,铺簟登土炕坐。诸史官以次登炕,接总裁南面,东西环坐。东环者转而西面至门止,西环者转而东面,又转而北面,亦至门止。全无比肩抗颜之嫌。其收掌司录,皆中书主事,并不上堂参揖。而监修系满汉中堂,凡侍立者皆内阁中书,多进士出身,与诸史官亦并不一肃手。即供事者点茶数巡,自监修总裁诸史官外,亦并不一及。甚至查检史书,则侍立中书执钥,启金龙大柜,取书列长筵翻阅。其一时相形如此。是以当事重举纂修主事并纂修监生,以淆其局,而主事监生亦仍居廊房,未尝上堂。④

这些纂修《明史》的翰林官,其地位仅次于馆中的监修总裁大学士,他们俱环坐在室内炕上,而无"比肩抗颜之嫌";主事则只能坐在廊房下工作,没有资格上史馆的正堂。森严的差别会令汪懋麟有何感慨呢? 他临终的诗句流

---

① 《百尺梧桐阁文集》卷三。
② 《蚕尾文》卷二。此文与录在《百尺梧桐阁遗集》卷首的《比部汪蛟门传》文字有异。
③ 《百尺梧桐阁遗稿序》,《百尺梧桐阁遗稿》卷首。
④ 毛奇龄:《史馆兴辍录》,李集辑:《鹤征录》卷八。

露了真实的情感:"半生心事无多字,只在儒臣法吏间。""儒臣"并不只是用来和"法吏"对仗,而是指翰林官。如康熙圣谕中曾说:"至翰林院系储养儒臣之地。"①即以儒臣指翰林。熟悉其心事的宋荦这样分析此诗:"盖君名厕纂修,而未尝授史职;官西曹,雅非其好,而又未竟其用,赍志以没,弥留哽咽,诚心怆乎其言之也。"②方象瑛也说:"(汪懋麟)虽在史馆,而实非儒臣,……半生心事,亦其言之悲也。"③如果只是单纯的官职高低之差别,决不会令汪懋麟至死不能忘怀。况且六部主事为正六品,而翰林院编修仅为正七品,检讨仅为从七品。汪懋麟的行政级别明显高于博学鸿词科的编修、检讨们。看来,翰林与非翰林的差别,应该从文化的角度考虑,文化地位的差距不是行政地位的高低所能弥补的。进入翰林院可以说是像汪懋麟这样文士的最高理想,当这个最高理想未能实现时,必会令其一生耿耿于怀。翰林院中的差别,一方面增加了他对"如在天上"的神圣之地的向往,半生心事只在成为一名儒臣;另一方面,当愿望不能成为现实,便导致了他抵制情绪的产生,诗风上以宗宋对抗。

可以说,正是翰林夙愿的未能实现,才令其倍感颓唐,明代主事掌文章之权的历史令其鼓舞,主事与翰林之争的意识也可能重现。只是在清初诗学氛围中,他没有重操宗唐诗风,而是以与自身"颓唐"处境相适合的宗宋诗风保持着和"玉堂家数"的对立,因此遭到翰苑词臣的反对,产生激烈的争论。汪懋麟为其同年进士沈胤范所作的墓志铭恰好印证了这一推断:

> 丙午举顺天(乡试),丁未中甲榜,……对策,人人必其得鼎甲,竟不获用。新例,应阁试第一授撰文中书舍人,自前代至国初,是官罕由进士授。御史李君棠疏奏内阁职司密勿,不可以他途进,当择进士有才望者为之。国家从其议,君实首应是选。初谓一切制诰皆得撰拟,以展其才,而例又不必为,以故郁郁无所表见。……

---

① 《康熙起居注》,第1308页。
② 《百尺梧桐阁遗稿序》,《百尺梧桐阁遗稿》卷首。
③ 方象瑛:《汪蛟门墓志铭》,《健松斋续集》卷八。

所著《采山堂集》行于世。华赡雅则,浸淫六朝。后与余论诗,专一汉魏,变化杜、韩,简洁朴奥,一洗少作。①

本来"翰苑之官,以及曹、郎、给、舍,并古所谓文学侍从之臣"②,但是在翰林院位望隆崇以后,其他机构的文学侍从性质已不存在,仅为一般官员。沈胤范会试甲榜,殿试竟不获用,失去了进身翰苑的资格;本以为撰文中书可以拟制诏诰,极文臣之荣遇,等同翰林,而竟亦不得机会展其文才。于是郁郁寡欢,诗风也受汪懋麟的影响,变化杜韩而近于宋诗。汪氏此处耿耿于撰拟制诰的清要之职,可窥其价值取向。若将沈氏之遭遇与汪懋麟入馆而未授馆职的经历相比照,则不难发现,汪氏此文不啻其真实心理的写照。可见,未能成为翰林在他心中投下了浓重的阴影,而其坚持宗宋诗风的内在缘由亦得到了合理的解释。

综上所述,汪懋麟与施闰章、徐乾学之间的争论体现了翰林与非翰林在诗风上的差异。这一争论有以下几点启示:

首先,康熙朝翰林官受帝王的爱好、职责的需要、院中文学传统等多方面因素的制约,以温柔敦厚、清真雅正、清明广大等特征为其作品的基本风貌,一旦有脱离这种既定风貌的倾向,就会对其仕途产生影响。所以翰林官一般情况下会遵守这些基本准则。而非翰林官则不受这些因素的制约,宗唐宗宋的诗学取向比较自由。

其次,文士进入翰林院,昭示着文臣的莫大荣遇,所以在文学思想上一致反对"不平则鸣"、"穷而后工"等"颓废"的文学观念,诗学风格自然倾向唐诗,排斥认为有"噍杀"、"鄙野"、"浅露"等"缺陷"的宋诗。而非翰林官在进入词垣的理想破灭后,顿感仕途的艰辛,境遇的颓唐,于是宋诗那种直接倾泻情感的方式容易为其接受。

第三,非翰林官或者遭遇变故的原翰林官,极易产生与翰林文化对立的心理。除本文所述汪懋麟与施闰章、徐乾学的论争外,他如赵执信对王士禛

① 《刑部广西清吏司主事沈君(胤范)墓志铭》,《百尺梧桐阁文集》卷五。
② 徐乾学:《百尺梧桐阁文集序》,《百尺梧桐阁文集》卷首。

的攻击、袁枚于沈德潜诗学理论的异议等等①,多少存在着这样的心理。

第二节 王士禛进入翰林院的诗史意义

关于王士禛诗风的演变,研究成果甚夥,争论亦较多,尤其是第三次转变,更是众说纷纭。此次转变具体发生在哪一年? 原因何在? 这些问题,如果仅从其诗本身很难得出令人信服的结论,而若从当时诗坛氛围以及王士禛作为馆阁诗人的地位及职能入手,则可窥其变化的缘由。此事须从王士禛进入翰林院说起。

一、王士禛进入翰林院

康熙十七年,王士禛进入翰林院。这年正月二十二日,"(康熙)令学士喇沙里(时为翰林院掌院学士)传谕学士陈廷敬、户部郎中王士禛,各携所作诗稿进呈。上御懋勤殿召见,命各赋诗二首,赐膳而退。上命题:一召见懋勤殿;一赐膳。"②翌日,又谕内阁、吏部:"王士禛诗文兼优,著以翰林官用。"授翰林院侍讲,未任,改侍读③。此后,王士禛开始了他平步青云的仕宦生涯。

其实,早在两年前即康熙十五年,圣祖就开始向群臣询问诗文兼优之士。十六年,又就这个问题多次征询大臣的意见。王士禛《召对录》有详细的记载:

> 康熙丙辰(十五年),某再补户部郎中。居京师。一日,杜肇余(臻)阁学谓予曰:"昨随诸相奏事,上忽问:'今各衙门官读书博学善诗文者,孰为最?'首揆高阳李公(霨)对曰:'以臣所知,户部郎中王士禛其人也。'上颔之,曰:'朕亦知之。'"明年丁巳(十六年)

---

① 参见刘靖渊:《从台阁诗风的消长看乾嘉之际诗风转换》,《山东师大学报》2001 年第 3 期。
② 《康熙起居注》,第 347—348 页。
③ 《渔洋山人自撰年谱》,《渔洋精华录集释》附录,第 2031 页。

六月,大暑,辍讲一日。召桐城张读学(英)入,上问如前。张公对:"郎中王某诗,为一时共推。臣等亦皆就正之。"上举士禛名至再三,又问:"王某诗可传后世否?"张对曰:"一时之论,以为可传。"上又颔之。七月初一日,上又问高阳李公、临朐冯公(溥),再以士禛及中书舍人陈玉璂对。上颔之。又明年戊午(十七年),正月二十二日,遂蒙与翰林掌院学士陈公(廷敬)同召对懋勤殿。次日特旨授翰林院侍读。①

就这段记载来看,康熙选拔翰林院官员的态度是非常谨慎的,两年之间三次征询了数人,即使在大暑放假之日还要召张英来询问。这个过程中康熙有足够的时间多方面认真考察王士禛,相信一定大量地阅读了他的诗文。大概考察的结果印证了张英所说的"诗为一时共推"以及"一时之论以为可传"的评价,所以十七年春节过后不久就将王士禛提拔进入翰林院。

康熙初年的文坛,要说诗文兼优的衙门官尚有许多,比如候补家居的原江西湖西道参议施闰章、黄州府通判宋荦、户部主事汪琬以及中书舍人陈玉璂等人,但是康熙最终选定了王士禛。可以说,不管是诗歌成就还是影响,此时的诗坛上无人能与他匹敌。顺治十四年八月,王士禛与济南诸名士于大明湖举秋柳社,赋《秋柳》诗四章,一时和者数百家,连遗民诗人顾炎武都有和作②。带着这份诗学资本,当顺治十七年王士禛来到扬州出任推官,立即"取得了江东遗逸的承认、接纳以及赞誉、倾倒"③。扬州的人文内涵、优美风景以及众多名士的诗酒唱和,激发了年轻诗人的诗情,王氏自认为他的

---

① 《渔洋山人自撰年谱》,《渔洋精华录集释》附录,第 2031 页。
② 谢正光:《就秋柳诗之唱和考论顾炎武与王士禛之交谊》,《明清论丛》第一辑,紫禁城出版社 1999 年版。
③ 严迪昌:《清诗史》,第 435 页。

神韵诗作也在此阶段达到了媲美前人的高度①。前辈诗人如钱谦益、吴梅村等人也给予他很高的评价,钱谦益甚至有"代兴"之目②,看好他的发展前景。等他返回京城,士人率以诗文造谒,而他"必取其警策而扬之"③,于人之一善褒之不离于口,故学诗之士登门求教者不绝。就连时任侍读学士的张英也"不耻下问",想借他的一句褒美之词来抬高自己的诗学身价。出于这一声望,当王氏提倡宋诗时,"远近翕然宗之"④便成为可能。

反观其他几人,无论诗学成就还是影响均不能与之相提并论,汪琬长于文而短于诗,陈玉璂虽是绩学之士,但诗文没有过人之处。就是其他诗歌创作取得一定成就的诗人,此时还要依靠王士禛的推扬,《池北偶谈》中的一段话很能说明问题:

> 康熙已来,诗人无出南施北宋之右,宣城施闰章愚山,莱阳宋琬荔裳也。……(施)已未在京师,登堂再拜,求予定其全集。宋浙江后诗,颇拟放翁,五古歌行,时闯杜、韩之奥。康熙壬子春在京师,求予定其诗笔,为三十卷。⑤

"南施北宋"就是靠王士禛的品题才为诗坛接受。康熙十一年,五十八岁的宋琬在京师求王士禛定其诗集,两年后去世;十八年,六十一岁的施闰章求王士禛定其全集时还要"登堂再拜"。至于宋荦,在康熙初年还是"旗东亦

---

①　王士禛:《香祖笔记》卷二:唐人五言绝句往往入禅,有得意忘言之妙,与净名、默然、达摩得髓同一关捩。观王、裴《辋川集》及祖咏《终南残雪》诗,虽钝根初机,亦能顿悟。程石臞有绝句云:"朝过青山头,暮歇青山曲;青山不见人,猿声总相续。"予每叹绝,以为天然不可凑泊。予少时在扬州亦有数作,如:"微雨过青山,漠漠寒烟织;不见秣陵城,坐爱秋江色。"(《青山》)"萧条秋雨夕,苍茫楚江晦;时见一舟行,濛濛水云外。"(《江上》)"雨后明月来,照见下山路;人语隔溪烟,借问停舟处。"(《惠山下邹流绮过访》)"山堂振法鼓,江月挂寒树;遥送江南人,鸡鸣峭帆去。"(《焦山晓起送昆仑还京口》)又在京师有诗云:"凌晨出西郭,招提过微雨;日出不逢人,满院风铃语。"(《早至天宁寺》)皆一时伫兴之言,知味外味者当自得之。上海古籍出版社1982年版,第24页。
②　钱谦益:《王贻上诗序》,《牧斋有学集》卷一七,第766页。
③　王士禛:《香祖笔记》卷八,第150页。
④　俞兆晟:《渔洋诗话序》,《渔洋诗话》卷首,《清诗话》,第163页。
⑤　王士禛:《池北偶谈》卷一一"施宋"条,中华书局1982年版,第253—254页。

东,旗西亦西"①地跟随诗坛大纛的挥动而摇摆的诗人,尚未形成自己独特的诗风,更没有资格同王士禛竞争。

康熙之所以将王士禛从郎官提拔为翰林院侍读,一方面,他注意到文治的作用,另一方面,企图以利禄之途改变遗民的立场,削弱敌对势力。从文治方面来讲,出于"治道在崇儒雅"②的认识,还在康熙十二年时他就曾下旨令翰林官将所作诗赋词章不时进呈。后因三藩之乱,停顿几年,至十六年三月,再次下诏谕翰林官进呈诗文。与此同时,三番五次询问诗文兼优之人,并于十八年开博学鸿儒科。这一系列的举动,昭示康熙兴文教的意志和决心。从吸纳遗民一面来说,诗文是传统汉族士人安身立命之所,一个少数民族政权将诗文成就作为士人的进身之路,表明其政权的正统性和吸引力。凭着文学才华就能够像王士禛那样迅速升迁,这对那些仅有一支弱管的文士来说是多么大的诱惑。将王士禛提拔进入翰林院只是前奏,博学鸿词科才是此举的用意所在。从多数遗民半推半就地参加此次特科考试可以看出,王士禛以郎官身份进入翰林院一事在社会上产生了重大的影响。

王士禛能够进入翰林院,也在人们的意料之中。早在《渔洋诗集》编成的康熙十年,就已经有人预测到了他这样的未来,时任刑部尚书的李敬在为《渔洋诗集》作序时说道:"他日庙堂之上,以文章扬一代之盛者,必先生也。予无以测其至矣。"③王士禛进入翰林院,主要靠的是其诗才,康熙看重的也在于此,李敬作出如此准确的推测也在于此。至于诗风则属次要,因为当时尚未关注这一方面。而进入翰林院后,特别是在博学鸿词科诸人进入词垣的康熙十八年后,帝王和台阁重臣开始整顿宗宋诗风,在这种情况下,被推为主坛坫的宗宋诗风的倡导者,该如何应付这一严峻的形势呢?

二、诗风的转变

王士禛自述其一生"论诗凡屡变",而最主要的是三变:

---

① 宋荦:《漫堂说诗》,《清诗话》,第420页。
② 《康熙起居注》,第297页。
③ 李敬:《渔洋诗集序》,《渔洋诗集》卷首,《王士禛全集》(一),第136页。

少年初筮仕时,惟务博综该洽,以求兼长。文章江左,烟月扬
州,人海花场,比肩接迹。入吾室者,俱操唐音;韵胜于才,推为祭
酒。然而空存昔梦,何堪涉想? 中岁越三唐而事两宋,良由物情厌
故,笔意喜生,耳目为之顿新,心思于焉避熟。明知长庆以后,已有
滥觞;而淳熙以前,俱奉为正的。当其燕市逢人,征途揖客,争相提
倡,远近翕然宗之。既而清利流为空疏,新灵寖以佶屈,顾瞻世道,
慭焉心忧。于是以太音希声,药淫哇锢习,《唐贤三昧》之选,所谓
乃造平淡时也,然而境亦从兹老矣。①

据此可知,王士禛的“三变”大概是早年宗唐,中年崇宋,晚年又返回唐音。
早年以扬州的六年(顺治十七年至康熙五年)生活为主,《渔洋诗集》是这一
阶段诗歌创作的成果,其诗风主要宗唐。至于中岁提倡宋诗的时间,学术界
尚存在着分歧。张健将其定在顺治末年②,而蒋寅则认为他大力提倡宋诗
是在康熙十五、十六年间③。王士禛在顺治末提倡宋诗似乎过早,但至康熙
十五六年似乎又太迟。不能否认他在扬州期间有褒扬宋诗的言论,当他流
连于宋代文人欧阳修、苏轼、秦观等人曾经生活过的地方时,当他将自己和
长兄士禄的手足之情与二苏相联系时④,其对宋诗的兴趣自然而生,于是才
有“耳食纷纷说开宝,几人眼见宋元诗”⑤之诗句。但正如蒋寅所说,个人兴
趣与提倡于诗坛毕竟是两回事,由此还不能断定他已提倡宋诗。不过据考
察,至迟在康熙十一年王士禛就大力提倡宋诗风了。据宋荦回忆,原本守
“三唐之成法”的他,自从“康熙壬子(十一年)、癸丑(十二年)间屡入长安,
与海内名宿尊酒细论,又阑入宋人畛域”⑥。考《漫堂年谱》十一年壬子条:
“五月,如都候补,寓柳湖寺,龚尚书鼎孳、王吏部士禄、民部士禛、玉叔兄

① 俞兆晟:《渔洋诗话序》,《渔洋诗话》卷首,《清诗话》,第163页。
② 张健:《清代诗学研究》,北京大学出版社1999年版,第365—366页。
③ 蒋寅:《王渔洋与康熙诗坛》,第31页。
④ 李孝悌:《士大夫的逸乐——王士禛在扬州(1660－1665)》,《(台北)中央研究院历史语言
研究所集刊》第七十六本,第96—100页。
⑤ 《戏仿元遗山论诗绝句》,《渔洋精华录集释》卷二,第339页。
⑥ 宋荦:《漫堂说诗》十三,《清诗话》,第420页。

碗,时过寺馢咏。"①可以看出,宋荦诗风的转变与王士禛等人的樽酒细论有关。六月,王士禛为四川乡试主考官赴蜀,也恰好与其"燕市逢人,征途揖客"的说法符合。其后康熙十三年九月,王氏弟子曹禾在为陈廷敬《午亭集》作序时就公然提倡宋诗,他说:"今人动诋诃宋诗,不知承唐人之宗者,宋人也;而承杜、韩之大宗者,眉山也。"②王士禛赴蜀主持乡试后归里守制直到康熙十四年六月返回京城,由此看来在十一年六月之前曹禾就已经聆听了其师宗宋的言论。

那么,王士禛是在什么时候又开始一变而返回唐音呢? 若据夫子自道,则应该在康熙二十七年《唐贤三昧集》成书之际,不过该书的编撰是一个过程,在此之前他应该酝酿了一段时间。王小舒认为王士禛回归平淡诗风的时间在康熙二十四年③,蒋寅则将其返回唐音的步履定在编《五七言古诗选》的康熙二十二年④。那么在此之前王士禛的诗歌创作以及言论中有没有复归唐风的迹象呢?

黄河推定王士禛再次宗唐的时间是自康熙十六、七年始⑤,他的根据可能是程哲《渔洋续集序》,序中说:"戊午(十七年)后改官翰读,旋陟司成,由是膺侍从之清华,备休明之礼乐,赓歌飏拜,而先生之诗又一变。"但实际上直到康熙十八年初,当宋诗热成为"全国性潮流"⑥的时候,王士禛依然被当作是提倡这种风气的主将。毛奇龄于年初应博学鸿词科考试来到京师,"时值长安词客高谈宋诗之际"。⑦ 所谓的"长安词客",其中包括而且最主要的恐怕就是王士禛,安致远为李澄中《白云村文集》所作的序可为佐证,他说:

　　渔村(李澄中)以己未之岁奏赋蓬莱宫,入翰苑,致位侍从。其
时之主坛坫者方且倡为诡异可喜之论,以窜易天下之耳目,曰:"诗

① 宋荦:《漫堂年谱》,《续修四库全书》,第 554 册。
② 曹禾:《午亭集序》,《午亭集》卷首。
③ 王小舒:《神韵诗学论稿》,广西师范大学出版社 2001 年版,第 68 页。
④ 蒋寅:《王渔洋与康熙诗坛》,第 36 页。
⑤ 黄河:《王士禛与清初诗歌思想》,天津人民出版社 2002 年版,第 182 页。
⑥ 张健:《清代诗学研究》,第 372 页。
⑦ 毛奇龄:《唐七律选序》,《西河合集·文集·序》卷三〇。

何必唐，苏、陆、范、虞而已；文何必八家，震泽、毗陵而已。"①

王士禛曾说："唐有诗，不必建安、黄初也；元和以后有诗，不必神龙、开元也；北宋有诗，不必李、杜、高、岑也。"②安致远所言与此意相近，且其中"主坛坫"的地位亦非王氏莫属。故而由此可以推见直至康熙十八年，也就是王士禛进入翰林院的第二年年初，他依然还在提倡宋诗。

王氏此时的诗作中也能看出宗宋诗风的痕迹。首先是七言歌行的创作依旧保持着一定的数量，而评论家们认为这种体裁是王氏学习苏轼的最具代表性的诗体。徐乾学就说《渔洋续集》中"七言古颇类韩、苏"③，杨际昌也认为"国朝歌行，……总以南朱北王为职志。……王则杜、韩皆宗，而得力于苏为多"④，叶矫然同样看出其"歌行长篇偏注意坡公"⑤。王士禛本人也推崇苏轼的七言长篇为杜甫、韩愈之后"一人而已"⑥。如作于康熙十八年的《午食得鲈》、《和田纶霞（雯）郎中移居》，作于十九年的《盆鱼》、《东丹王射鹿图》、《李渭清简讨以龙须二茎见赠来书云有风鬟云鬓之态非火齐朱鳞比也戏报长句》、《瞿山画松歌寄梅渊公》等篇，生新自然，颇类苏诗。其他诗体中也有时流露宗宋的痕迹。也就是说王士禛并没有一进入翰林院就立即抛弃宋诗风。

王士禛的各体诗所展现的诗风宗尚不同，他总是向每种诗体最优秀的作者和时代学习，这在徐乾学等人的言论中可以看出。除上述各体外，"大抵五古、乐府则陈、王也，短篇则韦、孟也；蜀、粤历览诸作，则少陵也；七古《白纻辞》则齐、梁也，余则学少陵而登眉山、剑南之堂者也；五律在初盛唐之间，七律以少陵为骨而加以修饰焉，盖又参之以中晚诸家者也。五绝则皆盛唐，七绝高者可追龙标、供奉，而时时阑入于宋元明者也"⑦。由此可见，

---

① 李澄中：《白云村文集》卷首。
② 《鬲津草堂诗集序》，《蚕尾文集》卷一，《王士禛全集》（三），第1799页。
③ 《十种唐诗选书后》，《十种唐诗选》卷末。
④ 杨际昌：《国朝诗话》卷二，《清诗话续编》，第1699—1700页。
⑤ 叶矫然：《龙性堂诗话初集》，《清诗话续编》，第993页。
⑥ 《七言诗凡例》，《渔洋文集》卷一四，《王士禛全集》（三），第1761页。
⑦ 王时翔：《书精华录后》，《小山诗文全稿·文稿》卷三，《四库全书存目丛书》集部，第275册。

其宗唐诗风的诗体大致有五古短篇、五律、七律、五绝以及部分七绝等,而七古大部、七绝大部则宗尚宋诗。

一个值得注意的现象是,自从进入翰林院,特别是康熙十八年,王士禛的五言律诗数量增加了。本年五律多达 65 首,占年作总量的 50%,这一比重仅次于康熙十年,而超过了此前律诗最多的《蜀道集》,此后直到康熙二十二年,五律的数量一直高居不下。王士禛的五律被翁方纲和陈衍讥为"录旧"①,所谓"录旧",即是模拟唐音而未脱痕迹,翁、陈二人就此对渔洋多所批评,然从中正可看出王士禛此阶段已经逐渐向唐诗风转移。而且,十七、十八年"清微隽妙,是渔洋胜场"②一类的五言古诗也保持着较多的数量,与五律共同绘制了王士禛复归唐音的轨迹。为方便说明问题,兹将《渔洋续集》中自康熙十年至二十二年各体诗歌数量的变化列成下表:

	五绝 (%)		五律 (%)		五古 (%)		七绝 (%)		七律 (%)		七古 (%)		总计
辛亥稿	3	5	35	57	5	8	15	25	2	3	1	1	61
蜀道集	28	7	158	41	30	7.8	110	28	53	14	8	2	387
甲寅稿	0	0	5	28	8	44	1	5.6	4	22	0	0	18
乙卯稿	3	3.7	40	49	5	6.2	16	20	11	14	6	7.4	81
丙辰稿	3	3.9	24	31	18	23	28	36	2	2.6	2	2.6	77
丁巳稿	0	0	8	9	8	9	56	63	8	9	9	10	89
戊午稿	1	1.3	25	33	22	29	23	31	2	2.7	2	2.7	75
己未稿	6	4.6	65	50	14	11	28	22	14	11	3	2.3	130
庚申稿	7	5.4	50	39	5	4	43	34	14	11	9	7	128
辛酉稿	3	3.8	38	48	8	10	18	23	8	10	4	5.1	79
壬戌稿	4	4.7	30	35	5	5.8	35	41	8	9.3	4	4.7	86
癸亥稿	3	4.7	30	47	3	4.7	21	33	7	11	0	0	64
小　计	61	4.8	508	40	131	10	394	31	133	10	48	3.6	1275

---

① 翁方纲评《渔洋精华录》云:"五谷(古)、五律、五绝,皆似录旧。"陈衍在翁氏语后加按语曰:"五古、五律,诚似录旧矣,五律虽似录旧,然故是阮亭诗,移向古人不得,且神韵殊绝。"周兴陆:《渔洋精华录汇评》附录一,齐鲁书社 2007 年版,第 588 页。

② 邓汉仪:《诗观三集》卷二。

在王士禛的创作向唐诗风回归的同时,其言论也发生了微妙的变化,由"争相提倡"宋诗转而为自己宗宋辩护,这在他和施闰章的争论中得到体现。陆嘉淑记录了他们之间讨论的内容:

> 窃尝见先生与宣城施先生论诗矣,宣城持守甚严,操绳尺以衡量千载,不欲少有假借。先生则推而广之,以为姬姜不必同貌,芝兰不必同臭,尺寸之瑕,不足以疵颣白璧。两先生疑若矛盾,乃其披襟扣击,简牒往复,商略评次,往往各当于意乃止。此倡彼和,丹铅错互,欣然并解,若水乳合,何也? 先生曰:"吾别裁不敢过隘,然吾自运未尝恣于无范。"①

陆嘉淑在这段文后还有一些说明:"今操觚之家,好言少陵者,以先生为原本拾遗;言二谢、王、韦者,又以为康乐、宣城、右丞、左司;其欲为昌黎、长庆及有宋诸家者,则又以为退之、乐天、坡、谷复出。而先生之诗,其为先生者自在也。……若夫宣城,力诋其泛滥,新城弘奖其品流。"据此可知,施、王二人就诗风进行讨论,施闰章主张严别诗体,拒绝接纳宋诗。王士禛《池北偶谈》记载了他和施闰章之间的一件趣事:"宋梅圣俞初变西昆之体,予每与施愚山侍读言及《宛陵集》,施辄不应。盖意不满梅诗也。一日,予曰:'"扁舟洞庭去,落日松江宿。"此谁语?'愚山曰:'韦苏州、刘文房耶?'予曰:'乃公乡人梅圣俞也。'愚山为爽然久之。"②施闰章不喜宋诗,甚至连自己同乡梅尧臣的诗也不愿多读,结果将梅诗误读成韦应物、刘长卿诗。而王士禛则推而广之,有"博综该洽,以求兼长"(俞兆晟《渔洋诗话序》)的意思,兼取魏、晋、三唐、两宋、元诗,并认为这些诗风虽各有特色,甚至各有弊端,然"尺寸之瑕,不足以疵颣白璧"。但王士禛解释,自己虽然取裁广泛,但根本的东西却是严格把守的,是"未尝恣于无范"的,这就是学唐为主,学宋、元只为充实唐诗而已,并不是完全抛弃唐诗。争论的结果,二人意见达成一致。可见在王士禛的辩护下,施闰章也相信他并未离唐而学宋,所以后

---

① 陆嘉淑:《渔洋续诗集序》,《渔洋续诗集》卷首,《王士禛全集》(一),第 688 页。
② 《池北偶谈》卷一八,第 430—431 页。

来为《渔洋续集》作序时也极力为王氏辩解,谓其《蜀道集》并非宋调①。

王士禛在施闰章面前为自己辩护大概在什么时候呢? 陆嘉淑谓"窃尝见先生与宣城施先生论诗",则当时三人应同在一处。考《居易录》载:"海宁陆冰修嘉淑,浙西名宿也。康熙己未(十八年)、庚申(十九年)间客京师,每与宣城施愚山侍讲、梅耦长庚、毘陵邵子湘长蘅夜过予邸舍,剧谈至三鼓,始各散去。"②此后十九年九月陆嘉淑归海宁③,至二十二年六月施闰章卒④,三人再无聚首之时。据此,则在康熙十八、十九年间,王士禛就开始为自己宗宋进行辩护了。这次论辩也影响到参与其中的邵长蘅,后来他不遗余力地为渔洋宗宋申辩⑤,大概就是因为这段经历。

王士禛的诗风对诗坛的影响是巨大的,因此根据王氏弟子、友人的诗风变化也能大概推断出他在何时开始走上复归之路,王又旦的诗风就是在王士禛的影响下而变化的。王又旦,字幼华,别字黄湄⑥。他与王士禛、陈廷敬、徐乾学、汪懋麟五人曾聚集于京城外的城南山庄论诗,成为文坛上的一段佳话,有人为此而作《五客话旧图》⑦。王士禛称"(自)束发以来所见海内贤士大夫多矣,而离合久暂,书尺往来,未尝不及于诗者,惟幼华一人"。有理由相信,王又旦诗风的变化,其实就是王士禛本人诗风变化的一个侧面,因此王士禛非常自信地认为王又旦的诗"二十年间凡数变",他都能"道其所以然"⑧。在王士禛的观察中,这二十年间王又旦的诗风发生了如下的变化:

---

① 施闰章:《渔洋续诗集序》,《渔洋续诗集》卷首,《王士禛全集》(一),第 685 页。
② 王士禛:《居易录》卷三二,《王士禛全集》(六),第 4350 页。
③ 蒋寅:《王渔洋事迹征略》,人民文学出版社 2001 年版,第 261 页。
④ 施念曾编:《施愚山先生年谱》,《国家图书馆馆藏珍本年谱丛刊》本。
⑤ 邵长蘅:《二家诗钞序》,《二家诗钞》卷首,《四库全书存目丛书补编》,第 36 册。
⑥ 王又旦生平参见朱彝尊:《儒林郎户科给事中邠阳王君墓志铭》,《曝书亭集》卷七五,《曝书亭全集》,第 712—713 页。
⑦ 陈康祺:《郎潜纪闻初笔》卷七"五客话旧图":"康熙壬戌七月,王文简公士禛、陈文贞公廷敬、徐健庵尚书乾学、王幼华给谏又旦、汪蛟门比部懋麟,集城南山庄。禹慎斋鸿胪之鼎作《五客话旧图》,蛟门为纪卷,藏泽州陈氏。"第 158 页。
⑧ 王士禛:《黄湄诗选序》,《渔洋文集》卷二,《王士禛全集》(三),第 1545 页。

　　顺治己亥,予以选人在京师,始与幼华相见。其年冬,予之官扬州,合肥龚端毅公集诸词人,赋诗祖道,联为巨轴,推幼华诗最工。然予实未与深言诗也。康熙丙午(五年),予在礼部,幼华自江南寄《黄湄渔人诗》一卷,一变而清真古淡,逾于其旧。戊申(七年)、己酉(八年)间,幼华知潜江县,再变而为奇恣雄放,类昌黎所谓"妥帖排舁"者。又十年丙辰(十五年),幼华自潜江以治行第一,征拜给事中,益朝夕就予论诗。及归龙门,读书太史公祠下,其诗益变而翕泫澄深,渺乎莫窥其涯涘。①

王又旦的诗风变化几乎是与王士禛同步。自顺治十七年王又旦在京城送别王士禛之官扬州,他们之间开始了交往。所以到康熙五年时他的诗风为"清真古淡",与王士禛此时提倡的唐音相近。康熙七、八年间,也正是王士禛对宋诗特别是苏诗感兴趣的时候,王又旦的诗一变为"奇恣雄放"。这两次的变化均与王士禛步调一致,所以可以肯定地说,王又旦这两次诗风变化映现了王士禛诗风的转变。康熙十五年王又旦奔丧归乡,二十年始返回京城②,若按居丧不作诗的风习(王士禛就是这样做的),则王士禛再次见到的应该是其在康熙十七年以后的诗作,而此时诗风"渊泫澄深",大类王、孟、韦、柳一派,则可以看出,其诗风在康熙二十年以前已经复归唐音。这一变化显然与王士禛有关,可以说康熙二十年之前,王士禛已经在酝酿诗风的转变,并将这一想法告诉密友,从而影响了对方,使其诗风也发生变化。

　　也就是说,在康熙十八年至二十年之间,在王士禛进入翰林院的第二年以后,其言论与创作逐渐由尊宋归于崇唐,这一转变既有文学演变的内在规律,更与他的翰林经历密切相关。

三、诗风转变的翰林院因素

　　王士禛对翰林院的态度无疑是玉堂环境能否对其诗风产生作用的关

---

① 王士禛:《黄湄诗选序》,《渔洋文集》卷二,《王士禛全集》(三),第1545页。
② 汪懋麟:《城南山庄画像记》,《百尺梧桐阁文集》卷三。

键。我们发现,王氏早先于位望清华的词垣和词臣非常羡慕。康熙十二年,叶方蔼献《八箴》,又应命撰《太极图说》,俱称旨,擢侍讲学士。王士禛对此极为向往,作诗曰:"翰林官自达,匹马独行吟。"①十四年,李天馥为侍讲学士,陈廷敬为詹事府詹事兼翰林院侍读学士,王士禛在同三人道别时写道:"君辈还簪笔,吾生自转蓬。"所谓簪笔,即"近臣负囊簪笔,从备顾问,或有所记",惠栋按曰:"李、陈、叶三公,时皆内直,故云。"②两首诗中,腾达与落魄形成鲜明的对比。在这种心理的支配下,当天恩将他提携进入翰林院时,他应该怀有多么激动的心情,除了珍惜这来之不易的机会,他决不会另有选择。因此,王士禛定然以翰林院的准则要求自己,而不会随意妄行。

于是,以下几种翰林院因素便迅速促使王士禛诗风转变:

首先,翰林院的职能以及帝王的爱好是转变的要因。"翰林之官,执笔札以事上,咏歌颂述,乃其职也"③,王士禛进入翰林院后,最主要的工作便是施展才华为这个政权唱赞美诗,歌功颂德,粉饰太平。写应制诗便是其一,集中保存下来的就有《颁赐新贡天花》、《颁赐御书》、《赐贡茶》、《赐桃花》、《孝昭皇后挽词》等篇章,实际数量远不止《渔洋续集》中这几篇。《召对录》记录道:"(十七年)八月,内直,同陈(廷敬)、叶(方蔼)、张(英)三学士和御制《赐辅国将军》诗。……自是每有御制,必命和进。"④而应制诗的正格是唐诗,尤其是清明广大的初盛唐诗,如邵远平的应制诗"酷摹唐音"⑤,董讷的应制诗"全乎盛唐"⑥。宋诗由于其格调的"鄙俗"以及声情的"噍杀"而不适合这种体制。另外,康熙爱好唐诗,已如前论,他在展示自己的书法时,一般书写唐诗,王士禛入直南书房不久,就得到了这样的恩赐:

(十七年闰三月)赐讲官陈廷敬、叶方蔼、王士正御书人二幅,

---

① 《秋日过子吉读书斋有怀苕文》,《渔洋精华录集释》卷六,第1034页。
② 《再别李容斋陈说岩叶讱庵三子》,《渔洋精华录集释》卷六,第1064页。
③ 彭孙遹:《圣德诗序》,《松桂堂全集》卷一,影印文渊阁《四库全书》,第1317册。
④ 王士禛:《渔洋山人自撰年谱》,《渔洋精华录集释》,第2032页。
⑤ 《四库全书总目》卷一八三《戒庵诗存》提要。
⑥ 张希良:《柳村诗集序》,董讷《柳村诗集》卷首。

士正得"存诚"二字、唐人张继《枫桥》诗;廷敬得"龙飞凤舞"四大字、唐诗一首;方蔼得"存诚"二字,唐人崔国辅诗。①

翰林院的工作性质以及帝王的爱好都需要王士禛重新审视自己的诗歌创作,作出相应的调整。

其次,上层对诗歌领域的干涉进一步加快了王士禛诗风转变的步伐,这最初来自大学士冯溥,前文已有所述。冯溥于康熙十八年后组织翰林官大力声讨宋诗,王士禛虽十九年八月至二十三年十月任国子监祭酒,不一定参加了冯溥组织的声讨宋诗的聚会,但他的好友施闰章和徐乾学都亲临了现场,也一定会以此奉劝被认为是宗宋诗风主将的王士禛。施、徐二人在为《渔洋续集》作序时不约而同为他的诗风辩护,其中甚有深意:

> 客或有谓其祧唐而祖宋者,予曰不然。阮亭盖疾夫肤附唐人者了无生气,故间有取于子瞻,而其所为《蜀道》诸诗,非宋调也。诗有仙气者,太白而下,惟子瞻有之,其体制正不相袭。学五经、《左》、《国》、秦汉者,始能为唐宋八家,学《三百篇》、汉魏八代者,始能为三唐,学三唐而能自竖立者,始可读宋、元,未易为拘墟鲜见者道也。②

> 先生……虽持论广大,兼取南北宋元明诸家之诗,而选练矜慎,仍墨守唐人之声格。或乃因先生持论,遂疑先生续集降心下师宋人,此犹未知先生之诗者也。《记》曰:"治世之音安以乐。"张子曰:"诗之情性温厚平易。"今以崎岖求之,以艰难索之,则其心先狭隘矣。读先生之诗,有温厚平易之乐而无崎岖艰难之苦,非治世之音能尔乎?③

施闰章否定诗坛流行的关于王士禛"祧唐而祖宋"的观点,认为王氏之所以

---

① 《词林典故》卷四,《翰学三书》(二),第79页。
② 施闰章:《渔洋续诗集序》,《渔洋续诗集》卷首,《王士禛全集》(一),第685—686页。
③ 徐乾学:《渔洋山人续集序》,《憺园文集》卷二一。

有取苏轼,只是为了改变前此学诗者肤附唐人而了无生趣的状况,他同样否定被认为类似于"韩、苏海外诸篇"①的《蜀道集》并非宋调。徐乾学则将王士禛的言论与诗作区分开来对待,他并不否认王士禛曾持有宗宋的言论,但他认为,王氏诗歌创作的实际情况与此并不一致,仅凭其言论而不能断定他宗宋,实则其诗歌"仍墨守唐人之声格"。徐氏反问,如果王士禛真的宗宋的话,那么他的诗歌怎能"有温厚平易之乐而无崎岖艰难之苦"呢?这些辩护很容易联想到冯溥对宋诗风的批判。另外,王士禛进入翰林院也有冯溥的推荐之力,自然不会无视其言论。在为《佳山堂诗集》所作序中,王士禛说:"窃惟国家值休明之运,必有伟人硕德,以雄词巨笔,敷张神藻,铿乎有声,炳乎有光,耸功德于汉唐之上。"虽是门面语,但他认识到休明之运与文章风格的关系。正像他诗中所写的,这是一个"朝廷正需雅颂手"②的年代,既然如此,他的宗宋诗风是否还要继续坚持下去呢?

康熙二十四年王士禛因赴南海祭告神祇没有参加正月举行的翰詹大考,但作为詹事府少詹事兼翰林院侍讲学士,他对康熙抑制宋诗风的举措一定是清楚的,友人徐乾学在这次大考中名列第一,这些都足够让他进行深刻的反思。所以利用家居的机会,他编撰《唐贤三昧集》进一步明确自己的诗风宗尚,以此告白天下。可以说上层的干涉很大程度促成了王士禛诗风的转变。

再次,面对当时已经暴露的宗宋诗风弊端以及如潮的批评,作为天下文章宗师的翰林院侍读,王士禛有责任肃清、重整诗风。康熙二十年以前,宗宋诗风已经弊端丛生,诗坛对此批评也蜂拥而起,如:

> 今海内称诗家,数年以前争趋温、李、致光,近又争称宋诗。夫学温、李、致光,其流艳而佻;学宋诗,其流里(俚)而好尽,二者皆诗之弊也。③

---

① 《渔洋精华录集释》附录八引盛珍示语,第 2029 页。
② 《送洪昉思由大梁之武康》,《渔洋精华录集释》卷七。
③ 顾景星:《青门簏稿诗序》,邵长蘅《邵子湘全集》卷首。

迩来学宋者,遗其骨理而捞扯其皮毛,弃其精深而描摹其陋劣。是今人之谓宋,又宋之臭腐而已。①

吾见夫今之学宋者矣,以俗俚为清真,以浅率为老放,以粗豪为雄健,以用僻事难字为奥博,将所谓温柔敦厚之旨、神听和平之音,去之惟恐不远,而唐人益不足浣矣。②

在批评宋诗风的同时,对王士禛的指责也激烈起来。原因是时人大多认为诗坛的宗宋诗风是由他的提倡而泛滥的。安致远《白云村文集序》中的"主坛坫者",矛头所向不言自明。而王氏弟子的辩护则透露出当时的舆论非常严厉,曹禾《渔洋续集序》中写道:

《易》曰:"拟议以成其变化。"贵其常新也。俗学不知拟议,安知变化,保残守缺,挟恐见破之私意,如越人之髭,瞽者之镜,非唯无用,从而仇之,纷纷籍籍,诋曰学宋。不知先生之学,非一代之学,先生之诗,非一代之诗。③

可见,在《渔洋续集》编成之前,诗界已经认定王士禛是宗宋诗风充斥诗坛的罪魁祸首,群起而攻之,甚至到了"仇之"的地步。面对此种情况,这位被皇帝"拔之馆阁,为天下师"④的翰林院侍读、国子监祭酒,天下文风的引领者,无论如何也不能坐视不管了。王士禛有责任而且必须要改变诗坛的现状,将其导向一条上至帝王,下至文士都能接受的道路,复归唐音势在必行。

当然,由宋返唐主要是出于翰林院的特殊环境,其实王士禛并没有立即放弃对宋诗的兴趣,因此即使在复归唐风以后,他仍然和一些至交好友作宋体诗,并对其中一些人产生很大的影响。如陈维崧,"晚而与当代大家诸先

---

① 宋荦:《漫堂说诗》,《清诗话》,第 417 页。
② 庞垲:《盛鹤田诗序》,《丛碧山房文集》卷一。
③ 曹禾:《渔洋续诗集序》,《渔洋续诗集》卷首,《王士禛全集》(一),第 690 页。
④ 汪懋麟:《渔洋续诗集序》,《渔洋续诗集》卷首,《王士禛全集》(一),第 692 页。

生上下议论,纵横奔放,多学少陵、昌黎、东坡、放翁"①,此中学少陵、昌黎与学东坡、放翁并举,即是学宋,因为"韩愈与杜甫、白居易一样,皆被明人称为'开宋门户'者"②。考康熙十八年至十九年,王士禛和陈维崧同在翰林院纂修《明史》,经常在一起诗酒唱和。看来陈维崧在俯首帖耳聆听冯相国声讨宋诗时也是出于政治的压力。又如梁佩兰,"晚年与新城、商邱(宋荦)诸先生游,则时时瓣香韩苏,示能兼长"③。考康熙二十一年二月,梁佩兰上京应会试,六月,王士禛召他与蒋景祁、冯廷槐、白子常等宴集④,瓣香韩苏大概就始于此时。可见直到此时,王士禛还念念不忘宋诗。不过正如学者所言,王士禛是聪明之人,在翰林院中一波高过一波的反宋指令下,他只能将兴趣和表现分离,由宋返唐乃大势所趋。

以上的分析可以看出,帝王大臣的诗学爱好以及他们对诗歌领域的干涉、诗界的现状以及王士禛所处的地位,都需要他在理论和创作上抛弃宗宋诗风,确立唐音的正统地位。

四、进入翰林院与诗史地位的确立

张舜徽谈到王士禛遭际时说:"士禛享名之盛,身后尤彰于生前,亦半由后学表章之力。"⑤其实,在王士禛进入翰林院不久,朋友和学生就给他献上了诗坛"正宗"的桂冠。徐乾学在《十种唐诗选书后》一文中写道:

> 往岁邻阳王黄湄、江都汪季甪,邀泽州陈说岩、新城王阮亭及余五人,集于城南祝氏之园亭,为文酒之会。余与诸公共称新城之诗为国朝正宗,度越有唐。

据文中介绍,这次聚会是在康熙二十二年,也就是说,至迟在这一年,诗坛上

---

① 陈维岳:《湖海楼诗集跋》,陈振鹏标点、李学颖校补《陈维崧集》,上海古籍出版社 2010 年版,第 1821 页。
② 萧华荣:《中国诗学思想史》,华东师范大学出版社 1996 年版,第 303 页。
③ 张尚瑗:《六莹堂集序》,梁佩兰《六莹堂集》卷首。
④ 蒋寅:《王渔洋事迹征略》,第 271、274 页。
⑤ 张舜徽:《清人文集别录》,华中师大出版社 2004 年版,第 68 页。

开始尊王士禛为"正宗"。此后的发展,只是对其地位的进一步巩固。

何谓"正宗"?"宗之言主也,尊也。言其人能主持风雅,而学者尊事之也。"登上正宗的宝座需要哪些条件?继以上定义之后,邵长蘅接着说:"夫其所以为一代之宗者,其才足以包孕余子,其学足以贯穿古今,其识足以别裁伪体,而又有其地有其时。夫才与学与识,人也;地与时则有天焉。五者兼焉故难也。"①才、学、识、地、时内外五个因素是王士禛成为正宗的条件②。毫无疑问,王士禛成为诗坛正宗的自身因素,经过扬州烟月和燕市逢人的生活历练,在康熙十七年前已基本具备;而成为正宗的外在机缘,又在这一年到来。

不过在诸多的因素中,进入翰林院是其登上"正宗"宝座的重要环节,而其诗温柔敦厚的特质又是不可或缺的要素。

文章传否似乎与诗人的政治地位无太大关系,历史上许多一流的作家甚至终身沉沦下僚。但是要成为社会公认的一代正宗,则其名位的高低至关重要,王士禛的际遇就说明了这一点,当时就有人如此分析:

> 文章传否,不关名位。故有巍科膴仕而淹没无闻者,亦有布衣下僚而昭垂不朽者。然此特就一人言也。旷观宇宙千古,斯文之运,未有不因名位而昌,非文章之必藉乎名位也。一代之兴,天将聚才俊以鸣其盛,则必笃生一二人焉,以为之领袖,而此一二人者,苟非有瑰玮绝特之姿,渊综博奥之学,故不足以胜其任。即有其姿,且有其学矣,而名未知于天子,则不足以致一时之信从;位不列于公卿,则不足以树后生之模表。故天既畀之以斯文之任者,必使之负大名,居高位,而后推挽后学,成就人材,风流弘长,足以衣被

---

① 邵长蘅:《二家诗钞序》,《二家诗钞》卷首。
② 今人萧华荣认为王士禛之所以成为"一代正宗",在于四个方面:首先,神韵诗论与诗作主要成于所谓康熙"盛世",而传统观念中以盛世作品为"正";其次,清人以杜诗为唐诗之"变",而王士禛不喜杜甫;第三,王士禛论诗主性情学问相融,与清诗学主流合拍;第四,王士禛神韵说能弥补清代诗学纵横挥洒有余而精微美感不足之缺陷。《中国诗学思想史》,第366—368页。

一世而沾溉来兹。①

官方的肯定极容易树立"正宗"的形象。可以说,若不是康熙帝出于树立典型目的的提拔,尽管王士禛在诗界有无比巨大的号召力,也很难和正宗联系在一起。

能被官方承认也需要其诗具有与正统诗风相近的特质,温柔敦厚就是正统诗风的标准。无论是康熙帝还是冯相国,他们都于此津津乐道。衡量诗人正宗的标准就在于是,如"先生之诗温柔敦厚,为风雅正宗"②,就是将二者联系在一起。虽然评论的是康熙诗坛的另一位翰林官方象瑛的诗,但亦可作为参照。对清代诗坛来说,唐人是雅颂传统的继承者,宗尚唐诗就是继承温柔敦厚的雅颂传统。诗风的之变之正,关键要看这一点,徐乾学曾说:

> 北宋杨、刘以前,犹稍规前制,苏、黄决其藩篱。南渡以后,学苏、黄者,又失苏、黄之所本,故立论愈快,说理愈透,而举唐人蕴藉淳滀之意荡然无复遗余,岂非诗道之又一大变乎? 有明何、李辈起,于是思变,而反之初盛,其变是也,其所以变者非也。今人概举何、李而訾謷之,承学之徒,末师竟是,其目中初不知三唐为何物,况于隋、梁以及建安以还。则欲为唐人之防,于此时者,非夫巨公硕儒,擅博通之识,寻源竟委,以大肆其词于绝学将废之后,固不能以单词只语塞群嚚之喙,而使之折而从吾之教也。③

徐氏也在呼唤一代宗主的产生,只是出于客套,他将这一重任寄托在官位较高而诗名不盛的梁清标身上。他用内含"蕴藉淳滀之意"的唐人诗作为标本,以此衡量诗史发展方向的正确与否。在康熙十二年之前,王士禛的诗无疑是以温柔敦厚见长,对其早年的诗风,陈维崧有这样的评价:

---

① 郑梁:《新城王公诗集序》,《寒村诗文选》之《寒村安庸集》卷二,《四库全书存目丛书》集部,第256册。
② 李必果:《展台诗钞序》,方象瑛:《健松斋集》卷一八。
③ 徐乾学:《焦林二集序》,《憺园文集》卷一九。

> 新城王阮亭先生,性情柔澹,被服典茂。其为诗歌也,温而能
> 丽,娴雅而多则,览其义者,冲融懿美,如在成周极盛之时焉。……
> 今值国家改玉之际,郊祀燕飨,次第举行,饮食男女,各言其欲。识
> 者以为风俗醇厚,旦夕而致,而一二士女,尚忧家室之未靖,闵衣食
> 之不给焉。阮亭先生既振兴诗教于上,而变风变雅之音渐以不作。
> 读是集也,为我告采风者曰:"劳苦诸父老,天下且太平,诗其先告
> 我矣。"①

王士禛诗中的这部分因素,在进入翰林院时相信起了一定的作用。此后他
由宋返唐,重倡神韵之旨,进一步奠定了其正宗的地位。邵长蘅并推宋荦与
王士禛二者为正宗,并为他们曾经有过的宗宋之举辩护,从中能够看出正宗
地位与唐音之间的联系何等密切:

> 自祧唐祢宋之说盛,后生靡然,且谓两先生亦尝云尔,顾两先
> 生诗具在,其所为溯源风骚,斟酌汉魏三唐,以自成其家者,各有根
> 柢,虽间亦取于宋人,第以资泛澜耳。②

其实前文已经论及,王、宋二人曾经并不讳言他们宗宋,而邵氏作此文时为
了报答知遇之恩,却极力辨白其事。可见,无论是徐乾学还是邵长蘅,他们
观念中的正宗诗风无疑都是宗唐。

康熙十七年王士禛进入翰林院,以及随之而来的诗风的转变,奠定了他
在清代诗坛的正宗地位。此后,乾隆曾与沈德潜"谈及近日诗道中衰,无复
曩日之盛之语",沈德潜乘间曰:"因不读王某之诗,盖以其卒无谥法,无所
羡慕故也。"乾隆命补谥,于是追谥"文简"③。经过此次再树典型,其正宗地
位进一步巩固。

---

① 陈维崧:《王阮亭诗集序》,《陈迦陵文集》卷一,《陈维崧集》,第9页。
② 邵长蘅:《二家诗钞序》,《二家诗钞》卷首。
③ 昭梿:《啸亭杂录》卷九,第273页。

第三节 庶吉士外放与袁枚性灵诗学的形成

关于袁枚性灵诗学的形成,严迪昌先生认为与商贾文化意识有关[①],而蒋寅先生则认为是源于叶燮、薛雪、查为仁等前辈诗人的影响[②]。二说均有一定的道理,然其论所涉及的人和事多出现在袁枚人生中较晚时期。若探寻其性灵诗学最初提出的契机,则不能不关注他由翰林院庶吉士外放为知县这一重大变故产生的影响。

一、外放与心态

袁枚于乾隆四年23岁中进士,已属少年得志;朝考又馆选庶吉士,分习满文,进入清代士子梦寐以求的清华之地翰林院,得意之情不言而喻,其《入翰林》一诗云:"弱水蓬山路几重? 今朝身到蕊珠宫。尚无秘省书教读,已见名笺字不同。斑管润生红药雨,锦袍香散玉堂风。国恩岂是文章报? 况复文章尚未工!"庶吉士虽为无品级的翰林,但地位已较其他进士不同。遇此国恩,欣喜之中他竟不知何以为报。不久又乞假归娶,同馆中人赠诗相送,其《乞假归娶留别诸同年》其一云:"还乡非耀锦衣鲜,为赋《房中乐》一篇。惭愧少年贫里过,玉堂春在洞房先。"虽云"惭愧",实则自豪之至。人生乐事连番上演,也让他对前途满怀信心。

然而三年后,袁枚散馆考试由于满文成绩不合格,未能留在翰林院,而是外放知县[③]。在庶吉士期间,同年刘斯和未散馆改官,袁枚作诗安慰道:

---

① 严迪昌:《清诗史》,第754页。

② 蒋寅:《"神韵"与"性灵"的消长——康、乾之际诗学观念嬗变之迹》,《北京大学学报》2012年第3期。

③ 关于袁枚散馆外放的原因,可参见王英志:《袁枚为庶吉士与外放考述》(《阴山学刊》2000年第2期);杜贵成:《"为天强派作诗人"——袁枚散馆外放的"前因"及其婉拒乾隆临幸随园考论》(《华中师范大学学报》2005年第3期)。

"翰林百篇史不载,循吏一事民能传。"①在他看来改官知县比身为翰林更能
体现个人价值。然而当相同的遭遇降临到自己身上,袁枚并没有那么豁达。
他先是感到深深的失望:"三年春梦玉堂空,珂马萧萧落叶中。生本粗才甘
外吏,去犹忍泪为诸公。"随之巨大的失落感涌上心头:"顷刻人天隔两尘,
难从宦海问前因。"对未知的前途充满不可名状的迷惘:"手折芙蓉下人世,
不知人世竟何如。"②出都后,一路上的景物似乎都为他鸣不平。来到河北
良乡,沉浸在失落中的诗人若不是感觉马鞍的潮湿,甚至都不知道正在下大
雾。翌日雾更大,诗人不禁发出"此际群仙高处看,可知下界有人无"③的感
慨。他以落花为喻慨叹此番变故:"莫讶旁人怜玉骨,此身原在最高枝"
(《落花》其二);"且莫啼烟兼泣露,问渠何事到人间"(《落花》其四)。到达
金陵,"无数青山入郡城"的别样风景,令其发出"才子合从三楚谪,美人愁
向六朝生"的浩叹④。

　　曾任翰林学士的欧阳修晚年回思词垣往事,有"顾瞻玉堂,如在天上"
之感⑤。庶吉士外放知县,也让袁枚体会到由天上坠落到人间的巨大落差。
清人朱克敬云:"国朝仕路,以科目为正,科目尤重翰林。卜相非翰林不与,
大臣饰终,必翰林乃得谥'文',他官序资亦必先翰林。翰林入直两书房(上
书房职授王子读,南书房职拟御纂笔札),及为讲官,迁詹事府者,人尤贵
之。其次主考、督学。迁詹事府必由左右春坊,谓之开坊,则不外用。"⑥清
代翰林虽然待遇不高,但其清华的位望,远大广阔的前程,倍令士子向往。
而袁枚却遭外放,强烈的失落之感不难得知。

　　让他难堪的还有知县卑微的地位与翰林清华身份的强烈反差。在翰林
院,同馆官相见只是一揖;而知县面见长官,则行跪拜大礼。溧水知县任上

---

① 《送刘斯和翰林改官山右》,《小仓山房诗集》卷二,王英志校点《袁枚全集》(一),江苏古籍
出版社 1997 年版,第 23 页。
② 《改官白下留别诸同年》其一、其二、其三,《小仓山房诗集》卷三,第 31 – 32 页。
③ 《次日雾更大》,《小仓山房诗集》卷三,第 33 页。
④ 《抵金陵》,《小仓山房诗集》卷三,第 37 页。
⑤ 欧阳修:《内制集序》,《欧阳修全集》卷四一,第 598 页。
⑥ 朱克敬:《翰林仪品记》,收入《暝庵二识》,《挹秀山房丛书》本。

初次谒见长官之后，他真切感受到玉堂的荣耀，《谒长吏毕归而作诗》其一云："书衔笔惯字难小，学跪膝忙时有声。晚脱皂衣归邸舍，玉堂回首不胜情。"三年翰苑养成的清贵心态，令其很难适应知县卑躬屈膝的生活，"黯然神始伤，县令乃是我"（其二），即是此种感受的直接表露。移知沭阳，"迎送高轩颇折腰"的屈辱感也让他生"科名人已隔三朝"的怅然①。

与此同时，袁枚馆中同僚却多仕途顺畅。乾隆八年翰林院大考，名列一、二等的词臣均获拔擢，一等中编修裘曰修升侍读学士，二等中编修沈德潜升左中允，均是连升数级。得知此信，袁枚为这些同年高兴："诗人俱已到青云"，同时感受到与他们"宦海烟波逐渐分"②的差距，强颜欢笑之下，掩饰不住落寞之情。

外放的最初几年，袁枚一直沉浸在这种郁愤之中，这也从反面说明他对翰林院的无限留恋。平庸者遭此打击，往往自愧弗如；卓异者至此境地，则会心有不甘。袁枚属于后者。既然降落到人间已成为不可改变的事实，那么就承认"人间"的身份，并以此对抗天上的"玉堂"，这是摆脱留恋之情的最好方式。乾隆九年，袁枚充江南乡试考官，与商盘（号宝意）、王以昌（字禹言）两位曾经的翰林相见，自然提起词馆生活。但这次他流露出的不仅是悲伤与感慨，更多的却是一份自得。《与商宝意司马宿王禹言太史斋中临别奉赠》其一云："鸾飘凤泊一千年，流水行云意洒然。但使人间唤生佛，胜教天上作顽仙。"其六云："蓬海升沉话寂寥，江州司马莫萧骚。诗人都到青云顶，谁领湖山访六朝？"虽也缅怀玉堂，却有底气以人间生佛之身份与天上顽仙之翰林相抗衡；同样是面对到青云之巅的翰林，他不再感叹宦海烟波的分别，而是有主领湖山的雄心。袁枚20岁即被举荐参加乾隆元年的博学鸿词科考试，成为年龄最小的与试者；中进士后又馆选庶吉士，文学才华已经得到认可，自然有信心傲视词垣中人。这注定此后袁枚以文学成就来对抗视作"文章渊薮"的翰林院，其最初提出性灵诗学就是基于此种心态。

---

① 《沭阳杂兴八首》其三，《小仓山房诗集》卷三，第39页。
② 《闻同年裘叔度、沈归愚廷试高等，骤迁学士，喜赋一章》，《小仓山房诗集》卷三，第42页。

二、性灵与格调

关于翰林院性质,袁枚有清楚认识,在《寄蒋苕生书》中他对好友蒋士铨说:"翰林一官,必待其人而后居之。……清秘之职,为天子润色雅颂,裁制谟诰,非学古人官者,不宜一朝居。且居是官者,必己能为文章然后克称。"①既然如此,欲与词垣中人平起平坐,甚或拥有优越感,以生佛抗衡顽仙,致其在创作观念上与翰苑求异。经过一段时间思考,乾隆十年他在《答曾南村论诗》中"初步提出诗主性灵的观点"②,诗云:"提笔先须问性情,风裁休划宋元明。八音分列宫商韵,一代都存雅颂声。秋月气清千处好,化工才大百花生。怜予官退诗偏进,虽不能军好论兵。"学者认识到此诗在袁枚性灵诗学形成过程中的意义,但多关注首句,实则整首诗尚有诸多待发之覆。

诗的次句反对"划宋元明"之论,即"深非分朝代、划时期之说"③。在翰林院时,袁枚作诗也是"落笔不经意,动乃成苏韩"④,亦重借鉴古人;而在此处,却对分唐界宋的模拟风气提出批评。其锋芒所向,在于其时以沈德潜格调论为主的翰苑诗风。

康熙朝翰林院诗风总体上尊唐。王士禛时为诗坛盟主,进入翰林院后诗风经历了由宋入唐的转变。乾隆初年翰苑诗歌仍以宗唐为主,自沈德潜入翰林院,这种诗风得到强化。沈氏心源遥接王士禛宗唐之论,康熙五十六年刊刻《唐诗别裁集》,雍正十二年《明诗别裁集》告成,并明确提出"宋诗近

---

① 《小仓山房文集》卷一八,王英志校点《袁枚全集》(二),第310页。
② 王英志:《性灵派研究》,辽宁大学出版社1998年版,第25页。
③ 钱锺书:《谈艺录》,中华书局1984年版,第214页。
④ 《小仓山房诗集》卷一《意有所得辄书数句》其四,第30页。法式善虽然看到此诗"载在辛酉年(乾隆六年)未散馆时",但怀疑为"晚年补做",其理由在于该诗"皆阅历深至语,非英年所能"(法式善著,张寅彭、强迪艺校《梧门诗话合校》卷二,凤凰出版社2005年版,第82页),然袁枚后期诗风近白居易、杨万里,因此不能否定此为早期作。

腐,元诗近纤,明诗其复古也"①以时代论诗的观点,对明代前后七子诗学主张也并不一概遗弃。成进士前,其诗风宗尚已然确立。散馆留任翰林院,与高宗君唱臣和,几无虚日。由编修晋侍读学士,授日讲起居注官,"一岁之中,君恩稠叠"②。乾隆十年,高宗与之"论及历代诗之源流升降"时云:"张鹏翀才捷于汝,而风格不及于汝。"③对其诗风赞誉有加,其格调论亦成为翰林院及诗坛的主流诗学思想,水到渠成地被推为"一时诗坛宗匠"④。袁枚也承认沈氏的这一诗坛地位,《寄怀归愚尚书》其一云:"诗人遭际无前古,海内风骚有正声。"因此欲与翰苑对抗,理当于此做出回应,其"风裁休划宋元明"之论显然集矢于此。

反驳分唐界宋的复古诗风,从而提倡性灵诗学,明代公安派即是如此。袁枚性灵诗学包括三个"轴心",即真情、个性、诗才⑤。此诗首联论真情,颈联论诗才,而个性论包含其中。首联阐明其观点根本所在即真情,此后袁枚进一步强化、发挥。乾隆十四年作《读书二首》其二云:"我道古人文,宜读不宜仿。"大概在乾隆二十二年至三十四年间,又撰《答沈大宗伯论诗书》,与沈德潜针锋相对。从性情论出发,袁枚认为诗之所以不能限以古今,一是人之性情不同,"性情遭际,人人有我在焉,不可貌古人而袭之",每个时代的人都有不同的性情,不必因袭古人;二是诗史是一个流变的过程,"唐人学汉、魏变汉、魏,宋学唐变唐","乃不得不变",唐宋人对前代的遗产继承中有变化,所以才成唐人、宋人之诗。前诗颔联意为每个时代都有其代表性的诗作,实为这一思想的先兆。

批判格调说,因之重视个人的才能、天分。前诗颈联言才大者无所不能,正指向诗才。而诗才之不同,则在于其人之天分。后来他阐释说:"诗不成于人,而成于其人之天。其人之天有诗,脱口能吟;其人之天无诗,虽吟

① 沈德潜:《明诗别裁集序》,潘务正、李言编辑点校《沈德潜诗文集》(三),人民文学出版社2011年版,第1303页。
② 《沈归愚自订年谱》,《沈德潜诗文集》(四),第2119页。
③ 《沈归愚自订年谱》,《沈德潜诗文集》(四),第2120页。
④ 吴应和:《浙西六家诗钞》,《袁枚全集》(八)附录三"袁枚评论资料汇编",第11页。
⑤ 王英志:《性灵派研究》,第45页。

而不如其无吟。"①以模拟前人为能事的格调论在他看来正是天分不济所致,他引杨万里之言云:"从来天分低拙之人,好谈格调,而不解风趣。何也? 格调是空架子,有腔口易描;风趣专写性灵,非天才不办。"②"风裁休划宋元明"反对的就是空架子,不难看出正因批判格调论,袁枚才逐步走上提倡风趣的性灵说之路。

可以说,《答曾南村论诗》勾勒了袁枚性灵诗学的基本框架,而其提出的动机,则是针对翰苑诗风,这也导致性灵说与格调说二者"判若水火"③的格局。

与理论的明确同步,综观袁枚此期诗歌创作,也发生了明显的变化。

首先,真性情之作增多。袁枚《小仓山房诗集》卷二庶吉士期间所作的五十余首诗,几乎都是描写词馆生活如读书、送别、讌集与题画等,难有真切的情感。而保存在诗集卷三、四中外放至乾隆十年间的诗作,则主要流露其悲愤、知县任上的巨大落差以及同情民生疾苦等情感。前两类上文已有论述,同情民生疾苦的如《苦灾行》、《捕蝗曲》、《征漕叹》、《火灾行》、《捕蝗歌》、《南漕叹》等,篇名即具有鲜明的情感色彩。沭阳知县任上,正遇蝗灾,袁枚作《捕蝗曲》以写其忧民之怀。末尾诗人祷祝云:"蝗兮蝗兮去此乡,东海之外兮草茫茫,无尔仇兮尔乐何央! 毋餐民之苗叶兮,宁食吾之肺肠。"这种强烈的情感,是翰林院平静安逸的生活无法惠赐的,正如其所云,"必须山川关塞,离合悲欢,才足以发抒情性,动人观感"④。离开翰林院,接触到广阔的社会生活,饱尝了悲欢离合之情,其诗歌情感力度才得以增强。

其次,风趣诗风初步形成。袁枚性灵诗风得益于杨万里的诚斋体,诚斋体最显著的特征是具有活泼的风趣,而又以七绝为主⑤。以此体论,袁枚在翰林院及外放后均作了大量七绝,但风格有明显不同。词垣所作,平正有

---

　　① 《何南园诗序》,《小仓山房(续)文集》卷二八,《袁枚全集》(二),第 495 页。
　　② 《随园诗话》卷一,江苏古籍出版社 2000 年版,第 1 页。杨万里之言未见其他出处,可能为袁氏杜撰。
　　③ 钱泳:《履园丛话》卷八,中华书局 1979 年版,第 204 页。
　　④ 《答祝芷塘太史》,《小仓山房尺牍》卷九,《袁枚全集》(五),第 203 页。
　　⑤ 莫砺锋:《论杨万里诗风的转变过程》,《唐宋诗歌论集》,凤凰出版社 2007 年版。

余,活泼不足。即使是以史书中女性为描写对象,不必说身世悲惨的西施、张丽华、孙夫人、杨玉环等,就是卓文君、二乔之类以美满爱情扬名的女性,也是平正道来。如《文君》云:"宵行事学君王后,识曲心同汉武皇。含泪自寻《封禅》草,遗书翻乱女儿箱。"避开卓文君夜奔司马相如的风流韵事,而是择取上《封禅文》的片段,刻画其国事为重的品格。可见身在翰苑,袁枚怀着文章报国之念,读史时不忘箴规。而外放后,七绝中生动活泼的诚斋体诗风开始出现,并逐渐增多。作于乾隆九年的《即景》云:"牙签杂与簿书排,欲索新诗每误开。摇荡风帘花万点,一庭梅雨带秋来。"虽还不够活泼,与诚斋体尚有一定的差距,但较翰苑所作为生动。作于乾隆十年的一组《劝农歌》已极风趣,其六云:"阡陌高低曲折通,车声回转落花风。倒持竹笛不归去,看杀斜阳小牧童。"粗具诚斋体特征。此后这逐渐成为其七绝的主导风格,如乾隆十二年的《丈洲》其一云:"身非凫雁水为家,日日轻篷傍浅沙。芦荻也知官吏到,随风吹送满船花。"《洲上寄同官许南台》其一云:"双驱镇日白门东,芳草催人上短篷。一夜江云如墨色,知君同在浪花中。"其四云:"盈盈一水路悠悠,君在南洲我北洲。可有新诗来作答?只题花叶付中流。"《偶见》云:"柳絮风吹上树枝,桃花风送落清池。升沉好像春风意,及问春风风不知。"这些诗末二句想象丰富,与杨万里之"一峰忽被云偷去,留得峥嵘半截青"(《入常山界》)、"流到前溪无半语,在山做得许多声"(《宿灵鹫禅寺》)等典型的诚斋体诗风相埒,也是袁枚性灵诗的代表之作。显然,若追溯其"甚推杨诚斋"①诗风之源头,实滥觞于此。

袁枚性灵诗学的提出及创作上的变化,很大程度在于外放离开翰林院这一变故,即《答曾南村论诗》中所云"怜予官退诗偏进":外放知县,是乃"官退";也正因如此,却刺激其有心立异,提出与翰苑诗风对立的性灵说,开始了自具特色的诗歌创作,此乃"诗偏进"。

---

① 钱锺书:《谈艺录》,第 256 页。

三、艳情与雅正

　　袁枚性灵诗说首重真情,而"情所最先,莫如男女"①,特别重视男女之情乃至艳情,这是其性灵诗学的重要方面。近代诗人中,袁枚对朱彝尊与王次回(名彦泓)的艳情诗评价甚高。朱彝尊作《风怀诗》二百韵,晚年好友劝其将此诗删除,但他坚决拒绝。袁枚非常推崇朱氏此举,《题竹垞<风怀>诗后》云:"尼山道大与天侔,两庑人宜绝顶收。争奈升堂寮也在,楚狂行矣不回头!"对王次回香奁体诗,袁氏也赞誉有加,《随园诗话》卷一云:"本朝王次回《疑雨集》,香奁绝调,惜其只成此一家数耳。"《随园诗话补遗》卷三又云:"香奁诗,至本朝王次回,可称绝调。惟吾家香亭可与抗手。"香亭为袁枚堂弟袁树之号,善为艳诗②。袁枚如此推崇艳情诗,意在针对当时的正统风气,尤其是翰林院雅正诗风。

　　清代翰林院并不完全排斥描写男女之情。对于文学史上这类名篇,多从兴寄层面为之辩护。有着浓厚翰苑色彩的李重华《贞一斋诗说》云:"天地间情莫深于男女;以故君臣朋友,不容直致者,多半借男女言之。《风》与《骚》,其大较已。"以此而论,"淫诗"说实则未究《诗经》根本:"《三百篇》所存淫奔,都属诗人刺讥,代为口吻。朱子从正面说诗,始云男女自言之。究竟此等人安得有此笔墨?孔子谓'思无邪'者,正为秽迹昭章,使人猛省也。今既自言己志,必欲以淫媟见长,自何等面目!"而一旦违背兴寄的原则,违背正统的观念,则必然受到攻击。乾隆朝馆阁重臣纪昀《云林诗钞序》云:"发乎情而不必其止乎礼义,……乃至于绘画横陈,不诚已甚欤?"③有鉴于此,在诗歌取法对象上,翰苑中人对李商隐、温庭筠极为排斥。李重华《贞一斋诗说》云:"学温、李最易入于淫哇。"之所以如此,他解释道:"诗道最忌轻薄,凡浮艳体皆是;加以淫媟,更是末俗秽词,六义所当弃绝也。余每谓元

───────────

① 《答蕺园论诗书》,《小仓山房(续)文集》卷三〇,第527页。
② 王英志:《性灵派研究》,第194页。
③ 《纪晓岚文集》卷九,第199页。

微之、温飞卿不应取法者,为此。"①学温、李作艳情诗,有可能败坏人品。清代翰林院不仅是人文渊薮,也是人才渊薮,为各衙门官的蓄水池,因此翰林需要高尚的人品,康熙曾告诫词臣说:"翰林官……当以立品为主,学问次之。……有学问而无人品,其所学亦何足道哉!"②人品被视作根本。文品与人品也需统一,乾隆云:"文品人品,恒相表里,雅郑之分,淄渑之别,辨之不可不精也。"③君王如此强调,翰苑亦不敢轻视。纪昀曰:"人品高,则诗格高;心术正,则诗体正。"④人品与文品的统一虽是老话题,但在清代词垣体现得更为集中。出于此,翰苑中人贬低温、李。对于词垣这类诗学观,袁枚多次以历史上著名人物为例予以反驳。《随园诗话》卷二云:

> 近有某太史……动云"诗可以观人品"。余戏诵一联云:"'哀筝两行雁,约指一勾银。'当是何人之作?"太史意薄之,曰:"不过冬郎、温、李耳!"余笑曰:"此宋四朝元老文潞公诗也。"太史大骇。余再诵李文正公昉《赠妓》诗曰:"便牵魂梦从今日,再睹婵娟是几时?"一往情深,言由衷发,而文正公为开国名臣。夫亦何伤于人品乎?

卷五云:

> 某太史掌教金陵,戒其门人曰:"诗须学韩、苏大家,一读温、李,便终身入下流矣。"……余曰:"……学温、李者,唐有韩偓,宋有刘筠、杨亿,皆忠清鲠亮人也。一代名臣,如寇莱公、文潞公、赵清献公,皆西昆诗体,专学温、李者也,得谓之下流乎?"

两则都是针对"某太史"之论而发。"太史"是对翰林的尊称,"某太史"虽不可考,但曾任职清代翰林院是毋庸置疑的。两则材料内容相近,似非针对同一人而发。他们贬斥温、李,反对艳情诗,认为这类诗一经学习,即败坏人

---

① 李重华:《贞一斋诗说》,《清诗话》(下),第931页。
② 《清实录·圣祖仁皇帝实录》卷二三九康熙四十八年十月丙午,第385页。
③ 《清实录·高宗纯皇帝实录》卷二〇乾隆元年六月丁卯,第490页。
④ 《诗教堂诗集序》,《纪晓岚文集》卷九,第209页。

品,显为清代词垣普遍风气所致。袁枚则举学温、李者如韩偓、刘筠、杨亿、寇准、文彦博、赵抃等唐宋巨公为例,证明写作艳情诗并不妨碍他们成为一代名臣。既然如此,此类诗作就有存在的合理性。

清代馆阁翰苑提倡诗歌应对社会产生正面教育作用,而艳情诗则易祸害人心,理应排斥。持此观点且影响甚大的是沈德潜,其《清诗别裁集·凡例》云:"诗必原本性情、关乎人伦日用及古今成败兴坏之故者,方为可存,所谓其言有物也。……动作温柔乡语,如王次回《疑雨集》之类,最足害人心术,一概不存。"[1]沈氏此论,代表翰林院雅正的诗学观,袁枚于此极为反感。《随园诗话》卷一云:"本朝王次回《疑雨集》,……沈归愚尚书选《国朝诗》,摈而不录,何所见之狭也。尝作书难之云:'《关雎》为《国风》之首,即言男女之情。孔子删诗,亦存《郑》、《卫》,公何独不选次回诗?'沈亦无以答也。"袁枚所作之书即《再与沈大宗伯书》,信从三个方面反驳沈氏之举。首先,孔子不删《关雎》,《易》首阴阳夫妇,为"艳诗之祖"。其次,选诗之道与作史同。作史者,"一代人才,其应传者皆宜列传,无庸拘见而狭取之";而选诗"奇平艳朴,皆可采取,亦不必尽庄语也"。第三,人之才性不同,有所专长,难兼众体,而"论诗者,则不可不兼收之"。艳情是"诗家一格",也不必删。从这些方面来说,诸如王次回《疑雨集》之类的艳情诗理应收入《别裁集》中。

袁枚反对翰林院排斥艳情诗之作风,也与其翰苑经历相关。《随园诗话》卷一云:"己未朝考,题是《赋得'因风想玉珂'》。余欲刻画'想'字,有句云:'声疑来禁院,人似隔天河。'诸总裁以为语涉不庄,将置之孙山。大司寇尹公(继善)与诸公力争曰:'此人肯用心思,必年少有才者;尚未解应制体裁耳。此庶吉士之所以需教习也。倘进呈时,上有驳问,我当独奏。'群议始息。""人似隔天河"系用牛郎织女的典故,并将之与帝王宫殿"禁苑"对举,故而诸总裁认为"语涉不庄",欲予罢黜;尹继善爱惜其才,以"未解应制体"为由,加以庇护。可见翰林院的应制、应试诗均强调诗风的典雅庄

---

[1] 《清诗别裁集》,第2页。

重,反对言男女之情即艳情,连诗语不庄者也在罢黜之列。在尹继善力保之下,袁枚才得以选为庶吉士。乾隆十三年,尹继善由两江总督转两广总督,袁枚作《送尹宫保移督广州》一诗送别,因想到朝考之事,又作一诗,题云:"前诗书就,纸犹未终,忆己未廷试诗题'因风想玉珂',枚赋得云:'声疑来禁苑,人似隔天河。'大司马甘公嫌语涉不庄,几遭驳放,公力争良久始得入选。追念微名所自,余感迭增,续书一首。"诗云:"宜春小殿凤楼东,学赋《清平调》未工。琴献已成焦尾断,风高重转落花红。追思往事疑天上,再说前期似梦中。唱到刘歆《知己赋》,海波易尽曲难终。"于尹氏表感激之意同时,也流露出离开翰苑的无限伤情,可以看出他对朝考之事一直耿耿于怀。庶吉士期间,袁枚歌咏了诸如西施、文君、二乔等十一位著名的女性,但无一首涉及艳情。即使吟咏唐武宗宠妃王才人之"天容英武姜温存",似语涉不庄;但若结合上句"笑语百官休误认",不难看出意在讥刺,正体现词垣雅正诗风。而外放后,他摆脱了制度的约束,"不庄"之风抬头,并有强化的趋势。乾隆十三年,其《婕好怨》诗中已有"妾心宛转奉圣躬,禁寒惜暖啼春风"的轻艳色彩;至十五年,香艳成分更加浓重,《弃妇辞为王麓园作》中竟有"玉藕丝多郎性情,菖蒲花香妾气息"之类大胆的诗句①。他如《杨枝十六韵》(十五年)、《寄聪娘》六首(十七年)、《哭陶姬》六首(二十年)等艳情诗大量出现,并在理论上明确推崇。且袁氏敢于冒天下之大不韪,公然招收女弟子,宁为千夫所指也不为所惧。这已与翰苑作风完全相背离。

　　不难看出,袁枚对艳情诗的肯定,与翰林院雅正诗风相抗衡的意图很是明显。翰林院反对艳情诗,甚至连语言的庄重与否都是衡量的标准,而袁枚有心立异,致其诗歌理论与创作走上重艳情的道路。

四、山林与馆阁

　　虽然袁氏在乾隆十年前后曾自信能对抗翰苑,但遭外放的遗憾始终没

---

　　① 这一变化,可能也与此年袁枚同独喜王彦泓诗的薛雪之频繁交往有关。参见蒋寅《"神韵"与"性灵"的消长——康、乾之际诗学观念嬗变之迹》,《北京大学学报》2012 年第 3 期,第 24—25页。

有消除,后人言其一生都"念念不舍'翰林'两字"①,实是至论。乾隆二十九年,袁枚与秦大士、蒋士铨两位翰林相聚于尹继善府中,应命赋诗,仍有"青年词馆忆三生"的苦涩回忆,并自我安慰说"云龙遇合都归命"②。年届八旬在《答刘澄斋》中依旧云:"伏念枚忝列词馆,二十三科矣,譬彼坏木,疾用无枝,遥望长安,恍如天上"③,至此也没有摆脱离开词垣的失落之情。可以说外放是袁枚心中永远的痛。

正是在这种心态的支配下,袁枚对翰苑中名公巨卿及其理论创作的批判始终都未停息,而这也逐步丰富其性灵诗说。康乾二朝翰林院中最具代表性的人物是王士禛与方苞,一诗一文,均有"一代正宗"之誉。袁枚虽不否认这种地位,但却指出他们"才力薄"的弱点。在《答孙俌之》中他说:"望溪为古文正宗,渔洋为诗家正派,此是不祧之论,然而二人才力俱薄。试观望溪,可能吃得住一个大题目否? 可能叙得一二大名臣、真豪杰否? 可能上得万言书,痛陈利弊否? 阮亭可能撑得住数十韵五排否? 可能作得一篇排纂七古否?"④对"一代正宗"作如此大胆的睥睨傲视之态,足见其自信。

王士禛之后,翰苑诗坛的代表人物是沈德潜。袁枚于沈氏除有前述批判外,还针对其温柔敦厚说及实用主义诗学观多所针砭。沈德潜编纂《国朝诗别裁集》,收诗"惟祈合乎温柔敦厚之旨"(《国朝诗别裁集序》),而由入之径,则在作诗时"意思欲含蓄"。袁枚从根本上否定这一传统的儒家诗学观,认为"温柔敦厚"之旨本于《戴经》,而此经所记孔子之言不足据,这等于釜底抽薪地推翻沈氏诗学理论。袁枚指出《诗经》中既有含蓄者,也有说尽者:"子曰'可以兴'、'可以群',此指含蓄者言之,如《柏舟》、《中谷》是也。曰'可以观'、'可以怨',此指说尽者言之,如'艳妻煽方处'、'投畀豺虎'之类是也。"(《答沈大宗伯论诗书》)如此则沈氏所为不合孔子删诗之意。沈

---

① 张晋本:《达观堂诗话》,《袁枚全集》(八)附录三"袁枚评论资料汇编",第16页。
② 《腊月五日相公招同秦学士大士、蒋编修士铨小集西园,各赋四诗》其二,《小仓山房诗集》卷一八,第369页。
③ 《小仓山房尺牍》卷七,《袁枚全集》(五),第146页。
④ 《小仓山房尺牍》卷一〇,《袁枚全集》(五),第205页。

德潜重视诗的儒家伦理教化作用,《说诗晬语》开篇云:"诗之为道,可以理性情、善伦物、感鬼神、设教邦国、应对诸侯,用如此其重也。秦汉以来,乐府代兴;六代继之,流衍靡曼。至有唐而声律日工,托兴渐失,徒视为嘲风雪、弄花草、游历燕衎之具,而'诗教'远矣。"这种观点亦遭到袁枚的批评,他认为社会生活中有有用之物,也有无用之物,均不可缺少。《答友人论文第二书》云:"物相杂谓之文。布帛菽粟,文也;珠玉锦绣,亦文也;其他浓云震雷、奇木怪石,皆文也。足下必以适用为贵,将使天地之大、化工之巧,其专生布帛菽粟乎?抑能使有用之布帛菽粟,贵于无用之珠玉锦绣乎?人之一身,耳目有用,须眉无用。足下其能存耳目而去须眉乎?是亦不达于理矣。"①诗歌创作亦相同,袁枚以《诗经》为例,论证其中有能对社会产生作用者,也有不能产生作用者:"曰'迩之事父,远之事君',此诗之有关系者也。曰'多识于鸟兽草木之名',此诗之无关系者也。"(《答沈大宗伯论诗书》)《随园诗话》卷七云:"老学究论诗必有一副门面语,作文章,必曰有关系;论诗学,必曰须含蓄。此店铺招牌,无关货之美恶。"此所云"老学究",无疑是指沈德潜。

继沈德潜之后执诗坛牛耳者为翁方纲。乾隆二十九年,翁氏以翰林院编修奉命督学广东,其诗学思想逐步确立,任上所著《石洲诗话》体现出祧唐祢宋、尊杜崇苏的倾向。三十八年回京,于十一月十九日举为东坡寿的雅集,吸引众多诗坛名流参加,后风行一时,由此推动宗宋诗风的盛行,他也成为引领诗坛风气的关键人物。翁氏学人之诗重考据,主张"为学必以考证为准,为诗必以肌理为准"②的肌理说,提出诗文与考据的合一:"士生今日经学昌明之际,皆知以通经学古为本务,而考订诂训之事与词章之事未可判为二途。"③其作诗喜自注,友人陆廷枢序其诗集云:"覃溪自诸经传疏,以及史传之考订、金石文字之爬梳,皆贯彻洋溢于其诗。"④由于翁氏之地位,此种

---

① 《小仓山房文集》卷一九,第322页。
② 翁方纲:《志言集序》,《复初斋文集》卷四。
③ 翁方纲:《蛾术集序》,《复初斋文集》卷四。
④ 《复初斋诗集序》,《复初斋诗集》卷首。

诗风影响甚大。袁枚并不完全反对以学问为诗,《续诗品·博习》云:"曰'不关学',终非正声。"但其"抒情诗学对学问的容纳是有限度的"①,否则就遭到他尖锐批评。其《仿元遗山论诗》末一首云:"天涯有客太詅痴,错把抄书当作诗。抄到钟嵘《诗品》日,该他知道性灵时。"这组诗每首末均注明所论之人姓名,惟独此诗注"夫己氏"。晚年袁枚回忆此诗的写作背景云:

> 人有满腔书卷,无处张皇,当为考据之学,自成一家;其次,则骈体文,尽可铺排。何必借诗为卖弄? ……近见作诗者,全仗糟粕,琐碎零星,如剃僧发,如拆袜线,句句加注,是将诗当考据作矣。虑吾说之害之也,故续元遗山《论诗》,末一首云(略)。②

对于这位"句句加注","将诗当考据作"的"夫己氏",袁枚不止一次地批评:

> 近日有巨公教人作诗,必须穷经读注疏,然后落笔,诗乃可传。余闻之,笑曰:且勿论建安、大历,开府、参军,其经学何如,只问"关关雎鸠"、"采采卷耳",是穷何经、何注疏,得此不朽之作? 陶诗独绝千古,而"读书不求甚解";何不读此疏以解之?③

此中所云"巨公",无疑与"夫己氏"为同一人。对于此人,学界不约而同地认为是翁方纲。钱锺书先生云:"同光以前,最好以学入诗者,惟翁覃溪;随园《论诗绝句》已有夫己氏'抄书作诗'之嘲。"④袁枚批评翁方纲肌理说,是对乾隆朝中后期及嘉庆朝诗坛主流风尚的反驳,此时袁氏诗学思想已经形成,创作成就有目共睹,其性灵诗风获得广泛认同。出于这种地位,他才以一种蔑视的口吻讥讽翁方纲的诗学观,表露其与馆阁翰苑诗风的对立。

袁枚对翰苑及诗坛主流诗风的批评,意在以山林的"生佛"身份引领文坛走向。明代文学权力下移,初有前七子以郎署身份主盟诗坛,相与批评馆

---

① 张健:《清代诗学研究》,第768页。
② 《随园诗话》卷五,第110—111页。
③ 《随园诗话补遗》卷一,第424—425页。
④ 钱锺书:《谈艺录》,第178页。

阁翰苑;后有公安派袁宏道以知县身份倡导性灵说,词垣中人竟无从与之抗衡。文学权力由翰苑下移至郎署,更移至地方。这一诗学史无形中给袁枚以启发。他提倡的性灵诗学,倡真主变,即来源于公安派。外放知县,脱离了翰林院制度对其诗歌理论与创作的束缚,并与之立异,反对格调论和肌理说,主张发抒性灵,将诗歌由抒写上层官员道德情怀,维护社会统治,转变为倾吐普通文人及市井民众真诚独特的感受,契合下层士子表达需求,获得更大的市场。吴应和《浙西六家诗钞》云:"随园起而一变其(按:指沈德潜)说,专主性灵,不必师古,初学立脚未定,莫不喜新厌旧,于是《小仓山房集》,人置一编,而汉、魏、盛唐之诗,绝无挂齿。"①虽有夸大之嫌,但足见其惊人的号召力。我们很难想象,如果袁枚一直在翰林院为官其诗风是何种特色;但却不难发现,是庶吉士外放刺激其性灵诗学逐步形成、完善。

第四节 翁方纲督学广东与岭南诗风的演变

负责教育并考试一省士子的学政在清代学术文化发展中起着重要作用,清代翰林文风的传播也与其努力不可分离,翁方纲任广东学政对岭南诗坛产生的影响尤引人注目。乾隆二十九年七月,三十二岁的翁方纲以翰林院侍读提督广东学政。由于政绩优异,连任三届,时长八年。期间他经过一系列诗学活动,不仅进一步明确了自己的诗学宗旨,且以翰林词臣身份主导了岭南诗坛的复兴与诗风的演变。

一、岭南之行与翁方纲诗学崇苏的凸显

翁方纲诗"瓣香在东坡"②,考查这一诗学宗尚的形成,会发现出任广东学政的八年至关重要。在此期间,一个突出现象是他创作了大量与苏轼有关的诗。赴广东之前,保留在《复初斋诗集》卷一中此类诗仅有《苏文忠说

---

① 吴应和:《浙西六家诗钞》,《袁枚全集》(八)附录三"袁枚评论资料汇编",第11页。
② 陆庭枢:《复初斋诗集序》,翁方纲:《复初斋诗集》卷首,《续修四库全书》第1454册,第361页。

研墨迹卷》，保留在《复初斋集外诗》卷一中仅有《奉使粤东留别蕴山用苏诗别子由韵》，共 2 首。而到了广东，此类诗随处皆是。作于广东的《药洲集》八卷（《复初斋诗集》卷二至卷九）中与苏相关的增加到 32 首。据王友胜统计，《复初斋诗集》2800 余首中，论苏诗有 114 首①，而作于广东的就占了四分之一强。此外，《复初斋集外诗》②作于广东的卷二至卷八中此类诗尚有 18 首，也即在此期间翁方纲所作论苏诗就有 50 首。这些诗可以分为三类，一是歌咏与苏轼有关的故迹，二是题咏与苏轼有关的金石书画文物，三是用苏韵或次苏韵之作。

　　首先是歌咏与苏轼有关的故迹。宋绍圣元年六月，苏轼受旧党排挤，责授宁远军节度副使，惠州安置；三年后，授琼州别驾，昌化军安置，来到更远的儋州。元符三年徽宗即位，五月始移廉州安置，八月授舒州团练副使，永州安置。前后在广东境内（此以清代地缘命定）生活六七年，留下许多遗迹。作为学政的翁方纲案临广东各地士子，遍历整个辖区，全面接触了与苏轼有关的古迹，并以诗歌咏之。乾隆三十一年秋，翁氏来到惠州白鹤峰，作《惠州览古》八首，其中《白鹤峰苏文忠故居井》、《思无邪斋》、《东新桥》、《合江楼》、《西新桥》、《六如亭》、《默化堂》（原注：匾是文忠书）等七首与苏轼有关。东坡初到惠州，寓居合江楼；绍圣三年二月二十一日，"饮醉食饱，默坐'思无邪斋'，兀然如睡，既觉，和渊明'东方有一士'诗。"③六月，罗浮道士邓守安作东、西新桥成，坡公作《两桥诗》。十一月，朝云逝世，东坡于其墓前作六如亭。次年三月，白鹤新居成，迁居于此。翁方纲怀着"我从水西寻源直到水东住"的追缅之情瞻仰了这些古迹，对于井上的文字，虽明知不是文忠之笔，但出于崇敬的心理，"几欲认作苏字一日三摩挲"（《白鹤峰苏文忠故居井》）。次年夏案试来到廉州，苏轼曾在此题"万里瞻天"四字，粤人为建"海角亭"以纪念之。翁氏作《海角亭》诗，中云："遂集生徒为社

---

　　① 王友胜：《苏诗研究史稿》，中华书局 2010 年版，第 195 页。

　　② 翁方纲：《复初斋集外诗》，吴兴刘氏嘉业堂刊本。

　　③ 《东坡纪年录》，四川大学中文系唐宋文学研究室编：《苏轼资料汇编》（下编），中华书局 1994 年版，第 1765 页。

学,生徒指点说苏迹。四字千钧摇海岳,不知神物几时失。"①寻觅不得之后,怅惘之情难以言表。

其次是题咏与苏轼有关的金石书画等文物。翁方纲是书法家,且重考据,所以对金石书画极感兴趣。学政任上巡试之余,遍访此类文物,并著有《粤东金石略》九卷。其中对与苏轼有关者饶有兴趣,收录亦多,且往往作诗咏之。《复初斋诗集》卷二《东坡笠屐图研》、《苏文忠九成台铭并书额》、卷四《琼州苏文忠像石刻》、《鸣弦峰后苏文忠题字》、《苏文忠书韶州府廨政宝堂额,予手摹之,俾太守勒石作歌,书后》、卷五《苏文忠天际乌云帖歌》、卷六《再题天际乌云帖九首》、《复初斋集外诗》卷三《韶州试院同钝夫读<苏诗补注>》、卷六《广州西北七十里灵峰山宝陀院,苏文忠以元符三年十月题诗于此。今石是元泰定二年重摹,又明万历十七年南海朱完绘文忠像,番禹刘克平八分书赞,克平并绘晋郭景纯像于石。暇日拓之,同钝夫用灵峰字二首》、卷七《廉州海角亭苏文忠题'万里瞻天'四字,真迹久失。予昔两至此,每思补书,今来箧中适有公书蔡君谟天际乌云帖墨迹,并取戏鸿堂石刻瞻字合之,而缀以诗》即是。其中乾隆三十三年在此得到的苏轼《天际乌云帖》最为幸事。翁氏延画师郑润绘先人像,郑云有湖南人吴姓者游于此,以所藏坡公书《天际乌云帖》墨迹欲出售,"因托郑往取来,以六十金购之"②。翁方纲获此至宝,不但作《跋天际乌云帖三首》力证此帖之真,且作《苏文忠天际乌云帖歌》以志喜。翌年再题九诗,第七首云:"五百年前佳纸在,尽收心事賵缣中。"③欣喜之情溢于言表。次年又因在韶州道中经英德南山,见山崖后壁坡公手题,乃重摹勒石二片,一嵌广州使院壁,一留以自随,得此二宝,"因自号'苏斋'"④。

此时创作的与苏轼有关的诗中最多的是和苏诗及用苏韵之作。次韵和韵,东坡诗集中并不少见,东坡喜和人诗,与弟苏辙唱和尤多。不仅与同时

① 《复初斋诗集》卷四,第391页。
② 翁方纲:《翁氏家事略记》,吉林英和校订本。
③ 《再题天际乌云帖九首》之七,《复初斋诗集》卷六,第412页。
④ 沈津:《翁方纲年谱》,台北中央研究院中国文哲研究所2002年版,第45页。

代人唱和,还喜次古人韵。在岭南,就多次和陶渊明韵作诗。清人李重华云:"次韵一道,……宋则眉山最擅其能。"①翁方纲亦云:"次韵用韵,至苏公而极其变化。"②翁方纲一再和、用苏韵,也是对苏轼此种作风的仿效。《复初斋诗集》中此类诗甚多,如卷二《飞泉亭观瀑用苏诗庐山韵二首》、《舟过英德期游碧落洞不果用苏韵》、卷四《游雷州西湖,憩天宁寺,同平确斋郡丞用苏文忠行琼儋间诗韵》、卷七《雷州西湖叠旧用苏诗韵》、卷八《峡山寺和苏韵》、卷九《题惠州使院壁用苏诗惠循二守相会韵》、《白鹤峰借苏韵二首》、《浴日亭和苏韵》等。《集外诗》卷三《雨中游峡山寺和苏文忠韵》、卷八《惠州西湖借苏韵二首》、《是日合江楼再借苏韵二首》、《望石耳峰用苏韵》等。而从《诗集》卷四《每到峡山辄和苏韵,皆不存稿。丁亥冬十一月三十日到山顶,求所谓古飞来址,追忆旧作,改存五首》题中可以看出这类诗远不止以上这个数量。

对于翁方纲的诗,同时代的袁枚不点名地批评为"将诗当考据作"③,洪亮吉亦云"翁阁学方纲诗,如博士解经,苦无心得"④,均指出翁氏以学为诗、以考据为诗的倾向。但在这些次韵、和韵之作中,翁氏却极力效法苏轼,诗风较平易流畅。以《复初斋诗集》卷八《峡山寺和苏韵》为例:

> 我胸无宿物,剡此南北湾。二禺去千载,尚留想真颜。青巅风雨夜,碧海笙鹤还。老僧睡不醒,惊潮撼柴关。虎饥猿亦啸,镮锁响空山。遂疑欲飞去,万籁然诺间。收之跃息定,一峰一涧环。仍坐带玉堂,众绿排烟鬟。

苏轼原作为:

> 天开清远峡,地转凝碧湾。我行无迟速,摄衣步屏颜。山僧本幽独,乞食况未还。云碓水自舂,松门风为关。石泉解娱客,琴筑

---

① 李重华:《贞一斋诗说》,《清诗话》(下),第929页。
② 翁方纲:《石洲诗话》卷三,《清诗话续编》(下),第1409页。
③ 袁枚:《随园诗话》卷五,第111页。
④ 洪亮吉:《北江诗话》卷一,刘德权点校:《洪亮吉集》(五),中华书局2001年版,第2245页。

鸣空山。佳人剑翁孙,游戏暂人间。忽忆啸云侣,赋诗留玉环。林深不可见,雾雨霾鬓鬟。①

翁诗意象、结构均拟苏诗。苏诗富有奇趣②,如本诗中"云碓水自春"以下四句,写出"空山无人,水流花开"③的奇异境界。翁诗亦法之,中如"虎饥猿亦啸,鐶锁响空山。遂疑欲飞去,万籁然诺间"四句,亦非寻常笔墨。语言结构上,查慎行评苏诗云:"良由妙造自然,匪关思索而致。"④指出其平易流畅的特色。翁诗语言虽显生硬,但总体还是比较平易自然;由访寺寻僧不遇到独对空山的感受,脉络亦较流畅。其成就虽不能与苏诗相提并论,但仿效的痕迹甚为明显。

前代著名诗人中贬谪岭南的除苏轼之外还有韩愈,元和十四年韩愈因上《论佛骨表》而被贬潮州刺史,在任八个月。翁方纲亦写了一些与之有关的诗,如《复初斋诗集》卷二《潮州谒韩祠十韵》、《韩文公钓台》、卷三《韩文公手植橡树歌》、卷五《阳山韩迹三首》等,《复初斋集外诗》卷三《蓝关韩文公庙》、《潮州谒韩文公祠》、卷四《由西湖山老君岩至城东韩山谒文公祠登凤皇台六首》、《南海神庙韩碑予既辨为唐刻作此记之》、卷八《韩祠》、《因前诗与潮诸生论经解并及韩公短灯檠歌爰借韵示之》、《示嘉应学官弟子用前秋和韩诗韵》等,数量亦较多,可以看出翁氏对韩愈也很尊崇,但推戴程度则逊于苏轼。

自广东学政卸任后,翁氏对苏轼其人其诗的兴趣上升到无以复加的地步。法式善云:"翁覃溪先生生平爱慕东坡,题屋楣曰'苏斋',每腊月十九日悬玉局像,焚香设祭,邀同人饮酒赋诗。"⑤考乾隆三十八年回京,是冬得宋椠苏诗施顾注本,"益发奋自勖于苏学,""始以宝苏名室"⑥;并于十二月

---

① 王文诰辑注,孔凡礼点校:《苏轼诗集》卷三八,中华书局1982年版,第2063—2064页。
② 莫砺锋:《论苏诗的"奇趣"》,收入《唐宋诗歌论稿》,凤凰出版社2007年版。
③ 查慎行:《苏诗选评》,见《苏轼资料汇编》(下编),第1846页。
④ 查慎行:《苏诗选评》,见《苏轼资料汇编》(下编),第1846页。
⑤ 《梧门诗话合校》卷一,第54—55页。
⑥ 《宝苏室研铭记》,《复初斋文集》卷五,第398页。

十九日苏轼生日举为东坡寿的雅集;五十八年又名诗集为"苏斋小草"。可见平生爱慕东坡的旨趣之形成,广东学政时期是个重要节点。同时,翁方纲宗苏的诗学宗旨,也在广东学政任上形成并明晰化。徜徉在苏轼曾经生活过的地方,历其所经之地,考其所留之物,读其所作之诗,于其文采风流的体会进一步加深,对苏轼更为推崇。广东八年,在其诗学生涯中有着重要的意义。

二、督学案临与崇苏宗宋诗风的传播

清代学政的职责是主持辖区内廪、贡、增、附生的院试。院试主要包括岁试和科试,学政到任第一年所举行的考试为岁试,第二年为科考。岁试题目,自乾隆二十三年定为四书文一篇、经文一篇、五言八韵试帖诗一首、默写《圣谕广训》一则。科试题目为四书文一篇、策一道、五言八韵试帖诗一首、默经一段,默《圣谕广训》一二百字①。二者均考试帖诗。

清代学政多重诸生的经学培养,而于诗则关注不多。康熙五十九年惠士奇督学广东,"毅然以经学倡。三年之后,通经者多"②。即使乾隆二十三年乡会试易表、判为试帖诗,很多学政亦重经而轻诗。乾隆三十六年朱筠视学安徽,"拜奠婺源故士江永之木主,崇祀乡贤以劝学",并刊刻《说文解字》、《十三经注疏》③。后来"安徽八府有能通声音训诂及讲求经史实学者,类皆先生视学时所拔擢"④。与惠、朱二人不同,翁方纲督学期间尤重诗的教育。这不仅与此时试帖诗在乡会试中占有一席之地有关,更是翁氏诗学修养与兴趣使然。

从翁方纲诗集中可以考知其案试广东诸生试帖诗的情况。到任当年的九月,即出案科试,自肇庆、罗定始,至高州正遇雨,于是以"梅信风"为题试

① 商衍鎏:《清代科举考试述录及有关著作》,第 29 页。
② 支伟成:《清代朴学大师列传》,第 53 页。
③ 余廷灿:《朱侍读学士筠传》,《存吾文稿》(不分卷),《续修四库全书》第 1456 册,第 70 页。
④ 姚名达:《朱筠年谱》,商务印书馆 1933 年版,第 64 页。

士;三年后重来此地,再遇雨,又以"梅雨"为题①;三年后复来此地试士,又遇雨,再以"黄梅雨"为题,且作《黄梅雨歌试高州士作》,诗云:"丁亥仲夏赋梅雨,甲申仲冬赋梅风。今来由冬又转夏,霏霏七载此雨中。"②此地试士因雨而印象深刻。三十三年试嘉应诸生以"玉荫嘉谷"③;次年,以"七星崖二李题名歌"为题试肇庆诸生④;到罗定,因蝉声满院,以效昆体试诸生⑤;复试潮州童子诗赋,以"西山爽气露凝千片玉"为题⑥;再以"秋阴行"试嘉应诸生⑦等等。

清代学政督学不仅批阅诸生岁科试试卷,还要集合诸生讲解,翁方纲在等第诸生诗作高下时,还为其讲解作诗方法。《石洲诗话》即为广东学政任上与诸生论诗的著作,在自序中他说:

> 自乙酉(乾隆三十年)春迨戊子(乾隆三十三年)夏,巡试诸郡,每与幕中二三同学,隔船窗论诗,有所剖析,随手札小条相付,积日既久,汇合遂得五百余条。秋间诸君皆散归,又届报满受代之时,坐小洲石畔,日与粤诸生申论诸家诸体,因取前所札记散见者,又补益之,得八百余条。令诸生各钞一本,以省口讲,而备遗忘,本非诗话也。

考翁氏诗集,巡试途中他常与陆廷枢、蒋方熙、熊之理、杨宗岱、翁霈霖等人唱和⑧,所谓"幕中二三同学",应指佐其衡文的此五人。同时,翁氏又"日与粤诸生申论诸家诸体"得八百余条,成《石洲诗话》。考今本《石洲诗话》共

---

① 由《丁亥仲夏试士高州,以梅雨为题,忆甲申仲冬以梅信风试诸生于此,今三年矣》一诗,可知两次高州试士题目。《复初斋诗集》卷三,第 388 页。

② 《复初斋诗集》卷七,第 423 页。

③ 《孟夏以"玉荫嘉谷"题试嘉应诸生,因检己卯夏七言旧稿俾和之。念予初来此,诸生尚未知声律,今四年所,多有能学古文词者,因复自和前韵,以示奖劝》,《复初斋诗集》卷五,第 402 页。

④ 《七星崖二李题名歌试肇庆诸生作》,《复初斋集外诗》卷六。

⑤ 《次日到罗定蝉声满院因以效昆体试诸生而自赋此二首四月二日也》,《复初斋集外诗》卷六。

⑥ 《院中秋雨》诗尾注,《复初斋集外诗》卷六。

⑦ 《秋阴行试嘉应诸生作》,《复初斋集外诗》卷六。

⑧ 《雨中游峡山寺和苏文忠韵》一诗附录中有此五人和诗,《复初斋集外诗》卷三。

八卷,据张维屏跋语,知前五卷失而复得后,"又增《评杜》一卷,及附说元遗山、王渔洋《论诗绝句》两卷"①。据此可将现存前五卷近七百条视为广东学政任上其与诸生讲论时所录。

那么翁方纲是以何种诗学观指导粤中诸生作诗呢?《石洲诗话》中有两点倾向较为突出,一是挑唐祢宋,一是尊杜崇苏。

首先是挑唐祢宋。《石洲诗话》论诗始自初唐,截至元末。其中论唐诗二卷,宋诗二卷,金元诗一卷。这种编排,甚有深意。《石洲诗话》卷四云:"渔洋先生则超明人而入唐者也,竹垞先生则由元人而入宋而入唐者也。然则二先生之路,今当奚从?曰吾敢议其甲乙耶?然而由竹垞之路为稳实耳。"与王士禛学唐不同,翁方纲观点接近朱彝尊,选择从元人、宋人入手学唐人的路线,学宋元是为了更好地领会唐诗的精华。显然,在翁氏的诗学观中,唐诗是最高典范。

虽说如此,不过细绎此书,则会发现翁氏更重宋诗。翁方纲认为唐宋诗一者妙在"虚",一者妙在"实":

> 唐诗妙境在虚处,宋诗妙境在实处。……盛唐诸公,全在境象超诣,所以司空表圣《二十四品》及严仪卿以禅喻诗之说,诚为后人读唐诗之准的。若夫宋诗,则迟更二三百年,天地之精英,风月之态度,山川之气象,物类之神致,俱已为唐贤占尽,即有能者,不过次第翻新,无中生有,而其精诣,则固别有在者。宋人之学,全在研理日精,观书日富,因而论事日密。(《石洲诗话》卷四)

二者中,翁氏更多地流露出对宋诗之"实"的推崇。他说:

> 谈理至宋人而精,说部至宋人而富,诗则至宋而益加细密,盖刻抉入里,实非唐人所能囿也。(《石洲诗话》卷四)

> 宋人精诣,全在刻抉入里,而皆从各自读书学古中来,所以不

---

① 张维屏:《石洲诗话跋》,《清诗话续编》(下),第 1513 页。

蹈袭唐人也。(同上)

且翁方纲认为"实"难于"虚",他说:"诗家之难,转不难于妙悟,而实难于'铺陈终始,排比声律',此非有兼人之力,万夫之勇者,弗能当也。"(卷一)妙悟即虚,排比铺陈即实。翁氏虽也推崇唐代诗人如杜甫、白居易、元稹之实,但这些诗人皆为开宋诗风气者。从这个层面上说,宋诗难于唐诗,其对宋诗的重视超过唐诗。

如此提倡宋诗之"实",其目的在于以之救学唐诗者之空虚。宋以后学唐诗极具影响的有明代前后七子的格调派,清代王士祯的神韵派,翁方纲云:"吾谓新城变格调之说而衷以神韵,其实格调即神韵也。今人误执神韵似涉空言,是以鄙人之见,欲以肌理之说实之。"①翁氏虽在诗学旨趣上以唐诗为高标,但实际却更重富有实境的宋诗。所以《石洲诗话》虽以学宋诗为达到唐诗境界的必由之路,却更推崇宋诗,祧唐祢宋之意甚明。

其次是尊杜崇苏。翁氏弟子吴嵩梁在《石溪舫诗话》中云:"覃溪师论诗,以杜、韩、苏、黄及虞道园、元遗山六家为宗。"②这六家也正是《石洲诗话》谈论的重点。但亦有分别,该书前五卷专门论杜诗的有 38 则,论苏诗的有 67 则,从篇幅上看,没有能超过此二家者,尊杜崇苏之意甚明。翁氏学诗,从杜入手。其于杜诗用功甚勤,自幼即注杜诗,任广东学政时,"舟中稍暇,录成一帙",为《杜诗附记》。在自序中他推崇杜诗为"继三百篇而兴者"③,可见在《石洲诗话》的写作期间,正是翁氏于杜诗最有心得之时。翁氏自称在广东"与诸贤论诗,大旨以杜为宗"④,这在《石洲诗话》中有突出表现。书中随处可见对杜的推戴之语,称杜诗"魄力声音,皆万古所不再有"(卷一)。论杜甫前后的唐代诗人,也多以之为衡量标准。如论岑参、高适"俱在少陵笼罩之中"(卷一);论钱起、刘长卿诗,云:"至于七言歌行,则独立万古,已被杜公占尽,仲文、文房皆泿右丞余波耳。"(卷二)至于苏轼,《石

---

① 《神韵论上》,《复初斋文集》卷八,第 423 页。
② 转引自沈津:《翁方纲年谱·附录》,第 508 页。
③ 翁方纲:《杜诗附记》,《续修四库全书》第 1704 册,第 225 页。
④ 翁方纲:《粤东三子诗序》,《复初斋集外文》卷一,吴兴刘氏嘉业堂刊本。

洲诗话》也给以极高评价,推其为"宋一代诗人冠冕"(卷三)。并说:"宋诗之大家无过东坡。……苏之大处,不当以南北宋风会论之,舍元祐诸贤外,宋人盖莫能望其肩背。"(卷四)

之所以于唐宋诸家中推重杜、苏,在于二家为翁氏所提倡的肌理说之代表。肌理说认为诗歌创作的最高境界是铺陈排比与正面实作①,而杜甫就是这样一位杰出诗人。《石洲诗话》云:"杜之魄力……既大,故能于正位卓立铺写,而愈觉其超出;其声音既大,故能于寻常言语,皆作金钟大镛之响。此皆后人之必不能学,必不可学者。苟不揣分量,而妄思攀援,未有不颠踬者也。"(卷一)而宋诗中善于正面铺排的则为苏轼,《石洲诗话》卷三云:"苏诗此歌(指《石鼓歌》),魄力雄大,不让韩公,然至描写正面处,以'古器'、'众星'、'缺月'、'嘉禾'错列于后,以'郁律蛟蛇'、'指肚'、'箝口'浑举于前,尤较韩为斟酌动宕矣。"又卷四云:"放翁每遇摹写正面,常用此以舒其笔势,五古尤多。盖才力到正面最难出神彩耳,读此方知苏之大也。"杜甫与苏轼因为能在最难出神彩的正面描写处展示"兼人之力,万夫之勇",故为翁氏所推崇。

翁氏独推杜、苏,也体现一种诗学宗旨,即"于苏窥杜法,诗境乃升堂"②。翁氏之所以说杜诗"后人之必不能学,必不可学",是因为"今人不知杜公有多大喉咙,而以为我辈亦可如此,所以纷如乱丝也"(卷一)。既然如此,那就不能就杜诗而学杜诗,要有一个从人之径,即从苏诗中窥见杜诗之法。所以翁方纲虽推崇杜、苏,但实际从事时更重苏。这很容易引起误解,潘德舆读是书时就认为:"(翁方纲)酷好苏诗,以之导引后进,谓学诗只此一途,虽根本忠爱之杜诗,必不可学。"③在潘氏的批评中也可以看出,翁氏虽极其推崇杜诗,实际上却重视以苏诗教导后进。

总之,《石洲诗话》体现出尊苏的宗宋诗风倾向。翁方纲之所以特别重视以苏轼为代表的宋诗风来教导粤中诸生,有一个重要的原因,那就是唐诗

---

① 张健:《清代诗学研究》,北京大学出版社 1999 年版,第 700—701 页。
② 翁方纲:《赠张南山孝廉》其三,《复初斋诗集》卷六一,第 245 页。
③ 潘德舆:《养一斋诗话》卷一,《清诗话续编》(下),第 2011 页。

不适合此中士子学习,翁氏云:

> 诗不但因时,抑且因地。如杜牧之云:"南山与秋色,气势两相高",此必是陕西之终南山。若以咏江西之庐山,广东之罗浮,便不是矣。即如"夜足沾沙雨,春多逆水风",不可以入江、浙之舟景;"阊阖晴开誅荡荡,曲江翠幕排银牓",不可以咏吴地之曲江也,明矣! 今教粤人学为诗,而所习者,止是唐诗,只管蹈袭,势必尽以西北方高明爽垲之时景,熟于口头笔底,岂不重可笑欤? 所以闽十子、吴四子、粤五子皆各操土音,不为过也。(《石洲诗话》卷二)

唐诗以描写西北景物为主,从诗中事境来看,不适合岭南士子学习。翁氏没有直接说苏轼及宋诗是否适宜粤东诸生,但从中不难理解,曾经生活于此的苏轼,以及偏安的南宋,其诗风与岭南风气之差异没有与唐诗来得大,故而可作为效法的对象。所以翁氏在广东提倡崇苏的宗宋诗风倾向,实际也是选择一种最合适的诗风来"教粤人学为诗",由此亦可知当其踏上岭南土地时与苏有关诗作增多的原因。

三、翁方纲与岭南诗坛的复兴及诗风演变

古代岭南地处偏隅,闭塞的环境导致其文化较落后。以诗家论之,"作者寥寥"[1],"张曲江后,其著者南园前后五子、屈、陈、梁三家而已"[2]。回溯岭南诗坛,自唐张九龄之后,明代有以孙蕡为首的南园五先生,以欧大任为首的南园后五子;入清之初,以屈大均、陈恭尹、梁佩兰并称的岭南三大家盛于一时。然此后百余年间,又一度沉寂,至乾隆中后期,岭南诗歌方出现清代第二个高潮[3]。此时及稍后雄踞诗坛的有岭南三子、岭南四家、粤东三子、粤东七子等,"粤中诗教,于斯称极盛焉"[4]。此种现象产生的原因极为

---

① 曾燠:《岭南群雅序》,刘彬华《岭南群雅》卷首,嘉庆十八年(1813)玉壶山房刻本。
② 陈衍:《石遗室诗话》卷一八,人民文学出版社 2004 年版,第 279 页。
③ 严迪昌:《清诗史》,第 911 页。
④ 刘彬华:《岭南群雅序》,《岭南群雅》卷首。

复杂,其中翁方纲督学广东所造成的巨大影响是一个重要的因素。

　　翁方纲尤其注意培养广东士子的诗歌创作才能,并收到良好效果。当其初来时,诸生尚未知声律;经过四年精心指导,当他以"玉荫嘉谷"题再试嘉应诸生时,已感觉到明显的进步,能作古文词者有所增加①。三十六年,翁氏作《示潮州学官弟子》二首,没料到本地士子和者竟达八百人②。离任前夕,他再次来到嘉应,作《示嘉应学官弟子用前秋和韩诗韵》时,和其诗者规模更众,有两千人之多。其中比较满意的学官弟子五十人,童子八十人,翁氏作诗再和前韵,诗中回忆广东数年来的艰辛:"我来八载羊城客,欲挽旧习真无策。"但经过努力,终于取得实质性进展:"摩挲岛珠曜石青,淘洗金膏水银白。青缣素练已在前,双槐百花孰纤眠?"③明代广东香山黄廷美有《双槐集》,东莞邓元度有《百花洲集》,翁方纲将诸人比作前贤,评价极高,以此激励粤中士子。在翁氏八年教导下,广东士子诗歌创作才能有明显提高,同时也为此地奠定了良好的诗学创作氛围。

　　广东学政任上翁氏"所得士如冯鱼山、张药房辈"(《粤东三子诗序》),均为掀起此次诗歌高潮的主将,中首推"岿然为岭南一大宗"④的冯鱼山。鱼山为冯敏昌之号,字伯求,钦州人。乾隆三十年,十九岁的冯敏昌应科试,翁方纲试古学,得其《金马式赋》及拟古诸篇,惊曰:"此南海明珠也。"即拔擢,遂见知。三十二年翁方纲继任广东学政,冯遂晋谒受业,古今诗一变⑤。翁作《铜马篇示冯生》,诗末云:"世间岂少九方皋与东门京,漫说骐骥地上行。"对其赞赏有加。三年后,冯执虞集诗来请益,一语之下,翁氏甚讶其论诗语多契微,督学以来所未见,作诗示之,勉励冯云:"生今笔力与年富,洞

----

　　①　《孟夏以"玉荫嘉谷"题试嘉应诸生,因检己卯夏七言旧稿俾和之。念予初来此,诸生尚未知声律,今四年所,多有能学古文词者,因复自和前韵,以示奖劝》,《复初斋诗集》卷五,第402页。

　　②　《前诗潮士和者八百人叠韵示之》,《复初斋诗集》卷九,第437页。

　　③　《前诗嘉应之士和者至二千人,爰择其稍成顺者弟子五十人,童子八十人,使歌粤风源流,仍用前韵》,《复初斋集外诗》卷八。

　　④　《岭南群雅·初集》冯敏昌条。

　　⑤　冯士履编:《先君子太史公年谱》,《北京图书馆馆藏珍本年谱丛刊》本,第117册,第9页。

然前路从我游。"①并告诫其"断断不可落明李、何诸人窠臼"②。本年冬冯计谐入都,翁作《送冯伯求入都》诗赠之,并将其推荐给钱载。乾隆四十三年冯敏昌中进士,改庶吉士,散馆授编修。翁、冯师生情谊甚笃,张维屏云:"后先生(冯敏昌)官都中,亦追随最久,受知最深,故朋辈中每语及翁公,先生辄肃然动容,且为叙述师训,娓娓不倦。先生既殁之明年,余入都见翁公,语及先生,公辄欷歔呜咽,盖师弟之谊笃挚如此。"③著有《小罗浮草堂诗钞》等。

张药房名锦芳,广东顺德人,乾隆四十五年解元,五十四年成进士,改庶常,授编修。与弟锦麟并为翁方纲所赏,有"双丁两到之目"④。同冯敏昌、胡亦常并称为"岭南三子",又与同县黎简、黄丹书、番禺吕坚并称"岭南四家"。著有《南雪轩文钞》、《逃虚阁诗钞》等。

其他主将虽非翁氏亲拔之士,但亦与之有密切联系。卸任广东学政后,翁氏对此地士子感情颇深,受其奖掖者亦众,"粤东三子"(张维屏、黄培芳、谭敬昭)之目即为其所品定⑤,其中黄培芳的《香石诗话》经其鉴定后,"久已风行海内"⑥。此外如李坛,"翁覃溪称为天才"⑦;对于黎简之狂放,翁方纲也抱有同情之理解,《赠张南山孝廉》其三云"莫误二樵(黎简号)狂"⑧即是。岭南士子对曾经的学政亦抱有亲切感,他们入京后经常聚集在翁氏书斋中,向其请益⑨。翁氏对岭南诗坛的影响并未随其离任而消失。

① 《冯生执虞文靖诗来问,语多契微。予与粤士论诗七年,所未见也。昔曾读〈学古录〉于此,用韵寄撢石、蕴山,今复用其韵,以示生。庚寅二月六日合浦道中》,《复初斋诗集》卷七,第419页。
② 冯士履编:《先君子太史公年谱》,第11页。
③ 张维屏:《国朝诗人征略》卷四五冯敏昌条,《续修四库全书》,第1713册。
④ 阮元:《(道光)广东通志》卷二八七,道光二年(1821)刻本。
⑤ 田明曜修,陈澧纂:《(光绪)香山县志》卷一五云:"北平翁方纲目其(黄培芳)诗与番禺张维屏、阳春谭敬昭爲'粤东三子'。"《续修四库全书》第713册,第352页。
⑥ 黄映奎:《粤岳草堂诗话跋》,收入黄培芳:《黄培芳诗话三种》,广东高等教育出版社1997年版,第109页。
⑦ 《岭南群雅·初集》李坛条。
⑧ 《复初斋诗集》卷六一,第245页。
⑨ 《粤东诸子集话小斋示鱼山因怀桐阴》,《复初斋诗集》卷一〇,第444页。

　　门生对其诗学的传导,是翁氏在广东持续影响的另一途径,其中冯敏昌所起的作用至为重要。冯氏父丧服阕,不复出,自此主讲于粤中端溪、越华、粤秀三书院,门生遍岭南。中如张维屏,翁氏离任后十年方出生。拜冯敏昌为师,冯为之述覃溪师的诗教,令张氏"思公二十年"。张维屏入都,冯荐其拜访翁氏,并云:"子如质所疑,师必示以则。"①果然相见之后,"每清晓过苏斋,先生辄为论古人诗源流异同,亹亹不倦"②。冯氏弟子中著名者尚有桂芳、周兆基等③。同时,冯敏昌座上亦时常"名流咸集"④,这样的聚会也有利于传播其师诗学。

　　岭南诗风受前贤张九龄影响甚深,多以宗唐为主。《石洲诗话》卷一引明薛冈生序南海陈乔生诗云:"粤中自孙典籍(蕡)以降,代有哲匠,未改曲江流风。"清初岭南三大家之一的屈大均亦云:"吾粤诗始曲江,以正始元音先开风气。千余年以来,作者彬彬,家三唐而户汉魏,皆谨守曲江之规矩,无敢以新声野体而伤大雅。"⑤征诸实际,其言信自不诬。如南园五先生中孙蕡"五古远师汉魏,近体亦不失唐音";李德则"好效长吉"⑥。后五子"皆仍南园五先生之遗音"⑦;况其中梁有誉为后七子中人,诗风宗唐自不必说。清初岭南诗坛亦"追琢唐音"⑧,三大家中陈恭尹,"其诗清迥拔俗,得唐人三昧"⑨;屈大均之诗,"祖灵均而宗太白,感物造端,比类托讽,大都妙于用虚"⑩。梁佩兰"早岁之作,尚不脱七子窠臼",只是晚年入都,"交王士禛、朱

①　张维屏:《呈翁覃溪先生》,《听松庐诗钞》卷二,嘉庆十八年(1813)刻本。
②　张维屏:《石洲诗话跋》,《清诗话续编》(下),第1513页。
③　黄培芳:《粤岳草堂诗话》卷二,收入黄培芳《黄培芳诗话三种》,第85页。
④　《岭南群雅·二集》谭敬昭条。
⑤　屈大均:《广东文选自序》,屈大均《广东文选》,《四库禁毁书丛刊》集部,第136册,第129页。
⑥　朱彝尊:《静志居诗话》卷三,人民文学出版社1990年版,第70、77页。
⑦　翁方纲:《粤东三子诗序》,《复初斋集外文》卷一。
⑧　杨际昌:《国朝诗话》卷二,《清诗话续编》(下),第1705页。
⑨　张维屏:《国朝诗人征略》卷五引《广东通志》,《续修四库全书》第1712册。
⑩　潘耒:《广东新语序》,屈大均《广东新语》卷首,中华书局1985年版,第1页。

彝尊,始参以眉山、剑南"①。知其人都前亦是谨守岭南宗风。洪亮吉论岭南诗风云:"药亭独漉许相参,吟苦时同佛一龛。尚得昔贤雄直气,岭南犹似胜江南。"②所谓"雄直气",刘世南认为是指岭南"'千余年以来''家三唐而户汉魏'的诗风"③,其言甚确。

然自乾隆中叶以后,岭南诗风一变,由唐音转向宋风。近人曲向邦《粤东诗话》云:"翁山(屈大均)、元孝(陈恭尹)而后,宋芷湾(湘)最为杰出,自近世趋向宋人艰涩一路,而雄直之诗,渺不可复睹矣。"④此中所云"近世",当包括乾嘉以降诗坛,而其时诗风就是"趋向宋人",不再是宗唐诗风的天下。

巡视此时诗坛,不难发现的确如此。冯敏昌"由昌黎、苏、黄上窥李、杜堂奥"⑤;张岳崧亦云其师鱼山"于诗始学山谷,继乃腾踔百家,由韩、苏而归于杜"⑥;张锦芳"诗宗大苏,上溯韩、杜";李坛诗"得力多在少陵、东坡二家";黄丹书诗"取法髯苏"⑦;张维屏诗"出入汉、魏、唐、宋诸大家";谢兰生诗"宗法大苏,又出入于杜、韩两家";宋湘诗"大抵沉健得之杜,豪快得之苏"⑧;谭敬昭诗"溯沿风骚,沉浸乐府,浏然以清,穆然以古,取法汉、魏、六朝、唐、宋"⑨;等等。可见此期岭南诗坛上有兼宗唐、宋者,有专学杜、韩、苏者,总之此前由唐诗风一统的局面已不复存在,宗宋诗风兴盛。

粤东"以僻在岭海,不为中原江左习气熏染"⑩,故此前一直保持着宗唐

———————————

① 邓之诚:《清诗纪事初编》卷八,第 986 页。

② 洪亮吉:《道中无事偶作论诗截句二十首》之五,《洪亮吉集》(三)《更生斋诗》卷二,第 1244 页。

③ 刘世南:《清诗流派史》,人民文学出版社 2004 年版,第 15 页。

④ 曲向邦:《粤东诗话》卷一,诵清芬室铅字本。

⑤ 《岭南群雅·初集》冯敏昌条。

⑥ 张岳崧:《小罗浮草堂诗钞跋》,冯敏昌:《小罗浮草堂诗钞》卷末,佩弦斋藏版,嘉庆十四年(1809)刻本。

⑦ 分别见《岭南群雅·初集》张锦芳、李坛、黄丹书条。

⑧ 分别见《岭南群雅·二集》张维屏、谢兰生、宋湘条。

⑨ 张维屏:《国朝诗人征略二编》卷五九,清道光二十二年(1842)刻本。

⑩ 王士禛:《池北偶谈》卷一一《谈艺一·粤诗》,中华书局 1982 年版,第 251 页。

诗风。如何在乾隆中后期以降会发生这番变化呢？推导其由来，翁方纲督学八年提倡崇苏的宗宋诗风是一个重要的契机。前论《石洲诗话》的诗学倾向即已阐明，此外如翁氏指导冯敏昌云："苏黄而后诗未尽，借问砥柱谁中流？"①后又教诲张维屏云："于苏窥杜法，诗境乃升堂。"（《赠南山孝廉》其三）均强调宗法杜、苏、黄。在其教导下，冯敏昌亦喜用苏、黄韵，集中有《峡山寺用苏韵》、《除夕前一日示介斋弟，用苏东坡＜安节远来夜坐＞韵》、《梧州用苏诗＜闻子由在藤＞韵示季子》、《三峡桥用苏韵》、《赵生炳垣以笋莼羊额柚见饷用山谷体赋答》、《潘容谷省郎送异种凤仙花十一盆，因用山谷＜王充道水仙花五十枝＞韵附谢》、《伍东坪仪部以西洋玻璃碗相赠，走笔仍用山谷＜谢穆父松扇＞韵以谢》等诗②，显见其诗学取向。张锦芳秉承翁氏之教，其《十二月十九日东坡先生生日，同集苏斋拜像听琴作画，覃溪夫子命赋》一诗云："以苏名斋斋悬像，吾师坛坫真公传。……苏家瓣香全在此，相见风雨联床秋。"可知其取法大苏的渊源所自③。其他诸人直接或间接受翁氏影响，走上宗宋之路。可见正是经翁方纲大力提倡，岭南诗风才由唐入宋。

　　岭南宗宋诗风兴盛是受翁氏之影响，还可从另一个角度窥见，那就是为苏轼作寿之风在此地的流行。乾隆三十八年翁氏广东学政任满回京，十二月十九日是东坡生日，发起为苏轼祝寿的雅集。此后每年此日，京中士大夫均开展此项活动。这种风气在岭南亦颇盛行，从谭敬昭《十二月十九日雪黄小舟侍御招集鸿雪斋作东坡生日》、黄培芳《腊月十九东坡生日，仪子墨农克中促虞康甫世珍招予再游小金山，并集诗人赛祀，时曾勉士钊已先至》、《东坡生日集家小舟侍御鸿雪斋赏雪》、张维屏《十二月十九日苏文忠公生日，伊墨卿太守秉绶招同宋芷湾庶常湘、家贤仲思斋、陈仲卿昙两秀才设祀

　　①　《冯生执虞文靖诗来问，语多契微。予与粤士论诗七年，所未见也。昔曾读＜学古录＞于此，用韵寄蕅石、蕴山，今复用其韵，以示生。庚寅二月六日合浦道中》，《复初斋诗集》卷七。
　　②　冯敏昌：《小罗浮草堂诗钞》卷二、四。
　　③　张锦芳：《逃虚阁诗钞》卷五，光绪甲申（1884）孟秋龙江张氏重刊本。

寒玉斋》①、黄玉衡《东坡生日招同人集鸿雪斋赏雪有怀子履》②、黄钊《腊月十九东坡生日在庵招同秋航、康侯、辛山、香石、南山集安心竟斋赏雪》③等诗中不难看出。黄钊诗题中的在庵为黄玉衡,秋航为吴梯,康侯为谭敬昭,辛山为林联桂,香石为黄培芳,南山即张维屏,均为粤东七子中人。黄培芳《东坡生日集家小舟侍御鸿雪斋赏雪》一诗中"苏斋先生不可见"下注云:"谓翁覃溪先生",显然这一雅集是承翁方纲而来。翁氏此举带动了清中叶以后宗宋诗风的兴盛④,岭南诗风的转向也与他密切相关。

由此可见,翁方纲督学广东,不但促进岭南诗坛的振兴,而且推动了岭南诗风由宗唐向宗宋的转变。自此之后,宗宋诗风一直是此地诗坛的主导倾向。

四、学政与清代翰苑诗风的传衍

翁方纲在广东学政任上提倡宋诗,也体现出清代学政将翰苑诗风推扩至地方的努力。

清乾隆年间学政有一个特殊身份,即翰林出身。清初各省学政原不差遣翰林,其差词臣自康熙三十九年始。此年七月,内阁奉上谕:"各省学道,原不差遣翰林官员,嗣后各省学道,宜将翰林官员一并差遣。"⑤至雍正四年十一月,"凡部内郎中等官,膺督学之任,则加以编修、检讨之衔,使其名实相称"⑥,郎中等官督学时加以翰林官之衔,就是使其具备词臣的名誉。此后,"每届更换学政之期,偶有一二他衙门人员,翰林官多以为非分"⑦,学政成了翰林的专缺。清代学政在督学过程中,极力贯彻朝廷文化政策,并以翰

---

① 分别见黄玉阶:《粤东三子诗钞》卷二、卷六、卷七,道光二十二年(1842)广州刻本。
② 盛大士:《粤东七子诗》卷三,道光二年(1822)刻本。
③ 黄钊:《读白华草堂诗初集》卷五,《续修四库全书》,第1516册。
④ 魏泉:《翁方纲发起"为东坡寿"与清中叶以后的宗宋诗风》,《清代文学研究集刊》第一辑,2008年。
⑤ 陈康祺:《郎潜纪闻初笔》卷三"国初学政不差翰林"条,中华书局1984年版,第62页。
⑥ 《清实录》第七册雍正四年十一月辛卯,第750页。
⑦ 陈康祺:《郎潜纪闻初笔》卷三,第62页。

苑文风教导士子,都是为将来的翰林院培养人才。翁方纲在广东学政任上提倡宋诗风也是如此。

翁方纲诗学有个转变过程。据其自述,"幼及昆圃之门"①,"得闻先生(王士禛)绪论于吾邑黄詹事"②。黄昆圃即黄叔琳,直隶大兴人,官至詹事府詹事,为王士禛弟子。翁方纲从黄叔琳处受王渔洋诗教,与朋友论诗时亦不讳言"尔时祖宋旋桃唐,瓣香多在新城王"③,在祖宋桃唐的风气中,紧随王士禛神韵诗学之后。《复初斋诗集》卷一收诗始于乾隆十七年十月翁氏改翰林院庶吉士,止于二十八年任广东学政前,均为词馆中所作。从中不难看出前期尚对唐诗有浓厚兴趣,如《书渔洋先生〈唐诗十选〉后三首》、《仇十州画唐人诗意册》等即是。不过当他奉命前往广东督学之际,则写出前举如《苏文忠说研墨迹卷》、《奉使粤东留别蕴山用苏诗别子由韵》等对苏轼感兴趣的诗,表明其诗风经过十余年翰林院的历练已有所改变。

翁氏这一诗学宗尚转变之根源,在于其时翰林院。乾隆朝翰林专心修书,不干外事,词臣对金石书画表现出浓厚的兴趣,题咏这些具有人文蕴含的意象诗作亦夥。以《复初斋诗集》卷一为例,四十八首诗中题画题记就有十七首之多。再以与翁氏同年入翰林院的钱载为参照,《萚石斋诗集》这段时间的诗作中也保存着许多同类诗,如《自题雍正庚戌所写〈半逻村小隐图〉》、《潜溪绯歌奉题座主少宗伯邹公画页》等④。而苏轼在书画方面的成就及其流传下来的众多文物,加以曾任翰林学士,在诗词文等方面的高超造诣,容易吸引重考据的乾嘉词臣关注。

翰林院中引导翁方纲诗学转变的重要人物是钱载。翁氏自叙云:"我爱诸友纷天葩,独从庶子披春华(自注:钱萚石)。远袭漫矜何与李,近宗亦及朱兼查。"⑤翁氏诗集中保留着数首此期与钱载在翰林院唱和之作,可知他

①　《小石帆亭著录序》,《复初斋文集》卷三,第374页。
②　《新城县新刻王文简古诗平仄论序》,《复初斋文集》卷三,第373页。
③　《高堂旅舍与象星论诗作》,《复初斋集外诗》卷一。
④　分别见《萚石斋诗集》卷一四,第226、232页。
⑤　《高堂旅舍与象星论诗作》,《复初斋集外诗》卷一。

们经常在一起论诗。正是在钱载的影响下，翁方纲从瓣香新城转为宗尚朱彝尊与查慎行，提倡宗宋诗风。

当然，翰林文化是在帝王的提倡之下奠定的，此时词垣宗宋崇苏之风亦受乾隆帝趣味的影响。康乾二帝诗学旨趣相异。康熙出于治道的需要，诗学宗唐，虽不排斥宋诗，但仅重其"自具舒畅道德之致"①。由此标准出发，他对苏诗评价不高，认为未达到理学家的醇厚境界："宋儒讲论性理，亦未尝不作诗赋，但所作诗赋皆醇厚，朱子以苏轼所作文字偏于粉饰，细阅之果然。"②在他的倡导下，康熙朝翰林院诗风以宗唐为主。与圣祖不同，乾隆之诗宗宋，钱锺书先生云："清高宗亦以文为诗，语助拖沓，令人作呕。"③于宋代诗人中尤重苏轼。十六年南巡江浙，高宗驾幸镇江金山寺，作《游金山寺用苏轼韵兼效其体》、《自金山放船至焦山用苏轼韵》、《甘露寺和苏轼韵》等诗；至苏州，作《虎丘寺和苏轼韵》；驻跸杭州，作《和苏轼游西湖三首韵》、《水乐洞用苏轼韵》。二十二年南巡，再幸金山，作《游金山寺再叠苏轼韵》、《自金山放船至焦山再叠苏轼韵》；届苏州，作《题钱维城画苏轼舣舟亭图》、《虎丘寺再和苏轼韵》；回銮至徐州，作《再题黄楼用苏轼韵》、《试衣亭用苏轼韵二首》④。二十七年南巡，三至金山，作《题苏轼玉带》、《游金山寺三叠苏轼韵》、《自金山放船至焦山三叠苏轼韵》；驻跸杭州，作《柏堂用苏轼韵》、《竹阁用苏轼韵》；回銮至江宁、徐州，作《朝天宫用苏轼韵》、《题黄楼再叠苏轼韵》⑤等。帝王如此关注宋诗苏诗，翰苑词臣的创作也随之摇摆。如钱载，"既入翰林，应制赓歌，颇仿御制"⑥。与他同在翰苑的翁方纲也不例外。况且二十六年至二十九年，翁氏与毕沅同司总校乾隆《御制诗二集》⑦，认真

---

① 康熙：《诗说》，《圣祖仁皇帝御制文集》卷二一。
② 《圣祖仁皇帝圣训》卷五"康熙五十一年壬辰十月癸亥"条。
③ 钱锺书：《谈艺录》第 54 则，第 179 页。
④ 清高宗：《御制诗集二集》卷二三、二四、二五、六八、六九、七二，影印文渊阁《四库全书》第 1303 册。
⑤ 清高宗：《御制诗集三集》卷二〇、二二、二三、二四，影印文渊阁《四库全书》第 1305 册。
⑥ 钱锺书：《谈艺录》，第 179 页。
⑦ 沈津：《翁方纲年谱》，第 23 页。

揣摩之后,其诗风的转变也是自然的。

正是翰林院风气使然,翁方纲诗学宗尚由学唐转向宗宋,并在广东学政任上进一步明确,且将之灌输给当地诸生,从而将宗宋诗风由馆阁推广至地方。

翁方纲还将词垣独特的诗歌风貌贯彻在教学中。《石洲诗话》特别反对"伧气",如评刘禹锡《竹枝词》,"至于铺陈排比,辄有伧俗之气";顾况《弃妇词》,"直致而又带伧气";刘叉《冰柱》、《雪车》二诗,"尤为粗直伧俚";张碧诗"则更伧气矣";温庭筠"较之长吉,觉有伧气,此非大雅之作也";苏舜钦诗,"尚不免于屑气伧气";张耒诗,"一着浓绚,则反带伧气";唐庚诗,"新而带伧气矣";陈与义诗"则不免有伧气矣";范成大《巫山图》中"玉色酡颜元不嫁","此更伧夫面目矣";杨万里诗中"叫嚣伧俚之声,令人掩耳不欲闻";陈造诗"亦有打诨处,然伧俚矣";王彧《和二宋落花诗》"颇伧劣";等等。

"伧气"是指粗鄙、俗艳、陈腐、油滑、无知、狂妄、用语俚白等①,总之是和高雅相对的一种诗歌风貌。当时不仅翁氏喜用此词评诗,馆阁中人如纪昀也常用之。如其评苏轼《橄榄》诗云:"未免伧气。"评《咏汤泉》云:"结却伧气。"②《四库全书总目》评诗时,亦时用"伧父面目"之语③。其他如姚范评吴莱诗"时有伧气"④,沈德潜评谢淞洲《田家杂兴》"无时下伧气"⑤等,姚、沈二人均曾任职乾隆前期翰林院。此评语乾隆以前尚不常用⑥,而此时却频繁出现,这应该是当时翰苑风气。结合他们论述,可知"伧气"是一种

---

① 张然:《说"伧气"——从一个角度谈翁方纲的诗论与创作》,《江汉论坛》2006年第10期,第95页。

② 纪昀:《苏文忠公诗集》,《苏轼资料汇编》(下编),第1923、1965页。

③ 《四库全书总目》卷一五三评李观《盱江集》、卷一七〇评王绂《王舍人诗集》等,中华书局1965年版,第1316、1483页。

④ 姚范:《援鹑堂笔记》卷四一,道光姚莹刻本。

⑤ 沈德潜:《清诗别裁集》卷三〇,第1266页。

⑥ 翻检文献,乾隆之前仅王士祯《居易录》卷五云:"何逊诗'薄云岩际出,初月波中上',佳句也;杜甫偷其语,止改四字,云:'薄云岩际宿,孤月浪中翻',便有伧气";卷二九云:"韩退之之'银杯、缟带',苏子瞻之'玉楼银海',已伧父矣。"《王士祯全集》,第3775、4273页。

与馆阁高雅之气相对的山林粗鄙风貌。《石洲诗话》卷三云:"孟东野诗,寒削太甚,令人不欢。刻苦之至,归于惨栗,不知何苦而如此!"又云:"诗人虽云'穷而益工',然未有穷工而达转不工者。若青莲、浣花,使其立于庙朝,制为雅颂,当复如何正大典雅,开辟万古!而使孟东野当之,其可以为训乎!"将寒削的孟郊诗与庙堂之制对照。再如论梅尧臣,《石洲诗话》卷三云:"都官诗天真蕴藉,自非郊寒可比,然其直致处则相同,亦不免微带酸苦意。……敖器之谓'欧公如四瑚八琏,止可施之宗庙。'梅诗则正与相反。"微带酸苦意的梅尧臣之诗不可施之宗庙,即山林文学与庙堂文学的对立。翁氏虽未称孟、梅二人诗有"伧气",但显然他们的诗也属于此列。而翁方纲之所以如此批评,正是立足于馆阁高雅文化而言。

翁方纲以馆阁诗风教导诸生,也取得一定的效果。如冯敏昌诗,钱载初见即曰:"岭南自曲江后诸子,皆存偏方之音,惟冯生力追正始也。"[①]此时冯敏昌尚未进入翰林院,其力追正始之风,显然得自翁氏之教诲。翁氏另一弟子张锦芳之诗"卓然树骚雅之帜"[②]。其他如黄丹书诗"盖取法髯苏,渊源甚正,自不失为雅音也"[③]。由其亲拔的冯敏昌与张锦芳也如愿进入翰林院,不难看出翁氏在学政任上传播翰苑诗风的努力甚有成效。

乾隆五十一年九月,翁方纲奉命督学江西。此期翁氏依旧保持着崇宋尊苏的诗学观,对黄庭坚诗的关注较前更为显著,"取夙昔瓣香山谷(黄庭坚)、道园(虞集)二先生诗之义",以"谷园"名其斋署及诗集[④],黄庭坚三集诗注本也于是时刻成。然在此任上,翁氏虽也考校诸生试帖诗,但由于任期仅三年,且注重以"实学"[⑤]训士,故对江西诗坛的推动作用无法与广东并论。翁氏盛年时期督学广东八年,对自身诗学创作及岭南诗坛诗风都产生了深远的影响,其意义不容低估。

---

① 张岳崧:《小罗浮草堂诗钞跋》,冯敏昌:《小罗浮草堂诗钞》卷末。
② 刘彬华:《岭南群雅·初集》张锦芳条。
③ 刘彬华:《岭南群雅·初集》黄丹书条。
④ 《复初斋诗集》卷三三《谷园集·序》,第661页。
⑤ 《按试抚州,与学官弟子论此郡人文,冀其克绍前贤,以臻实学,用虞道园赠支贤良韵二首》,《复初斋诗集》卷三五,第690页。

第五节 翰林院与晚清宋诗运动

清代诗学发展趋向总体上可概括为"祧唐祢宋"①。虽然清代诗坛亦曾在某个时期以宗唐为主,如王士禛自康熙十八年之后弃宋返唐,沈德潜一生以宗唐为主,但宗宋诗风自始至终都存在。清代翰林院的应制、应试体虽以宗唐为主,然更多时候倾向于宋诗。康熙十八年进入翰林院的朱彝尊,其诗风当今学界虽有争论,但以宗宋为主是明显的,不过在当时敏感的民族意识氛围中,他打着由宋入唐即学宋是为了学唐的旗号,以附和其时词垣的主流诗风。而到了康熙后期,查慎行进入翰林院,以宋诗体应制,并得到帝王的欣赏,可以看出词垣风气的变化,宗宋诗风已经消褪了清初的民族意识,成为统治者认同的诗风。乾隆朝初期因沈德潜诗论及创作的影响,翰林院一度宗唐。不过中期以后由于词臣博学意识加强,乾隆皇帝又对宋诗尤其是苏轼诗歌倍感兴趣,所以宗宋诗风再度抬头。钱载和翁方纲于十七年同时进入翰林院,宗法杜、韩、苏、黄成为一时风气。嘉道时期程恩泽、祁寯藻、道咸间何绍基、曾国藩厕身馆阁,他们延续了词垣前辈宗宋的风气,并通过多种方式将之扩大到诗坛,正如陈衍《密堂诗钞序》所云,"道、咸以来,程春海、何子贞、曾涤生、郑子尹诸先生之为诗,欲取道元和、北宋,进窥开、天"②,从而掀起晚清宋诗运动。陈氏提及的除郑子尹即郑珍为程恩泽视学贵州所拔士外,均为翰苑中人,不难发现词垣在这一运动中起着至关重要的作用。

一、程恩泽:道咸诗体大变的开山者

程恩泽为嘉庆十六年进士,改庶吉士,散馆授编修。道光元年命直南书房,奉勅校刻《养正书屋集》。是年,典四川乡试,迁中允,校刻《御制诗文初

---

① 萧华荣:《中国古典诗学理论史》,华东师范大学出版社2005年版,第277页。
② 陈衍:《陈石遗集·石遗室文续集》,福建人民出版社2001年版,第583页。

集》。三年,督贵州学政,擢侍讲,再迁侍讲学士。六年,调湖南学政。回京迁祭酒,母忧服阕,仍直南书房。十二年,典试广东。是年冬,命在上书房行走,课惠亲王读书。十三年擢内阁学士,翌年,授工部右侍郎,调户部。十七年,充经筵讲官,卒于位。程氏的仕宦生涯,主要以翰苑为主,其诗风也是在翰苑形成,并产生广泛影响。

　　程恩泽的诗"初好温、李,年长学厚,则昌黎、山谷兼有其胜"①。最初效法温、李,应该是受袁枚性灵诗风的影响。所谓"年长",当是进入翰林院之后,程恩泽自二十七岁成为词臣,十五年之后迁国子监祭酒方才离开翰苑,其诗风形成的最关键时期无疑是在词垣。也就是说,入翰林院后,其诗风转向韩愈、黄庭坚。这种变化,当来自同馆前辈诗人钱载、翁方纲等人的影响。陈衍云:"有清一代,诗宗杜、韩者,嘉道以前推一钱箨石侍郎,嘉道以来则程春海侍郎、祁春圃相国。"②钱载除了学杜、韩,亦宗法苏轼、黄庭坚。吴文溥《南野堂笔记》云钱诗"合东坡、半山、山谷而为一家"③。钱载诗学黄庭坚,源自其家乡秀水诗派。金蓉镜《论诗绝句寄李审言》自注云:"竹垞不喜涪翁,先公(金德瑛)首学涪翁,遂变秀水派。箨石(钱载)……皆以生硬为宗。"金氏所言大体属实,然其云朱彝尊不喜黄庭坚,金德瑛首开秀水诗派学黄之风,则并不完全正确。钱仲联先生云:"盖自竹垞晚年好为山谷,金桧门(德瑛)继之,遂变秀水之派,钱箨石出而堂庑益大。"④由于其合学人之诗与诗人之诗为一体,且取得一定的成就,所以乾隆中后期诗人"尤盛推之"⑤。翁方纲《石洲诗话》推宗杜甫、苏轼、黄庭坚,且在乾嘉诗坛地位亦很高,奠定了词垣诗学发展方向。程恩泽父程昌期乾隆四十五年以探花授翰林院编修,业师凌廷堪为翁方纲之门生,宗尚杜、韩、苏、黄顺理成章,所以他

---

　　①　张穆:《程侍郎遗集初编序》,程恩泽《程侍郎遗集》卷首,《续修四库全书》,第1511册。

　　②　陈衍:《近代诗钞》"祁寯藻"条述评,商务印书馆1935年版,第1页。

　　③　阮元:《两浙輶轩录》卷二三。

　　④　钱仲联:《浙派诗论》,《学术世界》1935年第1期。

　　⑤　郭曾炘:《杂题国朝诸名家诗集后》自注,见钱仲联主编《清诗纪事》,凤凰出版社2004年版,第5395页。

说:"独于西江社,斾以杜韩帜。"①而选择这一鲸鱼碧海、奇崛瘦硬的诗风,在于抵制当时诗坛流行的性灵派淫靡滑易之习,即其所云"颓波横制扫齐梁,合著黄金铸子昂","为问司勋衔子报,却将轻艳诋维摩"②,意图仿效陈子昂扫荡初唐盛行的淫靡诗风,来引领当下诗歌发展的正确方向。

程恩泽效法韩愈、黄庭坚的诗风在多方面与钱载相近。首先是句法,陈衍云:"《蘀石斋诗》,造语盘崛,专于章句上争奇,而罕用僻字、僻典,盖学韩而力求变化者。"③如其《观真晋斋图》诗云:"张丑性僻画与书,既购小楷《宝章待访录》,米庵自号志厥初。后得宣和秘玩《此事帖》,麻笺廿字游龙如。从子豪夺去,去者日以疏。岂知九行章草士衡《平复帖》,又得海岳翁所跋李公炤所储。谢公慰问向同轴,况更远胜索靖《月仪》乎?名斋遂仿宝晋意,斋曰真晋良不诬。文枏作图以当记,丑乃自记书于图。图才数笔若未了,山无多山,屋无多屋,石脚三两松竹俱。我懒欲诗直为爱观画,却复檃括丑记诗则无。"④诗句式长短纵横,错落变化,有韩愈横空盘硬、奇崛磊落之风。而陈衍评程恩泽诗则云其"肆力为诗,多于句调上见变化"⑤,与钱载于章句上争奇有异曲同工之妙。如《澹岩》云:"左揖元道州,右揖柳柳侯。兹岩者不得两先生姓字留,得无草木含泣泉石羞。两先生者不得兹岩游,得无神物閟惜悭其求。戈戈二诗老山谷,引出千诗鑿山绿。我寻黄九到石屋,双户谽然差递而折旋。如入暗室薶苍烟,忽规天光大其圆。若启巨瓮侧以悬,人自瓮中窥见天,瓮口齿齿藤薜牵。亦有鸟道容攀缘,瓮坐卧人百数千。……"此诗句式、气势以及奇崛的风格,均与钱载之作接近。此外如《季高四兄以试翰詹举首超升学士寻放奉天学政文人荣遇所罕见也赋诗送其行》开篇即云:"几年谒帝承明庐,几年手把种树书,几年洄涕伏垩室,一日作赋凌空虚。"中云:"傥喜博观拓眼界,则有群玉琅嬛居。傥喜射生战禽兽,则

---

① 程恩泽:《赠谭铁箫太守》,《程侍郎遗集》卷二。

② 程恩泽:《徐廉峰仁弟诗律精密才笔华整得唐贤三昧顷以诗图相属因取问唐贤意仿遗山绝句奉答》其七,《程侍郎遗集》卷五。

③ 陈衍:《石遗室诗话》卷四,第56页。

④ 《蘀石斋诗集》卷一八,第285—286页。

⑤ 《石遗室诗话》卷一一,第182页。

有鹫翎金仆姑。"于齐整中见变化,显出其"诗亦生辣,而多硬直处,以其力避凡庸,刻意新响"①的作风。

程恩泽诗尤其是七律多喜用涩体。如《潮水道中》:"用世岂徒洴澼絖,持身安得樛株拘。昨宵偶遇影缨客,索看腰间玉鹿卢。"连用四个典故,虽非僻典,但如此密集,造成阅读的阻力。再如《喜雨》:"得酒千花醉,逢春万病回。"《渡淮即事》:"遂磨洪泽而东镜,似筑深江以外墙。"此两联非以用典取胜,而是造语生新,用意深微险涩,"突兀拗折"②。这类诗或以密集的典故取胜,或以造句的拗涩见长,有明显的山谷体特征。在这方面,亦略同钱载。钱氏虽非乾嘉学人之最者,但因"处通经好古、弃虚崇实之世,而未尝学问,又不自安于空疏寡陋",于是"其诗每使不经见语,自注出处,……非寻常词人所解征用。"③另外,在造意上,钱氏也着意江西诗派。徐世昌《晚晴簃诗话》云:"蘀石论诗,取径西江,去其粗豪,而出之以奥折,用意必深微,用笔必拗折。用字必古艳,力追险涩,绝去笔墨畦径。"④所言正指此类风格。陈衍认为程恩泽诗"几欲方驾蘀石斋",可见二人在诗风上有着较为一致的特色。

程氏弟子郑珍评价其师之作云:"我读先生古体诗,蟠虬咆熊生蛟螭。……其中涵纳非涔蹄,若涉大水无津涯。捣烂经子作醢醬,一串贯自轩与羲。下迄宋元靡参差,当厥兴酣落笔时,峭者拗者旷者驰,宏肆而奥者相随。譬铁勃卢铁蒺藜,戛摩撝撩争撑持,不袭旧垒残旌麾,中军特创为鱼丽。"以程氏诗作的风格描述其诗的特征,实为相得益彰。此诗中称其师为"当今山斗"⑤,虽有过誉,但就其影响看,离事实并不太远。

对于自己诗歌的成就,程恩泽也有清醒的认识,与其关系密切的张穆回忆亲聆程氏之训云:"吾诗险而未夷,能飞扬而不能黯淡,思力所及者,腕每

---

① 由云龙:《定庵诗话》卷上,《清诗纪事》,第 8648 页。
② 由云龙:《定庵诗话》卷上,《清诗纪事》,第 8648 页。
③ 钱锺书:《谈艺录》,第 176 页。
④ 《晚晴簃诗话》卷八一,华东师范大学 2009 年版,第 575 页。
⑤ 郑珍:《留别程春海先生》,《巢经巢诗集》卷一,《续修四库全书》,第 1534 册。

苦其不随。更读书十年,殆可相质邪?"黄庭坚晚年追求"平淡而山高水深,……更无斧凿痕,乃为佳作耳"的平淡自然境界①,这也是程恩泽追求的目标,可惜他53岁即辞世,天假时日,或许可以取得更高的成就。

清人评价程恩泽的诗学贡献云:"有清一代诗体,自道、咸而一大变,开山之功首推吾皖歙县程春海侍郎。"②所谓大变诗体,即提倡学人之诗与诗人之诗的结合。程氏受钱载、翁方纲"以学为诗"的影响,特别重视学问在诗歌创作中的重要作用,即其所云"健笔入无间,万卷成厥大。才识生于学,学生于不懈"③。但程氏认识到,如果仅有学问,那是学者之诗,与钱、翁尚未有多少区别。程恩泽的贡献在于努力将学问与性情,即学人之诗与诗人之诗打拼融合,形成新的诗歌风貌。在这方面,他有明确的理论主张:

> 或曰:诗以道性情,至咏物则性情绌,咏物至金石则性情尤绌,虽不作可也。解之曰:诗骚之原,首性情,次学问。诗无学问,则雅颂缺;骚无学问,则《大招》废。世有俊才洒洒,倾倒一时,一遇鸿章巨制,则蒨然无所措,无它,学问浅也。学问浅则性情焉得厚?况吉金多三代物,其文字与经表里,可补经阙。乐石之最古者,与金同,其文字与史表里,可补史阙。宋人弃训诂谈义理,自谓得古人心,不知义理自训诂出,训诂舛则义理亦舛。又史传年月官系之紊,非碑碣不能证,譬若群子姓议祖旧,忽引一数百岁人在侧,哑然指其妄,而议者纷纷退矣。然则吉金乐石之有关于经史如此,宜其自唐宋以来题咏不绝,至我朝尤盛也。况训诂通转,幽奥诘屈,融会之者,恍神游于皇古之世,亲见其礼乐制度,则性情自庄雅;贞淫正变,或出于史臣曲笔,赖石之单文只词,证据确然,而人与事之真伪判,则性情自激昂:是性情又自学问中出也。④

---

① 黄庭坚:《与王观复书》之二,《豫章黄先生文集》卷一九,《四部丛刊》本。
② 王揖唐:《今传是楼诗话》,辽宁教育出版社2003年版,第20页。
③ 程恩泽:《赠王大令香杜兼呈邓湘皋学博》其三,《程侍郎遗集》卷二。
④ 程恩泽:《金石题咏汇编序》,《程侍郎遗集》卷七。

程恩泽认为,作诗性情是第一位的,学问是第二位的,诗不可离学问,否则不能应付鸿章巨制之类的大题目。同时,性情也来自学问,学问浅,性情就不能深厚,也即性情与学问不能分离。程恩泽是个典型的学人,他"学识超于时俗,六艺九流,皆好学深思,心知其意。本工篆法,益熟精汉许氏文字之学"①。深厚的学问功底,以及对性情的重视,使得其诗与钱载、翁方纲学人之诗不同,对后来的祁寯藻、何绍基、曾国藩等人的诗学理论及创作多有启发,从而开启了道咸诗风的新面貌。

程恩泽在晚清诗坛地位的确立,除了创作成就及理论贡献外,还与他乐于提拔人才有关。程恩泽"虚怀友士,折节下交,见一善则盱衡扼腕,遇一才则扬眉抵掌"②,当时许多名士都归至其门下。道光三年,程恩泽督学贵州,拔识郑珍与莫友芝;后调任湖南学政,亦将郑氏携至署中。郑珍诗风,"古近体诗简穆深厚,时见才气,亦有风致。其在诗派,于苏黄为近"③。曾亲炙程氏之教的翁同书认为郑氏这种风格"渊源所自",实在程侍郎④。郑珍之诗被夏敬观推为"晚清之冠"⑤,后与莫友芝均为晚清宋诗派的中坚力量。此外,程恩泽任湖南学政时,又赏识何绍基,而何乃道咸诗坛宋诗运动的主将。典试广东,又提拔陈澧及谭莹,二人虽不以诗名,但却为湛深经术之士。总之,"自歙县程春海侍郎拔识多士",清代诗才"风气为之一变"⑥。从这个意义上说,将道咸诗体大变的开山之功归之程恩泽,是实至名归的。

在翰林院任职期间,程恩泽还数度与迟他三年进入词垣的祁寯藻唱和,这对于祁氏诗风的确立也起到了一定的作用,也使得词垣宗尚韩愈、黄庭坚诗风得以扩大影响,沿承下去。

---

① 阮元:《春海程公墓志铭》,《程侍郎遗集》卷首。
② 伍崇曜:《程侍郎遗集跋》,《程侍郎遗集》卷末。
③ 翁同书:《巢经巢诗集序》,郑珍:《巢经巢诗集》卷首。
④ 翁同书:《巢经巢诗集序》。
⑤ 夏敬观:《学山诗话》,《清诗纪事》第 8645 页。
⑥ 夏敬观:《学山诗话》,《清诗纪事》第 8645 页。

二、祁寯藻:"显然主张宋诗"

祁寯藻为嘉庆十九年进士,改庶吉士,散馆授编修。道光元年,命在南书房行走。二年三月,充会试同考官。五月,充广东乡试正考官。三年五月,提督湖南学政。六年正月,命仍在南书房行走。七年,充文渊阁校理。八年二月,迁詹事府右春坊右中允,改翰林院侍讲,旋充日讲起居注官。九年,升詹事府右春坊右庶子。十二年二月,迁翰林院侍讲学士。六月,署国子监祭酒。十月,授通政使司副使。十三年二月,升光禄寺卿,擢内阁学士兼礼部侍郎衔。十七年正月,署户部左侍郎,调户部右侍郎,寻提督江苏学政。后官至兵部尚书、户部尚书、上书房总师傅、体仁阁大学士,卒谥文端。有《䜊歝亭集》等。

山西寿阳祁氏至祁寯藻,在当地有"一门三学士,三代四翰林"之誉。祁寯藻父韵士,乾隆四十三年进士,改庶吉士,散馆改户部主事,充右春坊右中允。六弟宿藻,道光十八年进士,改庶吉士,散馆授检讨,官至江宁布政使。咸丰三年太平军进攻江宁,守城而死。子世长,咸丰十年进士,改庶吉士,授编修,官至礼部尚书。

出身于诗书世家,祁寯藻从小就受到良好的教育。幼时父祁韵士命作《春草诗》,"喜曰:'此子性情尚厚,当可学诗。'"①此处所可注意者,一是可以看出祁寯藻很早就受到诗歌方面的教诲,据《春草诗序》,此时他年方十三,也即自此开始,祁韵士就有意识地培养其子的诗歌创作才能。二是祁韵士论诗重性情,正因见出其子"性情尚厚",才教以作诗。而强调性情也是其时翰林院的风气,祁韵士正是以词垣作风教导其子。

稍后,祁寯藻又得到两位词垣人物的奖掖,即陈希曾与黄钺。陈希曾字钟溪,江西新城人,乾隆五十八年进士,选庶吉士,散馆授编修,嘉庆九年以侍读学士任山西学政。三年后卸任。继任者黄钺,字左田,安徽当涂人,乾隆五十五年进士,嘉庆初年特授改补馆职,十二年以翰林院侍讲督学山西。

---

① 《䜊歝亭集自序》,祁寯藻:《䜊歝亭诗集》,《续修四库全书》,第1521册。

此二人亦是以翰苑风气引导祁寯藻:"十五岁,补县学生员,以《待漏院诗》受知于学使新城陈先生,继任者当涂黄先生,观风、岁、科两试,俱承奖励,遂授以诗学。先生尝曰:'诗以言志,言为心声,若徒揣摩格律,雕琢辞藻,纵成结构,终乏性情。古人颂诗读书,必先知人论世,盖非学无以扩识,非识无以范才。至于穷通显晦,境遇各殊,敦厚温柔,体要斯在,则视乎其人之自得耳。'"①黄钺之论有三点值得注意,一是与辞藻相比,作诗性情更重要;二是学、识、才三者都应重视;三是提倡温柔敦厚的诗教。这种教益,对祁寯藻以后的诗学创作产生了重大的影响,甚至在《自题罴欱亭集》中他说"规模《壹斋集》"②,此不难窥见黄钺所起的作用。

在父师的指导下,祁寯藻一生都很重视作诗的性情,无论是评价他人之诗抑或是指导后进,均以性情为核心。诗中再三言及,如"脱手文章见性情"(《示三侄世龄》)、"文章关性情"(《元日示世长》)、"献纳论思有性情,体裁风雅气和平"(《题咏莪少司马癸丑岁诗稿》)等等,其中"气和平"也是温柔敦厚诗教的体现。

"非学无以扩识,非识无以范才"体现出黄钺重视学、识与才的结合,用之于诗歌创作上,就是学人之诗与诗人之诗的结合,这一点也是当时翰苑的风气。进入词垣之后,这方面的影响更为显著。其翰林前辈程恩泽就提出过"诗骚之原,首性情,次学问"之论③。祁氏诗作中,既有"证据精确,比例切当,所谓学人之诗",也有"诗中带着写景言情,则又诗人之诗"④,但更多的是学人之诗与诗人之诗的融合。祁寯藻之所以成为宋诗运动的中坚,正在于其诗将学问与性情打合为一。

祁寯藻诗学创作形成过程中,程恩泽对其影响可谓至关重要。程氏先他三年为词臣,是为词垣前辈。道光元年,二人同入直南书房,祁寯藻即作《初入直庐呈程云芬前辈恩泽》,诗云:"香案清班近紫宸,承恩授简两词臣。

① 《罴欱亭集自序》,祁寯藻:《罴欱亭诗集》卷首。
② 祁寯藻:《罴欱亭后集》卷一○,《续修四库全书》,第1522册。
③ 程恩泽:《金石题咏汇编序》,《程侍郎遗集》卷七。
④ 钱仲联:《陈衍诗论合集》,福建人民出版社1999年版,第382页。

赓歌幸际重华世,涵泳初游太液春。敢道文章能报国,窃思砥厉勉修身。泽州兴县风规在,桑梓还惭步后尘。"①由此拉开序幕,此后二人赓歌唱和,未尝中缀②。祁寯藻诗歌宗尚杜甫、韩愈,即是受到程恩泽的启发,《十朝诗乘》云:"祁文端诗宗韩、杜,实承程春海衣钵。"除此之外,祁氏对黄庭坚的兴趣,也是得自于这位翰林前辈。程恩泽曾赠祁寯藻《山谷集》,祁作诗答之云:"胎骨能追李杜豪,肯从苏海乞余涛。但论宗派开双井,已是绥山得一桃。人说仲连如鹢子,我怜东野作虫号。蠨蛸瑶柱都尝遍,且酌清尊试茗醪。"③对黄庭坚推崇备至,赞其追踪李杜,开宗立派。此诗风格亦接近山谷体。程、祁二人反复唱和中,就有效法山谷体之作。程恩泽曾濬一池,作诗索祁寯藻唱和,祁视其诗"奥思险韵"④,即有山谷体之风。祁寯藻虽云"不能学步",但所和之诗亦有此种风格:

> 北陂窈而曲,环山以为界。上有吟诗廊,诗中更有画。观鱼忆同乐,君今感且喟。阙如蟾蚀魄,断如龟坼卦。芜秽塞已久,清流为之隘。君曰浚其流,必先去其稗。刮目出层翳,荡胸失纤芥。以兹三日劳,振彼十年瘵。多君用志猛,能令人意快。岂惟人意快,天公亦狡狯。顿令吹垢尽,鼓以大块噫。墨雪忽飞来,雨势助澎湃。晓起揽明镜,须发森可怪。得毋精气动,龙蛇走謦欬。君诗若潮海,所伍乃与哙。稍稍涉其涯,澒洞连万派。多才信卓荦,小试辄豪迈。君看黄叔度,清浊两无介。更看阮嗣宗,臧否口不挂。吾诗亦饶舌,雪壁慎毋疥。(《春海浚池诗奥思险韵不能学步别作北陂一篇答其意》,《馤馠亭集》卷十八)

诗用语瘦硬生新,以险韵争巧,以学问入诗,诚是山谷一脉。钱仲联云:

---

① 祁寯藻:《馤馠亭诗集》卷三。
② 参见孙之梅:《程恩泽、祁寯藻澄怀园三次比邻与晚清黄诗"预热"》,《文学遗产》2013 年第 1 期。
③ 祁寯藻:《春海以山谷集见示再叠前韵》,《馤馠亭诗集》卷一四。
④ 《春海浚池诗奥思险韵不能学步别作北陂一篇答其意》,《馤馠亭诗集》卷一八。

"《馣龁亭诗》,清真瘦硬,力追苏、黄"①,所言正是此类诗。

与山谷体意脉似断实续相反,祁寯藻之诗尚有效法苏轼结构转换自然,造语清新者。祁氏诗集中用苏韵或和苏韵之作甚夥,如《峡山飞来寺用东坡诗韵》、《次韵芸台先生甲子监临浙闱和坡公试院煎茶作》、《脚马歌效东坡秧马歌体》、《澧州试院海棠花下歌次东坡定惠院韵》、《八月二十日六弟奉慈舆旋里用东坡颍上初别子由韵送之》、《次韵佚斋师南唐古梅用东坡李公择梅花韵》、《敦甫先生与及门宴集花之寺龙树院用东坡西湖韵赋诗见示次韵奉答》、《崇福寺塑像歌用东坡天柱寺维摩像诗韵》、《太安驿韩文公诗亭用东坡苦寒诗韵》、《岁莫与三兄六弟述怀用东坡寄子由诗韵三首》等等。其诗风亦接近苏轼,如《望庐山》云:"我出黄梅六十里,隔江已见江西山。人言此是庐山背,熨眼顿觉超尘寰。屏风几叠照江水,夕阳万皴明斓斑。不知香炉瀑布在何处,但见侧峰横岭高下云回环。云中五老似回首,一一闯露青髻鬟。有如蒲阪道中看太华,三峰飞影过潼关。黄河曲折走关下,亦如大江横锁浔阳间。山川灵秘造物惜,每为好事破其悭。我昔西游今南涉,胜境两遇非偶然。书生行滕苦不办,况骑驿马囊官钱。游山如此亦大好,只惜过眼空云烟。买田筑室吾不愿,但愿归途住此三日穷跻攀。"此诗用语如"侧峰横岭"来自苏诗,自"云中五老"以下数句所用博喻手法,亦得自苏诗启发。诗的结构自然流畅,脉络清晰,有苏诗的特色。

祁寯藻是嘉道以后诗坛上"显然主张宋诗"者②,但其宗宋诗风同于朱彝尊与翁方纲,即由学宋而入唐,所以徐世昌云其"于诗致力甚深,出入东坡、剑南,而归宿于杜、韩"③,以致于很多评论家就将其诗特色归于学习杜、韩,陈衍即持此种观点:"有清一代,诗宗杜、韩者,嘉道以前推一钱箨石侍郎,嘉道以来则程春海侍郎、祁春圃相国。……率以开元、天宝、元和、元祐诸大家为职志"。陈氏遗憾其生也晚,未能亲见程恩泽,于是在编《近代诗

---

① 钱仲联:《梦苕庵诗话》,齐鲁书社1986年版,第273页。
② 由云龙:《定庵诗话》卷上,《清诗纪事》,第8694页。
③ 徐世昌:《晚晴簃诗话》卷一二六,第907页。

钞》时，开篇"自春圃相国始"①，可见在其心目中，祁寯藻的诗坛地位之高。

　　祁氏自道光十七年始，多次担任各种考试阅卷官、学政及教习庶吉士②，使得其"门生属吏遍天下"，创作风格及诗学思想也易被后学接受，此即由云龙所云"承流向化，莫不瓣香双井，希踪二陈"③。何绍基、曾国藩均受祁氏诗学沾溉，钱仲联先生甚至认为其诗"开同、光风气之先"④，足见祁寯藻对晚清诗坛宗宋诗风影响之巨。

三、何绍基："晚清学苏第一人"

　　何绍基为道光十六年进士，改庶吉士，散馆授编修。历典福建、贵州、广东乡试，咸丰二年以编修简放四川学政。因条陈时务而降调。后历主山东泺源、长沙城南书院。同治十三年卒。著有《东洲草堂诗文集》等。

　　何绍基自幼就受到良好的教育。其父何凌汉，嘉庆十年探花，授编修，充广东、山东、浙江、顺天主、副考官，山东、浙江学政，官至户部尚书。书法名海内，卒谥文安。何凌汉虽不以诗名，但在何绍基童年时即教其为诗，且有很高的要求，"一切豪诞语、牢骚语、绮艳语、疵贬语"皆不许为，作为考官及学政，何凌汉是以翰林院盛行的"文禁"来规范其子的诗学创作⑤。且教导何绍基说："立身涉世，除却克己慎独，更无著力处。"⑥更是儒家正统思想的体现。这样的氛围，给何绍基一生的诗学创作奠定了坚实的基础。

　　除却其父，翰林文化还通过几位馆阁要员在他身上留下烙印。首先是程恩泽，何绍基云："基自为弟子员，出司农之门。"⑦此指道光六年程恩泽以

　　①　陈衍：《近代诗钞》，第1页。
　　②　《祁寯藻列传》，《寿阳祁氏遗稿》第二册，台北联经出版事业公司1976年版，第23页。
　　③　《定庵诗话》卷上，《清诗纪事》第8694页。
　　④　钱仲联：《梦苕庵诗话》，第273页。
　　⑤　参见本书第四章《翰林院与清代古文理论——以方苞古文观为中心》相关论述。
　　⑥　何绍基：《东洲草堂诗集·自序》，曹旭校点：《东洲草堂诗集》卷首，上海古籍出版社2006年版。
　　⑦　何绍基：《龙泉寺检书图记》，《程侍郎遗集·附录》。

侍讲学士任湖南学政,时为生员的何绍基令其刮目相看,"以国士目之"①。道光八年,翰林官顾莼画唐梅一帧,作为好友的何凌汉命子题诗一首,何绍基作《大人命题顾南雅丈画唐梅》,程恩泽见此诗,作《顾南雅画梅为何子贞题》,诗末称"消得何郎绝妙诗"②,对此诗评价甚高。此外,何绍基还得到名重一时的祁寯藻的赏识。道光五年,何应乡试时,祁正为学政③,二人应有所交往。后来何氏作《游峨眉瓦屋诗》,祁氏读罢,作《题何子贞绍基游峨眉瓦屋诗即次其题仲畇诗韵奉寄二首》,其二云:"新诗传诵满都京,披卷终宵梦不成。"可见祁氏对其亦是推崇备至。正因如此,何绍基在进入翰林院之前,诗风就已经与词垣基本一致。

何绍基论诗继承并发展了程恩泽与祁寯藻的性情论。其《送黄惺溪太史南旋》云:"文章本性情。"《题符南樵半亩园订诗图》云:"诗人诗自性情出。"《与汪菊士论诗》中他也说:"凡学诗者无不知要有真性情。"曹旭先生说越到晚年,何氏提倡的性情越多,"多到让人怀疑何绍基不是宋诗派的诗人和理论家,而是袁枚'性灵说'的信徒。"④当然,何绍基所言性情与袁枚有着根本的不同。袁枚性灵说中的性情主要指的是一己之性情,甚至可以包括男女之情;而何绍基的性情不可能包含这样的内容,恰恰与袁枚相反,有着浓厚的正统性因素。他说:"平日明理养气,于孝弟忠信大节,从日用起居及外间应务,平平实实,自家体贴得真性情,时时培护,字字持守,不为外物摇夺。久之,则真性情方才固结到身心上。"⑤很显然,何绍基所言性情,其实就是翰林院诗论的主导思想"温柔敦厚"说。他一再言及此旨,如《题符南樵半亩园订诗图》云:"温柔敦厚乃宗旨。"《题冯鲁川小像册论诗》云:"温柔敦厚,诗教也,此语将三百篇根氐说明,将千古做诗人用心之法道尽。……诗要有字外味,有声外韵,有题外意,又要扶持纲常,涵抱名理。"⑥何氏

---

① 何庆涵:《先府君墓表》,《东洲草堂诗集·附录》,第884页。
② 程恩泽:《程侍郎遗集》卷五。
③ 《陈松心撼山草堂诗集叙》,《东洲草堂文钞》卷三,《续修四库全书》,第1529册。
④ 《东洲草堂诗集·前言》,第16页。
⑤ 《东洲草堂文钞》卷五《杂著·与汪菊士论诗》。
⑥ 《东洲草堂文钞》卷五《杂著》。

弟子林昌彝总结其师理论云:"尝论诗,以厚人伦、理性情、扶风化为主。其为诗天才俊逸,奇趣横生,一归于温柔敦厚之旨。"①所以,他的性情论是在其父"克己慎独"的教导下,根据翰林院的要求培养出来的以高尚道德情操为基础的。

为了写好诗文,何绍基认为不能仅从诗文本身去探求奥秘,而是应该从自身人格素养做起,这就是他所提倡的"人与文一"。在《使黔草自叙》中他说:"诗文不成家,不如其已也。然家之所以成,非可于诗文求之也,先学为人而已矣。……人与文一,是为人成,是为诗文之家成。"那么学为何等人呢?何氏认为"不俗二字尽之"。何谓俗?他说:"非必庸恶陋劣之甚也,同流合污,胸无是非,或逐时好,或傍古人,是之谓俗。"何谓不俗?他说:"直起直落,独来独往,有感则通,见义则赴,是谓不俗。"并引黄庭坚之言云:"临大节而不可夺,谓之不俗。"②则所谓俗与不俗,就是要有独立的见解,理想的人格。当然,这种理想的人格也就是其性情论所要求的,包含在性情论中。

有了性情,有了不俗的人格,并非就能写好诗,何绍基还强调读书在作诗中的作用。《题冯鲁川小像册论诗》云:"作诗文必须胸有积轴,气味始能深厚,然亦须读书。看书时从性情上体会,……故诗文中不可无考据,却要从源头上悟会。有谓作诗文不当考据者,由不知读书之诀,因不知诗文之诀也。"《使黔草自叙》亦云:"就吾性情,充以古籍。阅历事物,真我自立。"明确强调性情与学问的结合。此前袁枚虽不反对学问在作诗中的作用,但反对以考据为诗,以诗卖弄学问;而何绍基却强调诗文中不可无考据,明显是针对袁枚及性灵诗派后学而言。这是典型的学人之诗与诗人之诗结合的观点,何绍基对自钱载到程恩泽以至祁寯藻以来的理论作了一个完整的总结。理论如此强调,创作也是如此呈现。朱琦《使黔草叙》云:"子贞平日既肆力于经史百子、许、郑诸家之学,其所为诗,不名一体,随境触发,郁勃横恣,非

① 林昌彝:《师友存知诗录小传》,《小石渠阁文集》卷四,《续修四库全书》,第1530册。
② 何绍基《东洲草堂文钞》卷三。

积之厚,而能达其意所欲出者,不能尔也。"①正是就此一特色而言。

何绍基诗学苏轼,且成就很高,被推为"晚清诗人学苏最工者"②,钱仲联也推其为"晚清学苏第一人"③。至于他如何走上学苏道路的,陈衍认为是因为"及程春海侍郎之门",方才"出入苏黄"④。实则在道光六年程恩泽督学湖南之前,何绍基就作了一些"用坡公韵"的诗,如道光元年的《湘阴阻风用坡韵》、《夜酌用坡韵》、《宜阳舟中大雪用坡公江上值雪韵》、《辛巳初度用坡公子由生日韵》等。此外,其早年作品尤其是古体拟苏痕迹也很明显。可见其学苏最初非受程恩泽的启发。究其源头,似可追溯至翁方纲。翁氏诗集中,次、和、用苏韵者有114首⑤,数量之多展示其对苏诗的爱好。何绍基对翁氏书法极为推崇,自言"平生妙结苏斋缘"⑥,由此对翁诗也保持着浓厚的兴趣。虽然晚年曾云:"研生(罗汝怀)癖耆翁(方纲)诗,余不敢附和,而唱和不绝"⑦,但早先对翁诗却兴趣盎然,且多次和其韵,集中可见者有卷十二《书姜开先画册用苏斋韵》、卷十三《五十岁初度日题所藏翁题延年益寿瓦当拓本用苏斋元韵四首》等,均是明证。只是晚年诗作成就提高,才对翁方纲有所不屑。而翁氏的影响,通过翰林院传达给何绍基,在这个过程中,其父何凌汉及其翰林同僚起了重要的作用。在遇见程恩泽之前,除其父之外,还有几位翰林与其关系密切。如作于嘉庆二十二年的《送黄惺溪太史南旋》,二十三年的《奉怀黄惺溪太史》,二诗中提到的黄惺溪即黄德濂,湖南安化人,嘉庆二十二年进士,改庶吉士,散馆授检讨,与何凌汉为同乡及同僚,从诗中亦可看出与何绍基关系很密切。作于二十四年的《恭送顾耕石师督学粤东》中的顾耕石即顾元熙,江苏长洲人,嘉庆十四年进士,散馆授

---

① 《东洲草堂诗集》附录二,第889页。

② 金天羽:《艺林九友歌序》,《清诗纪事》,第10006页。

③ 钱仲联:《梦苕庵诗话》,第286页。

④ 《近代诗钞》,第75页。

⑤ 王友胜:《苏诗研究史稿》,第195页。

⑥ 《五十岁初度日题所藏翁题延年益寿瓦当拓本用苏斋元韵四首苏斋五十岁时宋芝山以此瓦当为寿为芝山所收三十四瓦之一》,《东洲草堂诗集》卷一三,第345页。

⑦ 《意有未尽再题六首》其四诗注,《东洲草堂诗集》卷二五,第723页。

编修,二十四年以侍讲任广东学政。何绍基称其为师,二人应有师生之谊。另外,其岳父陶章沩(字季寿)曾在东坡生日招同人雅集,并命何绍基次韵,《东洲草堂诗集》卷一中有《腊月十九日季寿丈招同人拜坡公生日有诗命次韵》一诗。陶氏早年随其父官粤,岭南诗坛在翁方纲督学之后崇宋宗苏,且常于坡公生日举行雅集,陶氏将此风气带至湖南。由此途径何氏亦辗转受翁方纲之影响。加之后来的程恩泽及祁寯藻等,在其父及众多师友的影响下,何绍基很早就对苏轼感兴趣,用苏韵和苏诗之风一生不缀。越到晚年,这种兴趣越浓厚,咸丰七年59岁时"九用坡韵"①,所用之韵为苏轼《海市篇》,可见其对苏诗无与伦比的爱好。

前期学苏,尚留有明显的苏诗痕迹。如作于十九岁时的《生日书怀》:

> 余昔三岁时,未离慈母怀。家君拔萃初,北上长安街。室有四壁立,粮无三月赊。便辞东郭门,言归舅氏家。舅视如己子,咻噢意有加。六岁入小学,宅相交矜夸。授我兔园册,之无喧童哇。裁量鱼网纸,搦管嗤涂鸦。凌晨舅有行,戒儿慎无哗。入暮舅言旋,携儿笑咿呀。生我者父母,成我者舅邪。别来十二年,心惊赴壑蛇。容颜缅畴昔,山川阻修遐。昨日舅书至,披函字欹斜。书言比岁好,人事无纷拏。惟年逾强仕,尚抱伯道嗟。去岁香山老,新置小蛮娃。秋禾期晚割,春风迟兰芽。长跪读书罢,使我心如麻。相见未有期,报恩愿徒奢。杳杳春陵云,漠漠燕山沙。临风泪一掬,寄洒南天涯。

此诗用韵虽与苏诗无关,但却有着浓重的东坡诗的烙印,如意脉的流畅,语言的清丽自然,甚至有的用语、比喻都来自苏诗,如"别来十二年,心惊赴壑蛇"即脱胎于苏轼《守岁》中"欲知垂尽岁,有似赴壑蛇"之句。

随着年龄的增长,何氏虽仍学苏,但却更为老练,无明显痕迹,且能糅合众家之长。如作于典试贵州时的《飞云岩》:

---

① 《廿七日晨起得中丞邹平寄诗以余思为浙游恳款留行九用坡韵奉迓闻今日午刻可回省署》,《东洲草堂诗集》卷一九,第534页。

垂天之云向空布，来为人间沛甘澍。功成气猛不自收，太古阴
风莽吹沤。云欲上天天谓顽，太虚缥缈无由还。云欲回山断根络，
窒秘岩扃无住着。忙云失势化闲云，云自无心不悔错。幻为百千
万亿云，云云一气相合分。一云乍起一云落，一云向前一云却。一
云奋舞一云懒，一云欢喜一云愕。大云睭肝母覆子，小云睿戢鱼吹
水。丑云恶缩妍云笑，痴云疑立灵云诡。睡云颓散欲着床，淡云散
涣偏成绮。三云四云相颉颃，十云百云不乱行。如神如鬼如将相，
如屋如塔如桥梁。如龟蛇蛰虎兕吼，鸾凤翙联虬龙纠。世间人我
与众生，云无不无无不有。……

曹旭先生认本诗语言、句式与苏轼《有美堂暴雨》相邻，实则此诗"倏忽变
幻，鱼龙出没"[1]，既有东坡押韵自然、转换流畅的特色，亦有韩愈之险怪，黄
庭坚之瘦硬，且打合一处，形成自己"兀傲雄浑"的风格[2]。正如林昌彝所
言："师论诗，喜宋东坡、山谷。其自为诗，直合苏、黄为一手。"[3]正是不名一
家，乃成其自家之诗。从效法而能变的角度来说，称他为"晚清学苏第一
人"并不为过。

何绍基少年成名，入仕之后又典试福建、贵州，且督学四川，晚年降调之
后无心仕途，长期任教于山东、长沙等地书院，其宗宋崇苏的诗风因而得到
广泛传播。同时，在翰林院时，因与后进曾国藩唱和讨论，对后者宗宋诗风
的形成起了至关重要的作用。

四、曾国藩："湘乡文字总涪翁"

曾国藩于道光十八年进入翰林院。由于一直准备应考，以致年近三十
所阅之书极为有限。道光十九年三月二十二日的日记中写道："是日阅余所
未见书，有《坚瓠集》、《归震川古文》、钟伯严选《汉魏丛书》及诸种杂书。"[4]

---

① 林昌彝：《射鹰楼诗话》卷五，上海古籍出版社 1988 年版，第 102 页。
② 苗夔：《使黔草叙》，《东洲草堂诗集·附录》，第 893 页。
③ 林昌彝：《何绍基小传》，《东洲草堂诗集·附录》，第 883 页。
④ 《曾国藩全集·日记》(一)，岳麓书社 1994 年版，第 12 页。

二十年散馆授翰林院检讨后,他觉得自己的文化修养与词臣之身份不称,便立下誓言发奋读书:"忆自辛卯年,改号涤生。……至今九年,而不学如故,岂不可叹! 余今年已三十,资禀顽钝,精神亏损,此后岂复能有所成? 但求勤俭有恒,无纵逸欲,以丧先人元气。困知勉行,期有寸得,以无失词臣体面。……诚能日日用功有常,则可以保身体,可以自立,……可以无愧词臣,尚能以文章报国。谨记于此。"曾氏念念不忘"词臣体面"、"无愧词臣",可见从翰林角色出发,他对自身的文化素养深感忧虑。有鉴于此,他需要读书,需要有人帮他提高创作水准。

　　然而在最需要交流之时,曾国藩却常觉无人可以与自己论诗。他说:"余于诗亦有工夫,恨当世无韩昌黎及苏、黄一辈人可与发吾狂言者。"①又云:"杜韩不作苏黄逝,今我说诗将附谁?"②这一文一诗均作于道光二十四年。其实在此之前,曾国藩未尝发此感叹,原因在于他有可与谈诗的朋友,此人就是何绍基。何绍基先曾氏一科进入翰林院,论资历是其同馆前辈。何氏自十九年任福建乡试副考官后即归乡丁忧守制,至二十二年始返京。《曾国藩日记》中第一次提到何绍基是道光二十二年十月初四日:"酉正,走何子贞处,唱清音,若自收摄。……酒后,与子贞谈字,亦言之不怍。"何绍基曾尊父命在顾莼所画唐梅上题诗,得到包括祁寯藻等诗坛尊宿的赞誉。何绍基索曾国藩题诗,曾氏于十月初八日成《题顾南雅先生画梅应何子贞》。当晚,何绍基来访,对此作极为赞赏;曾氏"急欲谈诗,闻誉,心忡忡,几不自持"。十一日晚,曾氏至何绍基处时,夜已深。何氏兄弟"立次"曾氏自寿诗韵,曾"欣羡其才"。十一月十八日,更初之时,何绍基过访,让曾氏受益匪浅,并由衷地发出感叹:"谈诗文甚知要,得艺通于道之旨。子贞真能自树立者也。"在家书中曾氏也屡次谈及何绍基对其教益。道光二十二年十月二十六日致诸弟云:"何子贞之谈字,其精妙处,无一不合,其谈诗尤最符契。子贞深喜吾诗,故吾自十月来已作诗十八首。"在何氏的鼓励下,曾

---

① 《曾国藩全集·家书·致澄弟温弟沅弟季弟》道光二十四年八月二十九日,第92页。

② 曾国藩:《曾国藩诗文集》卷二《酬九弟四首》其三,王澧华校点,上海古籍出版社2005年版,第51页。据王澧华笺注,此诗作于道光二十四年。

氏信心倍增。二十三年正月十七日致诸弟云:"予……论诗亦取傲兀不群者,论字亦然。每蓄此意,而不清谈,近得何子贞意见极相合,偶然一二句,两人相视而笑。"这种交往论诗直至二十四年何氏被任命为贵州乡试副考官离京才终止。

与何绍基的谈诗论艺,让曾氏更为投入地从事诗歌创作,同时其诗学观也逐步与何氏"符契"。何氏诗学宗宋,这也影响了曾氏阅读的对象。道光二十一年五月初六日,曾氏开始读《诗经》,这尚是普通的课程。自次年十一月二十二日始,读《山谷集》,虽这日阅读"涉猎无得",令其觉得"可恨",但并没有因此而中断。此后他养成了早起读《山谷集》的习惯。其日记中有段时间虽未明确记载读何书,但从二十三年四月初九日"早起,……仍看《黄山谷集》"之记载可以看出,这期间他一直在坚持。六月,曾氏放云贵试差,中间未记所读书目。二十四年三月初八日记云:"饭后,阅黄山谷诗。……下半天,仍阅山谷诗。"从习惯早读到有空即读是书,曾氏对黄庭坚诗的兴趣明显增加,也不再无得。在这过程中,他也批读杜诗。二十三年二月十七日记云:"予于杜诗,不无一隙之见,而批点之时,自省良有为人之念,虽欲蕴蓄而有味,得乎?"作于二十三年底的《读李义山诗集》云:"渺绵出声响,奥缓生光莹。太息涪翁去,无人会此情。"可知是时还阅读了李商隐的诗作。读完黄氏诗集,自是年六月十六日早起读《荆公诗集》。一般以读三十页为日课,而多者竟达五十页。这样一直持续到当年八月十七日。此后所读之书是《后汉书》,至九月十八日。十九日记载:"早起,看苏诗。"则至少从这天起,早起读物改成《苏轼诗集》。至十月初八日读完,仅用二十余日,速度之快令人咋舌,其对苏诗的兴趣可窥一斑。后又接着读《诗经》。看来为了读宋人诗集,曾氏将这部此前阅读的经典也搁置下来。二十五年正月初一日,又"略翻杜诗看";三日,始批读韩愈诗,至十九日止。从曾氏所读书可以看出,自二十三年五月始,他先后阅读了黄庭坚、杜甫、李商隐、王安石、苏轼、韩愈等人的诗集,一直到二十五年正月。这年三月初五日在致诸弟书中曾氏对自己的诗学取向作了一个总结:"吾于五七古学杜韩,五七律学杜,此二家无一字不细看。外此则古诗学苏、黄,律诗学义山,此三家亦无一字不看。五家之外，则用功浅矣。"也即是说，在近两年的时间，曾氏都在揣摩唐宋大家诗作，尤其是杜、韩、苏、黄等大诗人，而这段时间正是他与何绍基交往密切的时候。可推知在翰林院与宗宋的何绍基论诗过程中，曾国藩的诗学宗旨逐渐明确，这对其今后的诗学创作有着重大的影响。

"湘乡文字总涪翁"①，曾国藩诗宗法黄庭坚，这是后人一致的评价。其诗集中也曾道及这一取向，《题彭旭诗集后即送其南归二首》其二云："大雅沦正音，筝琶实繁响。杜韩去千年，摇落吾安放？涪叟差可人，风骚通肸蠁。造意追无垠，琢辞辨倔强。伸文揉作缩，直气摧为枉。自仆宗涪公，时流颇忻向。"明确说他宗"涪公"即黄庭坚，这是没有疑问的。钱仲联先生认为曾氏是受姚鼐的影响而提倡黄诗，这一点似可商榷。曾氏推崇姚鼐，其"粗解文章，由姚先生启之"，并将之列入《圣哲画像记》中，但这更多是对古文而言。姚氏诗熔铸唐宋，推崇杜甫，似并未对黄诗有特别的嗜好，其诗作风格也不类山谷体。曾氏诗学宗黄，应是受自程恩泽、祁寯藻、何绍基一路宋诗派的影响。何氏之影响已见上文。推崇黄庭坚的程、祁二人曾先后出任湖南学政，对该地诗风产生的作用不言而喻。曾国藩连续参加乙未、丙申两科会试，并留京两年。而这正是程恩泽、祁寯藻提倡宋诗的年代。程恩泽还是乙未科的知贡举官、丙申科的殿试读卷官。程氏之后，祁寯藻以高位相呼应，应之者众。在这样的风气中，曾氏学诗以山谷体为准也就顺理成章。

在曾氏创作的各体诗中，"七古全步趋山谷"②。如《题顾南雅先生画梅应何子贞》诗即是：

> 诗老餐冰老更臞，倾身谋醉一钱无。忽然嚼梅供大噱，笑吐满纸森模糊。当时酒徒相馈饷，至今遗墨何清腴。平陵公子亦好事，巧偷豪夺无罪辜。时将巨障补空壁，已觉暗香来座隅。长安一雪寒切肤，冷官瑟缩同围炉。开眼忽到西湖上，四更残月孤山孤。我闻绘事通草隶，此语自古谁云诬？何君作书妙天下，生吞百虎心胆

---

① 陈衍：《戏用上下平韵作论诗绝句三十首》其二十八，《陈石遗集·诗集》卷四，第160页。
② 钱仲联：《道咸诗坛点将录》，《苏州大学学报》1989年第4期。

粗。世人只解传栀蜡，独能养气真吾徒。莫言书画直小道，不到圣
处宁堪娱？吁嗟诗老不可作，君虽抱此徒区区。

诗用语生新瘦硬，意脉表面断裂，但实际上有清晰的理路。首四句写顾莼画
梅，五至八句交待此画的流传，九至十四句摹写观画的感受，后以议论作结，
有明显的黄诗痕迹。其他如《喜筠仙至即题其诗集后》、《送谢果堂前辈归
江南》等七古均体现出山谷体的特征。

　　除七古外，曾氏七律亦有学黄而得髓者，《读吴南屏＜送毛西垣之即墨
长歌＞即题其集二首》就是这类作品：

　　　十载乡园独尔思，眼明今日见新诗。尝忧大雅终将绝，岂意吾
　　侪睹此奇。木落千山初瘦削，风回大海乍平夷。此中真意凭君会，
　　持似旁人那得知。

　　　人闲肮脏一毛生，与子交期如弟兄。忽出国门骑瘦马，去看东
　　海掣长鲸。放歌一吊田横岛，酾酒还临乐毅城。并入先生诗句里，
　　干戈离别古今情。

诗中如"眼明"句脱胎于黄庭坚《观伯时画马》之"眼明见此玉花骢"；"肮
脏"一语出自黄庭坚《宿旧彭泽怀陶令》之"凄其望诸葛，肮脏犹汉相"。黄
诗"肮脏"一词意为"高亢婞直之貌"[1]，曾氏也是在这重意义上使用该语。
此外，二诗风格清奇峭拔，也近山谷体。正因如此，由云龙才说是诗"规摹
涪翁，几于淄渑莫辨矣"[2]。

　　取法杜、韩也是曾国藩诗的一个重要方面。《酬李芋仙二首》云：

　　　巴东三峡猿啼处，太白醉魂今尚存。遂有远孙通胕蟹，时吟大
　　句动乾坤。爱从吾党鱼忘水，厌逐人间虱处裈。却笑文章成底用，
　　千篇不值一盘飧。

　　　劲翮摩空故绝伦，吹嘘曾未出风尘。细思科第定何物？却是

---

① 黄庭坚撰，任渊注：《山谷诗集注》，上海古籍出版社2003年版，第15页。
② 《定庵诗话》卷上，《清诗纪事》，第10093页。

饥寒解困人。大道但期三洗髓,长途终遇九方歅。高秋一放脱鞲
去,看汝飞腾亦有神。

又如《送莫友芝》云:

> 豪英不地囿,十九兴偏邦。斩崖拔丛棘,往往逢兰茝。黔南莫
> 夫子,志事无匹双。万书薄其服,廿载幽穷乡。今年偶作剧,射策
> 来都堂。青鞋侧破帽,日绎书贾坊。邂逅一相见,捪我谓我臧。刘
> 郎吾庸敬,好事迷短长。炙酒赪君颊,亦用沾我肠。微澜时激引,
> 稍稍观涛江。可怜好手眼,不达时温凉。果然被捐斥,锄刈不成
> 芳。谁能尼归驾,飘若惊鸿翔。我时走其庐,深语非浅商。次及蓼
> 莪痛,老泪何浪浪。嗟余亦心性,内刺能不降。宾然拜床下,十分
> 肃老庞。关山有乖隔,人事不可详。万里共日月,肝胆各光芒。作
> 诗勖岁莫,亦以勤刘郎。

余云焕《味蔬诗话》云:"曾文正古体盘空硬语,魄力沉雄;而近体气韵磅礴,
一扫凡艳。……平生得力昌黎在此。"①以上所举正是其学韩代表之作。

曾国藩诗中宗黄一路在当时产生了很大的反响。施山《薑露盦杂记》
云:"黄山谷诗历宋元明,褒讥不一。至国朝,王新城、姚惜抱又极力推重,
然二公实未尝学黄,人亦未肯即信。今曾涤生相国学韩而嗜黄,风尚一变,
大江南北黄诗价重,部直十金。"②其云自曾国藩宗黄,使得黄庭坚诗集升
值,反响之大可窥一斑。金天羽《答苏戡先生书》亦云:"盖诗至嘉道间,渔
洋、归愚、仓山三大支,皆至极敝。文敝而返于质,曾文正以回天之手,未试
诸功业,而先以诗教振一朝之堕绪,毅然宗师昌黎、山谷,天下向风。"③这段
话还指出曾氏宗黄诗风影响的年代,并不始自其为"相国"之时,而是"未试
诸功业"之际,也即在他带兵攻打太平军之前。这种说法是否正确呢?从曾
氏诗作中可以找到印证此种观点的内证。前举其《题彭旭诗集后即送其南

---

① 《清诗纪事》,第10090页。
② 《清诗纪事》,第10090页。
③ 《清诗纪事》,第10092页。

归二首》其二中云:"自仆宗涪公,时流颇忻向。"据王澧华编《曾国藩诗文集》所作的考证,此诗作于道光二十七年四月①。也就是说,至迟在这一年,曾国藩宗黄诗风就已经受到当时诗坛的关注与响应。之所以能产生这一作用,不仅在于其诗的成就,还与诗文给他带来的顺畅仕途有关。据王澧华《曾国藩年谱简编》,自道光十八年进入庶常馆学习,二十年四月散馆列二等授检讨,二十三年翰詹大考。列二等第一,以翰林院侍讲升用,充四川乡试正考官。次年充翰林院教习庶吉士,翌年升侍讲学士。至二十七年大考,列二等第四名,超升内阁学士,兼礼部侍郎,成为清朝湖南"三十七岁至二品"的唯一一人。正是此前在词垣两次大考带来的仕途"超升",以及作为主考官、翰林院教习庶吉士的有利地位,其宗黄诗风才获得诗坛接受。

此后,曾国藩以兵部侍郎衔带兵拒太平军,并与幕僚以险韵唱和,其宗尚韩、黄诗风的影响进一步扩大。据王澧华考察,其中有两次影响显著。一是咸丰五年三月,郭嵩焘自湖南赶赴南昌军营,曾氏作《会合诗》长篇赠之,此诗"造语奇崛,神与古会,直登昌黎之堂,而入其奥"②。曾氏"属嵩焘与刘公(蓉)和之"。"已而在营者皆有和作,积久得百余篇",郭嵩焘还做《会合联吟集序》以志其盛③。二是同治七年四月,曾国藩作《赠吴南屏》,诗首句"春霖飒杳天如筮",末句"高谈巢燧讫有郁","中间韵脚亦多冷僻生涩"④,正是山谷体特征,大江南北赓和者竟多达三百余人,这就是晚清有名的"筮郁唱和诗",曾氏命金陵书局刻印流传。这两次诗学活动,将宗宋诗风尤其是宗黄诗风推扩至晚清的整个诗坛。

曾氏喜接纳贤才,其幕中就召集了如郑珍、莫友芝、黎庶昌、张裕钊、吴汝纶、范当世等著名人物。在带兵抵抗太平军时,曾氏还有意将世家子弟沦落者收入幕中教其读书。这自然也使得其崇宋尊黄诗风流衍于晚清诗坛,就连稍后的同光体诗风也受其影响,由云龙《定庵诗话》云:"祁文端、曾文

① 《曾国藩诗文集》,第80页。
② 余云焕:《味蔬诗话》,《清诗纪事》,第10103页。
③ 郭嵩焘:《会合联吟诗序》,《养知书屋集·文集》卷七,清光绪十八年(1892)刻本。
④ 王澧华:《曾国藩年谱简编》,《曾国藩诗文集》,第577页。

正出,而显然主张宋诗。其门生属吏遍天下,承流向化,莫不瓣香双井,希踪二陈。迄于同光之交,郑子尹、莫子偲倡于前,袁渐西(绪钦)、林晚翠(旭)暨散原(陈三立)、石遗(陈衍)、海藏(郑孝胥)诸公继于后,他如诸贞壮(宗元)、李拔可(宣龚)、夏剑丞(敬观),皆出入南北宋,标举山谷、荆公、后山、宛陵、简斋以为宗尚,清新警拔,涵盖万有。"①陈三立、陈衍等同光体代表人物取法黄庭坚,就是因曾国藩提倡而形成的。

关于程、祁、何、曾等馆阁要员与晚清诗坛宗宋诗风盛行的关系,陈衍在《近代诗钞叙》中有一个全面的总结,他说:"有清二百余载,以高位主持诗教者,在康熙曰王文简,在乾隆曰沈文悫,在道光、咸丰则祁文端、曾文正也。……文端学有根柢,与程春海侍郎为杜、为韩、为苏黄,辅以曾文正、何子贞、郑子尹、莫子偲之伦。而后学人之言与诗人之言合而恣其所诣,于是貌为汉魏六朝、盛唐者,夫人而觉其面目性情之过于相类,无以别其为若人之言也。"②四人立身翰林院,或以显赫的身份,或以其鲜明的诗学主张与不凡的创作成就,引领一时诗坛风气,晚清宋诗运动可以说就是在词垣的笼罩下形成的。

---

① 《定庵诗话》卷上,《清诗纪事》,第 8694 页。
② 陈衍:《近代诗钞》,第 1 页。

第三章 翰林院与清代律赋的兴盛

　　律赋作为科举考试的特有文体,其盛衰与科举的粘附与分离密切相关。唐宋律赋的兴盛,在于其作为科考手段;元明律赋衰微,则在于科考中律赋地位下降。清代翰林院多种场合考试律赋,这一文体成为词臣进身的重要阶梯;士子觊觎馆阁,平时也大量创作。在馆阁内外的合力作用下,律赋于清代再次兴盛。

第一节 翰林院考赋与清代律赋的复兴

一、清代试赋类型

　　律赋自唐代成为科举考试的科目,宋、金继之,元曾一度中断,至明则废。清代科举考试大抵以制义为主,但辞赋也拥有一席之地。顾莼《律赋必以集序》云:"我朝承前明之制,取士以制义,而仍不废诗赋。自庶吉士散馆、翰詹大考,以及学政试生童,俱用之。"①陶福履《常谈》也道:"国朝专为翰林供奉文字、庶吉士月课、散馆、翰詹大考皆试赋,外如博学鸿词及召试亦试赋,而学政试生员、童生亦用诗赋。"②杨恩寿《坦园赋录自叙》亦云:"令甲、庶吉士散馆、大考翰詹俱试诗赋,故翰林院月有课焉。下此督学使者下车观风,岁、科两试,以诗赋为一场,而府县童试亦有于招、覆试以赋者。"③

---

① 顾莼:《律赋必以集》,清嘉庆二十五年(1820)菊坡精舍重刻本。
② 陶福履:《常谈》,《丛书集成初编》本,第27页。
③ 杨恩寿:《坦园赋录自叙》,《坦园赋录》卷首,长沙杨氏坦园藏版。

据此,清代考赋的科目有童生、生员试、学政观风试、召试、朝考、庶吉士月课、散馆、翰林院大考、博学鸿词科考试等。另据商衍鎏《清代科举考试述录》,书院亦常考赋。此外覆试贡士偶尔试赋,如顺治十五年春,世祖亲自覆试江南丁酉贡士,以古文、诗赋拔武进吴珂鸣第一。是年礼闱榜后,特赐吴珂鸣进士,与中式举人张贞生等一体殿试,寻改庶吉士。此次赋题为《瀛台赋》①。不过清代试赋场合虽多,但最集中的所在是翰林院,如庶吉士馆课、散馆、翰詹大考、博学鸿词科等均属此一系的考试,他如学政试生童、选拔庶吉士的朝考以及书院的律赋考试也均与翰林院相关。清代翰林院是考试律赋的重镇,要把握清代律赋的复兴,就必须重视翰林院在其中的作用。兹先将清代翰林院及其相关科目考试律赋的情况作一简要介绍。

最基层的是童生、生员系考试。童生之县试由县尊和府尊主持,一般考正场、招复、再复、连复及末复五场,第三场再复与第四场连复均试赋。此一考试未作严格要求,赋不须整篇,作若干韵亦可。院试由朝廷简放的学政主持,学政督学案临某地,先举行一场不太正规的观风考试,所谓"观风",即观察各地文化风俗之意。试题有古赋、律赋等题目。学政到任第一年为岁考,第二年为科考,凡府、州、县之附生、增生、廪生,皆须应考。岁、科试之正场虽不考赋,不过此前的一场经古考试尤重辞赋。虽此场"考否听凭自愿"②,但如果被录取,岁、科考大半取在一等,从而进入乡试;附生入国子监为优贡,也例在府、州、县历届经古录取一等者中挑选,所以此场意义不同凡响。乾隆朝的史申义,"年十五,金长直按察江左,观风七郡生徒,以《琼花赋》、《文选楼怀古诗》命题,名列第一;嗣吉水李尚书视学江南,试《霜钟赋》、《矍社珠光赋》,复第一。文名噪大江南北。既而贡成均"③。这些均为清代科制初级考试。不过奇怪的是,童生、生员考赋的规制不见记载于《钦定大清会典事例》、《清史稿·选举志》等官方的文献中。也就是说,此科考赋未必是政府的规定,那么,为什么童生、生员试还要考赋呢?这可能因为

①　王士禛:《池北偶谈》卷一"特赐进士及第"条,中华书局 1982 年版,第 1 页。
②　商衍鎏:《清代科举考试述录及有关著作》,第 10 页。
③　郑方坤:《国朝名家诗钞小传》卷三《黄门诗钞小传》。

主试的学政为翰林院出身之缘故。学政试童生、生员律赋的目的,诚如当时赋家所言,在于"拔录生童,预储馆阁之选"①,"备他日承明著作之选也"②,都是为将来的翰林院培养人才。所以清代科举制度虽不要求此试考赋,然实际上士子自幼也需学习律赋,一为应付学政的考试,一为憧憬将来能进入清华之地翰林院。

二是书院之试。据乾隆十年礼部定制,书院每月之课以八股文为主,兼及声律对偶之学。书院课试律赋,与书院师资的翰林出身有关。清代书院为提高声誉,往往延请当时颇有声望的休致翰林主讲或主掌,翰林为"退步救贫计",亦往往进入书院③。由此,翰林院的作风随之影响到书院,所以乾嘉以后书院课士尝间及律赋④。道光年间,翰林院编修黄安涛应邀至浙江鸳湖书院讲学,书院于是就在月课之外增加律赋作为小课⑤;又,屠倬掌教紫阳书院,"为馆阁储材起见",就在制义、试帖之外,月课复试以词赋⑥,这些都是翰林将律赋带进书院的显而易见之例。清代书院培养的人才亦须参加科举考试,进入翰苑同样是生徒的理想,课赋也是必然之事。

三是选拔庶吉士的朝考。明清科举与前代不同之处是进士试并不是科举的终点,除一甲三名分别授予修撰、编修外,其余进士还要参加朝考以决定其授官。由于朝考是专为选拔庶吉士而设,故又称"馆选"。考试题目,明代并未要求考赋⑦,但新进士入词垣,有将平日所作诗、赋、论、记等呈礼部送翰林院考订的规定⑧。清顺、康年间试以奏疏、律诗,雍正五年定为诏、

---

① 余丙照:《增注赋学指南》原序,《赋话广聚》第 5 册,第 5 页,北京图书出版社 2006 年版。
② 胡敬:《敬修堂词赋课钞序》,《敬修堂词赋课钞》卷首,清同治刻本。
③ 程晋芳:《正学论六》,《勉行堂文集》卷一。
④ 详见商衍鎏:《清代科举考试述录及有关著作》,第 241 页。
⑤ 于源:《镫窗琐话》卷二,清道光丁未(1847)刻本。
⑥ 屠倬:《紫阳书院课余选序》,《紫阳书院课余选》卷首,道光四年(1824)潜园刻本。
⑦ 据李调元:《制义科琐谈》卷二《黄鹦鹉赋》条:"永乐戊戌科二甲一名进士周叙,吉水人,十一岁能诗。殿试后上命作《黄鹦鹉赋》,称旨,授编修。"从此条记录看,《黄鹦鹉赋》很可能就是朝考的题目,但这在当时未必是定制。
⑧ 《明史》卷七十《选举志二》:"令新进士录平日所作论、策、诗、赋、序、记等文字,限十五篇以上,呈之礼部,送翰林考订。少年有新作五篇,亦许投试翰林院。"第 1701 页。

论、奏议各一篇;乾隆十六年定为论、奏议、诗、赋,嘉庆二十年后,以论、疏、诗三项命题,朝考试赋持续了六十余年。

四是庶吉士之馆课考赋。庶吉士在庶常馆学习的三年间,要完成各门功课。明代庶吉士平时主要学习诗文,赋虽也是馆课的一部分,但不占主导地位,如万历丁未科翰林馆课中赋只有《瀛洲亭赋》一题五篇,而癸丑科翰林馆课则无赋作①。因此,其馆课只能是诗文。而据文献记载,清代除学习国书的庶吉士外,汉书诸士每月要完成一定篇数的古文、律诗、律赋等课程作业②,更以诗赋为重。平时还要定期举行考试,乾隆癸未(二十八年)科庶吉士吴省钦回忆道:"予名在一等第三,奉旨改庶吉士,五月至庶常馆,馆师武进刘公(纶)、少宰德公(保)、编修太仓邵公(嗣宗)。予每一赋出,邵公辄录其副,刘公试《于阗玉磬赋》《登高赋》,皆第一。"③这里记载的就是吴省钦庶常馆课赋的情况。

五是庶吉士散馆试赋。庶吉士教习三年后,举行散馆考试。散馆题目,初用五言律诗八韵或十韵,论或时文一篇。雍正元年用诗、赋、时文、论四题。士子为列高第,往往勉为四篇,转多草率之作,有鉴于此,乾隆元年尚书任兰枝、侍郎方苞奏请只试诗赋二题为有益实学,后沿为定例。

六是翰詹大考试赋。大考以诗赋命题始于康熙二十四年,此次考试除《经史赋》外,尚考五言排律诗一首,辨一则、记一通、七言律诗一首。此后均以诗赋为主,而赋则一律为律赋。大考关系到翰林官的仕宦前途,且赋又是决定等级的关键所在,律赋的地位理应受到重视。

七是博学鸿辞科试赋。有清之世两开此科,康熙十八年己未科博学辞,试一诗一赋,诗为《省耕诗》,赋为《璇玑玉衡赋》;乾隆元年丙辰科博学鸿辞,试题仍圣祖旧制,赋为《五六天地之中合赋》,诗为排律《山鸡舞镜诗》;次年又补试续到者,题为《指佞草赋》与《良玉比君子诗》。《璇玑玉衡赋》虽未限韵,但从创作体制以及后人模拟的情况看,其与《五六天地之中

---

① 见《重订丁未科馆课》及《新刻癸丑科翰林馆课》,《故宫珍本丛刊》本。
② 见《庶吉士进学规条》,邸永君《清代翰林院制度》,第130页。
③ 吴省钦:《白华后稿》附自撰年谱。

合赋》、《指佞草赋》均为律赋无疑。清人谓"国家两举博学鸿词，……数十年间，风雅蔚兴"①，影响之大可见一斑。此科取中者授予侍讲学士、侍读学士以至检讨、赞善不等，均属翰林官。

以上所论均为考赋之科目，其中朝考、庶吉士馆课、散馆以及翰林院大考、博学鸿词科考试都与翰林院密切相关。与明代相比，清代翰林院考课明显重视了律赋。

二、清代翰林院考赋原因

诗赋创作是中国古代文人的主要文学活动，即使明以后八股文成为科考的主要项目，但士子还是背着家长和塾师学习诗赋。清初遗民绝意科举，不作四书文，但诗赋却是他们任何情况下都不会放弃的文体。清廷作为少数民族主掌的政权，为争取汉族知识分子的支持，以诗赋取士便成了重要的手段。如果结合平定"三藩之乱"的背景，考虑康熙十八年博学鸿词科试一诗一赋的政策，其中用意便很清楚②。此后，通过赋的考试便成为进入翰林院的首要一关。由此不难理解清代在四书文之外以具有评定标准"律"的律赋作为选拔人才的手段。

清代翰林院考赋，还与其职能相关。首先，翰林官是文学侍从之臣，"润色鸿业"是他们的主要工作。全祖望在《泰陵配天大礼赋序》中说：

> 臣祖望承乏翰林，窃念汉、唐、宋以来，凡有大礼，则其臣若扬雄、杜甫、范镇之徒，皆有纂述，其文麟麟炳炳，为百世称。今臣幸逢皇上重熙之盛，得预世宗宪皇帝配天大礼，虽文字谫劣，无能为前人役，而朝廷盛事，远迈前代，谨拜手稽首而为之赋，以志皇上世德之隆于万一。③

从汉赋兴起的文学背景来看，汉代大赋的创制与帝国宗教祀典是紧密相关

---

① 黄爵滋：《国朝试律汇海·序》，清道光三年（1823）刊本。
② 魏斐德：《洪业——清朝开国史》，第 983 页。
③ 全祖望：《全祖望集汇校集注·鲒埼亭外编》卷一，上海古籍出版社 2000 年版，第 753 页。

的，而献赋者多为皇帝身边的文学侍从之臣"郎官"一署①，《两都赋序》提到的"言语侍从之臣"若司马相如、虞丘寿王、东方朔、枚皋、王褒、刘向之属，均任此职。他们"朝夕论思，日月献纳"，如扬雄于汉成帝时"待诏承明之庭"，"从上甘泉，还，奏《甘泉赋》"，"祭后土，……还，上《河东赋》"，"（上）羽猎，雄从，……聊因《校猎赋》以风"，"从至射熊馆，还，上《长杨赋》"②。后世沿袭这一传统，这就是全祖望所说的"凡有大礼"，其臣"皆有纂述"之意。杜甫在落第后，曾献《朝享太庙赋》、《有事于南郊赋》、《进封西岳赋》，合称《三大礼赋》，此时他尚为布衣，唐玄宗奇之，使待诏集贤院，命宰相试文章，故有"忆献三赋蓬莱宫，自怪一日声烜赫。集贤学士如堵墙，观我落笔中书堂"③之诗句。集贤院亦是文学侍从之署，唐玄宗正是因为杜甫有赋才而命他待诏于此，可见献赋是文学侍从的专职。到了清代，文学侍从之臣集中在翰林院，自然担负起逢大典而献赋的传统，所以全祖望在翰林院时逢雍正皇帝配天大礼，便自然想到作赋。前如康熙得知惠士奇工于作赋时，"特命祭告炎帝陵、舜陵。故事，祭告使臣，学士以上乃得开列，先生以编修与焉，洵异数也。"④这种异数的获得，就来自他工于作赋的才能。清代赋家有意识地凸显献赋行为，词臣创作的同馆赋中以题为韵押"赋"韵时，往往就以此意作结，如"臣扣槃比陋，窃愿纂组以陈词；献日同愚，用敢濡毫而作赋"（法式善《同馆赋钞》卷二陆伯焜《日处君而盈度赋》）、"还应寿宇赓飏，更上大年之赋"（法式善《同馆赋钞》卷一六五泰《请试他题赋》）等，可见献赋是其职业的需要。而为了选拔赋家进入翰林院润色鸿业，同时激励词臣锻炼作赋才能，翰林院的各项考试中赋便占据了主要地位。

其次，翰林官为侍从，有"备顾问"之用。康熙十六年十月谕大学士等："朕不时观书写字，近侍内并无博学善书者，以致讲论不能应对。今欲于翰

① 许结师：《汉赋祀典与帝国宗教》，《赋体文学的文化阐释》，中华书局 2005 年版，第 37—52 页。
② 班固：《扬雄传》，《汉书》卷八七上，第 3522、3535、3540—3541、3557 页。
③ 杜甫：《莫相疑行》，《杜诗详注》卷一四，中华书局 1979 年版，第 1213—1214 页。
④ 钱大昕：《惠先生士奇传》，《潜研堂集·文集》卷三八，第 688 页。

林内选择二员,常侍左右,讲究文义。"①康熙和乾隆均为博学之主,为应备"顾问",词臣就需要有广博的知识才能胜任。所以康熙二十四年王熙等人奏曰:"翰林院撰述文字皆关紧要,皇上圣学渊邃,居此职者不但当老成谨慎,尤贵学问淹贯。"②乾隆元年博学鸿词科二等第八名齐召南学问渊博,记性过人。乾隆于宁古塔得古镜,未详款式,问朝臣,莫有对者,齐召南引证书史,罗缕具奏,乾隆大悦,顾左右曰:"是不愧博学鸿词矣。"③怎样才能选拔知识广博的人才进入翰林院呢? 这就是以赋来甄别。古人认为"诗赋之制,非学优才高,不能当也"④,赋在铺陈中涉及大量的知识、典故,需要赋家博闻广识,天文地理,无所不通。历代赋集的编纂,其体例大多模仿类书,正说明赋与博物的类书有相通之处。所以袁枚在《随园诗话》中强调:

> 古无类书,无志书,又无字汇;故《三都》、《两京》赋,言木则若干,言鸟则若干,必待搜辑群书,广采风土,然后成文。果能才藻富艳,便倾动一时。洛阳所以纸贵者,直是家置一本,当类书、郡志读耳。⑤

赋能够作为类书、志书来使用,原因在于其蕴涵的丰富信息。赋作不仅可以看出赋家文学才能的优与劣,还能见出其知识面的广与狭,因此,考赋选拔"备顾问"的词臣不失为一种有效的手段。

第三,清代翰林院是官场后备力量的蓄水池,因此词臣不仅需要广博的知识和优秀的文学才华,也需要具备一定的政治才情。怎样选拔这样的人才进入翰林院? 同样也是考赋。康熙帝在为《历代赋汇》作序时特别强调以赋"求天下之才"这一点:

> "登高能赋,可以为大夫",言感物造端,材智深美,可以与国政

---

① 《词林典故》卷三,《翰学三书》(二),第49页。
② 《康熙起居注》,第1570页。
③ 袁枚:《原任礼部侍郎齐公(召南)墓志铭》,《袁枚全集·小仓山房(续)文集》卷二五,第438页。
④ 孙何:《论诗赋取士》,引自沈作喆《寓简》,影印文渊阁《四库全书》,第864册。
⑤ 袁枚:《随园诗话》卷一,第6页。

事，故可以为列大夫也。是则赋之于诗，具其一体，及其闳肆漫衍，与诗并行，而其事可通于用人。……汉兴，贾谊、枚乘、司马相如、扬雄、张衡之流，制作尤盛。三国两晋以逮六朝，变而为排，至于唐、宋变而为律，又变而为文，而唐、宋则用以取士，其时名臣伟人往往多出其中。迨及元而始不列于科目，朕以其不可尽废也，间尝以是求天下之才。

康熙着重描述了赋史上两个重要的历史时期，一是汉代，一是唐、宋。论述唐、宋的律赋，他注意到此一时期的名臣伟人都是通过律赋考试脱颖而出的，如唐代的裴度、陆贽，宋代的范仲淹、李纲等人，均是如此。因此康熙重视赋在选拔人才中的作用，并在博学鸿辞、翰林大考时试以律赋。这一做法为雍正、乾隆等继承。为什么试赋可以求天下人才？赋既能见才学，更能见器识、怀抱。宋人孙何在《论诗赋取士》中分析道："唯诗赋之制，……观其命句，可以见学殖之深浅；即其构思，可以觇器业之大小。"①郑起潜《声律关键》亦曰："前辈一联两句，便见器识。如《有物混成赋》云：'得我之小者，散而为草木；得我之大者，聚而为山川。'知其有公辅器。如《金在镕赋》云：'倘令分别妍蚩，愿为轩鉴；如使削平祸乱，请就干将。'知其出将入相。"②《有物混成赋》为宋王曾之作，此为其举进士所试，"天下以为赋格"③，杨亿见而叹曰："王佐器也。"④后为右仆射兼门下侍郎平章事集贤殿大学士。《金在镕赋》的作者范仲淹，更是宋代名臣，此赋也是举进士所试。他们入仕前的赋作就显示了不平常的抱负，此后的经历亦印证这一点。清人对此也有论述，如潘世恩在《曹相国赋序》中说："宋王文正之赋有物混成也，识者谓宰相择任群才，使小大各得其所，已见于此；范文正之赋金在镕也，识者谓公负将相器业，文武全才，亦见于此。"⑤对此观点完全赞同。另外，清人

---

①　沈作喆：《寓简》。

②　郑起潜：《声律关键·琢句》，《宛委别藏》本。

③　旧题曾巩：《隆平集》卷五，影印文渊阁《四库全书》，第 371 册。

④　《宋史》卷三一〇《王曾传》，第 10182 页。

⑤　《有真意斋文集》（不分卷），清同治十二年（1873）刻本。

还对唐宋其他名臣赋作如是分析：

> 唐陆贽《圣人苑中射落飞雁赋》云："彼搏空之逸翰，尚无所违；矧荒服之逆命，曷不咸归。"裴度《三驱赋》云："背主而去者，以其逆而必杀；委贽而来者，以其顺而必全。"言外指点，煞有关系，真是救时宰相语。

> 唐李绅《寒松赋》云："濯影后凋，一千年而作盖；流形入梦，十八岁而为公。不学春开之桃李，秋落之梧桐。"公垂立朝，盖不肯苟随流俗者，观其与韩吏部争台参事可知。庶几不负斯语矣。①

以上三赋，评论家从中看到了赋家"器业之大小"，陆贽、裴度、李绅三人后来的成就证实了赋作中所见的器业，清代翰林院试赋的功能正在于此。

词臣的身份要求他们能够以赋为大一统王朝润色鸿业，选拔人才的需要，以赋考察他们的才学和器识乃一极佳之选项。总之，清代统治者的出身以及翰林院的特殊性质，赋，特别是律赋的学习和创作，都显得比前代更加必要。尽管康熙十八年博学鸿辞科考试以赋为科目有拉拢汉族精英知识分子的用意，而随着政治色彩的渐趋淡薄，赋的传统功能和科考手段日益突出。作为进身的阶梯，士子投入一定的精力从事律赋的创作也是理所当然之事。在这种情况下，继元、明律赋衰微之后，清代律赋再度掀起了一个媲美唐、宋的兴盛局面。

三、翰林院考赋与清代律赋的兴盛

律赋主要为科举考试文体，因此它的发展程度与其在科考中所占地位相关，试观其在唐宋的产生、发展以及在元明的衰落就是一个明显的例证。清代重拾律赋作为考试的文体，并且主要用在位居清华的翰苑考试中，无疑为其在全社会的推广奠定了坚实基础。于是继唐宋之后，律赋在清代掀起

---

① 汤稼堂：《律赋衡裁·例言》，瀛经堂藏板。

了又一股高潮,赋集的大量编纂,赋话著作的出现以及赋学理论的繁荣,都说明律赋在清代获得全面的兴盛。

首先从赋集的编纂来看,清代编纂的赋集数量之多是难以统计的。以试赋取士的唐、宋、元所编选赋集来说,唐人专门赋集甚少,据《新唐书·艺文志》,仅有二十家,且无总集,规模亦不到百卷。宋人辑选辞赋之风较唐人为盛,《宋史·艺文志》著录十二种,五百余卷。赋集规模较大,如徐锴《赋类》就有二百卷,王咸《典丽赋》有九十三卷,且多为唐代律赋,以为科场龟鉴。元代试赋"变律为古",兴起了一股编纂古体赋集的风气。钱大昕《元史·艺文志》著录有四种十一卷,黄虞稷《千顷堂书目》增录三种十七卷,另著录二种十三卷。可见其种类不多,规模不大。明代科举专以八股取士,不试诗赋,故编纂赋集的风气不浓,且多为游离科举的古赋。《明史·艺文志》著录有三种一百六十余卷,赋学研究者经过搜检,亦不过增加了九种不足百卷①。同前代相比,清代编撰的赋集不仅数量多,而且规模大,是以前任何一个朝代所不能比拟的。就中又以与翰林院考试相关的同馆赋集、律赋集为突出。清代以馆阁命名的赋集就有二十种之多,保存了自康熙至光绪馆阁试赋、献赋的丰富资料:

书名	卷数	编者	入翰林院时间
本朝馆阁赋	二十卷	程恂	雍正二年
同馆赋选	不详	钟衡	雍正八年
同馆赋艺	不详		
同馆赋钞	三十二卷	法式善	乾隆四十五年
本朝馆阁赋	十二卷	叶方宜	
		程奂若	
本朝馆阁赋后集、补遗、附录	九卷	周日瓒	
同馆律赋精萃	六卷	蒋攸铦	乾隆四十九年

---

① 见许结师:《历代赋集与赋学批评》,《中国赋学历史与批评》,江苏古籍出版社 2001 年版,第 173—174 页。

同馆赋钞	四卷	宋湘	嘉庆四年
同馆赋钞	十六卷	王家相	嘉庆十四年
双圃氏同馆赋钞	一卷	李象鹍	嘉庆十六年
周梦岩同馆赋钞	一卷	周作楫	嘉庆二十五年
馆课赋钞	二十卷	林召棠	道光三年
		翁心存	道光二年
同馆赋钞	不分卷	朱其镇	道光九年
同馆诗赋钞	不分卷	张之万	道光二十七年
		朱凤标	道光十二年
同馆赋钞二集		潘曾莹	道光二十一年
同馆赋续钞	十八卷	徐桐	道光三十年
近九科同馆赋钞	四卷	孙钦昂	咸丰六年
同馆经进赋钞	不分卷	佚名	
近科同馆赋	六卷	佚名	
近科馆赋约钞注释	不分卷	载棠	
详批近科同馆赋	不分卷	叶祺昌	

就编者身份来说,上列诸书编者大多为翰林出身,但也有少数未曾进入词垣,《本朝馆阁赋》《本朝馆阁赋后集》的编者叶方宣、程奂若、周日琏等人就是如此。叶、程二人仿其师阮学濬《本朝馆阁诗》而编《馆阁赋》,叶逝世后,程与周又将馆阁诸公新寄的赋作汇为《后集》。他们之所以编纂馆阁中人赋集,在于翰苑对普通士人的吸引力,正如阮学濬所说,"异日致身清华,承明著作,即於兹选预卜之"①,虽是客套之语,实际上也揭示了他们编纂馆阁赋的深层心理动机,那就是希望有朝一日能够跻身翰苑。正因馆阁内外对词臣赋作极为关心,所以馆阁赋集一经刊刻,就会产生"风行寰宇,人编摩而户弦诵"的轰动效应②,一则以此为圭臬,一则为预储馆阁之选作

---

① 阮学濬:《本朝馆阁赋后集序》,周日琏:《本朝馆阁赋后集》卷首,乾隆戊子(1768)新镌,困学斋藏板。

② 钟衡:《同馆赋选序》,朱珪:《皇朝词林典故》卷四二,《翰林掌故五种》,第883页。

准备。

在馆阁赋纷纷涌现的同时,律赋选本也大量产生。清代编撰的律赋选集至今尚未能够作出精确的统计,下表就笔者所见目录稍作罗列:

书名	编者	入翰林院时间
国朝律赋新机初集、二集	孙理少评辑	
	胡金杕等笺注	
律赋衡裁	周嘉猷	
	周嘉珍	
律赋清华	吴锡麒评辑	乾隆四十年
律赋正宗	潘世恩	乾隆五十八年
国朝律赋偶笺	沈丰岐	
律赋必以集	顾莼	嘉庆七年
关中课士律赋笺注	路德评选	嘉庆十四年
律赋凤楼集	吴纯	
律赋韵兰集	陆云槎	
律赋选青	任聘三	
律赋评笺	黎翔凤	
	黎荣桂	
国朝凌云赋选	谢文弱	
本朝试赋新硎	李光琼	
国朝试律汇海、续编、补编	黄爵滋	道光三年
唐律赋钞	潘遵祁	道光二十五年
律赋荜新	顾鹓	
律赋行远集		
律赋荜新集		
律赋锦标集	萧应蘽	
	郑伯壎	
律赋经畬集	阮亨	
律赋新编	赵霖	

律赋选读	浦蟾香	
律赋选读	刘岳云	
唐律赋钞	杨泗孙	咸丰二年
律赋青云集	夏同善	咸丰六年
文苑英华律赋选	钱陆灿	
瀛奎玉律赋钞	高敏	
瀛奎玉律二集		
律赋从新初集	陆小岩	
	陆小南	
国朝律赋拣金录	朱一飞	
律赋标准初集、二集	叶祺昌	
律赋崇雅	吴琥绣	
国朝律赋丽则	邹玉邑	
律赋选春	程廷献	
国朝注释律赋雕龙	蔡霞举	
律赋玉犀笺注	屈尘庵	
唐人应试赋选	刘文蔚	
	姚亢宗	
唐人赋钞	邱先德	
锄月山房批选唐赋	杨承启	
选注六朝唐赋	马传庚	
律赋仙丹	徐光斗	
清代律赋类纂	苏舆	光绪三十年
律赋三百首	朱永膺	
律赋准绳	缪裕绂	
律赋新编	赵楫	
	赵霖	
律赋效颦	王宝庸	

以上仅就以律赋命名的选本作统计，其实另有众多律赋选集并未在书

名上标示,如李元度《赋学正鹄》、张维城《赋学鸡跖集》等就是非常著名的律赋选本。上表所列选本主要在一选唐代律赋,一选本朝律赋。唐代律赋的编选刊刻,是出于清人宗唐的观念:"欲求为律赋,舍唐人无可师承。"①清代律赋选本出自翰苑词臣之手的虽不多,上列四十六种只有九种的编者出身翰林。不过尽管如此,这些律赋选本仍显示了馆阁赋创作在社会上的影响。翰苑词臣为清代律赋创作的中坚力量,许多律赋选本都将馆阁巨公之作纳入,以博得读者的关注。如《律赋锦标集》"大半馆阁巨公之制"②,《瀛奎玉律赋钞》"乃近时馆阁以及直省试牍、书院课艺"③之作,《律赋经畬集》"辑其(黄鲁泉、蒋晓瀛、钱茗仙)所作并馆阁名篇如干"④,《律赋荟新》也是"汇馆课、考卷、房稿,择其新颖者,得若干首,为初学津逮"⑤。这些选本的编者萧应蘽、郑伯埙、高敏、阮亨、顾鹝诸人均非翰林出身,而馆阁赋作是其首选。此外,一些律赋选本还请翰苑词臣作序,以抬高身价。如齐召南(乾隆元年博学鸿词科)为《本朝馆阁赋》、阮学濬(雍正十一年庶吉士)为《本朝馆阁赋后集》、潘世恩为《瀛奎玉律赋钞》、万青藜(道光二十年庶吉士)为《选注六朝唐赋》作序等等。翰苑中人也愿意为这些选本推扬出力,并非翰林出身的马传庚之《选注六朝唐赋》成书后,"同馆诸君精楷分书之,都下传为善本"⑥。正是翰苑内外的共同努力,"如在天上"的玉堂之赋作才能为广大士子接受。

馆阁巨公作为仕途上的成功者,其赋作成为普通士子研习的典范,甚至可以取唐贤而代之:"今馆阁诸赋,则国朝试帖也。学者就时彦中择其最精者以为鹄,即不啻瓣香唐贤,不必复陈大辂之椎轮矣。"⑦正因为本朝有如此之多的巨公能手,所以清人在取法对象上不免有些矛盾,在赋宗唐人的同

---

① 鲍桂星:《赋则·凡例》,《赋话广聚》第6册,第138页。
② 朱履中:《律赋锦标集序》,萧应蘽、郑伯埙:《律赋锦标集》卷首。
③ 潘世恩:《瀛奎玉律赋钞序》,高敏:《瀛奎玉律赋钞》卷首,道光庚寅(1830)刻本。
④ 阮亨:《律赋经畬集序》,道光己亥(1839)新镌,扬州二酉堂藏板。
⑤ 顾鹝:《律赋荟新叙》,《律赋荟新》卷首,清道光刻本。
⑥ 万青藜:《选注六朝唐赋序》,马传庚《选注六朝唐赋》卷首,光绪丙子(1876)刻本。
⑦ 李元度:《赋学正鹄序目》,《赋学正鹄》卷首,光绪十一年(1885)文昌书局校刊。

时,又出现了相反的言论,如徐光斗所言:"唐律法疏而意简,时赋则细密华赡。其古今运会,盖即与制义墨裁相似,学赋者固宜去唐赋而尚时趋也。"①侯心斋也说:"唐赋虽正格,但法疏而意薄,不必多读。本朝馆阁赋,略读近科数十篇,以润词气而活笔机。"②这显示了清人对本朝翰苑词臣律赋创作的充分肯定。

在专门的律赋选本之外,翰林院也编选了一些规模巨大、影响深远的赋集,其中著名的如时任詹事府詹事的陈元龙于康熙四十五年奉敕编纂的《历代赋汇》(184卷)、时任翰林院编修的陆葇编纂的《历朝赋格》(15卷)等,在赋学史上占有重要的地位。

由于清廷文化政策重赋,围绕取士试赋,清代文坛再一次掀起创作律赋的热潮,赋学批评亦随之兴盛,集中体现在产生了一批专门指导士子作赋法则的赋话类著作。考查今存属于赋话类的论著,主要有以下几种:

作者	书名	卷数	内容	曾入翰林与否
李调元	雨村赋话	十卷	古律赋兼论	乾隆二十八年
浦铣	历代赋话	二十八卷	古律赋兼论	
	复小斋赋话	二卷	以律为主	
孙奎	春晖园赋话	二卷	古律赋兼论	
朱一飞	赋谱	不分卷	专论律赋	
王芑孙	读赋卮言	十六篇	以古为主	
汪廷珍	作赋例言	十一则	专论律赋	乾隆五十四年
江含春	楞园赋说	一卷	专论律赋	
林联桂	见星庐赋话	十卷	专论清代馆阁律赋	
魏谦升	赋品	不分卷	专论律赋	
余丙照	赋学指南	十六卷	专论律赋	
姜学渐	味竹轩赋话	不分卷	专论律赋	

① 徐光斗:《赋学仙丹·赋学秘诀》,清道光四年(1824)刻本。
② 侯心斋:《律赋约言》,收入程祥栋《东湖草堂赋钞》,同治五年(1866)刊本,抱朴山房藏板。

程先甲	赋话	一卷	不详	
刘熙载	赋概	一卷	以古为主	道光二十四年
张之洞	赋语	一卷	专论清代律赋	同治二年

由上表可看出,清代赋话以论律赋为主,其目的主要是供士子科考之用,就中又以翰林出身的学政所编赋话为著。如李调元《雨村赋话序》曰:"予视学粤东,经艺之外,与诸生讲论,尤津津于声律之学。凡岁试、月课之余,有兼工赋者,莫不击节叹赏,引而启迪之。"①可见这部赋话是乾隆四十二年至四十五年他在广东学政任上指导诸生作赋时成果。张之洞《赋语》是其《輶轩语》中的一篇,据其序末署"光绪元年提督四川学政侍读衔翰林院编修"②之语,可知这也是在学政任上为指导士子应试而作。汪廷珍曾以翰林院掌院学士兼教习庶吉士,并出任安徽、江西学政,有《安徽试牍立诚编文序附条约十八则》及《讲席试牍立诚编文序附续刊条约二十八则》③,其中均提到作赋的方法,估计其《作赋例言》也是为此而发。未曾出身翰林者所作赋论也与科举考试相关。如《读赋卮言》作者王芑孙长期为华亭教谕,孙奎《春晖园赋话》前有乾隆五十五年状元胡长龄序,称为"受业",亦见师生关系,《赋学指南》的作者余丙照也是一位塾师,可见他们的赋论重在举业。出于"预储馆阁之选"的目的,此类赋话多以词垣的作风为标准来教育诸生。

第二节　法式善《同馆赋钞》与乾嘉朝翰林院赋风

由于馆阁位居清华,受人羡慕,人们对其中的掌故有浓厚的兴趣,这种情况下,关于翰林院的著作大量涌现。至于词垣考赋的情况,雍正年间翰林院编修钟衡编有《同馆赋选》及《同馆课艺四集》,不过均已亡佚。法式善所

①　《赋话》卷首,《赋话广聚》第3册,第1页。
②　张之洞:《轩輶语·语文第三·赋语》,《张文襄公全集》本。
③　《实事求是斋遗稿》卷二,清道光二十九年(1849)扬州刻本。

编《同馆赋钞》①中保留了乾隆、嘉庆年间翰林院考课的律赋,考察该书,有助于认识那个时期翰林院律赋创作的情况。

一、法式善与《同馆赋钞》的编纂

法式善(1753—1813),姓蒙乌吉氏,原名运昌,字开文,号时帆,又号梧门居士,蒙古正黄旗人。乾隆四十五年进士,改庶吉士。五十年升左庶子,高宗乾隆赐名法式善,满语中"式善"有黾勉上进之意。后官侍讲学士,改侍读学士。乾隆五十六年翰林院大考,名列三等,"奉旨以部属用,掣兵部员外郎上行走"。五十九年升国子监祭酒,嘉庆四年因直言上书而获赏翰林院编修,并于次年升侍讲,七年升侍讲学士。然而在嘉庆八年的又一次翰林院大考中他再度折翼,降赞善。虽然嘉庆十年重官侍讲学士,但十二年因"纂修《宫史》篇叶讹脱",被降为庶子,不久即乞病归家。事迹见阮元编《梧门先生年谱》②。著有《存素堂诗集》、《文集》,曾奉旨参与编纂《全唐文》、《皇朝词林典故》、《八旗人诗》。其自行编著除《同馆赋钞》外,尚有《清秘述闻》、《槐厅载笔》、《梧门诗话》、《陶庐杂录》等。

《同馆赋钞》有二十四卷本和三十二卷本之别,二者刊刻时间不同,内容亦存在较大差异。据《梧门先生年谱》,《同馆赋钞》最初刊刻于乾隆五十八年,时法式善官庶子。但这与该书卷一下署"国子监祭酒"显然不合。考法式善任国子监祭酒一职,是自乾隆五十九年至嘉庆四年间。该书凡例又称"乾隆乙卯(六十年)、嘉庆丙辰(元年)二科俟汇齐后增补",则成书时间应在嘉庆元年(丙辰)之后。另吴省兰《同馆赋钞序》署"内阁学士兼礼部侍郎",考吴氏任内阁学士的时间为乾隆五十六年十月至嘉庆三年正月间③,则《赋钞》当成书于嘉庆初年,阮氏所定有误。国家图书馆藏有嘉庆元年刻本,证实这一推断。该书包括自乙丑(乾隆十年)至癸丑(乾隆五十八年)的二十二科馆课,加上御试之作,共二十四卷。

---

① 本文所引法式善:《同馆赋钞》为清光绪十六年(1890)刻本。
② 清嘉庆二十一年(1816)刻本。
③ 钱实甫:《清代职官年表》,中华书局1980年版,第1005、1011页。

《同馆赋钞》又名《三十科同馆赋钞》，所谓"三十科"是就馆课而言，包括自乾隆十年乙丑科至嘉庆十四年己巳科六十五年间的三十科馆课，每科为一卷，加上大考一卷、散馆一卷，共三十二卷，因此嘉庆元年二十四卷本仅是初刻本。据王家相《书同馆赋钞目录后》记载，该书最后定本时，他还征求了法式善的意见，并建议将辛未（嘉庆十六年）科以后编为续钞。法氏卒于嘉庆十八年，而卷一收入壬申年（嘉庆十七年）大考的《帝京赋》三篇，显然，《同馆赋钞》最后成书应该在嘉庆十七、十八年之间。

王家相又说法式善该书花费的苦心，"三四十年于兹"，如果从嘉庆十八年往前推，至入词馆为庶吉士专攻应制体的乾隆四十五年①，其间正经历了三十多个年头。编者为何投入如许精力完成该书？这首先可能是因为收集之难。法式善在《凡例》中感叹道："第五十年（按：指乾隆十年乙丑至五十八年癸丑）以来，残缣断楮，已不免蠹饱鼠残之憾，著述家又以为雕虫小技，随手散弃，一时汇萃颇难……"而三四十年一直孜孜不倦搜访的动力，更直接的原因是翰林院在士林的影响与词馆考课的需要。

法式善编纂《同馆赋钞》，据序言或自述，其目的一是为了保存"掌故"。被称为"文章渊薮"的清代翰林院，乃属清秘之地。尤其是嘉道以前，有文才的士人都以进入翰林院为荣。翰林院成了清代士人关注的焦点，其中有关的掌故，也为人们津津乐道。这一点只要翻看清代史料笔记就很清楚。而作为主要考试科目的诗赋，更是士人创作的典范。翰林院的"片玉碎金"被"奉为至宝"，法式善同馆前辈钟衡《同馆赋艺》甫出，立即产生了"风行寰宇，人编摩而户弦诵"②的轰动效应，可见社会上对这类书籍的需求。

其次，清代翰林院中考试成绩的等级决定了翰林官员今后的命运。即使是官职较低的编修、检讨，只要在这些考试中获取一等二等，立即有可能升为正四品的讲读学士，从而为以后进入最高权力集团——内阁和军机处打下基础；身无品位的庶吉士，也要通过考试取得立身翰林院的资格。而一

① 法式善：《存素堂诗初集录存自序》，《存素堂诗初集录存》卷首。
② 钟衡：《同馆赋选序》，朱珪《皇朝词林典故》卷四二，《翰林掌故五种》，第883页。

且考试名次靠后,则遭降级或改派知县的处罚。因此应付翰林院各种考试的参考书便成为翰苑士人必备读物,馆阁后辈亟需以成功前辈的作品为创作典范。《同馆赋钞》的编纂目的即是为了向翰苑人员提供一本规范的教科书,便于他们从中吸取经验教训。吴省兰在《同馆赋钞序》中说"是编也不特麟角凤毛,楷模词苑,而命题美备,多足以征圣朝掌故之存",即是兼"楷模"、"掌故"二者而言之。

法式善《同馆赋钞》的编纂"范围于钟本"(《同馆赋钞凡例》),受到钟衡《同馆赋选》的影响。钟衡文集不传,惟《国朝赋楷》中存有《稼穑惟宝赋》一篇,评曰:"诗人立言,因难作巧,而作者亦如镕金泻凤,刻玉成楮,无不工绝。"①可知其赋作亦有一定的造诣。据法选《赋钞》凡例可知,钟刻四集之一的《同馆赋选》实收自雍正元年癸卯至乾隆七年壬戌二十年间翰苑试赋之作,同时又搜辑顺治四年丁亥至康熙六十年辛丑翰林院试赋、献赋之作一百五十余篇。法选《赋钞》始于乾隆十年乙丑,实际上是钟本的延续,只是由于二书在编纂体例上的差异,法式善才未用《续钞》之名。

自嘉庆十四年以后,法式善由于身体原因以及翰林院繁忙的编书工作,《同馆赋钞》后期成书和校对工作由他的助手翰林院编修王家相担当。据梅曾亮《王艺斋家传》②记载,家相字艺斋,常熟人。以拔贡生官萧县教谕。嘉庆十四年进士③,官编修,迁御史。少以文学知名,有《茗香堂集》十六卷,服官后一以国计民生为念,甚有政声。他曾打算将嘉庆辛未科以后的翰林院考课赋作编为续钞,而当成书之后,仍名之曰《同馆赋钞》④。是编收赋自嘉庆十六年辛未科至道光三年癸未科六科馆课加上散馆及大考之作约三百首,从科目看又承接了法选《赋钞》。

三十二卷本《同馆赋钞》在编排上分成三类,即大考一卷、散馆一卷、馆

---

① 胡浚:《国朝赋楷》卷四,清乾隆刻本。
② 梅曾亮:《柏枧山房文集》卷九,《柏枧山房诗文集》,上海古籍出版社 2005 年版,第 212 页。
③ 梅曾亮:《王艺斋家传》作"嘉庆四年",此据《明清进士题名碑录》以及《江苏省通志稿》卷六《选举志》。
④ 王家相:《同馆赋钞》,清刻小字本。

课三十卷。而大考、散馆、馆课就是清代翰林院考课的三种基本形式,馆课、散馆是对庶吉士而言,大考则是对已经授职的翰林官的考察。从《同馆赋钞》保存的律赋中可以清楚了解清代翰林院律赋创作的方方面面,如考试的题目、赋作中体现的学术化倾向、颂圣的模式以及清秀的风格等。

二、命题:"从不故求隐僻"

顾炎武曾说:"科场之法,欲其难不欲其易。"[1]为了加大考试的难度,考官往往割裂经义出题。清代八股文试题,有所谓缺头短尾、东拉西扯的"截搭题",即将经书上下文磔裂为断章,以此来"杜绝考生抄袭的弊病"[2]。可是翰林院考试诗赋尤其是律赋考试情况相反,出题甚为随意。

以大考卷为例,《同馆赋钞》卷一所录十科大考赋中,有四科是拟前人之作,分别是戊子年《拟张华鹪鹩赋》、辛亥年《拟张衡天象赋》、戊午年《拟徐阶井鲋赋》和癸亥年《拟潘岳藉田赋》。还有四科的赋题前代也已经出现过,为方便起见,现根据《三十五科同馆诗赋解题》[3]及其他文献将《同馆赋钞》所收大考之题的出处列表如下:

科次	赋题	出处
乾隆十三年戊辰(1748)	竹泉春雨赋	乾隆御画
乾隆十七年壬申(1752)	纳凉赋	杜甫《陪诸贵公子……纳凉》《历代赋汇》
乾隆二十三年戊寅(1758)	瑾瑜匿瑕赋	《礼记》《历代赋汇》
乾隆二十八年癸未(1763)	江汉朝宗赋	《尚书》《历代赋汇》
乾隆三十三年戊子(1768)	拟张华鹪鹩赋	《文选》

---

① 《日知录集释》卷十六"拟题",第 1263 页。
② 启功:《说八股》,中华书局 2000 年版,第 8 页。
③ 魏茂林:《国朝三十五科同馆诗赋解题》,清道光二十九年(1849)有不为斋刻本。

乾隆五十年乙巳(1785)	以仁安人以义正我赋	《春秋繁露》 《御定子史精华》
乾隆五十六年辛亥(1791)	拟张衡天象赋	张衡《天象赋》 《历代赋汇》
嘉庆三年戊午(1798)	拟徐阶井鲋赋	徐阶《井鲋赋》 《历代赋汇》
嘉庆八年癸亥(1803)	拟潘岳藉田赋	《文选》
嘉庆十七年壬申(1812)	帝京赋	《历代赋汇》

再以散馆卷为例,《同馆赋钞》卷二保留了自乾隆十年乙丑科至嘉庆十四年己巳科三十科散馆考试名列上等的律赋之作,其赋题及出处如下:

科次	赋题	出处
乾隆十年乙丑(1745)	五位相得赋	《易》
乾隆十三年戊辰(1748)	鼓琴得其人赋	《孔子家语》
乾隆十六年辛未(1751)	孟冬时令赋	《礼记·月令》
乾隆十七年壬申(1752)	责难赋	《易》 《历代赋汇》
乾隆十九年甲戌(1754)	石韫玉赋	陆机《文赋》 《历代赋汇》
乾隆二十二年丁丑(1757)	仁寿镜赋	徐坚《初学记》 《历代赋汇》
乾隆二十五年庚辰(1760)	牛羊勿践行苇赋	《诗》 《历代赋汇》
乾隆二十六年辛巳(1761)	宁戚饭牛赋	《淮南子》 《历代赋汇》
乾隆二十八年癸未(1763)	八砖影赋	李肇《翰林志》
乾隆三十一年丙戌(1766)	虚舟赋	《庄子》
乾隆三十四年己丑(1769)	见大水必观赋	《荀子》
乾隆三十六年辛卯(1771)	齐景公好马赋	《晏子春秋》
乾隆三十七年壬辰(1772)	芍药翻阶赋	谢朓《直中书省诗》
乾隆四十年乙未(1775)	天形如车盖赋	《太平御览》
乾隆四十三年戊戌(1778)	虚室生白赋	《庄子》
乾隆四十五年庚子(1780)	日处君而盈度赋	《初学记》

乾隆四十六年辛丑(1781)	清黄交汇赋	时事
乾隆四十九年甲辰(1784)	太液池人字柳赋	乾隆《御制文集二集》
乾隆五十二年丁未(1787)	励志赋	晋张华《励志诗》
乾隆五十四年己酉(1789)	一目罗赋	《淮南子》
乾隆五十五年庚戌(1790)	无极而太极赋	周敦颐《太极图说》
乾隆五十八年癸丑(1793)	方竹杖赋	《桂苑丛谈》
乾隆六十年乙卯(1795)	污卮赋	《历代赋汇》
嘉庆元年丙辰(1796)	武有七德赋	《左传》
嘉庆四年己未(1799)	大礼与天地同节赋	《礼记》 《历代赋汇》
嘉庆六年辛酉(1802)	奉三无私赋	《礼记》
嘉庆七年壬戌(1803)	东巡赋	时事
嘉庆十年乙丑(1806)	江汉朝宗于海赋	《尚书》
嘉庆十三年戊辰(1809)	凿井耕田赋	皇甫谧《高士传》
嘉庆十四年己巳(1810)	纲举网疏赋	《晋书·刘颂传》

乾隆年间钱陈群在为吴子翼《赋汇录要》作序时说:"十余年来皇上召试词臣,间以是书命题。"①"是书"即康熙四十四年陈元龙奉敕编纂的《历代赋汇》,上述大考诸赋除《竹泉春雨赋》、《以仁安人以义正我赋》外,其余八首赋题出自《历代赋汇》。散馆卷亦有七题源于该书。《历代赋汇》在当时应属常见书,所以这样的题目难度不是很大。乾隆也声称无意为难应考词臣,他说:"朕向来命题,从不故求隐僻。"②

这种情况的出现,与皇帝出题较大的随意性有关。乡会试试题过易,考官就会遭到各方面包括皇帝的批评,甚至因此还会丢掉官职,所以为了一道试题考官往往挖空心思。而大考、散馆试题一般为皇帝所出,所以称为"御试"。皇帝出题就没有试官的担忧,也不用刻意设置题目。比如《竹泉春雨赋》,据齐召南《纪恩二首》其一自注:"《竹泉春雨赋》蒙天语褒奖,即写入

---

① 钱陈群:《香树斋文集》卷一四,《四库未收书辑刊》第9辑第18册。
② 朱珪:《皇朝词林典故》卷二,《翰林掌故五种》,第610页。

御笔画卷之后。"①《国朝赋楷》亦云:"乾隆戊辰,试翰詹诸臣于乾清宫,即以御笔所画'竹泉春雨图'为题。"②由此可知乾隆皇帝在画了一幅《竹泉春雨图》之后,一时兴起,即以此为大考赋题。又,乾隆作了一首《人字柳赋》,于是就以"太液池人字柳赋"为题。这样的事例不会太少,乾隆六十年乙卯科庶吉士散馆的赋题是《污卮赋》,之所以出这个题目,乾隆解释道:"昨庶吉士散馆,适朕连日盼望雨泽,兼盼楚省捷音,未免焦劳倍切,心绪不宁,随手翻阅,于《赋汇》内偶捡'污卮'为题。"③大考卷中唯一的一道经义题《以仁安人以义正我赋》可能也是这样随手翻阅得来的。此题出自董仲舒《春秋繁露》卷八《仁义法第二十九》,康熙朝始编雍正朝完工的《御定子史精华》中收录了这部书,不难断定这也是乾隆皇帝经常翻阅的读物。

　　之所以能够如此随意地出题,乃是因为唐宋科举中存在的诗赋与经义之争至清代已经消失的缘故。唐宋科考中有考诗赋与考经义的矛盾,在经义派掌权的情况下,诗赋经常处在被排斥的境地。早在唐开元年间,洋州刺史赵匡《选举议》就已批评"主司褒贬,实在诗赋,务求巧丽。……不唯挠其淳和,实又长其佻思。"提议改试笺、表、论、议、铭、颂、箴、檄,不试诗赋④。唐文宗大和七年八月还发生礼部奏请"其所试诗、赋并停者"之事⑤。宋代科制始终在罢、复诗赋取士之间徘徊,马端临《文献通考》对此过程有简要阐述:

　　　　熙宁四年始罢词赋,专用经义取士,凡十五年。至元祐元年复词赋与经义并行。至绍圣元年复罢词赋,专用经义,凡三十五年。至建炎二年又兼用经、赋。盖熙宁、绍圣,则专用经而废赋;元祐、建炎,则虽复赋而未尝不兼经。⑥

①　齐召南:《宝纶堂诗钞》卷五,《续修四库全书》,第 1428 册。
②　胡浚:《国朝赋楷》目录下解题。
③　朱珪:《皇朝词林典故》卷二,《翰林掌故五种》,第 610 页。
④　《通典》卷一七《选举五》引,中华书局 1988 年版,第 419 页。
⑤　《唐会要》卷七六,第 1381 页。
⑥　《文献通考》卷三二《选举考五》,中华书局 1986 年影印本,第 299 页。

为消弭经义与诗赋之争,宋代在科举制度方面往往"分经义、诗赋以取士"①。而更多的情况则是考赋常常以经义命题,且依经立意,于是唐宋赋题出现了众多的经义题、经史题②。明代科举以四书命题,经义与诗赋之争基本消失。清代科举以四书文为主,翰林院一系的考试则以诗赋,经义与诗赋和谐并存。诗赋考试已经独立经史之外,表现在赋题上,经史题减少,出题的自由度更大。以上面所列大考、散馆试题为例,在四十道赋题中,除去三道题取材时事外,其余三十七道题中,经史题有十二道,其中五道不是直接出自经史,而是取材《历代赋汇》中已有赋题,这样统计,有意以经史命题的仅为七道左右,占不到总数的五分之一。其他以子部诸书命题的有十道,集部的有三道,而直接用前人赋题的就有十五道之多。皇帝亲自御试的大考、散馆考试出题如此自由,馆课的赋题更是毫无拘束。这充分说明,清代试赋出题已经不再依附经史,考赋和考经义有明确的分工,经义所取为普通士子,而通过考赋录取翰林院所需人才。

三、赋与学术:汉学兴盛与赋的学术化

《同馆赋钞》中的律赋创作于乾嘉年间,在汉学兴盛的年代,翰林院集中了众多汉学家,他们的律赋创作不可避免地展示了来自汉学的影响,同时汉宋之争也在这一时期的律赋上烙下痕迹。

汉学对律赋影响最明显的一点是赋中小学方法的运用。小学和赋的关系从最初就很密切,正如阮元所说:"古人古文小学与词赋同源共流,汉之相如、子云,无不深通古文雅训。"③西汉赋家多为小学家,如司马相如著有《凡将篇》,扬雄著有《方言》,他们赋中丰富的词汇就是得益于小学的修养。后世赋家亦多精通小学,章太炎总结赋之所以衰落的原因在于"小学亡"④,

---

① 《宋史》卷一五五《选举志一》,第 3604 页。
② 有关唐宋考赋经义命题的情况,参见许结师《郑起潜 <声律关键> 与宋代科举八韵律赋叙论》,《赋体文学的文化阐释》,第 279—300 页。
③ 《扬州隋文选楼记》,《研经室集・二集》卷二,上海古籍出版社 1993 年版,第 388 页。
④ 《国故论衡》,上海古籍出版社 2003 年版,第 92 页。

虽不免夸大,但小学的作用不容忽视。清代翰林院编纂了《康熙字典》、《音韵阐微》、《佩文韵府》、《骈字类编》等小学类著作,且翰林院负责注释经传的工作,这就促使小学得到充分的发展。到了汉学昌明的乾嘉时期,赋家便又一次在赋中展现小学涵养,与前代不同的是,此时赋作中大量使用的是训诂释义的方法,声训、义训不时出现在这一时期的律赋中。以训诂作律赋的例子,随手就可以举出以下诸条来:

> 东之言春,乃发育群生之始;巡之为视,由本支百世而推。(卷二张元宰《东巡赋》)

> 石者核也,气凝精而为核;磁者慈也,母召子以惟慈。(卷十二姚颐《磁石引针赋》)

> 经者常也,道有常而勿逾;论者纶也,言有纶而可守。(卷十五邹炳泰《虎观论五经同异赋》)

> 盖云者云也,固云游而莫穷其迹;云者运也,究运转而不失其归。(卷十六梁上国《友风子雨赋》)

> 盖极者至也,北极居尊而不动;太者大也,太初最上而难穷。(卷十七冯培《太极图赋》)

> 松者横也,禀秀抱三危之露;柏者掬也,含醇伴千载之葆。(卷十八许兆棠《松柏有心赋》)

> 盖冬者终也,殿四时之终而贞元会合;权者始也,居万物之始而铢两平施。(卷十九万承风《冬权赋》)

> 经者常也,共书田而灌溉;锄者助也,向艺苑以耕耘。(卷二十三王宗诚《带经而锄赋》)

> 沈之为言默也,聚而不散,如石髓之中含;布之为言陈也,酌而不穷,仰天浆之下注。(卷二十五严荣《文露沈武露布赋》)

> 艮者止也,占安止于兼山;水者准也,能准平乎万物。(卷二十六汪守和《流九止瓯臾赋》)

> 宫为中也,探一元之本始;钟者种也,立万事之维纲。(卷二十

七花杰《黄钟宫为律本赋》)

盖毂者确也,体坚确而难甊;亦辐者辅也,材广博而辅渠。(卷二十七张澍《三十辐共一毂赋》)

政者正也,合畛域而不异其情。(卷二十九霍树清《政如农功赋》)

是知经者径也,秩然不虞间道。郭者郭也,廓然不限偏隅。(卷二十九卢炳涛《五经为众说郭赋》)

岂不以雩之言吁,本吁嗟之诚而告厥;吁之言远,积深远之意以求之。(卷三十许机《龙见而雩赋》)

吕之为言助也,助姑洗之鲜明;吕之为言拒也,拒乾盈之满溢。(卷三十徐松《律中中吕赋》)

雩者常也,卜西成于秋报;雩者大也,继东作于春祈。(卷三十一杨煊《龙见而雩赋》)

春言蠢而象物之生,均田是率;秋为揪而得时之肃,惟正脣供。(卷三十二蔡培《民生在勤赋》)

上列训诂虽声训、义训兼用,不过用的最多的则是声训。声训方法的大量使用始于扬雄《方言》、刘熙《释名》,但直到清代,"因声求义"作为训诂的一个重要方法才臻于系统化、理论化①。戴震认为"故训音声,相为表里"②,王念孙强调"训诂之旨,本于声音。故有声同字异,声近义同。虽或类聚群分,实亦同条共贯"③。赋中运用释义法是"自欧阳公《秋声赋》中得来"④(欧阳修《秋声赋》:"商,伤也,物既老而悲伤;夷,戮也,物过盛而当杀"),但清代以前赋尤其是律赋这一情况尚属少见,至乾嘉时期才屡见不鲜,这说明随学术研究的发展赋亦发生相应的变化。

小学对律赋的影响,还表现为律赋在一些作者手下成了展示他丰富的

---

① 陆宗达、王宁:《训诂与训诂学》,山西教育出版社 1994 年版,第 62 页。
② 《六书音均表序》,《戴震文集》卷一〇,第 153 页。
③ 《广雅疏证序》,《广雅疏证》卷首,《续修四库全书》第 191 册。
④ 余丙照:《增注赋学指南》卷三,《赋话广聚》第 5 册,第 111 页。

文字学知识的学术论文,使以体物写志为主要特色的赋具有浓厚的学术性。
试看下面的例子:

> 伊皇颉之作文,本六书以为质。转注则考老并垂,假借则令长
> 共述。止戈为武,人言为信。识会意之最精,从工为江,从可为河。
> 见谐声之至密,惟象形之一端,与指事而并出。是故三画而连其
> 内,谓之王;一规而注其中,谓之日。……稽八书于许慎,妙理堪
> 寻;考四体于卫恒,精言可悟。九州万国,地虽远而操笔皆知;汉字
> 秦章,世虽疏而临文莫误。(卷二王念孙《日处君而盈度赋》)

> 谓字以象形,遂会意谐声之兼得;风原取巽,如发号出令之攸
> 司。……想天赐之嘉名,必有合也;惟帝赉予良弼,于以求之。(卷
> 二十四潘世恩《大风吹垢赋》)

除小学的方法外,赋家还喜欢在律赋中施展考证功夫,只要遇到机会,作者
就见缝插针,从不放过任何一个能够考证的地方:

> 夫其《尔雅》曰扉,《说文》从户。以苇称松栋之居,省翅节翚
> 飞之宇。箑自异于方言,阖并修于庙庑。(卷二十三洪梧《五明扇
> 赋》)

> 《尔雅》以楔释名,月令以含纪美。……考膳夫之录,味美蜡
> 珠;注舍人之篇,名推崖密。(卷二十四潘世恩《樱桃赋》)

> 按称名于埤雅,蝾蛇不殊;考细事于稽言,浮沉有以。(卷二十
> 四谭光祥《水母目虾赋》)

以上仅是安插在行文间的考证,有的律赋甚至通篇以考证为主。乾隆年间
学术界关于《诗经·谷风》"泾以渭浊"的解释产生过争论,泾渭何者清? 何

者浊？为了弄清这个问题，乾隆命陕西巡抚秦承恩实地考察①。实践证明"泾清渭浊"之后，学者们又从文献记载方面重新考证。曹振镛、石蕴玉等人的《泾清渭浊赋》就是这一学术动态在同馆律赋创作中的体现。全篇用律赋的形式考证，结尾还分析了导致错误的原因："皆移经以就传，弗析疑而求确。"（卷二十三石蕴玉《泾清渭浊赋》）他如康熙曾命徐乾学等词臣作《河源考》，并于康熙四十年命舒兰携侍卫拉锡往探河源②，于是庶常馆馆课就有《河源赋》之作等等，律赋和考据学发生了如此密切的联系。

　　汉学是这一时期学术界的主流，宋学遭到上自帝王的批判，然理学在一定程度上还是国家的统治思想，还要求人们遵循。翰林院此时集中了大量的汉、宋学家，汉宋之争也在翰林院中上演。尽管汉学在当时翰林院内外的学术界占据着为宋学无法撼动的统治地位，可是一些同馆赋却流露出对汉学的轻视、鄙薄之情：

　　　　我皇上……焜煌分黼黻之华，著述陋虫鱼之注。（卷九曹文埴《临风舒锦赋》）

　　　　士本如林，美杞梓繁柯之殖；才真似海，薄虫鱼小技之笺。（卷三十一王锡蒲《古书为山渊赋》）

对宋儒之学的推尊，也贯穿着对汉学的批判：

　　　　游心阙里之堂，诵法宋儒之注。（卷十八初彭龄《学如鸟数飞赋》）

　　　　皇上绳之以礼门，正之以义路……以故节共砥乎廉隅，学不邻乎章句，俱本末之交修，亦言行之相顾。（卷二十一柳迈祖《循名责实赋》）

　　　　凭诗书为稼穑，足以代耕；恃义理为丰年，无是则馁。……则

---

① 《清实录》第二十六册卷一三四七乾隆五十五年正月辛亥，第28页。
② 王嵩儒：《掌故拾零》卷一，沈云龙主编《近代中国史料丛刊》本。

有学惭尔雅,品愧通人,只抱残而守匮,罔温故而知新。笥鲜缥缃,
索枯肠而欲尽;胸无故实,讥枵腹之维均。故饾饤小家,等于细民
之积谷;而缥囊富有,信乎君子不忧贫。……然而择焉贵审,语焉
务详,六籍膏腴,固将漱其芳润;百家填委,直可扬其秕糠。果能反
约功深,不愧乎丰玉荒谷;行见穷经,致用堪献于清庙明堂。(卷二
十六陈兰畴《馈贫粮赋》)

"赋显才学",不过清以前赋家的才学是以赋中大量典故、名物、词汇等展
现。清代赋家在学术研究发展的前提下,不再满于以记诵之能为博学,他们
用赋来呈现学术研究的成果,并将学术界的现状以赋的形式记录下来,实现
了赋的学术化。正因如此,前代未出现的一些题目如《文心雕龙赋》、《文以
载道赋》、《六艺赋居一赋》等在《同馆赋钞》中大量出现。赋的学术化倾向
是赋发展的一种趋势①,清代同馆赋的创作中透露出其时学术发展的现状,
可窥赋与学术关系之一斑。

四、主题:讽喻的消解与颂圣之风的昌炽

赋的本身虽有欲讽反劝的负效应,然而赋家的本意却在讽喻,对现实政
治提出批判。因此当这一目的难以实现时,扬雄宁愿"不为"。但是同样为
文学侍从,清代翰苑词臣创作的律赋,其讽喻精神基本消解,剩下的只是一
片热烈的颂圣之声。

从《同馆赋钞》收录的律赋看,十分之九以上的作品都拖着一条歌功颂
德的尾巴。除了通篇颂圣的赋作,标准形式的律赋都要将最后一整段腾出
来,以"我皇上"等套语领起,把主题升华到现实政治以及皇帝的功业、圣明
之层次进行歌颂。同馆赋作一个最明显的特征就是,无论何种题目,都能够
与此发生联系。

如潘庭筠《虚室生白赋》的尾段:

---

① 许结师:《论赋的学术化倾向——从章学诚的赋论谈起》,《赋体文学的文化阐释》,第203—
220页。

> 我皇上金镜秋悬，玉衡朗度，统八纮为户牖，光被无疆；纳九宇
> 于堂阶，照临有素。固已协华尧陛，望宣室以受厘；岂特游泳庄寰，
> 仰太虚而成赋。（卷二）

"虚室生白，此言虚扃内融，一尘不染，固道家清净之初说也"①。由阐述道家清净之说的"虚室生白"上升至歌颂帝王功同尧舜的伟业，其间的跨度尚可以"无为而无不为"来连接。而至于《染人甚于丹青赋》，查莹也能以这样的结尾达到"润色鸿业"的意图：

> 圣天子垂大文于黉宇，选良匠于明廷，故绚道德者争磨丹而渍
> 墨，而抒华藻者自抱紫而纡青也。士际昌期，欣兹隆遇，共矜华衮
> 之荣，尽改缁衣之素。（卷十二）

余丙照论赋的结段"颂扬"注意事项时道："颂扬最忌通套，语要堂皇，意要关切，更须要看题面何如。若题与朝庙全不相涉，必欲以冕服游山林，以失体裁。"②此赋语言的"堂皇"似乎没多大问题，可是要与《晋书·虞溥传》所言"学之染人，甚于丹青。丹青，吾见其久而渝矣，未见久学而渝者也"相比照，意思的关切，恐怕难免皮附之讥吧。如果仔细分析，同馆赋数量最多的还是这类作品。

作为考试文体，律赋是否只可歌颂，不能讽喻？实际上并非如此。唐代律赋作家王棨试赋之作《江南春赋》就是将穷人的苦难放在秀丽的春景和富人的奢侈之对立面展现：

> 或有惜嘉节，纵良游，兰桡锦缆以盈水，舞袖歌声而满楼。谁
> 见其晓色东皋，处处农人之苦；夕阳南陌，家家蚕妇之愁。悲夫！
> 艳逸无穷，欢娱有极，齐东昏醉之而失位，陈后主迷之而丧国，今日
> 并为天下春，无江南分江北。

赋的结尾以亡国的齐东昏和陈后主为历史前辙，对最高统治者作出针对性

---

① 黄震：《黄氏日钞》卷八八，影印文渊阁《四库全书》，第 708 册。
② 余丙照：《增注赋学指南》卷一〇，《赋话广聚》第 5 册，第 331 页。

的讽喻,虽不能说于现实可以起到非常明显的作用,但显而易见的是,律赋并非只能"宣上德",其实它还有"抒下情"的一面。

但清代的赋,特别是翰林院词臣创作的赋,其功用或者如徐乾学所说的"古者词赋之作,所以铺扬鸿业,咏歌盛治"①,或者如胡浚所说的"讽论原为谲谏,然《大人赋》乃以助天子之逸气,……其效盖可睹矣。况圣世登三成五,即使仿酌摹般推之颂,铺张微旨以扬厉盛治,尚犹捧块砾而增泰山之高,又乌庸諓諓为哉"②,均突出赋的颂扬功能,淡化讽喻之意。颂圣之风充斥了所有与皇家相关的文体,就是经筵讲章之文,词臣也是想尽办法挽入歌颂之言。过分的吹捧,连康熙和乾隆都倍觉反感,一再下诏禁止,甚至降职以儆群臣③。而对赋,他们非但不严加禁止,甚至有意利用这种本身与歌颂关系密切的文体来达到"润色鸿业"的目的,于赋中颂圣之风大加鼓励:

> (乾隆十七年)御试翰詹诸臣于正大光明殿,以《纳凉赋》为题,作者多规模《上林》、《子虚》,铺陈宫殿苑囿。公(按:指汪廷玙)独以宵旰忧勤民事立言,特擢一等一名,超授侍讲学士,充日讲起居注官,又充会试同考官,又充武会试副总裁官。④

汪廷玙《纳凉赋》的结尾这样写道:

> 我皇上巽风广被,丰泽下覃,应朱明而令达,法长养而仁涵。图绘豳风,宝殿集耕桑之景;书陈无逸,蓬山启甲乙之函。御纤绤而念及中田之袯襫,居细旃而虑周南亩之荷担。匪朱旗赤辂之崇

① 《温泉赋序》,《憺园文集》卷一。
② 《国朝赋楷序》,《国朝赋楷》卷首。
③ 朱珪:《皇朝词林典故》卷二载康熙、乾隆两道圣谕可窥一斑:(康熙)二十一年八月,翰林院奏经筵讲章,上曰:"经筵所以讲学修德,大典也。讲章须有劝戒箴规之意,乃称启沃。今讲章内有'道备君师,功兼覆载',二语太过,其易之。"(《翰林掌故五种》第602页)(乾隆七年二月)"翰林周长发进呈《礼记》讲章,内称'皇上先诣斋宫斋宿,审定郊祀乐章,礼明乐备,千载一时,宜其诚敬感格,未郊之先,瑞雪屡降,济祀之际,风日晴和。大礼既成,宜宣付史馆'等语。……朕方忧劳儆惕,宵旰不遑,岂肯听受谀词,而遂以为瑞应乎?周长发著严饬行,并将此旨传谕翰林、科道等知之。"(《翰林掌故五种》,第607页)
④ 钱大昕:《潜研堂集》卷四二,第759页。又见徐珂《清稗类钞·考试类》(第696页)等。

高,而动轸乎束湿沾脂之瘁;匪冰盥玉壶之嗜好,而深思夫蒸藜炊黍之甘。是以验庶征于备五,广茂对于参三。时暖时风,应休和于哲义;而多稌多黍,兆农庆于朔南也。于斯时也,淳厖懋洽,景福宏开,南陆舒迟,万汇蒙之而畅遂;长赢蕃育,百昌荷此而滋培。

（《同馆赋钞》卷一）

这就是所谓的"宵旰忧勤民事"之言,仍旧是颂圣的陈套。将"纳凉"之题升华到此等"高度",确实煞费苦心。所以当其他应试翰林绞尽脑汁铺排宫殿苑囿时,汪廷玙此赋的构思,或者说在如何将"纳凉"这带有山林气息的题旨上升至典丽堂皇的朝庙主题上别出心裁,阅卷官看中的也就在这一方面。一篇颂圣之赋改变了一个七品翰林编修的命运,等待着他的是侍讲学士、日讲起居注官、会试同考官和会试副总裁官等种种头衔的接踵而至。此次大考一等二名的窦光鼐之赋"神韵悠扬,如奏相如《大人赋》,飘飘有凌云气"①,如果说司马相如的《大人赋》产生飘飘有凌云之气是汉武帝"误读"之结果的话,那么窦光鼐之《纳凉赋》却是通篇颂扬而有意造成这种效果。因为这篇赋作,他由侍读学士直接升为内阁学士②。成功的经验自然为后辈反复揣摩,如何将题目与歌颂的主题连接,便成为翰林院赋创作的重中之重,也就不难理解《同馆赋钞》所收律赋多以歌功颂德结束全篇这种形式背后蕴含的文化导向。

　　颂圣之风的昌炽,还与清代词臣性质的变化有关。翰林"为天子侍从之臣,拾遗补阙,其常任也。……翰林居天子左右为近臣,则谏其失也,宜先于众人"③。汉代文学侍从虽等同弄臣,然无论是司马相如、扬雄还是东方朔,其赋作虽"欲讽反劝",但讽喻意识是存在的。唐代翰林学士承继这一传统,如吕向为翰林待诏,"频上赋颂,皆在讽谏"④。开元十年召入翰林,"时帝岁遣使采择天下姝好,内（纳）之后宫,号'花鸟使'。（吕）因向奏《美人

---

① 朱一飞:《律赋拣金录》(不分卷),清乾隆刻本。
② 吴鼎雯:《国朝翰詹源流编年》卷二。
③ 姚鼐:《翰林论》,《惜抱轩文集》卷一,《惜抱轩诗文集》,第4页。
④ 唐窦臮:《述书赋》自注,唐张彦远《法书要录》卷六,人民美术出版社1964年版,第206页。

赋》以讽"①。另外唐代翰林官非专设,一般以他官兼充之,拾遗、补阙常任其选,这更增加了其创作的讽谏色彩。宋代因之,欧阳修先人在翰林院的制文"篇篇有意",宋仁宗见而赞曰:"举笔不忘规谏,真侍从之臣也。"②明代翰林院虽已成为独立的机构,但其讽谏的性质保存下来。其时词臣以谏诤著声誉者不胜枚举,如修撰罗伦疏争李贤不宜夺情起复,贬福建市舶副使;编修章懋、黄仲昭、检讨庄昶疏言上元张灯赋诗,非盛德事,各廷杖调外任。他们被称为"翰林四谏","皆翰苑中之祥麟威凤也"③。所以姚鼐说:"明之翰林,皆知其职也,谏争之人接踵,谏争之辞运策而时书。"④由上可知,自唐宋至元明,翰林有制造文章兼谏诤之用,相应地其赋作中一般带有讽喻色彩。而清代词臣谏诤意识大为淡泊,对此清人曾无限感慨地说:"自唐以来,翰林之职最为清要,惟其出入禁近,故时政之阙失,生民之利病,凡有所见,皆可从容陈说于人主之前。……自今……翰林诸臣,虽其一二朝夕在天子左右者,亦无能出其昌言正论,裨补圣明之万一,而其余率多闲旷无聊,有穷愁淹郁之叹,盖今昔不同如此。"⑤当时即使有一二敢言直谏者,往往"议其言为出位"⑥。翰林院检讨唐梦赉拜疏争论顺治政治之暇旁及百氏的危害,卒为枋事者中伤,罢官而去。"当时之议,必谓翰林非谏官,不宜越职言事"⑦。可见,词臣的讽谏性质至清代已经逐渐消失,高压的时代已经不允许他们有谏诤意识,所以人们感叹道:"非尽人材有异,势使然也"⑧。体现在赋中,就只剩下"宣上德而尽忠孝"的颂圣之风。

---

① 《新唐书》卷二〇二,第 5758 页。
② 欧阳修:《先公事迹》,《欧阳修全集》附录卷二,中华书局 2001 年版,第 2636 页。
③ 孙承泽:《春明梦余录》卷三二,第 485 页。
④ 姚鼐:《翰林论》,《惜抱轩诗文集》,第 5 页。
⑤ 唐绍祖:《送查德尹编修南归序》,《改堂先生文钞》卷上,《四库全书存目丛书》集部,第 265 册。
⑥ 姚鼐:《翰林论》,《惜抱轩诗文集》,第 5 页。
⑦ 惠周惕:《志壑堂集序》,《砚溪先生集》卷下,《续修四库全书》,第 1421 册。
⑧ 唐绍祖:《送查德尹编修南归序》,《改堂先生文钞》卷上。

五、赋风:清秀,"此近时风尚"

余丙照在《赋学指南》中将赋分为四品,即清秀、洒脱、庄雅、古致,并认为清秀品乃"近时风尚","近来花样,断推此种"①。考《赋学指南》现存最早版本刊刻于道光七年,则其所谓"近时"、"近来"应指嘉庆的二十五年乃至以前的一段时间。余丙照在"清秀品"下列举数例,其中既有嘉庆十九年甲戌科庶吉士万承宗的《石似玉赋》,也有乾隆二十六年辛巳科庶吉士曹仁虎的《白鹦鹉赋》,更有康熙十八年博学鸿辞科检讨尤侗的《春柳赋》,则《同馆赋钞》应该包括在所谓的"近时"之中。其实,《赋钞》开篇齐召南的《竹泉春雨赋》就是一篇以清秀著称的作品,这篇赋作的成功,为此后赋的风格发展奠定基础。《赋学指南》所指风格虽不是主要针对馆阁赋来说,但这种社会上清秀赋风的形成实导源于翰林院,"馆阁之文,所以立之圭臬也"②。因此,也可以用"清秀"来概括《同馆赋钞》中赋作的主要风格。

何谓"清秀"? 据余丙照的解释,"清"即"清音嫋嫋","辞气清新";"秀"即"秀骨珊珊","风骨秀逸"。落到实处,清即"不以堆垛浓艳见长",秀"虽欠典博,亦觉动人。"③清秀的基础在于不博施典故,不以辞藻艳丽见长,乃至以白描手法来抒写。试看余丙照所举赋例:

> 金经诵罢,栖残碧树之枝;玉锁闲时,梦断黄山之路。(曹仁虎《白鹦鹉赋》)

据余氏解释,此赋上句出自《明皇杂录》:"上使贵妃授鹦鹉以《多心经》,记诵颇精纯。"下句用《山海经》:"黄山有鸟名鹦鹉。"赋句排斥华词,用典无痕,以白描手法传达出笼中鹦鹉哀怨凄凉的心境,收到"豁人心目"的效果。这就是"清秀"的风格。

---

① 余丙照:《增注赋学指南》卷六,《赋话广聚》第 5 册,第 213 页。
② 程嵩若:《本朝馆阁赋序》,叶方宣、程嵩若编《本朝馆阁赋》卷首,乾隆甲申(1764)冬新镌,困学斋藏板。
③ 余丙照:《增注赋学指南》卷六,《赋话广聚》第 5 册,第 213 页。

余丙照在论述"清秀"风格时所举皆清词丽句,这类不过多堆砌辞藻,不以用典见长的语句在《同馆赋钞》中不胜枚举,试看:

> 茗碗携将,正波软潮平之候;莲歌唱彻,值星疏月淡之天。(卷十秦承恩《芙蓉始发池赋》)

> 林穿月影,送到目耕。夜听秋声,订来手稿。朝华夕秀,方思垂条以结繁;脱简残编,恰是闭关而却扫。(卷二十六赵慎畛《校书如扫叶赋》)

> 吹开弦管,应烦缑岭之笙;扫却埃氛,欲倩仙人之斧。(卷二十七鲍桂星《流云吐华月赋》)

这类语句在景物描写的赋中出现较为频繁,余丙照所举清秀品赋例,也都是写景之句,毕竟清秀的风格最易于环境气氛的渲染中流露出来。但同馆赋中即使是抒写比较枯燥的学术活动,亦能通过想象制造出"豁人心目"的清秀赋风,如上举《校书如扫叶赋》即为一例,这样的描写也较为普遍,所以馆阁赋并没有因为学术化的创作倾向而远离这一风格。

至于同馆赋整段的描写中体现的清秀风格亦多,赋家不在意汉大赋那种磅礴的气势和雄壮的意象,而是用细腻的笔触描绘清新秀逸的境界:

> 纵辔于清明之域,税驾于广大之区,周还于八极之表,雍容于四达之衢。云濩韶英,彷佛属车之应节;皇旃帗羽,依稀执辔之如濡。五帝不沿而分道扬镳,无事伶鸠之审察;百王可等而徐行稳步,岂藉良药以驰驱。(卷六邵嗣宗《以乐为御赋》)

> 屋角初晴,蛛网之高张无碍;天河乍展,月钩之倒影成惊。置湖石于中央,穴将穿而旋出旋入;浮水藻于镜面,影相依而或止或行。……时或听琴而出,若添象外之神;倘其得翼而飞,岂是池中之物?(卷十三罗国俊《盆鱼赋》)

雁声低处，围夜火于荒村；鸦影寒余，挂夕阳于古堞。……送马勒以千行，一鞭远道；落渔船之数点，两岸迥风。谁然列炬煌煌，疑不夜兮城上；欲混半江瑟瑟，若有人兮芦中。彷佛明霞散绮，依稀野烧腾空。（卷十七戴衢亨《红叶赋》）

悄无言兮一弹再鼓，有所思兮山颠水崖。其壮也，天风海涛，杳冥而振荡；其幽也，女萝山鬼，凭吊而凄其。其轩昂也，群鸿高翔于天表；其泛滥也，孤舟遏鹜乎沧湄。……七条泛罢，依稀渚白峰青；一炷香余，彷佛烟溪雾磴。（卷十八吴树萱《钟期听琴赋》）

《国朝赋楷》评邵嗣宗《以乐为御赋》曰："锦盘采错，骨秀神清，洒绀雪于朱歙，翔玄禽于清角。"[1]后三赋赋家即使将所刻画的小事物放大，如将盆鱼置于天河、月钩之下，红叶亦为夕阳、明霞所掩映，甚至钟期的琴声不乏雄壮、轩昂的情思，但在赋家的笔下，这一切都被融释殆尽，经过精心加工，浮现出的只是一幅幅清秀的画面。

齐召南《竹泉春雨赋》给人以"霏珠洒玉"[2]般的感觉，通篇可谓无一字不清，无一语不秀，作者以丰富的想象和秀丽的文笔将"清秀"风格发挥到极致：

尔其《礼》称有筠，《诗》歌有斐，德懋虚中，品超群卉。挺直节以棱棱，异凡花之韡韡。扬维筼簹，贡则并乎琨瑶；震为苍筤，材岂同夫萑苇。况当幽涧，雅值此君。洒跳珠之飞瀑，对削玉之凌云。醮碧波而一色，缘青嶂以成文。既亭亭而顾影，亦离离而引群。彷佛湘江，传遗斑于帝子；依稀兰渚，夸列坐于右军。李炜之怪石碐嶒，清标难拟；仲宾之坡陀迤递，爽籁如闻。时则令秉青阳，人歌渌水，瞻彼菁菁，环临瀰瀰。欣膏雨之霏微，洗春山之尘滓。碧藓含

---

① 《国朝赋楷》卷五。
② 《国朝赋楷》卷二。

润,既垂露以珠联;玉笋排头,更惊雷而云起。似七贤之沉醉,把臂相扶;如六逸之初醒,哦诗徒倚。谁写枝枝叶叶,共说萧郎?能兼雨雨风风,无如苏子。则见层峦下上,曲岸西东,新篁掩舟,密雾迷蒙。蟠锦虹于岩际,飏霡霂于晴空。岚既浓而欲滴,雨将霁而犹濛。一片秀色寒声,讵宗测窗篝筛影;千林抽梢解箨,异懒民墨扫孤丛。元气淋漓,嗤史琳杨荣之多拙;天真烂漫,笑丁权王鼎之未工。(卷一)

在清代律赋风格形成的过程中,有两个因素至关重要,一是唐代律赋的影响。唐代赋家代表者如李程、王起、蒋防、谢观等人,其赋作"大都以清新典雅为宗"①,"裴(度)、白(居易)、王(起)、黄(滔),宛转清切,为律赋正宗。"②可见清新典雅、宛转清切等风格为唐赋正宗。不过唐赋在元人"祖骚宗汉"的时代氛围中遭遇冷落,明人不考赋,以致律赋亦无立足之地。清代复归唐制,律赋主要用来试翰林词臣,于是唐代律赋的传统在这一时期广受重视③,以唐代律赋为主的选本如《唐律赋钞》(潘遵祁编、杨泗孙编)、《唐人应试赋选》(刘文蔚、姚亢宗编)、《唐人赋钞》(邱先德)、《选注六朝唐赋》(马传庚)等相继涌现。接受唐赋清新典雅、宛转清切的风格成为清人的追求:"今功令以诗赋试士,馆阁尤重之。试赋除拟古外,率以清醒流利、轻灵典切为宗,正合唐人律体。"④"律赋健笔清思,得唐贤三昧。"⑤由此可见清代律赋的"清音嫋嫋"、"辞气清新"之类的风格,来自唐代律赋的典范性启示。

　　影响清代律赋风格的另一因素是清廷厘正文体的文化政策。清代帝王对文风极为关注,常将其与风俗相联系,所谓"正文风以端士习,端士习以

---

①　汤稼堂:《律赋衡裁·例言》,乾隆庚辰(1740)刻本。
②　万青藜:《选注六朝唐赋序》,马传庚《选注六朝唐赋》卷首,光绪丙子(1876)刻本。
③　关于唐代律赋被清人接受的情况,台湾游适宏的博士论文《由拒唐到学唐——元明清赋论趋向之考察》有详细论述。
④　李元度:《赋学正鹄序目》,《赋学正鹄》卷首,光绪十一年(1885)文昌书局校刊。
⑤　李恩绶:《读骚阁赋存》,光绪庚寅(1890)金陵刻本。

厚风俗"①,鉴于"文运所关,非浅鲜也"②的历史教训,清廷屡次下诏厘正文体,对科举考试文体在风格上有明确的规定。雍正十年,"晓谕考官,所拔之文,务令清真雅正,理法兼备"③。嗣后,清真雅正就成为考官衡文的标准。何谓"清真雅正"?方苞解释道:"文之清真者,惟其理之'是'而已,……文之古雅者,惟其辞之'是'而已。"④方苞所阐释的清真,关键在于文章的观点符合儒家经典尤其是朱熹《四书章句》的本意,雅正则指语言严守经典的规范。本来清真雅正主要是衡量四书文的标准,但清代赋家亦将其用来规范律赋写作。余丙照将赋分为清秀、洒脱、庄雅、古致四品,实受此影响。朱一飞在分析律赋的作法时说:"其品有四:曰清、真、雅、正。""四品之目,曰清,以气格言也;曰真,以典实言也。所谓诗人之赋丽以则,则者法之,炼字必取其雅,用意必归於正,所谓词人之赋丽以淫,淫者谨之。"⑤对照余丙照、朱一飞与方苞的论述,最大的不同在于对"清"的理解,余、朱认为"清"主要是就气格而言,将其从对文章主题的要求转变为对风格的规定。

　　由上可见,清代赋风的确立与唐律赋风以及清廷文化政策相关。但馆阁律赋吸收了二者的"清"之品格,同时又具有自身的特色。本来雅正也是唐代律赋固有的特征,《文苑英华》所收,"固以雅正为宗也"⑥,清代赋家将其连同本朝衡文标准中的"雅正"一面一并淡化,而是以"清秀"为一时风尚。这种赋风的变化,原因在于前面提到的清代翰林院考赋命题的新特点。唐赋之所以雅正,与其命题的冠冕正大不可分,李调元分析道:

　　　　《文苑英华》所载律赋至多者,莫如王起,其次则李程、谢观。
　　大约私试所作而播于行卷者,命题皆冠冕正大。逮乎晚季,好尚新
　　奇,始有《馆娃宫》、《景阳井》及《驾经马嵬坡》、《观灯西凉府》之

---

①　嘉庆:《全唐文序》,《全唐文》卷首。

②　《钦定学政全书》卷六。

③　《钦定学政全书》卷六。

④　方苞:《进四书文选表》,《方苞集·集外文》卷二,第581页。

⑤　朱一飞:《赋谱》,收入《律赋拣金录》,清刻本。

⑥　李调元:《赋话》卷二,第33页。

类,争妍斗巧,章句益工。而《英华》所收,顾从其略;取舍自有定
则,固以雅正为宗也。①

所谓"命题皆冠冕正大",主要是以经史命题,从现存所能见到的唐代进士
科题目看,或关治道,或关符瑞,或关祭祀,或关德性,大抵源于典籍,只有少
数例外②。既然以经史命题,那么士子在作赋时,或以经典中成语入文,或
融化经典中语言,或套用经典中句式,形成唐代律赋语言的雅正风格③。清
代四书文代圣贤立言,这一立场也要求文章的典雅。况且"欲理之明,必溯
源六经,而切究乎宋、元诸儒之说;欲辞之当,必贴合题义,而取材于三代两
汉之书"④,也自然要求文风的雅正。清代律赋由于摆脱了诗赋与经义之
争,命题的范围不再局限于经史,而是较为广泛,其中最突出的一点是以描
写景物为重点的赋题增多,如《竹泉春雨赋》、《芍药翻阶赋》、《清黄交汇
赋》、《太液池人字柳赋》、《春半梅花赋》、《秋宵读书赋》、《荷珠赋》、《莺啭
上林赋》、《荷露烹茶赋》、《上林春雨赋》等等,如果说"经制题宜宏整"的
话,则"情景题宜幽秀"⑤。此类题目可以较为自由地抒发赋家的情思,不须
只从儒家经典中讨生活,文学性较高,从而形成"其清在神,其秀在骨,如藐
姑射神人遗世独立"⑥的清秀风格。此外,即使在经义题或者是描写赋家书
斋生活、学术研究的赋作中,也适当地出现了一些辞清句秀的景物描写,淡
化了这类作品容易呈现的雅正风格。

当然,同馆赋中还有一定数量的经史题,依照传统的风格,这类赋作既
有清新的一面,也有雅正的一面。同时,赋的末段颂圣之语亦必须端庄典
雅,不过最能够代表同馆赋特色的还是"清秀"的风格,毕竟这是由清代翰

---

① 李调元:《赋话》卷二,《赋话广聚》第3册,第33页。
② 邝健行:《唐代律赋对科举考试的粘附与偏离》,《诗赋与律调》,中华书局1994年版,第164
页。
③ 赵俊波:《窥陈编以盗窃——论唐代律赋语言雅正特点的形成》,《社会科学研究》2004年第
3期。
④ 方苞:《进四书文选表》,《方苞集·集外文》卷二,第581页。
⑤ 汪廷珍:《作赋例言》,《逊敏堂丛书》本。
⑥ 冯圻:《蒙香室赋录跋》,冯煦《蒙香室赋录》,光绪十一年(1885)刊。

林院考赋制度变化而产生的风貌。

第三节 林联桂《见星庐赋话》与嘉道之际馆阁赋风

康乾时期,馆阁律赋宗尚唐人;但嘉道之后,引领文坛风气的玉堂之臣不再满足于以唐赋为高标,为在翰林院各项考课中取得好名次,他们在律赋创作中因难见巧,避熟趋新,在技巧上超越前人。于是普通士子转而崇尚时趋,近科馆阁律赋成为其效法对象。林联桂《见星庐赋话》关注嘉庆后期馆阁律赋的创作情况,从他的评论分析中,可以看出此际馆阁赋的创作动向,并可感知时代风尚的际会。

一、政声与诗名:林联桂生平

林联桂(1774—1835),初名家桂,字道子,又字辛山,吴川(今广东吴川)人。嘉庆六年(1801)拔贡,九年(1804)中举,寓居京师,道光八年(1828)中进士。署湖南绥宁知县,调任新化、邵阳,卒于任。事迹见卞宝第、李瀚章等修《(光绪)湖南通志》卷一〇八《名宦志》十七。

综观林联桂一生,以下两点较为醒目。

首先是为官清廉,热衷地方文化事业。任湖南绥宁知县时,因虎溪书院经费不足,林联桂捐出薪俸,置书院田租;设法为书院筹集资金,广修院舍;亲自为诸生授课,著有《虎溪讲学偶话》。知县有考试诸生的职责,林氏"时集邑人士试于庭,复屏驺从就试诸乡"①,刊有《古梅百二十村观风集》;并组织纂修绥宁县志,为时论褒奖。邵阳旧习,民间有自尽与老病僵尸在途者,里长勾结胥役,往往株连至数十人,以此诈取财物。林联桂到任后,验所株连者,重惩诬告之人,风气为之一变。莅任数月即卒于官,县民哀悼,绥宁人立祠祀之。死后贫不能归葬,邵阳人曾宗邃"醵金敛之"②,其子嗣才得以操

---

① 卞宝第、李瀚章等修:《(光绪)湖南通志》卷一〇八《名宦志》十七,《续修四库全书》,第664册。

② 卞宝第、李瀚章等修:《(光绪)湖南通志》卷一八八《人物志》二十九,第106页。

办后事。程恩泽曾赠其"以道得民堂"匾署①,"以道得民"实为其一生行事的概括。邵阳人邹汉勋称赞道:"明公本真儒,道藩复义圃。"②就其行迹看,"真儒"一语实为定评。

其次是林氏诗歌创作在当时享有盛名。林联桂古文骈体兼擅,而诗歌成就较高,时人盛子履称其"才思敏捷,对客成诗,洋洋洒洒,一日可得数十首";杨星园称其诗"雕劖万品,牢笼众态,格律不一,雄骋莫当"③。中举之后寓居京师,广交名流,"喜联诗社"④,与农部恒昌、编修吴坦、中书舍人宋联秀、李元杰、冯启蓁及孝廉丁宗洛、庞艺林、黄钊、张大业、梁炅等结诗社。盛子履目其与广东香山黄培芳、番禺张维屏、阳春谭敬昭、顺德吴梯、黄玉衡、镇平黄钊为"粤东七子"⑤。著有《见星庐诗稿》正续二十二集,《见星庐馆阁诗话》二卷等。

乾嘉时期岭南一地文风振兴与翁方纲有关。翁氏自乾隆二十九年以翰林院编修署广东学政,连任三届达八年之久。期间兴学重才,奖益后进,"粤东三子"(黄培芳、张维屏、谭敬昭)即其品定,《石洲诗话》亦是与诸生论诗的产物。翁氏诗宗宋体,对苏轼极为推崇,有《宝苏室小草》、《苏斋小草》等集,并持续数年在东坡生日举行雅集。粤东人士踵其雅好,黄钊《读白华草堂诗初集》卷五有《腊月十九东坡生日在庵(黄玉衡)招同秋航(吴梯)、康侯(谭敬昭)、辛山、香石(黄培芳)、南山(张维屏)集安心竟斋赏雪》一诗,粤东七子这一作风显然沿承翁氏。在其影响下,一方面林联桂之诗"雄骋莫当"⑥,颇有苏诗风味;另一方面为官不以吏治而以儒道,体现了由

---

① 邹汉勋:《敩艺斋诗存》卷二《次韵林辛山明府六月十五日考棚之作》诗中小注,《续修四库全书》,第 1534 册。

② 同上卷二《再次韵辛山考棚之作》,第 131 页。

③ 吴文泰、吴宣崇:《访李惟实林辛山遗集启》,《见星庐赋话》附录,王冠辑:《赋话广聚》第 3 册,北京图书馆出版社 2006 年版,第 770 页。

④ 林联桂:《见星庐馆阁诗话序》,《见星庐馆阁诗话》卷首,《高凉耆旧遗集》本。

⑤ 田明曜修、陈澧纂:《(光绪)香山县志》卷一五《列传》,《续修四库全书》,第 713 册。

⑥ 吴文泰、吴宣崇:《访李惟实林辛山遗集启》,《见星庐赋话》附录,《赋话广聚》,第 3 册,第 770 页。

翁氏所传导的翰林院尊儒重道之风及其为政之方。

　　林联桂著述也见出他对翰苑的向往之情。《见星庐馆阁诗话》二卷是其在嘉庆二十四年"为夏课,乃近取馆阁诗读之,意有所得,笔存其说"①而成。该书上卷辑录本朝名公论馆阁诗之语,下卷论馆阁试帖诗的技巧。蒋寅先生称其为"集试帖诗研究之大成"②。而辑于道光二年"礼闱报罢,买棹潞河,薄游鲁岱"时的《见星庐赋话》③,是林联桂用三四个月时间,"采缀者十余万言,构思于月尾风头,使笔在舵边篷底","汗成雨挥,心力俱疲"④而编成的一部赋话。此书虽未像诗话那样标明性质,其实也是一部馆阁赋话。林氏再次落第时,按常理他应该专攻四书文与试帖诗,而不是关注翰林院中成功人士的律赋创作,毕竟中进士之后方有机会进入词垣。但林联桂却在此时对馆中律赋情有独钟,个中原因耐人寻味。清代士子以钦点翰林为最高奋斗目标,而进入词垣要通过朝考,赋是这场考试的重要科目;入馆之后,还要习作馆课,参加散馆、大考;朝廷举行大典时还要献赋。作为翰林,赋的写作才能无疑是最重要的。为将来能进入翰林院,清人对赋的习作自童生时就已开始。清代学政在对童生、生员举行的观风考试时试以律赋,其用意就在于"拔录生童,预储馆阁之选"⑤,"备他日承明著作之选"⑥。林联桂此时关注馆中律赋创作,也应该是为翰林风雅所吸引,并为日后进入词垣作准备。而从这部浸染着作者心血的著作中可以看出,其时馆阁赋是如何吸引着普通士子的眼球。

二、去唐律与尚时趋:《见星庐赋话》赋学批评的焦点

　　《见星庐赋话》卷一承陆棻《历朝赋格》的观点将赋分为文赋体、骚赋体和骈赋体,并以明以前赋为例论作法;卷二至卷七论清代律赋;卷八至卷十

① 林联桂:《见星庐馆阁诗话序》,《见星庐馆阁诗话》卷首。
② 蒋寅:《清诗话考》,中华书局 2005 年版,第 495 页。
③ 林联桂:《见星庐赋话》卷五,《赋话广聚》第 3 册,第 527 页。
④ 林联桂:《见星庐赋话自序》,《赋话广聚》第 3 册,第 363 页。
⑤ 余丙照:《增注赋学指南》原序,《赋话广聚》第 5 册,第 5 页。
⑥ 胡敬:《敬修堂词赋课钞序》,《敬修堂词赋课钞》卷首。

较为杂乱,在录清代律赋和己作的同时,间及古赋、《回文千字文》及骈文等。可见该书以论清代律赋为主,而律赋主要是馆阁赋。

首先,就所评赋作者看,当代赋家除本人外,均有翰苑经历。《见星庐赋话》中所涉及的翰苑人物,最早的是乾隆三十七年壬辰科庶吉士平恕,最迟的是嘉庆二十五年庚辰科庶吉士陈继昌。具体可参看下表:

词馆科别	词臣姓名	词馆科别	词臣姓名
乾隆 37 年壬辰科	平恕	乾隆 43 年戊戌科	吴省兰
乾隆 54 年己酉科	阮元	嘉庆 4 年己未科	鲍桂星、吴其彦、李翊
嘉庆 6 年辛酉科	徐焕、达麟、陈嵩庆、查讷勤	嘉庆 7 年壬戌科	卿祖培、易元善
嘉庆 10 年乙丑科	裘元淦、孙源湘、陈俊千、胡承珙、聂铣敏、何彤然、鲁垂绅	嘉庆 13 年戊辰	钱林
		嘉庆 14 年己巳科	顾元熙、李德立、吴慈鹤、吴孝铭、陶廷皋
嘉庆 16 年辛未科	奎耀、蒋超曾、罗以丰、王培、蒋立镛、李象鹍、喻元准、宋劭谷、廖文锦、潘锡恩、黄玉衡、许邦光、王赠芳、陆尧松、吴毓英、邱家炜、罗永符(尹孚)、程恩泽、刘炜、戴葆莹、冯元锡、周凯、蔡世松、辛文沚、朱壬林	嘉庆 19 年甲戌科	裘元善、龙汝言、祁寯藻、伍长华、王丙、周师、祝庆蕃、张玕、陆以烜、端木杰、叶惟庚、万承宗、王炳瀛、李逢辰、王玮庆、吴振棫、熊一本、陈凤翰、刘学厚、蓝瑛、吴杰、颜伯焘、奎照、常恒昌、胡世琦
嘉庆 22 年丁丑科	马伯乐、吴其濬、时式敷、赵先雅、岳镇东、毛树棠、周贻徽、郎葆辰、成世瑄、穆馨阿、陈澐、朱阶吉、裕谦、徐培深、潘光岳、祥宁、李钧、王金策、陈肇、陈功、庞大奎、强望泰、王兆琛、许乃赓、吴坦、张日晟、巫宜禊	嘉庆 24 年己卯科	胡达源、杨峻、朱德华、蔡家玕、陈沆、蔡如蘅、慕维德、李绍昉、周祖培、郑瑞玉、周濂、但明伦、巫宜福、尚开模、蒋立诚、王文骧、杨九畹
嘉庆 25 年庚辰科	陈继昌	特授	黄钺

林联桂称呼这些人时,通常以翰苑之职。以卷二所涉及的人物为例,如称奎耀、蒋超曾、张日晟为太史(翰林为史官,故有是美称);称罗以丰、赵先雅、马伯乐、杨峻、朱德华、蔡家玕、王培为庶常(即庶吉士,因在庶常馆修

习,故称);称蒋立镛为殿撰(殿试一甲一名授翰林院修撰,简称殿撰)。其他还有称编修、检讨者,均为翰苑之职。有些人在散馆时改授他职,不再是翰林,《见星庐赋话》也称以馆职。如徐焕为嘉庆六年辛酉科庶吉士,散馆改授内阁中书;王培为嘉庆十六年辛未科庶吉士,散馆改主事;岳镇东为嘉庆二十二年丁丑科庶吉士,散馆改知县,《见星庐赋话》对三人均以庶常称之。而他们在此书编成之际早已改任他职,可见林氏比较看重其翰林身份。这类情况在《见星庐赋话》中并不少见。

其次,就所选赋例看,清赋除作者本人作品外,均为翰苑赋作。清代翰苑赋保存最多的是馆课、散馆、大考等场合所作的赋。馆课是指进入翰林院学习三年的庶吉士平时考课所作,散馆是指庶吉士学习期满的毕业考试,大考是指帝王为甄别翰林的才能而亲自主持的考试。赋是三种考试最主要的科目。《见星庐赋话》中明确提到的馆课有甲戌、丁丑两科;散馆有甲戌科,题为《盘圆盂方赋》;大考为戊辰科,题为《澄海楼赋》。其他虽未明确指出科别,但如果和法式善《同馆赋钞》、王家相《同馆赋钞》及《补钞》进行比对,基本也为翰苑之作。《见星庐赋话》有时称呼赋家虽不以馆职,但其作品却是词馆中所作。卷二引鲍桂星《夏日之阴赋》、吴其彦《应天以实不以文赋》,虽称二人为"侍郎",实际两赋均为嘉庆四年己未科馆课之作,见王家相《同馆赋补钞》卷一;卷七吴孝铭《十二时竹赋》,虽称其为"郎中",实际为嘉庆十四年己巳科馆课,见王家相《同馆赋补钞》卷二。可以说《见星庐赋话》所评之赋,除前代和本人之作外,基本为馆阁赋。

另外,《见星庐赋话》密切注视馆阁赋创作动向。这一方面体现在对馆阁赋创作技巧的关注,如卷三"赋用卦名对偶,近来馆阁喜用之";卷六"赋有如题直起,……此法最为馆阁中制胜之技";卷七"近来馆阁喜用干支巧对"等。另一方面体现在对馆阁赋创作题材和体裁的重视。卷三言历法赋曰:"馆阁中言历法之赋,其最佳者如……"卷四论拟古之赋曰:"近时馆阁之作,工拟体者亦复不少。"卷九提及木兰秋狩之典曰:"近时馆阁赋之者甚夥。"同卷论及盘山曰:"近时馆阁赋之尤佳者,如陈编修肇《盘山赋》。"卷十论千字文曰:"最佳者莫如吴翰林省兰之《集字祝嘏千字文》一篇。"馆阁赋创作的动向为林联桂所捕捉,并被一一写进赋话中。

在《见星庐赋话》之前,清代已经出现了几部影响较大的赋话,如李调元《赋话》、浦铣《历代赋话》、《复小斋赋话》及王芑孙《读赋卮言》等。这几部赋话均以唐赋为旨归。鲍桂星《赋则》云:"欲求为律赋,舍唐人无可师承。"①李宗昉《唐律赋程序》亦云:"应试之作,则以唐人为极轨。"②二人均为乾嘉时人,律赋宗唐的理论在其时占据主流。但随着清代律赋创作成就的不断提高,清人开始将目光从唐代转向本朝。徐光斗在比较唐赋与本朝律赋时,流露出唐赋不如时赋(即本朝赋)的观点:"唐律法疏而意简,时赋则细密华赡。"并大胆提出在赋学取向上"固宜去唐赋而尚时趋"③的观点。而所谓的"时赋",又以馆阁律赋为代表。馆阁诸公是科举的成功者,加以三年刻苦写作训练,赋作也取得很高的成就,自然引领着律赋创作的潮流,成为普通士子研习的典范。所以时人满怀信心地说:"今馆阁诸赋,则国朝试帖也。学者就时彦中择其最精者以为鹄,即不啻瓣香唐贤,不必复陈大辂之椎轮矣。"④取法本朝馆阁赋,不再以唐赋为楷模,这显示了清人对本朝翰苑词臣律赋创作的肯定。

林联桂《见星庐赋话》体现出去唐律而尚时趋的理论趋向。赋话所用赋例以嘉庆朝为主,其中又以嘉庆十六年辛未科、十九年甲戌科、二十二年丁丑科和二十四年己卯科为要。评选辛未科 25 人赋,甲戌科 25 人赋、丁丑科 27 人赋,己卯科 17 人赋。此四科距赋话编辑时间较近,不难收集。而二十五年庚辰科赋作可能还没有完全流布坊间,所以仅提到 1 篇。近科赋展示了翰林院律赋创作的新风气,容易成为士子仿效的对象,所以侯心斋说:"唐赋虽正格,但法疏而意薄,不必多读。本朝馆阁赋,略读近科数十篇,以润词气而活笔机。"⑤林联桂正是在阅读近科馆赋的基础上,辑成《见星庐赋

---

① 鲍桂星:《赋则·凡例》,《赋话广聚》第 6 册,第 138 页。
② 李宗昉:《文妙香室文集》,清道光十五年(1835)刻本。
③ 徐光斗:《赋学仙丹·赋学秘诀》。
④ 李元度:《赋学正鹄序目》,《赋学正鹄》卷首,清光绪十一年(1885)文昌书局校刊。
⑤ 侯心斋:《律赋约言》,收入程祥栋:《东湖草堂赋钞》,清同治五年(1866)抱朴山房藏板。

话》,展示了嘉道之际赋学批评崇尚本朝近科馆阁赋的动向。

三、因难见巧与避熟趋新:嘉道之际翰苑赋的艺术追求

翰林院职司编纂,嘉庆朝馆阁词臣纂修任务没有康乾两朝繁重,于是他们有大量的时间来琢磨诗赋创作技巧。加以赋话不断出现,律赋技法得到总结,引领文学风尚的词臣不再满足传统,为了在翰林院的各种考试中取得好成绩,他们热衷于对前人诗赋技艺的超越。《见星庐赋话》于嘉庆朝馆阁赋作的诠题、开篇、用韵、对偶等方面的技巧关注颇多,从中可以看出此时馆阁赋艺术追求的一个突出现象就是因难见巧、避熟趋新。

(一) 诠题

"作赋之法,首重认题"①,而认题最主要的就是抓住题眼,"先看题中着眼在某字,然后握定题珠,选词命意,斯能扫尽浮词,独诠真谛"②。《见星庐赋话》对近科馆阁赋的诠题有详审的分析。

唐代律赋喜用渲染手法刻画题眼,如唐太宗《小山赋》、《小池赋》"渲染'小'字,工妙乃尔"③,赋论家推为诠题的典范,后世律赋多采用这种手法。但嘉道之际馆阁赋与之有很大的不同。《见星庐赋话》卷二云:"赋题不难于旁渲四面,而难于力透中心。"即与前人烘托渲染相比,力透中心才是更难达到的境界。如何做到?"于题心人所难言之处,分出三层两层意义,攻坚破硬,题蕴毕宣,乃称神勇。"如鲍桂星《夏日之阴赋》中间三段将夏日之"阴"这一人所难言之处分出"岩谷之阴"、"林樾之阴"、"亭馆之清阴"三层意义加以描摹刻画,以此达到"力透中心"的效果。其他如黄钺《秋水赋》、奎耀《拟潘安仁射雉赋》、胡达源《探梅赋》、裘元善《秋海棠赋》及蒋超曾《瓜饮赋》均是如此。

题中难言之处要做到力透中心,而题中要紧之字如何处理?《见星庐赋话》卷二云:"赋题字面固宜点缀清醒,而名手却将题中要紧之字,层层点

---

① 汪廷珍:《作赋例言》,《赋话广聚》第 3 册,第 351 页。
② 余丙照:《增注赋学指南》卷二,《赋话广聚》第 5 册,第 47 页。
③ 李调元:《赋话》卷一,《赋话广聚》第 3 册,第 13 页。

透,叠唤重呼,如徐熙画梅,千瓣万瓣,却无一瓣重复,令阅者目眩神夺,此诀近时馆阁多用之。"如吴其彦《应天以实不以文赋》,此题中要紧之字乃"实",赋中段云:"以健应天而……;以和应天而……;以八征应乎天,而……;以五位应乎天,而……;以礼乐应乎天,而……;以德刑应乎天,而……"从健、和、八征、五位、礼乐、德刑等六个方面"层层点透",以期达到令读者目眩神夺的效果。他如蒋立镛《甄陶在和赋》、罗以丰《秋为礼赋》、赵先雅《五官牧民赋》、张日晸《中者天下之大本赋》、马伯乐《抱一为天下式赋》、杨峻《修辞立其诚赋》,均将题中要紧之字如"和"、"礼"、"五官"、"中"、"一"、"辞"等层层点透。这能展示赋家的学识和文才,为喜炫才学的词臣反复使用,所以林联桂说"此诀近时馆阁多用之"。

赋题中出现虚字、干支字面时,乾嘉之际馆阁赋也有自己独特的处理方法。《见星庐赋话》卷三云:"文章三字诀,曰新、警、醒。而醒之一字,施之试赋尤宜。题中实字固要醒,即题中虚字亦要醒。"如胡达源《首夏犹清和赋》之虚字为"犹"字,为使之醒豁,赋云:"屐齿寻芳,犹逢挑菜;箫声吹暖,犹听卖饧;舞蹴飞花,犹语梁间之燕;巢深接叶,犹传谷口之莺。"反复叠一"犹"字以引人注目。若赋题中有干支字面,则"赋内多用干支点缀,映合题面"①。吴孝铭《十二时竹赋》中云:"丁帘昼永,甲帐春妍。种岂植于庚辰,名应问禹;数竟编乎甲子,字俨成仙。"仅此两句就用了丁、甲、庚辰、甲子等多个干支字样点缀题面中"十二时"。这是嘉庆朝馆阁赋中较为常见的现象。

除了握紧赋题中字眼,作赋还贵"相题立制"②,即赋的内容要和题目相称:"如遇廊庙题,须说得落落大方,杂不得山林境况;遇山林题,须说得翩翩雅致,杂不得廊庙风光。"③而嘉庆朝馆阁赋却能别出心裁:"赋题有枯而能腴,俗而能雅,点缀映媚,戛戛生新,渲染衬烘,栩栩欲活者。"④即山林题

---

① 林联桂:《见星庐赋话》卷七,《赋话广聚》第3册,第609页。
② 李调元:《赋话》卷四,《赋话广聚》第3册,第83页。
③ 余丙照:《增注赋学指南》卷二,《赋话广聚》第5册,第47页。
④ 林联桂:《见星庐赋话》卷六,《赋话广聚》第3册,第598页。

却能写出廊庙气象。如安肃菜,俗称大白菜,本是一种极具山林风味的食物,而胡承珙《安肃菜赋》则能于中写出庙堂风味。赋云:"爰乃命疏酌,倒芳尊,屏膻腻,撤炮燔。盐作水晶之色,鼎除火气之温。莹鹿角之一片,削龙须之几根。粥香膏泛之时,脆敲齿颊;酒渴梦回之后,清沁心魂。风雪光阴,待为冰壶作传;蘉盐滋味,宁堪金帐同论。"以水晶、鼎、鹿角、龙须、冰壶、金帐等富丽堂皇的物品将"枯槁"的安肃菜渲染衬托得栩栩如生。所谓"山林台阁悬霄壤"①,进入玉堂之署,就要卸掉身上的山林枯槁之气,故而馆阁赋在遇到此类题时一般运以庙堂的典丽堂皇气象。

(二)起手

律赋特别注重开篇即起手,唐李程《日五色赋》就是以"德动天鉴,祥开日华"冒头而冠全场,所以《增注赋学指南》卷七云:"着意首段,风檐要诀也。"并概括出直起、陪起、题前起、对起、翻起、颂扬起、暗笼、明擒、古体等各种起法。嘉庆朝馆阁赋注重直起,值得提出的有两点,一是"颂圣直起者,乔皇典重,尤属应制所宜"②,这是馆阁之职的需要,不必赘言;一是"如题直起,不必装头作冒,而古质朴重,屹如山立者,此法最为馆阁中制胜之技"③。如黄钺《谢镇西泛江闻咏诗声赋》起笔云:"谢仁祖旷怀绝世,神悟无双。泛扁舟于牛渚,闻清韵于横江。若有人兮,夜宿苍葭之露;此何声也,风传碧柳之牖。"将赋题所含史事以律赋笔法叙出,此法难度在于如何处理好运古入律、古律交融的问题,故而在馆阁赋技艺的较量中能够成为"制胜之技"。

律赋起手处有用四字者,有用六字者,有用七字者。用七字是承唐初四杰之体,"此格生新,最足拓人心目"④。嘉庆朝馆阁赋中以此种起手者有程恩泽《月中桂赋》、郎葆辰《芦花赋》、陈俊千《羯鼓催花赋》等。而其时馆阁赋中"最为超妙"的则是"起手有叠用四字句,似未到题,而题之巅已踞,题

---

① 吴省钦:《五月九日乾清宫引见选馆恭纪》,《白华前稿》卷三十三。
② 林联桂:《见星庐赋话》卷七,《赋话广聚》第 3 册,第 620 页。
③ 林联桂:《见星庐赋话》卷六,《赋话广聚》第 3 册,第 565 页。
④ 林联桂:《见星庐赋话》卷六,《赋话广聚》第 3 册,第 588 页。

之气已吞,题之韵已流,题之脑已醒"①。如李翃《虎贲说剑赋》起手云:"狐戟韬铓,鸡翘戢羽。帐解狮鋬,宫鸣鼍鼓。幡上乌栖,庭中兽舞。"《增注赋学指南》卷七关于四字句起手云:"用四字句作两联,首联紧密者,次联略用虚笔,使两短联中亦有虚实相间之妙。"即如前联点醒题目,则后联应略作偏离,做到虚实相间。李氏此赋起手迭用三联四字句却无一点题,似不合律赋作法;但此三联却将虎贲说剑时的气氛渲染得绘声绘色,先声夺人,为后文奠定了坚实的基调,所以林联桂才推其为"超妙"之诀。

(三)押韵

"馆阁之赋,多限官韵,仿唐人八韵解题之例。"②然唐人对押韵的要求比较宽松,连偷韵的现象也屡见不鲜;至于押韵的顺序,在不要求"次用韵"的情况下则"任以己意行之"③;押韵的位置,"亦鲜有用所限字概压末韵者,其压为末韵者,十不得一焉"④,随意性很强。宋人虽依次递用,"然尚不能划一"⑤。清人的规定要严格一些:"所限之字,大约依次押去,押在每段之末为正。"但也有随意性,"意有所便,亦不必过拘"⑥。而嘉庆时词垣律赋不但须挨次顺押所限官韵,不许上下颠倒;且"顺押之韵,每韵俱押于每段收煞之句,此亦见巧争奇之一法"⑦。如蒋立镛《博选为本赋》以"知人则哲惟帝其难"为韵,每一段收煞之句均按顺序落在韵字上。其他如吴其濬《云无心以出岫赋》、陈沆《星宿海赋》、龙汝言《三阶平则风雨时赋》等均是如此。

唐宋律赋中有两句重韵者,如张九龄《江上愁心赋》云:"将有言是然,将无言是然。"陈普《无逸图后赋》云:"悔不笃信兮文贞,嗟不复见兮文贞。"这种押韵在嘉庆朝馆阁赋中是不允许的。《见星庐赋话》卷三云:"凡赋题所限官韵,或数字之中,有一二韵相同者,挨次顺押之中,上下虽同一韵,而

---

① 林联桂:《见星庐赋话》卷六,《赋话广聚》第 3 册,第 589 页。
② 林联桂:《见星庐赋话》卷四,《赋话广聚》第 3 册,第 473 页。
③ 李调元:《赋话》卷二,《赋话广聚》第 3 册,第 53 页。
④ 王芑孙:《读赋卮言·官韵例》,《赋话广聚》第 3 册,第 341 页。
⑤ 顾莼:《律赋必以集》例言,《律赋必以集》卷首,清光绪十五年(1889)尊经书院刻本。
⑥ 余丙照:《增注赋学指南》卷一,《赋话广聚》第 5 册,第 23 页。
⑦ 林联桂:《见星庐赋话》卷二,《赋话广聚》第 3 册,第 424 页。

前后不许重沓。"胡达源《知人安民赋》以"知人则哲安民则惠"为韵,两"则"字相同,前一韵押职、德、翼、则数字,后一韵押力、息、得、则数字,职、翼、力、息属职韵,德、得、则属德韵,大体为职、德二韵交替而押,不可视为重复。字同者押韵时固然不能重复,"即韵字非相同而一二字同出一韵者,挨次顺押之处,前后亦不许重沓"①。祁寯藻《高山流水赋》以"伯牙钟期相遇知音"为韵,字面虽不相同,然"期""知"二韵皆在四支。此赋"期"字韵押丝、漪、思、枝、巍、夷等字,丝、思、巍属之韵,漪、枝属支韵,夷属脂韵。"知"字韵押吹、帷、迟、时、亏、追、随等字,吹、亏、随属支韵,帷、迟、追属脂韵,时属之韵。挨次顺押之处,虽同选韵于四支,而所属小韵仍不重沓。馆阁赋对音韵的严格要求,超越唐宋诸贤甚远。

　　律赋押韵中"最难稳惬,而又最易出色"②者属押虚字韵。押这类韵时既需"原本经籍",又要"妙合自然"③,难度极大,也更能显露才华,名家巨手往往于此大展身手。唐韦肇《瓢赋》云:"安贫所引,颜生何愧于贤哉;不食而悬,孔父当嗟夫吾岂。""贤哉"与"吾岂"语出《论语》,"哉"、"岂"二虚字又押得极其自然,故而成为押虚字韵的典范。这种押韵法赋史上不胜枚举,嘉庆朝词臣亦乐此不疲,"偏从此处因难见巧,意外出奇,令阅者几忘其为虚字"④。甲戌、丁丑两科馆课中这种现象更为突出。甲戌科馆课如蒋立镛《博选为本赋》押"惟"字云:"或行踪缅以溯洄,咏蒹葭而人在;或形象通乎窈寐,思麰蘖而尔惟。""人在"出《诗·秦风·蒹葭》,"尔惟"出《尚书·说命》,不惟对仗工稳,而且押韵自然,真有"几忘其为虚字"的感觉。林联桂还列举了其他十三位赋家二十二处押虚字韵的赋例。丁丑科馆课如朱阶吉《主善为师赋》押"于"字云:"岂以境迁,野则获而邑则否;依然响应,前者喁而后者于。"上句出自《左传·襄公三十一年》:"谋于野则获,谋于邑则否。"下句出自《庄子·齐物论》:"前者唱于而后者唱喁。"自然妥帖,宛若无痕。

---

① 林联桂:《见星庐赋话》卷三,《赋话广聚》第 3 册,第 435 页。
② 余丙照:《增注赋学指南》卷一,《赋话广聚》第 5 册,第 27 页。
③ 李调元:《赋话》卷三,《赋话广聚》第 3 册,第 70—71 页。
④ 林联桂:《见星庐赋话》卷四,《赋话广聚》第 3 册,第 473 页。

其他又列举十七位赋家二十一处押虚字韵赋例。

在用韵方面,嘉庆朝馆阁赋一方面沿袭前人技法,且有意使之强化;另一方面更在前人疏阔之处展示才华,因难见巧,以达到出奇制胜的效果。

(四)对偶

对偶是构成律赋的基本形式要素。余丙照《增注赋学指南》卷四总结律赋对偶有卦辞对、干支对、数目对、反正对、流水对等几种形式。嘉庆朝词垣因以《易》之卦名、爻辞取为对仗"实足为通篇生色",所以"赋用卦名对偶,近来馆阁喜用之"①。如辛文泟《民得四生赋》云:"占涣号于辰居,播咸和于子姓。"《易·涣》:"亨。王假有庙。"故上句云。《易·咸》象曰:"咸,感也。……天地感而万物化生,圣人感人心而天下和平。"故下句云。余丙照云:"此等对法,总以引用的当,烹炼自然为贵。"②就此二句而论,此语可移以评之。他如穆馨阿《龙见而雺赋》、岳镇东《定时成岁赋》、宋劭谷《三阶平则风雨时赋》、王培《尊闻行知赋》、杨峻《无逸图赋》、陈澧《鉴空衡平赋》等都有以卦名为对者。这种对法,既见才学,又见才华,喜而用之,良有以也。

对偶的另一形式是干支对,"以干支字面作对,最易生色"③,因此"近来馆阁"喜用之,"径有题目非干支字面,而赋内亦喜用干支对偶者,亦避熟趋新之一法也"④。此时馆阁赋的这种对法与前代有所不同。以杨峻《无逸图赋》为例:"无耽于逸,期寅畏之功深;相谱为图,著丁宁之意厚。""寅畏"出《尚书·无逸》,敬畏之意;"丁宁"出《汉书·谷永传》,再三告示(颜师古注)之意。"寅""丁"虽为干支,然"寅畏"与"丁宁"却将表面的干支痕迹抹灭殆尽,化虚为实,打合自然,实为超妙。苏轼《孔长源挽词》之二有"岂意日斜庚子后,忽惊岁在己辰年"二句,被叶梦得《石林诗话》卷上称为"天生作对,不假人力"。然嘉庆朝馆阁赋更多的是字面借用干支对,而意思却不

① 林联桂:《见星庐赋话》卷三,《赋话广聚》第3册,第458页。
② 余丙照:《增注赋学指南》卷四,《赋话广聚》第5册,第149页。
③ 余丙照:《增注赋学指南》卷四,《赋话广聚》第5册,第153页。
④ 林联桂:《见星庐赋话》卷七,《赋话广聚》第3册,第610—611页。

泥于此的类型,技法上匠心独运,与苏诗及唐宋律赋不同。他如陈俊千《行不由径赋》:"览竖亥之青邱,荡荡乎无远弗届;颂由庚于皇极,浩浩乎聊乐我员。"李德立《秋月照帘栊赋》:"桂蕊霏霏,联长庚而倒射;竹阴淡淡,印屈戌以重添。"等等,均是如此。以此"避熟趋新",虽一篇数见最易生厌,亦不得已而为之。

除此之外,嘉庆朝馆阁赋在其他场合也不放过避熟趋新的机会。如用禁体作赋,"殆避熟取新,偏师制胜之一法也"[1]。嘉庆戊寅大考翰詹,题是《澄海楼赋》,以"故观于海者难为水"为韵,一等一名的潘锡恩之赋,仿欧阳修、苏轼白战体,凡涉水部的字都不使用。另如回文赋、千字文等对技艺需求更高的体裁也被此时馆阁赋家所使用。

以上主要就诠题、起手、用韵和对偶四个方面对嘉庆朝馆阁律赋的技法进行探讨,不难发现,馆阁中人为了出奇制胜,避坦途而就曲径,刻意在前人特别是唐人"法疏而意薄"处施展才华,虽然艺术成就不一定能与之并论,然某些技法的难度确实增加了。清人以本朝近科同馆赋为摹本,"去唐律而尚时趋",律赋宗尚发生明显变化,就是为馆阁赋的这种追求所吸引。

四、渗透与汇通:嘉道之际翰苑赋的新变

嘉道之际馆阁赋不仅在技艺上较此前有很大提高,在其他方面也发生了一些新变。林联桂《见星庐赋话》对此也颇为敏感。

首先是理题赋的增加。理题是经义题中的一种,唐宋科举有考诗赋与经义之争,为消融争议,律赋考试便以经义命题,宋代又增以性理。清乾嘉年间,汉学兴盛对理学形成冲击,经义题中的性理一类题目减少。但从《见星庐赋话》卷五中可以看出,至嘉庆中后期,词馆考课中性理一类的赋题数量大增,出现了一批理题赋创作的能手及作品。其中有"精警而老当,古朴而遒劲"的陈沆《自强不息赋》;有"说理明白晓畅,无格格不吐之谈"的王炳瀛《讲易见天心赋》;有"以凌厉无前之笔",将"理境希微,最难名状"的《颜

---

① 林联桂:《见星庐赋话》卷四,《赋话广聚》第3册,第485页。

苦孔卓》之题写出"欲罢不能之神","手法最为清健"的何彤然;有"题本《书经》,而通篇多取材于《书》,以《书》赋《书》"的庞大奎《主善为师赋》;有以《易经》为赋题,"斧藻《易》言,以《易》赋《易》,尤见天花乱落,顽石点头之妙"的吴孝铭《闲邪存诚赋》等等。

律赋中理境之题"更难工雅",一方面需阐释性理而无理障,无头巾气,另一方面又受律赋体裁的限制,写好确属不易。此时馆阁赋做了很多尝试。在林联桂看来,此类赋要写到"上乘","须得蹑根探窟之思,印泥画沙之笔",做到"语无理障,文即赋心"乃可。"诚者圣人之本"语出周敦颐《通书·诚上第一》。濂溪论诚,从宇宙论和本体论着眼,以诚为宇宙与人生的结合,又是成为圣人的首要条件。王赠芳《诚者圣人之本赋》乃探其理窟,认为诚乃"昭自然之物则,法至健于天行",是"浑沦而三才胥备,变化而六合可弥"。圣人"惟天下之至诚,能立天下之大本"。而当今之圣人"我皇上"能"存诚以通性命之源,开诚以成天下之务"。林氏推此赋为说理而无理障的上乘之作。他如颜伯焘《修辞立其诚赋》也巧妙处理了述性理与炼声韵的难题,"说理无头巾之气,炼韵见手眼之高",是"理题之精警者"。

理题还有一个难点在于,其"意蕴甚阔大,每有挂一漏万之虞";但"能手却寻出两大意,包一切,扫一切,囊括全题,所谓群言得其要者是也"。如"诚者圣人之本",此题括天、地、人三者,陆尧松赋此寻出修己治人两意,曰:"其以诚为修己之本也,正心必先诚意,明善而后诚身。……其以诚为治人之本也,感人有具,恭己无为。"以此囊括赋题,有提纲挈领之意。李象鹍《思艰图易赋》主体部分寻出君道臣道两意:"其君则爱民如子,时命有申。……其臣则勉奏嘉谋,永齐庶物。"也为阐释性理提供了方便。

性理是玄虚之物,将此阐释清楚,修辞的使用是必要的,比喻是有效的手法。林联桂发现,"近人理题之妙,往往正喻夹写,双管齐下,此法最为警露。"如吴慈鹤《礼义为器赋》云:"礼之器存于樽节,三让取蟾魄之辉;义之器在于濯磨,百炼淬龙泉之性。"吴其濬《体仁足以长人赋》云:"为仁由己,譬励志于为山;以仁安人,验治枢之在水。拟性禾与善米,尔宅尔田;俨义种而礼耕,侯强侯以。"或上句本体下句喻体,或本体喻体一句中兼有之,正喻夹写有助于阅者领会义理。

理题赋成为一个现象，与嘉庆后期理学的复兴和时文对赋的渗透有一定的联系。铃木虎雄在《赋史大要》中将清赋命名为"八股文赋时代"，对此，台湾学者赞同者多，大陆学者支持者少。反对的以叶幼明、何新文、詹杭伦为代表，他们认为是赋影响了八股文，而不是相反（叶幼明）；将许多清赋称为股赋，理由不充分（何新文）。詹杭伦一方面反对铃木的观点，认为他所列举的赋例集中在散体大赋或文赋，而不是律赋；另一方面也承认八股文影响了清代律赋。但他综观清人如顾炎武、毛奇龄、李调元、赵翼、朱一飞、邱士超、徐光斗、潘遵祁等人的观点后，得出"八股文对律赋的影响主要在破题和层次结构安排方面"，"清代律赋八股句法色彩其实并不显著"①的结论。就嘉庆后期馆阁赋而言，律赋受八股文影响是多方面的。

《见星庐赋话》卷四云："赋有两扇题法，须以两平还之，如八股之两扇格。"又云："赋有三扇题，亦须三平还题，如八股三扇题之法。"近人卢前《八股文小史》总结八股文题型有三十九种，其中就有两扇题和三扇题。题中包含对称的两个方面就是两扇题，嘉庆甲戌科散馆题为《盘圆盂方赋》即是。如吴慈鹤赋云："若夫贮水之器，盘以圆呈。……爰有盂也，以方自恃。"此即自明万历后开始盛行的八股文两平作法。同样，题中包含对称的三个方面就是三扇题，如甲戌科散馆另一赋题为《三阶平则风雨时赋》即是。如王炳瀛赋云："其为上阶也，……其为中阶也，……是为下阶，……"与八股文的三平作法相同。显然这种类似不是偶合，清代律赋的这些技巧应是受八股文的启发而形成的。

赋处理两扇题，"中间固宜两平安置题位，然上下有交互之法，前后有合发之法，与八股作法无异"②。所谓交互法，即上下两句交叉写两个方面。如龙汝言《大法小廉赋》云："苟伤廉而恣义，讵执法以无私。"上句说廉，下句说法。又云："惟澄怀而寡欲，乃守法以无违。是知成宪当遵，令行偃草；

---

① 詹杭伦：《清代律赋新论》，北京燕山出版社 2008 年版，第 180 页。
② 林联桂：《见星庐赋话》卷二，《赋话广聚》第 3 册，第 420—421 页。

不以富贵为乐,道胜则肥。"分别写廉、法、法、廉,这就是上下交互之法。所谓合发之法,就是总分法。如王培《尊闻行知赋》中段云:"择善由多,欲诚先致。"此句总写,即所谓的"合"。接云:"尊无以尚,宁虚闻百而闻千;行之维艰,何论知十与知二。闻若通乎帝谓,敢不敬承;知如启于天然,宁甘遗弃。"针对前句而言,这是分写,即所谓的"发",分别写尊闻、行知、闻、知。林联桂认为这二法"与八股作法无异",在他看来这也与八股技艺有密切联系。

乾嘉时期,八股文不仅渗透到律赋作法中,也融入古文中,即所谓的"以时文为古文"。八股文这种强大的渗透力,说明它已成为"核心或根底"①。此时翰苑词臣的主要职责是督学衡文,所以时文也是他们学习的重点,于是律赋写作中加入八股技法顺理成章。

嘉道之际馆阁赋另一新变是古赋和律赋的汇通。元明人赋论严古律之辨,推崇古赋,贬斥律赋。清人一方面延续这种理论倾向,一方面也出现了古律汇通的思想。清初陆菜在《历朝赋格序》中说:"若由今而论,则律赋亦古文也,又何古赋之有?"已经拉开泯合古律之辨的序幕。乾嘉时期,汇通的理论趋向十分明显。律赋论者发挥陆机、刘勰"体物"之说对赋体艺术本质进行全面探讨②。如果说乾嘉时期古律汇通还多停留在理论层面的话,嘉庆后期馆阁赋以其创作实践达到了二者的融合。林联桂《见星庐赋话》卷一云:"工于赋者,学贵乎博,才贵乎通,笔贵乎灵,词贵乎萃。"卷三云:"赋之有声有色,望之如火如荼,璀璨则万花齐开,叱咤则千人俱废,可谓力大于身,却复心细如发者。"其中蕴含着通合古赋而为律赋艺术张本的审美思想。林氏这一思想,是在总结嘉庆时期馆阁赋创作而得出的结论。

馆阁赋的载体是律赋,而很多馆阁巨手却能以古赋为律赋,运古入律,实现二者的融合汇通。詹杭伦认为铃木论证"八股文赋"时用的赋例是散体大赋或文赋,而不是律赋,其实詹先生没有认识到乾嘉时期馆阁赋的汇通

---

① 邝健行:《桐城派前期作家对时文的观点与态度》,《诗赋与律调》,中华书局1994年版,第212页。

② 许结师:《中国赋学历史与批评》,第167—168页。

问题。有些貌似古赋或散体赋之题,实际也是律赋。《见星庐赋话》卷六云:"馆阁多用律赋而独能研都炼京,直入汉人之室者,如阮芸台制军(元)《盛京恭谒三陵礼成赋》,陈阁部荔峰师(嵩庆)《拟潘岳藉田赋》,渊懿古穆,自是一代大手笔。而后来嗣响,能以古赋为律赋,上下纵横,奇古生辣,居然雄视等辈者,则莫如程太史恩泽之《雪夜入蔡州》一赋。"此三题看似为古赋或散体赋,实则就林氏所言则均为律赋。前二赋已不可见,程恩泽《雪夜入蔡州赋》为其辛未科馆课之作。赋第一段写叛军为害多年,官军难以平定;第二段写雪夜入蔡州;第三段通过"夫己氏"之言赞裴度之功;第四段申裴度、李愬在战争中的作用;第五段评韩愈《平淮西碑》的明断;第六段写蔡州百姓庆祝胜利的情景。此赋宛同一篇史论,却以律赋出之,很好地实现了古赋与律赋的交融。

古律融合之赋多出现在论古之题中,喜欢纵横驰骋者极乐为之。但这类题目"使才则易于嵌崎历落,对偶则难于字整句工",如何处理好疏放与精工的矛盾是写作的重点。而馆阁能手遇此,则"以文赋之气格,加骈赋之精工,竟体如一笔之书,对偶有单行之气,致足法也"①。奎耀《借箸赋》写张良借刘邦案上之箸为其陈述天下形势之事。述历史事件,最合适的赋体当数文赋,律赋写此,必借文赋之气格。此赋精彩之处是以韵语写张良的陈辞,张良说:"谁为大王而陈此策?夫势有同异,机有顺逆。方今挞伐非汤武,拥戴非旦奭,奈何弃当前之胜算,拘既往之陈迹。将恐一筹莫展,空殚吐哺之劳;后虽百计以图,究蹈危亡之隙。举棋不定,王明幸停箸以思维;成竹在中,臣昧愿持筹而擘画。"以工整的对句摹写人物语言,却极其自然,毫无生硬之感。究其原因,在于对偶中有单行之气,寓精工于顺畅之中,古律融汇无间。

总之,嘉庆时期的馆阁律赋在技法追求和体裁融通等方面都做出了很多创新,取得一定的成就,使得士子转以此时馆阁赋为效法对象,赋学宗尚发生改变。林联桂《见星庐赋话》对此作出评论,这是其理论贡献所在。

---

① 林联桂:《见星庐赋话》卷六,《赋话广聚》第3册,第580页。

第四章 翰林院与清代古文理论

——以方苞古文观为中心

近年来,学者不断呼吁开拓桐城派研究的理论视野。陈平原提出"从教育入手"研究桐城文学①,无疑为这一领域提供了新的视角和方法。方苞的情况有其特殊性,《南山集》案后,他入直南书房;雍正朝授职中允、翰林院侍讲;乾隆朝为翰林院教习庶吉士,编纂官方举业教科书《钦定四书文》,这一段经历对其古文理论有重要的影响。本章试图从翰苑角度挖掘方苞古文理论中所包含的制度性因素,以及这些因素如何使其突出强调古文的某些重要理论。

第一节 方苞翰林履历

关于方苞的翰林履历,有几个问题需要作些辨析,如进入翰林院的时间,编纂《钦定四书文》以及为翰林院教习庶吉士时的翰林身份等。这些问题关涉方苞的古文理论与清代翰林院之关系,故有详细探讨的必要。

《十朝诗乘》云戴名世"《南山集》案"案发,方苞"时官编修"②,似乎此时方苞任职翰林院。然考史实,方苞未曾进入词垣。清制,除制科、特授外,进士通过朝考才能进入翰苑。方氏三十九岁参加会试,中式第四名,然闻母丧未预殿试而归。《十朝诗乘》认为康熙五十年已为编修的记载显然不合

---

① 《从文人之文到学者之文——明清散文研究》,三联书店2004年版,第221页。

② 《十朝诗乘》卷三,第91页。

史实。

　　方苞进入翰林院的时间，史有明文记载。据沈廷芳《方望溪先生传》①
一文，方苞于雍正九年特授中允，所谓"中允"，即詹事府左春坊左中允。詹
事府为东宫太子僚属，主要职能是培养太子以及为东宫之侍从，至明清"职
掌与翰林院互兼"②，并附属翰林院。詹事府设左右中允各一名，掌侍从礼
仪。方苞被授为中允，实质上已经具备了翰林院官员的身份，《词林典故》
"改授馆职"一条下有"方苞，江南桐城人，康熙丙戌会试中式，举人，授中
允"③一句，就是将其视为翰林官。此后雍正十年五月，迁翰林院侍讲；七
月，迁翰林院侍讲学士。

　　那么，方苞入翰林院的时间，是否只从雍正九年特授中允算起呢？事实
并非如此。其实康熙五十二年以白衣入直南书房始，方苞就已经算得上是
翰林院的一员了，其翰林履历，也须从这一年填起。理由如下：

　　首先，从入直南书房官员的身份看，这些人一般为翰林，则方苞进入南
书房，预示着具有词臣的身份。南书房入直始于康熙十六年，在方苞之前入
直南书房有记录的共有六十九人，这些人在任职时绝大部分已经授职翰林，
有的以诸生等身份被荐举入直之后，恩命与贡士一体参加会试，中进士后参
与馆选成为庶吉士，散馆授职翰林，查慎行、何焯等人就是这种情况。六十
九人中鄂尔泰不是翰林出身，其入直时的身份是大学士，但既直南书房，便
被视为翰林，因为"定例，南书房非翰林不能行走"④，如果不是词臣，则特赐
翰林。所以导致"南书房行走，自大学士至卿贰，皆称翰林"⑤。这一情况说
明，入直南书房者一般都具有翰林身份和性质。根据南书房官员的这一特
点，可知方苞自入直的那一日起，他的身份已经发生了变化，具有了翰林性
质。

－－－－－－－－－

　　①　《隐拙斋集》卷四一。
　　②　《国朝翰詹源流编年》卷一。
　　③　《词林典故》卷八，《翰学三书》（二）第 260 页。
　　④　姚元之：《竹叶亭杂记》卷五，中华书局 1982 年版，第 108 页。
　　⑤　英和：《恩福堂笔记》卷上，《续修四库全书》第 1178 册。

其次,从方苞进入南书房的机遇来看,之所以选中他,在于康熙当时正在挑选一名合适的能够行使翰林职能的古文作手。据《清史稿·李光地传》记载:"桐城贡士方苞坐戴名世狱论死,上偶言及侍郎汪霖卒后,谁能作古文者,光地曰:'惟戴名世案内方苞能。'苞得释,召入南书房。"①康熙关心古文作手后继之人,并不仅是为文坛考虑,更是忧心文学侍从之中无出色的古文作家为朝廷撰拟大手笔之类的文字。方苞能够在危亡时刻获释,并入直南书房,靠的就是他的古文之才能和名气。南书房是康熙处理政务之处,南书房侍从的职责主要是为其草拟诏书,清代笔记中说:"若特颁诏旨,由南书房翰林视草。"②方苞进入南书房之后,他行使的职责就是为康熙起草文件,并为圣朝歌功颂德。此后至雍正九年之前,方苞撰拟了《万年宝历颂》(康熙六十年)、《圣主躬耕耤田颂》(雍正元年)、《圣主亲诣太学颂》(雍正元年)等润色鸿业的文章,充分行使了一个文学侍从的职责。就此可看出,方苞虽未被授予翰林,但实际上已经成为一名词臣。

康熙为什么不像对待查慎行、何焯那样,将方苞召入南书房之后命其参加会试通过馆选进入翰林院,而是赐以白衣入直南书房呢? 从表面上看,似乎方苞的才能已经够格成为词臣,因此不必再进行培养。方苞与查、何二人不同之处在于,他于康熙四十五年应礼部试,中式第四名,只是由于未预殿试,没能获得进士功名。在召入南书房时,康熙命撰《湖南洞苗归化碑》、《黄钟为万事根本论》、《时和年丰庆祝赋》,皆称旨,康熙将此与翰苑中人文章进行对比曰:"此赋,即翰林中老辈兼旬就之,不能过也。"③似乎方苞此刻已经通过了进入翰林院的考试,从科名和才能上讲都已经够格成为一名词臣了。仅以白衣入直南书房,包含了清廷的政治意图,即高压和怀柔并施的文化政策。对戴名世的处理显示了清廷高压的一面;令方苞白衣入直的旷典,则显示了怀柔的一面。在恩威并施的政策下,方苞的命运出现巨大的转机,从一个死囚一跃而成为文士梦寐以求的南书房文学侍从,这不但令方苞

---

① 《清史稿》卷二六二,第9899页。
② 吴振棫:《养吉斋丛录》卷四,第51页。
③ 方苞:《两朝圣恩恭纪》,《方苞集》卷一八,第515页。

感动得"不知涕泗之何从"①，而且也在文士中间树立了朝廷求贤若渴的政治形象。

　　雍正十一年四月，方苞擢为内阁学士兼礼部侍郎，这并不是说他就此离开了翰林院。首先，清代内阁学士与翰林院关系密切，福格《听雨丛谈》云："《居易录》载：祭告五岳、四渎、帝王陵寝及先师孔子，旧例遣侍郎、副都通，大至四品而止，翰林则阁学、掌詹、少詹而止云云。然则从前阁学，亦称翰林矣。"②内阁学士为翰林专缺，所以王懋竑风闻方氏"进秩阁学（内阁学士），侍直内廷"的消息时祝贺道："侍直内廷，则汉之给事中，唐宋之翰林学士也。"③实际身份仍是词臣。其次，方苞并没有赴任，而是"以足疾辞"。在他的坚持下，"命仍专司书局，不必办理内阁事务"④。也就是说他虽任内阁学士，但仍在翰林院书局中供职，行使的依旧是翰林院官员的职责。同样，后世虽习称方苞为"方侍郎"，其实他亦未曾真正担任此职。从官制上讲，内阁学士一般兼礼部侍郎，这是明清官制中的惯例，自明正统年间已经如此，王士禛谈论此种情况时道："《琐缀录》：正统中陈、高、曹、苗皆遥授各部侍郎，仍供事翰林，一时以为馆阁盛事。今内阁学士、掌院学士例皆兼礼部侍郎，不为异典矣。"⑤方苞既然未赴内阁学士任，也就没有赴礼部侍郎任。同年六月，方苞任翰林院教习庶吉士，乾隆元年再入南书房，二年六月擢礼部右侍郎，仍以足疾辞，七月任教习庶吉士，此后虽落职，但仍在书馆修书，乾隆十年赐以翰林院侍讲衔告归。也就是说，自康熙五十二年四十六岁入直南书房以来，方苞就一直从事着翰林性质的工作。方苞的古文理论大多在其晚年形成，因此考察这段时间的经历对方苞文学创作以及文学观念的影响，无疑具有非常重要的意义。

　　①　方苞：《两朝圣恩恭纪》，《方苞集》卷一八，第 516 页。
　　②　福格：《听雨丛谈》第 66 则"内阁学士亦称翰林"条，中华书局 1984 年版，第 53—54 页。
　　③　王懋竑：《与方灵皋书》（一），《白田草堂存稿》卷一〇，《四库全书存目丛书》集部，第 268 册。
　　④　苏惇元：《方苞年谱》雍正十一年条，《方苞集》附录一，第 882 页。
　　⑤　王士禛：《池北偶谈》卷三"学士兼侍郎"条，第 64 页。

第二节 雅洁论之一：简洁
——从"翰林旧体"谈起

郭绍虞先生论方苞古文的雅洁观，认为有两层含义，一层是方苞强调古文中禁用语录语、俳语、汉赋板重字法、隽语与佻巧语；一层是谨严质朴勘落浮词之谓①。前者我们姑且概括为文体的纯洁论，后者我们姑且称之为简洁论。这两层含义应该说是概括了方苞古文理论的精髓，故以下就这些层面探讨方苞古文理论与清代翰林院之关系。

方苞雅洁论之一的简洁论建立在他对"翰林旧体"的批判基础之上。沈廷芳是方苞在翰林院教习庶吉士时的学生，记录了方氏关于"翰林旧体"的态度。方苞说："南宋元明以来，古文义法久不讲。吴越间遗老尤放恣，或杂小说家，或沿翰林旧体，无一雅洁者。"②古文中杂小说体的"吴越间遗老"无疑指的是吴梅村和黄宗羲，吴氏之《柳敬亭传》、《张南垣传》以及黄氏之《张南垣传》等，都以小说笔法入古文。那么，何谓"翰林旧体"？沿袭这一体制的"吴越间遗老"又指谁呢？李澄中评钱谦益古文曰："牧斋之文，词章富丽，虽其体源出自前后《汉书》，而气骨未免板重，加以杂用四句排偶于散文之中，尤为失体。"③《四库全书总目》评吴梅村古文曰："每参以俪偶，既异齐梁，又非唐宋，殊乖正格。"④两则评语都侧重在二人古文杂以俪偶的现象。要说吴越间著名的遗老，非此二位莫属。同时，钱谦益万历三十八年（1610）一甲三名进士，授翰林院编修；吴梅村崇祯四年（1631）一甲二名进士，亦授翰林院编修。结合他们曾任前朝翰苑的经历，二人古文中杂有排偶的现象是否与此有关呢？

按翰林院之设，其职能之一是拟制诏诰等朝廷文书。据李肇《翰林

① 郭绍虞：《中国文学批评史》下册，百花文艺出版社1999年版，第320页。
② 沈廷芳：《方望溪先生传书后》，《隐拙斋集》卷四一。
③ 邱嘉穗：《东山草堂迩言》卷六《诗文·排偶》引，《四库全书存目丛书》集部，第259册。
④ 《四库全书总目》卷一七三《梅村集》提要。

志》，唐代此种关于"王言之制"有七：一曰册书，二曰制书，三曰慰劳制书，四曰发白敕，五曰敕旨，六曰谕事敕书，七曰敕牒①。宋欧阳修文集中录有任翰林学士时撰拟的内制文，包括敕、制、诏、国书、敕书、批答、口宣、贴子词、青词、密词、斋文、祝文、功德疏右语、上梁文、御札、表、诏敕、册文、贺节词语等十九种词草。金元以后翰林院拟制的文书稍有变化，大体不出此范围。据徐师曾《文体明辨》，"古之诏词皆用散文"，"六朝而下，文尚偶俪，而诏亦用之"；敕"词有散文，有四六"；制"词宣读于庭，皆用俪语"；诰"词有散文，有俪语"；批答有散文，有四六；表"汉晋多用散文，唐宋多用四六"②。可见这些文章历史上曾散文与韵语二者并存。而考察唐以后翰林院拟制承诏所用的文体，一个突出的现象，就是喜用四六骈文。宋叶适谓："自词科之兴，其最贵者四六之文。"③看来唐宋四六文的兴盛与翰林院的关系密切。不过这种在唐宋翰林院中颇为盛行的文体，却遭到时人的严厉批评，被贬之为"词科习气"：

> 近世词科亦有一般习气，意主于谄，辞主于夸，虎头鼠尾，外肥中枵，此词科习气也。能消磨尽者难耳。东莱早年文章，在词科中最号杰然者，然藻缋排比之态，要亦消磨未尽，中年方就平实，惜其不作，而遂无年耳。④

所谓"词科习气"，就文体来说，即"辞主于夸"，"藻缋排比之态"，多用俪偶语、四六句。不过这种情况不能一概斥之，骈文撰写的词草，在一定的时期也产生过较大的作用。唐代翰林学士陆贽撰拟诏诰一般采用四六文，"四六施于制诰、表奏、文檄，本以便于宣读"⑤。骈文的铺排容易形成气势，这对用以宣读的文体非常适合。唐朱泚之乱平定之后，陆贽奉命撰拟赦文。此事关系唐王朝的命运，文章不仅要起到安定人心的作用，还要能激发人们同

① 《翰林志》卷一，《翰学三书》（一），第2页。
② 徐师曾：《文体明辨》卷一七至卷二四，《四库全书存目丛书》集部，第311册。
③ 《奏议·宏词》，《水心集》卷三，影印文渊阁《四库全书》第1164册。
④ 吴子良：《荆溪林下偶谈》卷三"词科习气"条，影印文渊阁《四库全书》第1481册。
⑤ 谢伋：《四六谈麈》。

仇敌忾的热情。赦文就采用四六骈文的形式写成：

> 肆予小子，获缵鸿业，惧德不嗣，罔敢怠荒。然以长于深宫之中，暗于经国之务，积习易溺，居安忘危。不知稼穑之艰难，不察征戍之劳苦。泽靡下究，情不上通。事既壅隔，人怀疑阻。犹昧省己，遂用兴戎。征师四方，转饷千里。赋车籍马，远近骚然。行赉居送，众庶劳止。或一日屡交锋刃，或连年不解甲胄。祀奠乏主，室家靡依。生死流离，怨气凝结。力役不息，田莱多荒。暴命峻于诛求，疲甿空于杼轴。转死沟壑，离去乡闾，邑里丘墟，人烟断绝。天谴于上，而朕不悟；人怨于下，而朕不知。驯致乱阶，变兴都邑。贼臣乘衅，肆逆滔天；曾莫愧畏，敢行凌逼。万品失序，九庙震惊，上辱于祖宗，下负于黎庶。痛心觍貌，罪实在予，永言愧悼，若坠深谷。①

据说这篇赦文布告天下后，"虽武人悍卒，无不挥涕激发"②，这种强大的艺术感染力得自骈文铺排造成的气势。陆贽的制草都是这种形式，此种体制一经奠定，后世多沿用之。宋代翰林撰文亦多用骈体或骈散相间之体，如欧阳修为翰林学士时撰拟的内制文就是如此：

> 朕览先帝之遗文，怆然增慕；嘉汝志之专学，期乃有成。惟睿制之坦明，合圣经之雅奥。传写之善，兹谓艺能；诵习不忘，是为宝训。宜加褒锡，以勉进修。③

宣和间翰林撰拟之文排偶程度更甚，以至于"多用全文长句为对"，此体"起于咸平王相翰苑之作"④，人多仿之。"咸平王相"即王拱辰，庆历元年为翰林学士。这种变本加厉的藻饰招致时人的严厉批评：

---

① 陆贽：《奉天改元大赦制》，《翰苑集》卷一，中华书局2006年版，第2—5页。
② 权德舆：《唐赠兵部尚书宣公陆贽翰苑集序》，《翰苑集》附录，第815页。
③ 欧阳修：《赐右领军卫将军克冲奖谕勅书》，《欧阳修全集》卷八四，第1229页。
④ 谢伋：《四六谈麈》。

　　宋朝元丰改制,独不更翰学之名,是矣。至于内外制犹作四六,岂非当更而不更者欤?岂非典谟训诰之体终不可复欤?夫王言布于天下,犹父之诏子也,不存诰诏唯诺之意,而工雕镂篆刻之文,果何谓哉?①

然而批评归批评,由于诏书等文体的特殊性,要求典雅庄重,特别是"为典故大事者","翰林学士院(用)四六句行文"②,在重要时刻,首选最合适的体式还是四六。所以尽管欧阳修认识到骈文"屑屑应用,拘牵常格,卑弱不振,宜可羞也"③,但实际上在制草时,仍不能不用这种文体,此乃不得已之事。李绂对其做法深有理解,他说:"欧公'竹箪(簟)''暑风'之语,犹有议者,不知公乃为两制序文,故兼一二骈语耳,他文则从不相犯也。"④观欧阳修其他古文断不用骈偶相间之体,可知在当时情势下,他也不能免俗。至于南宋,周必大、吕祖谦等翰苑词臣草制承诏时,俱用骈文,所谓"东莱早年,文章在词科中最号杰然者",之所以杰然,就在于其文"藻缋排比",试看一例:

　　　　三后成功,首伯夷之降典;六卿分职,列宗伯之佐王。朕详延鸿博之流,共辑礼文之事,孰从折衷?必赖耆明具官。秉心塞渊,养气刚大,夙奋迹于峻轨,晚蜚声于显途。圣域策勋,著玉杯竹林之属;词林发藻,紬石室金匮之书。遍仪禁路之华,寓直河图之邃,肆讨论于堕绪,资订正于宿儒。进长春官,式从人望,惟刺经作制,斯通执古御今之宜;惟统宗会元,斯祛党同伐异之惑。往惟励翼,嗣有襄扬。⑤

此文除一二散句外,基本上为整齐的四六,这样华丽的文章就是欧阳修也不

---

① 章如愚编:《群书考索续集》卷三四,影印文渊阁《四库全书》,第938册。
② 赵升:《朝野类要》卷四,影印文渊阁《四库全书》,第854册。
③ 《内制集序》,《欧阳修全集》卷四一,第598页。
④ 李绂:《古文辞禁八条》,《穆堂别稿》卷四四。
⑤ 吕祖谦:《龙图阁直学士除礼部尚书诰》,《东莱外集》卷三《宏词进卷》,影印文渊阁《四库全书》,第1150册。

能与之相比。

明太祖以一介平民登上皇位,其文化程度本不甚高,因此上台伊始,就对充斥典故和藻缋的骈文非常厌恶。洪武二年三月,他在与詹同论文章时就明确提出翰林撰文应简易明确,而不宜过分讲究藻饰:

> 古人为文章,以明道德通世务。典谟之言,皆明白易知,至如诸葛孔明《出师表》,亦何尝雕刻为文,而诚意溢出,至今诵之,使人忠义感激。近世文士,立辞虽艰深,而意实浅近,即使相如、扬雄,何裨实用?自今翰林为文,但取通道理、明世务者,无事浮藻。①

六年九月,诏禁四六文辞,"凡表笺奏疏,毋用四六对偶"②,自是以后词垣秉笔多用散体。但随着明代统治者文化程度的提高,对骈文又渐渐欣赏起来,四六在翰林院撰拟的文书中开始复苏。《殿阁词林记》曰:"洪武中有大政,令词臣录圣语,不敢增损,故凡诏令多'你每'、'好生'等字者,皆圣祖所面授也。其后始令本院官为之,渐至骈俪。永乐二年,杨士奇等进呈敕边将稿,上曰:'武臣边将不谙文理,只用直言俗说,使之通晓,庶不误事。他日编入实录却用文。'"③翰林撰文由尚质转向尚文,显示了统治者趣味的变化。又明太宗时北京有白鹊之瑞,太宗见庶子、赞善所呈之稿,"不怿",命尚书蹇义持以示告病家居的杨士奇,士奇阅后道:"甚寂寥。"因改一联云:"望金门而送喜,驯彤陛以有仪。"又增一联云:"与凤同类,跄跄于帝舜之庭;如玉之辉,嚣嚣在文王之囿。"太宗见之,大喜④。由于加入骈文句式,使得文章充满祥和之气,这不是一般散文所能产生的效果。于是,骈文重新成为词臣操笔制词的宠儿,这种风气下,乃至其他大臣进呈奏疏时也用四六(见下文)。到了明代后期,这种风气发展到过于浓盛的地步,所以又招致强烈反对,嘉靖年间张孚敬上疏曰:

---

① 谷应泰:《明史纪事本末》卷十四,中华书局1977年版,第202页。
② 黄佐:《翰林记》卷一一"撰表笺"条,《翰学三书》(一),第132页。
③ 《殿阁词林记》卷一三"视草"。
④ 黄佐:《翰林记》卷一一"撰表笺"条,《翰学三书》第132页。

　　臣窃惟诏诰者,王言也,知制诰者,臣职也。知制诰而使王言不重,则不得其职矣。臣按:国初以来,成化以前,制诰之体犹为近古,明扬履历,宣昭事功,其于本身者不过百余字,其覃恩祖父母、父母并妻室者,不过六七十字,言之者无费辞,受之者无愧色。近来俗习干求,文尚夸大,藻情饰伪,张百成千,至有子孙读其祖父母、父母诰勅,莫自知其所以然者。卒使万乘之尊,下誉匹夫匹妇之贱,良可惜也。孔子曰:天下有道,则行有枝叶;天下无道,则辞有枝叶。今当圣明之世,可使制诰之文为枝叶之辞哉? 伏乞勅下内阁,自今以后,凡有诰勅,必须复古崇实,一切枝叶浮夸之辞,尽行删去,庶王言重而人知所劝矣。①

孙承泽《春明梦余录》将此文录在"翰林院"条下,可知这封奏疏主要针对词垣风气而言。同收在此条下的还有张居正的一篇奏疏,《明文海》卷五七题目作《明制体以重王言疏》,从二文强烈的语气来看,当时翰林院"藻情饰伪"的文风已经发展到需要用强制手段来遏制的地步了。

　　钱谦益和吴梅村就是在这种背景下进入明代翰林院的,他们显然沾染了当时的风气,二人文集中馆阁文字之外的古文亦杂有骈偶文句的现象。例如:

　　文繁势变,事近景遥,或移形于跬步,或缩地于千里。泗水秋风,则往歌而来哭;寒灯拥髻,则生死而死生,可能乎? 不可能乎? ……玄黄金碧,入其罏韝,皆成神丹,而他人则为掇拾之长物;么弦孤韵,经其杼轴,皆为活句,而他人则为偷句之钝贼。参苓不能生死人,朱铅不能饰丑女,故曰:有学而愈能,有愈学而不能。②

　　即今三十余年,而韦相之庄,篱落犹存;陆生之田,桑麻如故。

①　孙承泽:《春明梦余录》卷三二,第490页。《明文海》卷五一题目作《重制诰疏》。
②　钱谦益:《梅村先生诗集序》,《牧斋有学集》卷一七,《钱牧斋全集》(五),第757页。

旧老遗民,尚有过而叹息者;吾为人子孙,忍使芜而不治乎?①

前文是钱谦益为吴梅村诗集作的序,像这样古文中夹杂四六文句的情况在牧斋《初学》、《有学》二集中颇为常见;后文是吴梅村为其祖父故居所作的记,也许是受庾信《哀江南赋序》的影响,大概吴氏觉得自己深沉的感慨,非骈文不能表达的缘故吧。钱、吴二人文中杂有骈文句法的体式,既不同于古文,也不类于骈文,所以《四库全书总目》才批评为"既异齐梁,又非唐宋,殊乖正格"。这显然是受到当时乃至唐宋以来翰林院撰文用四六骈文风气的影响,故而方苞才指责他们的文章为"沿翰林旧体",无一雅洁。

　　方苞批评"翰林旧体",那此时的"翰林新体"是什么样的呢? 从理论上看,和"词科习气"相对的崇尚雅洁,标举简当的观念在清代翰林院中甚为流行,如大学士李光地云:

　　　　古文内著不得工丽对句。②

翰林院检讨潘耒云:

　　　　史迁云:"择其言之尤雅者。"柳子厚云:"参之太史以著其洁。"文至雅洁,品莫贵焉。……自明中叶,伪文竞起,拟仿蹈袭,浮嚣钩棘之病纷然杂出,二三君子以清真矫之,而莫能救也。迨于末年,纤佻谲怪,轨则荡然,道丧文弊,于斯为极。迨于今朝,人稍觉悟,操觚者往往远宗欧、苏,近慕归、唐,渐知雅洁之足尚。③

馆阁要员徐乾学云:

　　　　夫文章之道,非浸淫于六经诸史百家,不足以大其源流,非养其气使内足于己,而后载其言以出,则病。……使尽天下之变,而后求之前人所以裁制陶镕之法,以归于简洁,乃始为文之成。④

---

①　吴梅村:《归村躬耕记》,《吴梅村全集》卷三九,上海古籍出版社 1990 年版,第 829 页。
②　李光地:《榕村语录》卷二九《诗文一》,中华书局 1995 年版,第 516 页。
③　潘耒:《朱竹垞文集序》,《遂初堂文集》卷八。
④　徐乾学:《计甫草文集序》,《憺园文集》卷二一。

翰林院侍讲学士储大文云：

> 文何以尚简也？近世以来，操笔为文词者，其词日益多，而道日以丧，文日以敝。故尚之。①

他们在明确提出崇尚简当、雅洁文风的同时，都包含着对前代繁芜之词的批判。尚简是方苞古文理论中一个重要的组成部分，他说："夫文未有繁而能工者，如煎金锡，粗矿去，然后黑浊之气竭而光润生。《史记》、《汉书》长篇，乃事之体本大，非按节而分寸之不遗也。"②这话又见于其友人王步青《己山先生文集》中所引方氏语③，可见这是他反复强调的观点。方苞对柳宗元之文深怀不满，认为其文"辞繁而芜，句佻且稚"④。他亦颇不喜钱谦益的文章，全祖望说"望溪最恶牧斋之文"⑤，之所以如此，一个重要的原因就在于钱氏之文"沿翰林旧体"，铺排过甚，不讲雅洁。方苞认为班固《汉书》"开后代史家之陋"，然"其善者尚能审择"，若霍光事汉帝四十余年之事，以钱谦益之传孙高阳笔法书写，"虽独为书数卷不能备也"⑥。

清代初年翰林院撰拟的诏诰等文，除典礼恭纪及表、颂之类的文章用四六骈文外，其他体裁中排偶殊为少见，特别是于国体干系甚大的文件谕旨，一般都用散文书写。典礼恭纪及表、颂之类的文章，侧重形式，讲究宣读，故尚华美；文件谕旨则要颁示天下，强调实用，故求简洁。以方苞所撰文为例，《方苞集》卷一五中的颂体之文均为骈体或骈偶相间的句式，而《集外文》卷一的二十首奏札则全部使用散体文，这些奏札分别关系到定经制、征地丁、复漕运、备荒政、禁种烟、矫积习等朝政大事，其中如《奏重刊十三经廿一史事宜札子》、《请定庶吉士馆课及散馆则例札子》、《论考试翰林札子》等为武

---

① 储大文：《存研楼文集》卷一六《尚简》，乾隆九年(1744)刻本。
② 《与程若韩书》，《方苞集》卷六，第181页。
③ 王步青：《柏蕴皋稿序》，《己山先生文集》卷二，《四库全书存目丛书》集部，第273册。
④ 《书柳文后》，《方苞集》卷五，第112页。
⑤ 全祖望：《翰林院编修赠学士长洲何公墓志铭》，《全祖望集汇校集注·鲒埼亭集》卷一七，第313页。集中原文"牧斋"等字眼挖去，李桓《国朝耆献类征初编》卷一二三所录全祖望撰墓铭作"虞山"。
⑥ 方苞：《与吕宗华书》，《方望溪遗集》，黄山书社1990年版，第31页。

英殿总纂官及教习庶吉士任上时所奏,属翰林院撰拟之文。另外,乾隆初年成书的《皇清文颖》是一部"惟取经进之作、朝廷馆阁之篇"①的诗文总集,应该说从中可窥翰林院撰拟文章的特色,该书除卷一卷二的表、卷三〇的赞和铭、卷三三至三八的颂等四种文体采用骈文外,其他均为散体。而从《昭明文选》来看,这四种文体其实在南朝梁以前就已经形成语句比较整齐的定式,与其说是沿袭翰林旧体,不如说是体裁传统所致。

清代翰林院文章尚简的作风,与康熙的提倡有关。圣祖于二十三年四月三十日发表上谕,要求经筵日讲讲章做到"简当",他说:"讲章词取达意,以简要明白为尚。如本文敷衍太多,则断章未免重复。在本文贵了彻圣贤意旨,归于简当,而断章发挥数语,阐明理道,务去陈言。"②康熙帝还对历史上简洁的文章大加赞赏,他御选自先秦至南宋古文之作为《古文渊鉴》,并逐篇评论,汇聚为《古文评论》十八卷③,康熙对优秀古文的最高评价是"简",此语多次出现:

原文	作者、出处	评语
晋悼公复霸	《左传》	文亦简严有法。
仲尼论晋铸刑鼎	《左传》	文复简洁。
桓公欲从事于诸侯	《国语》	文之简练典重,洵是史汉纪传之祖。
夏四月四卜郊不从乃免牲犹三望	《公羊传》	鲁郊非礼,孔子修春秋,因卜郊而寓意,诸儒论之详矣,惟公羊简而尽。
虞师晋师灭夏阳	《谷梁传》	叙事简要,文尤逸宕。
策贤良诏	汉文帝	诏辞简质,犹见古人风旨。
敕天下诏	汉武帝	诏词简洁,亦见古致。
地震诏	汉光武帝	轸恤灾伤,具有实政,文亦简质近古。
赐公卿助祭钱诏	汉章帝	文质而思深,言简而意长。
诏改定礼制	明德马皇后	文特简隽遒古。

① 乾隆:《皇清文颖序》,《皇清文颖》卷首。
② 《康熙起居注》,第1175页。
③ 康熙:《圣祖仁皇帝御制文集三集》卷二六至卷四三《古文评论》。

劝成风德疏	第五伦	文亦简切。
举贤良方正对策	鲁丕	简直修洁,较西汉诸儒之文别为一格。
谏外戚疏	翟酺	明而切,简而健,自是灼见本原之论。
考课略	杜预	自是简核一法。
江夏王义恭诫	宋武帝	亲切相喻,简而不浮。
审贡赋诏	宋孝武帝	文复简峭有色。
逸民传序论	范晔	文亦简裕。
陈时政启	齐竟陵王子良	六朝文尚骈丽,此独简洁峭劲,有裨民隐。
禁祝史祈福诏	梁武帝	效古人责躬之义,语亦简当。
宣示诸求官人书	陈文帝	意在澄叙官方,文亦简而有韵。
褒魏知古手制	唐睿宗	清辞简指,悠然自远。
孝经正义序	唐玄宗	文亦简贵可传。
救魏元忠疏	苏安恒	语简而气岸,唐文之似两汉者。
魏博节度观察使沂国公先庙碑铭	韩愈	叙文简质,铭词古奥,其古奥处可及,其简质处不可及。
陆文通先生墓表	韩愈	表章经学之文,要须如此简确。
再答张仆射书	柳冕	文甚简净,而款笃之意独至。
赐回鹘书	李德裕	意简严中,能尽事理。
赐南唐主李景书	周世宗	简贵得体,尺幅中备四时之气。
治河诏	宋太祖	简要,极有体裁。
平权衡诏	宋太宗	语本周官,弥觉简贵。
戒谕夏国主诏	王珪	辞不过严,而简洁有体。
前邠州观察推官李育可著作佐郎前赵州军事推官许林宗可大理寺丞	刘敞	简贵不靡。
都官员外郎邢梦臣可侍御史殿中丞沉起可监察御史里行	刘敞	简切无枝辞。
度支郎中李硕可三司户部判官	刘敞	语简而尽,蔼然爱民之意。
谏行青苗法疏	孙觉	辞理简括。
杨绘可知徐州	苏轼	简净朴直,立意自厚。
赐宰相吕公着上第二表乞致仕不允断来章批答	苏轼	词颇简重,益复婉至。
吏部尚书制	曾巩	非不简严,却自然浏利可诵。
国子博士种谔可左藏库副使殿中丞种诊可洛苑副使	韩维	简净明当。
五霸论	苏辙	语不贵多,而能扼其要。
赐太中大夫知枢密院事雷孝友正奉大夫……诏	真德秀	简而有文。

　　康熙为何如此大力提倡简洁的文风？很显然，简洁对繁缛而言，历史教训和现实需要都会让圣祖作出这样的选择。

　　从历史教训来说，康熙认为明代大权旁落以致国家灭亡，繁缛的文风负有不可推卸的责任。二十三年三月二十一日在和翰林官讨论文章写作时，圣祖强调："文章贵于简当，即施日用如章奏之类亦须详要。明朝典故，朕所悉知。如奏疏多用排偶芜词，甚或一二千言。每日积至满案，人主讵能尽览，势必委之中官。中官复委于门客及名下人。此辈何知文义，讹舛必多，遂奸弊丛生，事权旁落，此皆文字冗秽以至此极也。"①将国家奸弊丛生以及事权旁落的原因归结为奏疏多用排偶芜词，这点正确与否值得商榷，不过从中可以看出统治者对文风的重视，正如李光地所说，"文章与气运相关，一毫不爽"②。就明代文风来说，冗秽繁芜之词在政治生活中的确是个问题，特别是在明代后期，受翰林院文风的影响，整个社会都表现出对繁缛之词的爱好，即使大臣上章，亦请四六高手代作。从高拱等执政大臣一再上疏要求禁止繁词可以看出，其时文风已经对政治造成了多大的妨碍。高拱在奏疏中说：

　　　　臣惟尚实之世不多言，守法之臣无曲说。况君上日有万机，岂宜烦渎；而人臣进言当谨，安可虚浮？查得先朝章奏俱各简实，不敢繁词。近自三二十年来，率务为支叶，铺缀连牍，日新月盛，有增无减。曾不思蔓延长语，徒劳圣览。且言多意晦，绪理难寻，翻可窜匿事端，支调假饰。人臣奏对之理不当如此。伏望敕下该部，严加禁约通行，内外大小衙门，凡有章奏，务要直陈其事，意尽而止，不得仍前铺缀。违者，听该部科官参奏治罪，庶存恭肃之体，且还简实之风。其于治理，所裨不细。③

---

　　① 《康熙起居注》，第1156页。

　　② 李光地：《榕村语录》卷二九，第511页。

　　③ 高拱：《请禁章奏繁词以肃朝廷疏》，《高文襄公集》卷三，《四库全书存目丛书》集部，第108册。

"先朝章奏具各简实,不敢繁词",这是明太祖时代的遗风。而其时则是"务为支叶,铺缀连牍","蔓延长语"、"言多意晦",造成的结果,就是"窜匿事端"。诚如罗宗强先生所说,"一篇奏章写得华词丽藻、声韵排比,不惟读者费时,且轻则模糊真相,造成模棱两可之效果;重则隐匿藏奸,败坏吏治"。①而改变这种风气,就需要提倡"直陈其事,意尽而止"的"简实之风"。

正是基于这一历史教训,康熙才大力提倡简当的文风。观康熙对前代古文尚简的四十四则评价中,有二十九则是针对制、诏、诰、敕及批答等王言之制,尚简是出于政治的需要,这要求词臣在撰文时须以此为准则。而当代统治集团的文化水准也要求政治生活中的文章不能只追求华丽,忽略实用,这是圣祖提倡简当文风的现实原因。清代入关之初,主要依靠武人的力量夺取天下,政权奠定之初,还需要他们掌握大权。本来满人的汉文化水平就不太高,武人的素质更可想而知。即使经过一定的汉化,可是让他们读懂满是藻缋和典故的骈文就有点勉为其难了。清代政权虽是满汉共掌,不过汉人在清代初年的政治地位仅是满人的副手而已。为防止大权旁落,满人被架空的危险,于是便对容易"窜匿事端"的俳偶文加以贬斥,以增强政治语言的明确性。顺治六年己丑科,世祖临轩亲策,制曰:"从古帝王,以天下为一家。予自入中原以来,满、汉曾无异视,而远迩百姓犹未同风,岂满人尚质,汉人尚文,习俗或不同欤?抑音语未通,意见偶殊,畛域尚未化欤?今欲联满、汉为一体,使之同心合力,欢然无间,何道而可?要言可行,不用四六旧套,予将亲览焉。"②此中透露出对尚质、尚文不同的文化风尚的担忧,其考试废除四六,不难想象意在照顾尚质的满人文化水平。基于此,大力提倡文风的简当就成为文治的首要政策。

方苞古文理论和创作在尚简的一面与康熙这种文化政策相符。在进入南书房之前,方苞可以通过两条途径接受简洁的古文理论,一是文学史上自司马迁"择其言之尤雅者"始,经柳宗元"参之太史以著其洁",发展到欧阳

①　罗宗强:《隆庆、万历初当政者的文学观念》,《文学遗产》2005 年第 4 期。
②　梁章钜:《制艺丛话》卷八引《四勿斋随笔》文,上海书店 2001 年版,第 132—133 页。

修"简而有法"的古文创作尚简的传统。方苞在学习古文过程中,文学史上的这种言论在其观念中烙下痕迹。另一方面,当他还在为功名奔走的时候,高裔、李光地、韩菼这些翰林出身的师友都会予方苞此种理论的教育。高裔以翰林院编修任江南学政时,甚是欣赏方苞,从方氏《佘西麓文稿序》一文中可以看这位学政对其门生多所教益。李光地康熙九年进士,选庶吉士,散馆授编修,康熙二十五年任翰林院掌院学士。见方苞文即叹曰:"韩欧复出,北宋后无此作也。"①其论文尚质黜文,反对骈体,受康熙文论影响甚深。初遇方苞,即"劝以治古文",他说:"以吾子之性资,不思接程朱之武,而务与欧柳争,不已末乎?"②而这种观点,则是翰林院文学思想的典型代表。徐乾学为教习庶吉士时曾拟有《教习堂条约》,其中明确规定庶吉士为文的理论根基:"文以理为主,而辅之以气耳。立言者根柢于经学、道学,则当于理矣。不通经固不足语于文,不闻道亦不足语于文也。"③在文以明理这一点,方苞实深受李氏教导。方氏有《安溪李相国逸事》一文,于李光地甚是推崇④。韩菼康熙十二年进士,馆选庶常,散馆授编修。三十六年任翰林院掌院学士,后入直南书房。菼工于制文,圣祖尝赞曰:"韩菼所为文,能道朕意中事。"⑤性喜古文,尤以制义闻名,"以时文、古文合为一手"⑥。见方苞文,"至欲自毁其稿",评方文曰:"庐陵无此深厚,南丰无此雄直,岂非昌黎后一人乎!"⑦诗文有《方百川文序》、《送方灵皋解元落第二首》,对方苞多予鼓励之词。《方苞集》中有与韩氏书信二通,述所受教益,表尊敬之情。高、李、韩三人任职翰苑,出入禁近,理所当然能透彻了解康熙的好恶,并可能极其自然地以此教导方苞。故在入直南书房之前,方氏就有可能对翰苑尚简文风知之甚多。

---

① 苏惇元:《方苞年谱》康熙三十年条,《方苞集》附录一,第869页。
② 方苞《辛酉送钟励暇南归序》,《方望溪遗集》第84页。
③ 徐乾学:《教习堂条约》,《四库全书存目丛书》子部第23册。
④ 《方苞集集外文》卷六,第686—688页。
⑤ 《词林典故》卷四,《翰学三书》(二),第69页。
⑥ 梁章钜:《制艺丛话》卷九引《四勿斋随笔》文,第158页。
⑦ 苏惇元:《方苞年谱》康熙三十年条,《方苞集》附录一,第869页。

在文尚简洁这一点上，君臣二人达到了一致。康熙将方苞提拔进入南书房，并不是随意的举动，而是经过一番选择。康熙对古文家非常关心，他曾不断询问翰林官中古文谁优，黄与坚在给陈廷敬的一封信中说："前者先生掌翰院，皇上问院中诸臣古文孰优，先生以某对。比先生入直内廷，皇上又以诸臣古文为问，先生对如初。"①可能是黄氏"平昔所为文，波澜绮丽，光怪陆离"②的原因，康熙并没有接受陈廷敬的推荐，而是重用了同是"博学鸿儒"的汪霦，可见康熙选拔人才时非常慎重。对待方苞亦是如此。他通过先试后用的方法，于方苞古文有了充分的了解之后才使用他，而方氏的古文创作和康熙的古文理论某种程度的相符应该是圣祖决定重用他的原因。就如提拔王士禛进入翰林院示天下文士作诗之法一样，令方苞入直南书房，无疑也有示天下学人作文之法的用意。方苞进入南书房之后，他行使的职责是为康熙起草文件。由于经常在帝王身边，且所拟诏旨均得由康熙寓目，为文尚简的观念进一步得到强调。再说方苞得赦之后，每念及圣祖之恩，"不知涕泗之何从也"，甚且"欲效涓埃之报"③，"奋欲以学术见诸政事"④，这种心理支配下，也会毫不犹豫地接受康熙的文学主张。方苞最终不负圣祖重望，以文学侍从之臣批判藻情饰伪的"翰林旧体"，并极力遵照康熙的思想提倡简洁的文风，树立翰林新体。尚简的观念在清代被推为理论和创作极至，与此具有莫大的联系。

第三节　雅洁论之二：纯洁

方苞雅洁论内容之二是纯洁论。这集中体现在他翰林院弟子沈廷芳的记录中，根据这份记录，方苞的纯洁论内容主要是严格保持古文文体的纯粹性，禁止其他文体入侵。他说："南宋元明以来，古文义法久不讲。……或

---

① 黄与坚：《与陈说岩先生书》，《愿学斋文集》卷一五，《清代诗文集汇编》第74册，第158页。
② 高士奇：《黄忍庵赞善文集序》，《经进文稿》卷四，《四库未收书辑刊》第9辑第16册。
③ 《两朝圣恩恭纪》，《方苞集》卷一八，第516页。
④ 《清史稿》卷二九〇《方苞传》，第10270页。

杂小说家,或沿翰林旧体,……古文中不可入语录中语,魏晋六朝人藻丽俳语,汉赋中板重字法,诗歌中隽语,南北史佻巧语。"①据沈廷芳文意推论,方苞这话说在乾隆二年至五年间,此时正为内阁学士兼翰林院教习庶吉士。此外,方苞还反对佛氏语、语录体进入古文:"凡为学佛者传记,用佛氏语则不雅,子厚、子瞻皆以兹自瑕,至明钱谦益则如涕唾之令人哕矣。岂惟佛说,即宋五子讲学口语亦不宜入散体文。"②综合以上数条,方苞反对进入古文的"禁体"有小说体、语录语、藻丽俳语、赋语、诗歌语、史语、佛语等七种,姑且将方氏的这种观点称之为古文辞"七不可"。

方苞并不是清初唯一一个提出保持古文文体纯粹性理论的人,和他同时并且为好友的李绂也有类似的观点。绂字巨来,江西临川人。康熙四十八年己丑科进士,馆选庶吉士,散馆授编修,康熙五十六年以侍讲学士充日讲起居注官。李绂论文也强调文体的纯洁性,他认为有八种语言或文体不能侵犯古文领域,姑且称之为古文辞"八禁"。在《古文辞禁八条》一文中李绂规定古文中:

> 一禁用儒先语录语。
> 一禁用佛老唾余。
> 一禁用训诂讲章。
> 一禁用时文评语。
> 一禁用四十(六)骈语。
> 一禁用颂扬套语。
> 一禁用传奇小说。
> 一禁用市井鄙言。③

比较方、李二人的言论,其共同点在于反对语录语、佛氏语、骈语及小说体进入古文。他们反对的理论根据相近,方苞理论来源为司马迁,即"司马氏所

① 沈廷芳:《方望溪先生传书后》,《隐拙斋集》卷四一。
② 方苞:《答程夔州书》,《方苞集》卷六,第166页。
③ 李绂:《古文辞禁八条》,《穆堂别稿》卷四四。

谓言不雅驯"①,李绂的理论来源则为曾参,所谓"曾子谓出辞气斯远鄙倍"。根据李绂"他若减字换字法,尤为不可,前人已有论及之者,余亦尝与友人详论,今不复云"②之语,可知前人已经论及的禁忌,李绂不再多论,则李氏所论八条,多为前人所未及者。李绂《书方灵皋曾祖墓铭后》③一文,极论方苞文中减"桐城"为"桐"的减字法以及易"副使道"为"副宪"的换字法之不可。据此,则李绂文中所言"友人"当指方苞。他与方苞已经论及减字法与换字法,所以古文辞禁中不再列入。由此可知,这八条多是未与方苞讨论过,而且他也可能未曾见过方苞相关的言论,抑或方苞此时尚未提出类似的观点,所以李绂才如此言之凿凿。李绂所谓"方灵皋曾祖墓铭"即方苞的《大父马溪府君墓志铭》,据文中"今天子嗣位,布大德,赦吾宗还乡里。苞蒙恩给假,归葬父母"之语,知此文写于雍正二年④,则李绂关于古文辞禁的观点大致出现在此后至乾隆二年之前的十年间。

　　在方、李之前,清人对古文文体的看法持何种态度呢? 黄宗羲、吴梅村等人以小说入古文,钱谦益以佛语入古文,之所以如此,主要是因为当时古文中的禁忌尚为宽松。时人对这种作法赞同者有之,批评者有之。赞同者如王士禛,他在《侍御梁哲次(熙)先生传》中云:"先生于古文不多作,其有作必合古人矩度,而于禅悦文字尤善,论者以为有苏文忠、黄太史之风。"⑤从中亦可见赞同佛语入古文的不止王氏一人。即使是批评的观点,其批评的重点并不在文章的本身。如清代初年对钱谦益文章中杂用小说释典诸书的现象有所批评,宋琬则不以为然:"虞山钱牧斋先生以先朝耆宿,操海内文章之柄者四十余年,所著《初学集》,海内争传诵之。暮年稍涉颓唐,又喜引用稗官释典诸书,于是后进之好事者,摘其纤疵微瑕相訾謷,以为口

---

① 方苞:《答程夔州书》,《方苞集》卷六,第 166 页。
② 李绂:《古文辞禁八条》,《穆堂别稿》卷四四。
③ 《穆堂别稿》卷三九。
④ 孟醒仁:《桐城派三祖年谱》,安徽大学出版社 2002 年版,第 65 页。
⑤ 梁熙:《皙次斋稿》卷首,《四库未收书辑刊》第 5 辑第 28 册。

实。"①在宋琬看来,钱谦益喜用稗官释典的现象并无不妥,那些批评他的人只是以此为口实攻击其节操罢了。在文学史上,以小说、佛语入古文的先例自唐代就有,如韩愈用古文写《毛颖传》,柳宗元、苏轼在古文中用佛氏语,归有光也采用小说笔法写古文。对古文中用小说体的批评自唐代即有之,如裴度就批评韩愈《毛颖传》等文"不以文立制,而以文为戏"②,不过裴度的批评侧重在韩愈为文的态度,而并未以古文入小说体为评论的对象。古文大家柳宗元对《毛颖传》反而大加赞赏,深原韩愈之心为"以发其郁积"③,后世如宋代洪迈诸人亦有谅解之词④。至于以佛氏语入古文,则唐宋八大家中就有韩愈、柳宗元、苏轼等人,可见这也并非是古文不可跨越的禁地。以上论述可知,在方苞、李绂之前,古文并非不能杂用小说体、佛氏语,尽管也有反对的意见,但古文的种种禁忌并没有形成一股潮流。

清代之所以产生种种禁忌,与元明以来盛行的尊体观念相应。自元代开始,出现了一批以"辨体"为名的著作,如祝尧《古赋辨体》、吴讷《文章辨体》、黄佐《六艺流别》(含诗文辨体)、徐师曾《文体明辨》、贺复征《文章辨体汇选》、许学夷《诗源辨体》等,辨体本身内含分体进而尊体的意识。在此氛围中,明人对古文文体的庞杂亦有所警觉,例如艾南英曾提出为古文辞不得杂入语录、小说等文体:

> 道学语录入之古文序记传志中则不可,入之上执政等大书则不可,若入之平常简牍中则无妨。盖平常简牍半杂方言,半杂诙谐,古人且有用小说及《世说新语》者矣。⑤

> 为古文辞而不得杂取世说谐谈以自累,与为举子业而不得沿

---

① 宋琬:《严白云诗集序》,严熊《严白云诗集》卷首,《四库未收书辑刊》第 7 辑第 21 册。

② 裴度:《寄李翱书》,《唐文粹》卷八四,浙江人民出版社 1986 年版。

③ 《读韩愈所著毛颖传后题》,《柳宗元集》卷二一,第 571 页,中华书局 1979 年版。

④ 洪迈:《容斋随笔》卷七"七发"条曰:"《毛颖传》初成,世人多笑其怪,虽裴晋公亦不以为可,惟柳子独爱之。韩子以文为戏,本一篇耳。"上海古籍出版社 1978 年版,第 88 页。

⑤ 艾南英:《再答夏彝仲论文书》,《天傭子集》卷五,梯云书屋藏板,清道光年间刊本。

时趋习语、方言俚谚，以自远于尔雅深厚之意，无以异也。①

这种辨体意识发展到清代，出现了浙西词派倡"雅正"之说，而桐城文派之"雅洁"，以及李绂所设立的古文禁忌等种种观念也都是受此影响而产生。

不过尊体意识只是古文禁忌产生的一种可能，散文领域的尊体表现为分体意识，即辨别古文中各种体类的特点，而较少涉及古文与此外的文体可否交互的问题。其实明清出现的这种禁忌，真正原因是科举考试中对制义之文的要求，也就是受明清统治者采取的"正文体"之政策的影响。艾南英关于古文辞与小说、语录的不能杂取，其来源与其说是元明以来的辨体学说，不如说是朝廷对四书文要求的影响，观其将此与举子业的特点并举即可窥见端倪。

就制义的发展来看，明代后期，一个最明显的现象就是佛老思想侵入四书文②。制义之文本来是代圣贤立言，依程、朱对《四书》的解释阐发义理。但明代隆庆、万历以后，由于受佛、老思想影响的王阳明心学的流行，"科试文字大半剽窃王氏门人之言，阴诋程、朱"③。清人俞长城认为"以禅入制义，自杨贞复起元始"④，杨起元为万历丁丑科进士；纪昀亦云"以佛书入经义，自万历丁丑会试始"⑤。其实早在隆庆二年，"厌《五经》而喜老庄"⑥的李春芳任会试主考官，其程文破题就依据王学解经。在这种风气的带动下，到了万历中年，"新学浸淫天下，割裂圣经，依傍释氏，附会良知之说"⑦。为了纠正这一风气，大臣们上疏强烈要求下诏"正文体"。万历十四年，沈鲤上《请正文体疏》，文中描述了文体日坏的现象："今士子之为文何式乎？自

---

① 《李玄云近艺序》，《天傭子集》卷二。

② 关于明代制义的演变，参见高寿先：《明代制义风格的嬗变》，《明清论丛》第二辑，紫禁城出版社 1999 年版。

③ 顾炎武撰，黄汝成集释：《日知录集释》卷一八《举业》，上海古籍出版社 2006 年版，第 1055 页。

④ 《制艺丛话》卷五，第 72 页。

⑤ 纪昀：《甲辰会试录序》，《纪晓岚文集》第一册卷八，第 147 页。

⑥ 《日知录集释》卷一八《破题用＜庄子＞》，第 1407 页。

⑦ 王夫之：《显考武夷府君行状》，《姜斋文集·补遗》卷二，《续修四库全书》第 1403 册。

臣等初习举业，见有用六经语者，其后引用《左传》《国语》矣，又数年而引用《史记》《汉书》矣，史、汉穷而用诸子，诸子穷而用百家，甚至取佛经道藏，摘其句法口语而用之，凿朴散淳，离经叛道，文章之流弊至是极矣。"面对此种情景，他要求严正文体："及今不及严禁，恐益灌渍人心，浸寻世道，其为患害甚于异端。"①冯琦有鉴于"士子艺文，诡异不经"的状况，"乃疏正文体，不得杂用释氏语"②。在大臣们的强烈要求下，万历皇帝责成礼部严办，礼部将字句"仍前诡异，杂用佛老百家，违悖注疏者"，"开送内阁覆阅"，并建议"将提学官照例参治，本生定行黜退"③。

　　不仅佛老百家侵入制义之文，其他一些文体也在此中打下自身的烙印。如骈体进入四书文："以六朝词藻入经义，自几社始"④；语录进入四书文："当万历之末，文体靡秽，佛经、语录尽入于文"⑤；小说、讲章之体进入四书文："文章有魔调，似演义非演义，似科白非科白，此自古文人之所无，故曰魔。然亦有高下二种，下者出于讲章、小说，汤睡庵（宾尹）之类是也；高者出于佛经、语录，杨复所（起元）之类是也。"⑥士子平时练习四书文写作并不像考试时那样严格，文体的使用也比较自由，于是一些本来不用于制义写作的文体、语言也一并杂入。明代四书文大家顾咸正在论述制义写作之难易变迁的历史时就透露出来自其他文体干扰的信息，梁章钜《制艺丛话》记录其言曰：

　　　　昔之作者，微心静气，参对圣贤，以寻丝毫血脉之所在，而又外束于功令，不敢以奇想骇句入而跳诸格，当是时，虽有绝才、绝学、绝识，冥然无所用之，故其为道也难；今之作者，内倾膈臆，外穷法象，无端无涯，不首不尾，可子，可史，可论策，可诗赋，可语录，可

① 《亦玉堂稿》卷一，影印文渊阁《四库全书》第 1288 册。
② 陈鼎：《东林列传》卷一五《冯琦传》，影印文渊阁《四库全书》第 458 册。
③ 《责成正文体疏》，《礼部志稿》卷四九，影印文渊阁《四库全书》第 597 册。
④ 纪昀：《甲辰会试录序》，《纪晓岚文集》第一册卷八，第 147 页。
⑤ 《制艺丛话》卷七，第 107 页。
⑥ 吕留良：《吕晚村先生论文汇钞》，《历代文话》第四册，复旦大学出版社 2007 年版，第 3340 页。

禅,可玄,可小说,人各因其性之所近,而纵谈其所自得,胆决而气
悍,足蹈而手舞,内无传注束缚之患,而外无功令桎梏之忧,故其为
道也似难而实易。①

可子,可史,可策论,可诗赋,可小说是指各种文体对制义的侵犯,可语录,可
禅,可玄则是俗语以及非正统思想对四书文的入侵。"制义代圣贤立言,选
词宜雅"②,不仅与俗语、俗体、异端思想绝缘,甚至一些正统文体如诗、赋亦
不得与之接近。一旦这些因素对四书文产生影响,于是"端文体"、"正士
风"之类的呼声就不绝如缕。

虽经过明代帝王大臣的严厉禁止,此种风气并未完全消除,原因在于
"举业之用,在乎得隽。不时则不隽,不穷新而极变,则不时。是故虽三令
五督,而文之趋不可止也,时为之也"③,"时之所趋,遂成风气,而士子之奉
以为楷模者胥会于一"④。直到清代,此种特点亦不时出现在制义文中。康
熙曾询问近日制义文体如何,大臣回曰:"实多浮靡之辞,熟烂之调。"⑤雍
正、乾隆年间,"墨艺喜排偶"⑥。雍正七年议准:"嗣后士子作文,以明理为
主,放诞狂妄之语,应行禁止。"十年,鉴于"士子逞其才气词华,不免有冗长
浮靡之习",便"晓谕考官,所拔之文,务令清真雅正,理法兼备。……支蔓
浮夸之言,所当屏去"⑦。乾隆元年和三年,又两次下谕厘正文体。正因为
制义中尚存许多问题,故才三令五申下诏禁止,企图以此为文坛树立标准。

方苞雅洁论之一的纯洁论显然是清廷厘正文体的文化政策之体现。在
正文体的过程中,方苞参与了这项活动。乾隆元年,他奉诏编纂《钦定四书

---

① 《制艺丛话》卷一,第 23 页。
② 汪廷珍:《安徽试牍立诚编文序附条约十八则》,《实事求是斋遗稿》卷二。
③ 袁宏道:《时文序》,袁宏道撰,钱伯城校笺《袁宏道集校笺》卷一八,上海古籍出版社 2008
年版,第 703 页。
④ 戴名世:《宋嵩南制义序》,《戴名世集》卷四,第 113 页。
⑤ 《康熙起居注》,第 1264 页。
⑥ 朱琦:《制艺丛话序》,《制艺丛话》卷首。
⑦ 《钦定学政全书》卷六。

文》,"俾主司群士,永为法程"①,就是为学政、主考官督学衡文提供标准,为
士子创作提供法则。为此他在众多明清制义中进行一番筛选,排除"伪
体",标示"正格"。选文之外,方苞还奉旨将入选之文"精微奥突之处"批抉
出来,"俾学者了然于心目间"②。在一些评语中可以看到他对"非制义体"
进行了批评,例如:

> 评王樵《夫子之道》云:忠恕三层自是训诂语,非制义体。
> (《钦定正嘉四书文》卷二)

> 评夏允彝《微子去之》云:几社之文,多务怪奇,矜藻思。用此
> 为西江所诋排。(《钦定启祯四书文》卷五)

> 评朱升《欲修其身者六句》云:此等文乃近来所目为平易无奇
> 者,然场屋文字务为新奇悦目,而按之理义未得所安,须以此清通
> 平近者导其先路。(《钦定本朝四书文》卷一〇)

> 评魏方泰《朝廷莫如爵三句》云:近日讲西江派者,不于义理原
> 本处求深厚,但于字句格律中逞新奇,其蔽至于生涩怪诞。(《钦定
> 本朝四书文》卷十)

方苞还直接引用明人的评论批评"非制义体",例如:

> 陈际泰《君子质而已矣》原评:释氏言之精者,皆窃取之庄列,
> 此又暗用异端宗旨作墨守也。但问治乱真伪,都不论是非曲直,其
> 口险巧可畏。(《钦定启祯四书文》卷四)

> 曾异《强恕而行二句》原评:归震川文或直写语录,亦当年风气

---

① 方苞:《进四书文选表》,《方苞集集外文》卷二,第 579 页。
② 《钦定学政全书》卷六。

如此。(《钦定启祯四书文》卷九)

以上引文可以看出,方苞关于"非制义体"的观点受明人的影响。如果将禁训诂语、藻丽语、怪诞语、佛语、语录语等这些针对制义之文的要求和方苞的古文"七不可"进行对比,则发现二者之间有很多相同之处。"七不可"的观点集中发表在乾隆二年之后,此时他正在编纂《钦定四书文》,而且还任翰林院教习庶吉士。教学的重要内容就是制义之文写作,据汪师韩记载:"昔尝从望溪先生游,先生于馆课间出四书题,谓他日将主文衡,制艺之学不可以登第而遂废不讲焉。"①既然是为以后衡文督学作准备,则制义之文的禁忌不得不讲,而讲时文的禁忌便影响了方苞的古文理论。方苞吸收明代关于"非制义体"的观点,在编纂《钦定四书文》以及教习庶吉士时加以提倡,并将制义文的种种限制运用到古文中,便形成了古文的禁忌,这种做法就是为王澍、钱大昕等人所诟病的"以时文为古文"②。

方苞关于古文辞的种种"不可"来自他编纂《钦定四书文》并兼任翰林院教习庶吉士的工作性质,即来自时文的影响,这一点也可从其他方面得到佐证。清代翰林院的一个重要职能就是出任乡会试主考和同考官,以及各省学政。乡会试考官和学政的任务是衡文督学,在评定制义之文时需要一定的标准,这些标准包括正面的要求和反面的禁忌。例如纪昀以兵部侍郎出任会试主考官时明确指出反对佛语和俳语进入制义文:

　　其以佛书入经义,自万历历丁丑会试始。以六朝词藻入经义,自几社始。于是新异日出,至明末而变态极矣。我朝龙兴,斫雕为朴。列圣以来,时时以厘正文体为训。③

汪廷珍于嘉庆七年以翰林院编修任安徽学政时曾立下试牍条约十八则,其中一则关于制义,此条就时文的种种限制作了罗列:

---

①　汪师韩:《莲池书院课艺序》,《上湖文编补钞》卷上,《续修四库全书》第 1430 册。
②　钱大昕:《跋方望溪文》,《潜研堂文集》卷三一,第 565 页。
③　《甲辰会试录序》,《纪晓岚文集》第一册卷八,第 147—148 页。

制义代圣贤立言,选词宜雅,凡史书中后世语、语录中俚俗语、训诂语、诗赋语、词曲语、小说语、二氏语、官文书语、尺牍语、后儒自造语(如先天、后天、元会、运世、太极、无极等语,何得入孔孟口中)、注疏中后人语(如《尚书》今古文、《考工》补《冬官》之类)、时文中杜撰语及子书中寓言,不雅驯者阑入时文,皆从屏置。①

又如张之洞于光绪元年以翰林院侍读任四川学政时提出时文禁忌:"忌诗赋语、后世语。"②而古文家则往往将时文禁忌运用于古文之中,这有时也与其翰林院出身任考官、学政相关。以李绂为例,前文提到李绂与方苞差不多同时提出了古文辞禁八条。李绂曾于康熙五十六年以侍讲学士任云南乡试主考官,五十九年任浙江乡试主考官,六十年任会试副考官,乾隆六年任江南乡试主考官,这些经历导致他将针对时文的禁忌溶入古文之中。有翰苑经历者都特别重视这种禁忌,如以翰林院侍读学士充会试考官的朱珪有"古文十弊",曰:

　　谈心论性,颇似宋人语录,一弊也;徘词偶语,学六朝靡曼,二弊也;……措词率易,颇类应酬尺牍,七弊也;……平弱敷衍,袭时文调,九弊也;……③

可见以翰林任考官的经历容易导致他们将针对时文的禁忌融入古文之中。其他有翰苑经历者亦喜提倡这一禁忌,如袁枚,在《与孙俌之秀才书》中他说:"一切绮语、骈语、理学语、二氏语、尺牍词赋语、注疏考据语,俱不可以相侵";如杭世骏,在《小仓山房文集序》中他说:"文莫古于经,而经之注疏家非古文也;不闻郑笺、孔疏与崔、蔡并称。文莫古于史,而史之考据家非古文也;不闻如淳、师古与韩、柳并称。"这种理论,是与词垣具有的正文体之职能相关。如果我们将方、李、朱、袁、杭诸人关于古文的禁忌和其他几人关于时文的禁忌作一对比,二者的相互关系便很明显:

① 汪廷珍:《安徽试牍立诚编文序附条约十八则》,《实事求是斋遗稿》卷二。
② 《輶轩语·语文第三·时文》,《张文襄公全集》本。
③ 刘声木:《苌楚斋随笔》卷七,中华书局1998年版,第142页。

	佛语	小说	语录	俳语	赋语	诗语	尺牍	邸钞	史语	自造	后世	词曲	子书	训诂	俚俗	颂语
李绂	√	√	√	√										√	√	√
方苞	√	√	√	√	√	√			√							
朱珪			√	√			√									
袁枚	√			√	√		√					√		√		
杭世骏														√		
纪昀	√			√												
汪廷珍	√	√	√	√	√	√	√	√	√						√	
张之洞					√	√					√					

上表仅以与本文相关的八人作比较，其他不多列人①。从表中可以看出，反对最多的是佛语、俳语，其次是小说体、语录语、赋语、诗语。俳语成为古文和时文清除的对象，原因在于清初尚简的文风，这在上节已有论述。佛语一则因为其俗，一则因为佛家思想与程朱理学扦格。此外被视为俚俗的还有小说体、语录语，它们同赋语的板重、诗语的轻隽都不适合"代圣贤立言"的制义文。

一般认为"以古文为时文"始于唐顺之、归有光等人②，其实在此之前古文一直是士子参加科举考试学习模拟的对象。正因如此，宋代以降古文选本大量出现，如《古文关键》（吕祖谦）、《崇古文诀》（楼昉）、《文章正宗》（真德秀）、《文章轨范》（谢枋得）等，均为"科举科目策论的参考书"③。茅坤的《唐宋八大家文钞》"大抵亦为举业而设"④。看来以古文为时文由来已

----

① 如吴德旋在《初月楼古文绪论》中亦提出种种禁忌："古文之体，忌小说、忌语录、忌诗话、忌时文、忌尺牍，此五者不去，非古文也。"吴氏论点受桐城派影响，与其是否进入翰林无多大关系，故略而不录。人民文学出版社1959年版，第19页。

② 《钦定正嘉四书文》卷二评归有光"吾十有五而志于学一章"曰："以古文为时文，自唐荆川始。"

③ 高津孝：《宋元评点考》，《科举与诗艺——宋代文学与士人社会》，上海古籍出版社2005年版，第79页。

④ 《四库全书总目》卷一八九《唐宋八大家文钞》提要。

久,只不过明代以前的"时文"为策论而已。古文的这种工具性作用的提升,表明此一文体地位的滑落。而到了清代,则又出现了"以时文为古文"的现象,更说明了时文是"核心或根底"①。时文之所以能攀升到这种地步,正与古文在清代翰林院中地位的下降密切相关。

唐宋以及元明翰林学士代掌王言,朝廷重要文件多由他们拟定,文以人重,故此时古文相对来说地位崇高。清代康熙年间也是如此。不过到了雍正七年,军机处设立,于是形成军机处、内阁、翰林院并存的撰文机构。这些机构撰述文字的重要程度不同,旨、敕由内阁撰拟以进;南北郊时享祝版,及祭告山川,予大臣死事者葬祭之文,与夫后妃、宗室、王公册封,皆由翰林院撰拟以进。而最重要的是军机处恭拟的上谕②。翰林院撰拟的文字不仅重要程度不及军机处,而且其所撰文章还要经军机处审定。与此相反,翰林院的职能中,衡文督学这类的任务加强,学政、主考官几为"翰林专缺",自然对时文的关注超过古文。衡文督学中,他们对八股文体的纯洁性严格要求,一些古文家将这种要求运用于古文之中,于是有关古文的禁忌大量产生。方苞编纂《钦定四书文》以及任翰林院教习的经历,李绂出任学政、主考官的宦途,都有可能让他们将四书文的禁忌纳入古文之中,这只要看看他们关于古文禁忌的提出大约在雍正、乾隆厘正制义文体的谕旨颁布期间,就不难发现二者的内在联系。

第四节 《四库全书总目》的古文观 与方苞古文理论之关系

关于《四库全书总目》(以下简称《总目》)的作者,周积明认为是纪昀,

---

① 邝健行:《桐城派前期作家对时文的观点与态度》,《诗赋与律调》,中华书局1994年版,第212页。

② 王昶:《军机处题名》,《春融堂集》卷四七。

其撰《纪昀评传》①时录用《文化视野下的＜四库全书总目＞》②中的大部分章节,明确地表示《总目》代表了纪昀的思想;而司马朝君在《＜四库全书总目＞研究》一书中则认为不能将《总目》视为纪氏一己之作,它是许多分纂官共同的劳动成果③。从《总目》编纂的实际情况看,后一种观点显然更为合理。不过有一点需要注意,即不管是纪昀一人功劳,还是众多分纂官共同努力,《总目》在展示个人学术立场和思想观念的同时,也代表了一种共同的文化倾向,即清代翰林院集体的学术观念、文学理论和思想观点。首先,《四库全书》的编纂者是从"翰林等官"中拣选出来的④,《总目》主要的编纂官一般都是翰林出身,即使初时非翰林,但进入四库馆以后,或授予翰林官衔,如邵晋涵、周永年等人;或命参加会试,授予翰林院庶吉士,如戴震等人。在翰林院这个大环境中,他们一方面能够施展自身的才华,另一方面不能不受环境的影响,在许多问题上绝不可能按照自己的意志书写。其次,分纂提要稿经过纪昀、陆锡熊等翰林要员的修改之后,一些敏感的学术话题,其个人色彩变得淡薄,而受帝王意志影响的翰林院集体思想意识变得浓厚。例如关于理学的评价,论者多以《总目》反映了纪昀"深恶性理,遂峻词丑诋,攻击宋儒,而不肯细读其书"⑤的态度。其实如果这是纪昀的个人观点而不符合统治者意志的话,那么我们现在读到的《总目》决不是这个模样。在文学观点上也是一样,它代表的不完全是某个分纂官的个人观点,而是翰林院的集体态度。

以方苞的义法论为例,从个人观点来说,乾隆年间对方苞古文及理论不满的翰林官员大有人在,其中钱大昕最为典型。在《跋方望溪文》中他说:

> 望溪以古文自命,意不可一世,惟临川李巨来(绂)轻之。望溪
> 尝携所作《曾祖墓铭》示李,才阅一行,即还之。望溪恚曰:"某文

---

① 南京大学出版社 1994 年版。
② 中国青年出版社 2001 年版。
③ 司马朝君:《＜四库全书总目＞研究》,社会科学文献出版社 2004 年版,第 115 页。
④ 《清实录》第二十册卷九二六乾隆三十八年二月庚午,第 452 页。
⑤ 余嘉锡:《四库提要辨证·序录》,中华书局 1980 年版,第 51 页。

竟不足一寓目乎!"曰:"然。"望溪益恚,请其说。李曰:"今县以桐
名者有五:桐乡、桐庐、桐柏、桐梓,不独桐城也。省桐城而曰桐,后
世谁知为桐城者?此之不讲,何以言文!"望溪默然者久之,然卒不
肯改,其护前如此。金坛王若霖尝言:"灵皋以古文为时文,以时文
为古文。"论者以为深中望溪之病。偶阅望溪文,因记所闻于前辈
者。①

这篇文章中所记载的闻于前辈的事情明显是经过加工而与事实不相符合。
首先,这则传闻中所言方、李二人当面论文之事不确,李绂是在《书方灵皋
曾祖墓铭后》一文中指出方苞《曾祖墓铭》篇首三句"家于桐"及"副宪迁金
陵"等语"似俱未稳"的。李氏认为"家于桐"表述不稳是因为,"如桐城止
言桐,则嘉兴有桐乡,严州有桐庐,南阳有桐柏,四川有桐梓,后之读是文者,
乌知其非桐乡、桐庐、桐柏、桐梓耶";"副宪"之语不稳的原因是"世俗于副
都御史亦有此称",二者容易混淆;"金陵"一语"古无此地,秦始置县,旋改
秣陵",故亦不稳②。据此,则李绂"才阅一行即还之"与方苞之"恚"及"益
恚"等描述均为小说家言,不可信。其次,传闻言方苞"卒不肯改,其护前如
此"之语亦不确,原因是查现存全集本,方苞《曾祖墓铭》即《大父马溪府君
墓志铭》一文已经遵照李绂的意见进行了修改,其文曰:"苞先世家桐城,明
季,曾大父副使公以避寇乱,之秣陵,遂定居焉。"③方、李是至交,二人经常
就文学和学术问题进行交流,方氏能虚心接受李氏的建议。如方苞曾将《周
官析义》一书请李绂驳正,之后方苞回信曰:"所驳数条皆至当不易,服甚感
甚。所望于益友正如是耳。"见到这封信,李绂感慨地说:"方君虚怀如此,
真古之学者也。"④可见方氏并非固执之辈。钱大昕言"偶阅望溪文",但他
是否因读《大父马溪府君墓志铭》一文而发此议论则未必。从文气看,"卒
不肯改,其护前如此"一语仍是传闻的内容;从版本看,《望溪集》"大抵随得

① 《潜研堂文集》卷三一,第564—565页。
② 李绂:《穆堂别稿》卷三九。
③ 《方苞集》卷一七,第490页。
④ 李绂:《与方灵皋<周官析义>书书后》,《穆堂初稿》卷四三。

随刊"①,全本不多②。当时的一些刻本并没有收录此文,如《四库全书》所录江苏巡抚采进的八卷本即无,而此本是较为流行的抗希堂本③。钱大昕不一定在他面前的书中读到这篇文章,他"妄听前辈之言"④而下"护前如此"的判断便显得有些"轻率落笔"⑤。而之所以如此轻率,目的在于攻击方苞,清人对其用意看得很清楚,陈康祺就说:"竹汀殆亦不满于桐城者。"⑥在乾隆年间的学界,方氏成为汉学家取笑的对象。方苞曾向江永请教《士冠礼》、《士昏礼》,汉学家对此记载不同,钱大昕承戴震之言曰:"先生从容置答,(方苞)乃大折服。"⑦江藩所记曰:"(江永)从容答之,苞负气不服,永哂之而已。"⑧但不管是"折服"还是"不服",总之桐城宗师是败于汉学家之手。此外方苞还和杭世骏有过一番交往,在汉学家的记载中亦是以方氏自取其辱而作罢⑨。这些记载都是嘲笑方氏疏于汉学。钱大昕批评其义法论,用意也在于此。《与友人书》中他说:

> 方所谓古文义法者,特世俗选本之古文,未尝博观而求其法也。法且不知,而义于何有?……予以为方氏所得者,古文之糟粕,非古文之神理也。王若霖言:"灵皋以古文为时文,却以时文为古文。"方终身病之,若霖可谓洞中垣一方症结者矣。⑩

方氏论文,可能的确存在着如钱氏所批评的以"世俗选本之古文"来论的弊端,没选择一部很好的选本,这一点李绂亦有不满之辞,在《与方灵皋论所评欧文书》中他说:"垂示所阅欧阳公文,乃坊间茅鹿门选本,此不足以论欧

---

① 《四库全书总目》卷一七三《望溪集》提要。

② 关于《望溪集》的成书过程,参见萧穆:《记方望溪先生文集新旧两刊本》,《敬孚类稿》卷九,黄山书社 1992 年版,第 255—257 页。

③ 孙葆田:《望溪文集补遗序》,方苞:《方望溪遗集》附录二,第 165 页。

④ 萧穆:《书钱辛楣跋方望溪文后》,《敬孚类稿·补遗》卷一,第 470 页。

⑤ 方浚师:《蕉轩续录》卷一,中华书局 1995 年版,第 516 页。

⑥ 《郎潜纪闻三笔》卷一一,第 843 页。

⑦ 钱大昕:《江先生永传》,《潜研堂文集》卷三九,第 706 页。

⑧ 江藩:《江永》,《国朝汉学师承记》卷五,三联书店 1998 年版,第 93 页。

⑨ 李桓:《国朝耆献类征初编》卷一二六补录许宗彦撰《杭世骏别传》。

⑩ 《潜研堂文集》卷三三,第 607—608 页。

阳公文字也。"因为茅选欧阳修文"尤杂乱",去取并不符合欧公本意①,以此论文,难探作者深衷。钱大昕承李绂之论对方苞义法论进行釜底抽薪式的攻击,以达到抨击其疏于汉学的目的。他两借王若霖之言来指责方苞,其实王若霖和方苞也是至交,方氏集中有《送王箬霖南归序》及《吏部员外王君墓志铭》,从二人关系可以看出方氏未必对其言持"终身病之"的态度。总之,钱大昕这两篇文章都是在私下毫不留情地批评方苞的义法论,代表了一部分汉学家词臣对方氏文论的态度。这与在公开场合的如《四库全书总目》之论,有着较大的差异。

《总目》的古文观与方氏言论有很多类似的地方。首先,《总目》对古文文体的纯洁性也有很高的要求。如反对骈偶之体进入古文:

宋司马光《传家集》提要:集中诸诏亦有用俪体者,但语自质实,不以骈丽为工耳。(卷一五二)

清吴梅村《梅村集》提要:古文每参以俪偶,既异齐梁,又非唐宋,殊乖正格。(卷一七三)

清汪琬《尧峰文钞》提要:(魏)禧才杂纵横,未归于纯粹;(侯)方域体兼华藻,稍涉于浮夸。(卷一七三)

清陈箴《晚帘集》提要:其古文多杂偶句,不古不今。(卷一八二)

反对佛典、宗门语录进入古文:

元释大圭《梦观集》提要:所谓《梦法》、《梦偈》、《梦事》者,皆宗门语录,不当列之集中。(卷一六七)

清王令《古雪堂文集》提要:好用释典,颇杂宗门语录。(卷一八五)

反对俚语、语录语进入古文:

① 李绂:《穆堂别稿》卷三六。

宋吕祖谦《东莱集》提要：豪迈骏发，而不失作者典型。亦无语录为文之习，在南宋诸儒之中，可谓衔华佩实。（卷一五九）

清魏裔介《昆林小品》提要：其文间有俚语，颇沿宋人语类余派，而时露古质，亦复可观。（卷一八一）

反对小说体进入古文：

清程正揆《清溪遗集》提要：其《浮记》一篇，殆类小说；《奇梦记》一卷，益荒诞矣。（卷一八一）

清鲁曾煜《秋塍文钞》提要：若《续中山狼传》之类，虽规模《毛颖》，然不作可也。（卷一八四）

比照《总目》与方苞关于古文文体纯洁性的要求，不难发现二者的一致性，稍微不同的在于方苞还限制了诗赋体以及史语对古文领域的侵犯。

方苞义法论的内涵一般包括内容和形式两个方面，义即《易》之所谓'言有物'也"，法即《易》之所谓'言有序'也"。但有些时候，义法一词仅指"法"的方面，一个最明显的例证就是沈廷芳《方望溪先生传》中所使用的义法："南宋元明以来，古文义法久不讲。吴越间遗老尤放恣，或杂……，或沿……，无一雅洁者。古文中不可入……"看来，无论是简洁论还是纯洁论，都是义法论的一个方面，都可以用义法一词概括。《总目》在评论古文时，对古文创作的方法问题十分关注，"矩度"、"矩矱"等词经常被使用，而出现频率极高的则是"法度"这个词，例如：

宋王安礼《王魏公集》提要：叙事之文亦具有法度。（卷一五三）

宋王安石《临川集》提要：百卷之内，菁华具在。其波澜法度，实足自传不朽。（卷一五三）

宋刘跂《学易集》提要：所作古文，类简劲有法度。（卷一五五）

宋仲并《浮山集》提要：其古文颇高，简有法度。（卷一五八）

宋洪适《盘洲集》提要：至于记序志传之文，亦尚存元祐之法

度。（卷一六〇）

宋陈耆卿《筼窗集》提要：今观其集，虽当南渡后文体衰弱之余，未能尽除积习，然其纵横驰骤，而一归之于法度。（卷一六三）

宋谢枋得《叠山集》提要：其他文章亦博大昌明，具有法度。（卷一六四）

金元好问《遗山集》提要：至古文绳尺严密，众体悉备，而碑版志铭诸作，尤为具有法度。（卷一六六）

元刘因《静修集》提要：其为文章，动循法度。（卷一六六）

元黄溍《黄文献集》提要：其文原本经术，应绳引墨，动中法度。（卷一六七）

元苏天爵《滋溪文稿》提要：其序事之作，详明典核，尤有法度。（卷一六七）

明徐一夔《始丰稿》提要：其文皆谨严有法度。（卷一六九）

明钱宰《临安集》提要：古文虽非所擅长，而谨守法度。（卷一六九）

明柯潜《竹岩文集》提要：文亦峻整有法度。（卷一七〇）

明郑文康《平桥稿》提要：文尤简质，有法度。（卷一七〇）

明任环《山海漫谈》提要：古文皆斩斩有笔力，且高简有法度。（卷一七二）

清蔡世远《二希堂文集》提要：其文溯源于六经，阐发周程张朱之理，而运以韩柳欧苏之法度。（卷一七三）

清王艮《鸿逸堂稿》提要：文章颇有法度。（卷一八二）

清韩菼《有怀堂诗文稿》提要：其古文亦法度严谨。（卷一八三）

清傅米石《练溪集》提要：其古文颇谨严有法度。（卷一八四）

清查旭《咸斋文钞》提要：其文源出南宋，颇清雅有法度。（卷一八五）

《总目》的"法度"和方苞的义法在某种意义上内涵是一致的。沈廷芳曾追随方苞学古文,受其义法理论的影响勿庸置疑,《总目》评价沈氏《隐拙斋集》道:"古文之学出于方苞,故所作虽无巨丽之观,而皆有法度。"(卷一八五)这里"法度"和"义法"实为一意。《总目》在评价方苞的古文时没有使用"义法",而是用"法度"一词:"其古文则以法度为主。"(卷一七三)则"义法"在"法"的层面上与"法度"并无分别。

郭绍虞认为:"清代文论以古文家为中坚,而古文家之文论,又以桐城派为中坚。……在桐城派方立或既立的时候,一般不入宗派或别立宗派的古文家,又都是桐城派之羽翼与支流。"①《总目》的古文理论和方苞的观点有如此多的相同之处,按郭先生的说法,《总目》的纂修官纪昀等人可以算得上是桐城派的羽翼与支流了,既然如此,古文观念上的一致性也就理所当然。其实不然,李绂在雍正末乾隆初年也提出古文辞八禁,古文观点与方苞接近,但不可以将李绂列入桐城派的羽翼与支流。尽管李绂对方苞的古文有溢美之词,但多数时候持批评的态度,而且古文辞八禁的提出基本上没受到方苞的影响,甚至还可能先于方氏提出。

同李绂一样,《总目》对方苞的古文评价并不高,称其文"虽大体雅洁,而变化太少,终不能绝去町畦,自辟门户";但对方苞古文义法理论却甚为推崇,谓"其所论古人矩度与为文之道,颇能沉潜反复,而得其用意之所以然",②这一点从《总目》关于古文辞禁以及法度的使用情况可以看出。那么是否可以说《总目》的作者师承方苞而采纳了他的古文观点呢?其实未必,与其说二者之间有师承关系,不如说二者因为处在共同的文化氛围中而形成了相近的观点。乾隆曾在一份上谕中肯定了方苞的义法:"学士方苞,于四书文义法夙尝究心。"③此处的义法虽就时文而言,不过考虑到方苞以时文为古文,以古文为时文,则义法之论亦有相通之处。方苞的义法论为时文创作指明途径,所编的时文教科书也成为规范的课本,并得到最高统治者的

---

① 郭绍虞:《中国文学批评史》下册第 310 页。
② 《四库全书总目》卷一七三《望溪集》提要。
③ 《钦定四书文》卷首"乾隆元年六月十六日"上谕。

首肯,这应该是《总目》古文理论与之相近的主要原因。

正如前文所说,古文辞禁是在清廷厘正四书文体的文化政策下,为学政试官衡文督学提供标准的背景中提出的,并非方苞独创的理论;义法或者说是法度也是衡文的标准,在一些《乡试录序》或《会试录序》中经常能读到"义法"一词,如:

> 鄂尔泰《壬戌会试录序》:榜既揭,例取义法尤合者,镂板以呈御览。①
>
> 汪由敦《甲子顺天乡试录序》:既撤棘,择其文合义法者二十二篇,遵例刻录,恭呈御览。②
>
> 汪由敦《庚午顺天乡试录序》:择其文合义法者二十篇刻录,恭呈御览。③

这三篇序分别作于乾隆七年、九年和十五年,试官在衡文之后,要将其中最优秀的试卷装订,作序后进呈御览。据以上三序,评定这些最优秀的文章标准在于是否"合义法"。鄂尔泰以内阁大学士出任主考;汪由敦雍正二年馆选庶吉士,散馆授编修,十一年授翰林院侍讲,十三年转侍读,以工部尚书及兵部侍郎两次出任顺天乡试主考官。可见"义法"已经成为试官衡文的标准④。四库馆中的纂修官既然是翰林,则一般都出任过乡会试考官。这段经历让他们对衡文标准非常熟悉,在朝廷厘正文体的文化政策影响下,他们可能将针对考试文体的要求运用于古文的批评。在翰林院的大环境中,他们的观点与方苞接近,但也并不妨碍他们在私人场合对方氏古文理论的批判。

---

① 《皇清文颖》卷一七。
② 《松泉集》卷八,影印文渊阁《四库全书》,第 1328 册。
③ 《松泉集》卷八。
④ 四书文的衡文标准除义法外,尚有理、辞、气、清真雅正等,详见龚延明、高明扬:《清代四书文的衡文标准》,《中国社会科学》2005 年第 4 期。

第五章 翰林院与清代学术文化

不仅清代翰林院的文学风气成为整个社会仿效的对象,此中的学术文化生活也是词垣之外关注的核心。探讨翰林院学术文化的形成与变迁,也可以窥见其时社会风俗文化习惯的迁转原因。本章拟从翰林院及民间土地祠祭祀韩愈、翰林院汉宋学术地位的升降更迭同清代汉宋之争的关系入手,揭示翰林院对清代社会的全面影响。

第一节 明清翰林院祠祀韩愈考

乾隆二十六年,赵翼以一甲第三名进士授编修入翰林院,谒院中土地祠,得知祠中所祀为唐代文学家韩愈,作诗以解嘲,诗曰:

> 瀛洲署中坎社鼓,社公传是韩吏部。建置本末无可征,肇祀不知义何取。从来名贤殁为神,各视生平所建竖。或班侍郎居碧落,或册真人位紫府。或选阎罗分殿十,或封遮须列爵五。鬼官司命周顗除,太阳都录魏征补。白傅已列蓬莱仙,曼卿更拜芙蓉主。况公日星河岳气,立朝大节炳千古。绝脉能开道学先,余事亦号文章祖。抗疏几碎佛氏骨,从祀不惭宣圣庑。岂宜罚作土地神,坐使淮阴哙等伍。屈宋讵称衔官职,栾郤翻充皂隶户。生前磨蝎坐命宫,曾谪岭南鲛鳄浦。庸知身后尚蹭蹬,无端又遭左迁侮。乡先生可祭于社,此地初非公故土。即云立社为栾公,公未久修史官簿。区区冷官一脔肉,宁足为公增华腼。我来展谒聊解嘲,且勿牢骚硕人

俣。幸未改塑浮屠像,儒服依然端章甫。香火祠虽处末僚,翰墨缘
仍近艺圃。犹胜杜陵老拾遗,变作十姨呼阿姥。①

诗人提出了关于翰林院土地祠祭祀韩愈的起源、原因等一系列疑问。其《陔
余丛考》也涉及此事:"今翰林院及吏部所祀土地神,相传为唐之韩昌黎,不
知其所始。"②也没有给出确切答案。翰林院土地祠为何祭祀韩愈? 这种祭
祀起于何时? 如何祭祀? 以下围绕这些问题加以探讨。

一、"建置本末无可征":肇祀时间考

钱基博在《韩愈志》中说:"自明以来,北京吏部、翰林院、礼部、国子监
土地神俱祀韩愈。"③然查考史料,明代文献中尚未发现有关韩愈为土地神
的记载,而清代的文献中却频频出现。王士禛《池北偶谈》卷二"土地"云:
"今吏部、礼部、翰林院衙门土地祠,皆祀韩文公,明南京吏部土地祠则祀蹇
忠定公。"④王氏此书虽成于康熙三十年(1691),但其所录乃此前"二十年来
官京师所闻见于公卿大夫之间者"⑤;成书于康熙二十七年的朱彝尊《日下
旧闻》引严绳孙《西神脞说》曰:"建置官署,必立土谷祠。翰林院所祀则昌
黎伯韩子也。"⑥据此可知清代初年翰林院土地神为韩愈。

那么这是否说明翰林院祠祀韩愈仅起于清初呢? 不然。清初翰林院廨
署建置"沿明之旧而加厘整"⑦,所以明代翰林院中始有的"刘井"、"柯亭"⑧
均出现在清代的翰林院中,甚至明翰林学士李东阳《采桑玉堂阴二首答箓墩
学士》之二"采桑玉堂阴,阴浓树婆娑"中所提到的这棵桑树,依旧摇曳于清

---

① 赵翼:《翰林院有土地祠相传祀韩昌黎诗以解嘲》,《瓯北集》卷九,上海古籍出版社1997年版,第158页。
② 赵翼:《陔余丛考》卷三五"韩昌黎为翰林院土地神"条,第738—739页。
③ 钱基博:《韩愈志》,中国书店据商务印书馆1935年版影印,第54页。
④ 《池北偶谈》,第50页。
⑤ 《池北偶谈序》,第6页。
⑥ 于敏中等纂:《日下旧闻考》卷六四,第1057页。
⑦ 张廷玉等纂:《词林典故》卷六下,《翰学三书》(二),第143页。
⑧ 黄佐:《翰林记》卷二〇云,刘井为翰林学士刘定之所浚,在公署后堂之左;柯亭为翰林学士柯潜所建,在公署后堂之右。《翰学三书》(一),第283页。

代翰林院的先师祠前①。再如，礼部公署也是承明旧址而建，朱彝尊《日下
旧闻》云："礼部公署，国朝仍明旧址建，门左为铸印局，右韩昌黎祠。"②此中
昌黎祠即为土地祠③，可见礼部在明代就祠祀韩愈。翰林院与礼部祀韩是
在相同的文化背景下的举措，可以推定，明代翰林院土地祠所祭祀的对象亦
是韩愈。上引王士禛在《池北偶谈》中特意提及明代南京吏部土地祠祭祀
蹇忠定公(明初蹇义久任吏部尚书，卒谥"忠定")，可能除此不同外，明代两
京的礼部、翰林院衙门均如清代一样祭祀韩愈。另外，若祠祀起于清代初
年，则康熙十八年进入翰林院的严绳孙就应该清楚个中缘由，但严氏对此莫
究其因，反而提出异议，认为"京师燕地，窃谓祀昌黎伯不若易以常山太傅
婴也"④。可见，翰林院祠祀韩愈起源很早，钱基博的话是有一定根据的。

　　翰林院土地祠祭祀韩愈始于明代，也可以从土地祠的发展历史及翰林
院中土地祠的设立时间作推断。

　　土地初称社，古者二十五家或一百家为社，所祀之神即称社公，或称土
地。最初祀立之义，多从土地能生长五谷、负载万物、养育百姓的自然属性
着眼。《孝经援神契》曰："社者，五土之总神，土地广博，不可遍敬，故封土
为社而祀之，以报功也。"⑤但随着社会的发展，出现了由自然神崇拜向人格
神崇拜的转换，土地有了自己的姓名。东晋以后，民间多奉一些生前做善事
者或被认为廉正的官吏作土地。"明清以来，民间又多以历代名人作各方土
地"⑥。同时，土地也由各村社的保护神而进入官方衙署。

　　严绳孙《西神脞说》云建置官署必立土谷祠，这种风气起源可能很早，

---

　　①　《词林典故》卷六下，《翰学三书》(二)，第150—151页。
　　②　《日下旧闻考》卷六三，第1032页。
　　③　梁国治等纂：《国子监志》卷六一"康熙丁丑，祭酒孙岳颁题土地祠即昌黎联曰"云云，可
知清代初年国子监等机构中昌黎祠和土地祠即为一祠，礼部应与之相似。影印文渊阁《四库全书》，
第600册。
　　④　《日下旧闻考》卷六四，第1057页。
　　⑤　《重修纬书集成》(中)卷五，河北人民出版社1994年版，第970页。
　　⑥　卿希泰：《中国道教》第三卷"土地"，东方出版社1994年版，第115页。

宋代有些衙门已有土地,如南宋国史院廨署中就有一间"土地堂"。① 但与
国史院性质相近的秘书省衙署中则无,且关于宋代翰林院的记载中也没有
提到有此设置,可知宋代此一做法尚未成为普遍风气。官署中设立土地祠
至明方盛。《改亭续稿》云:"土地自古著于祀典,至我朝于诸司皆立祠谒祭
之。"②这种风气与明太祖朱元璋的出生有关。《琅玡漫钞》载:"太祖高皇帝
生于盱眙县灵迹乡土地。"③《明朝小史》亦云:"帝生于盱眙县灵迹乡土地
庙。"④明代还有关于朱元璋为土地的记载,郎瑛《七修类稿》云:"苏郡西天
王堂土地,绝肖我太祖高皇帝。闻当时亦至其地,而化主杨氏异焉,遂令塑
工像之。后闻人言,像太祖,即以黄绢帐之于外,不容人看。"⑤这显然也是
与明太祖出生的传说相关。这种情势下,土地在明代被广泛祭祀,甚至很多
地区"仓库、草场中皆有土地祠"⑥。翰林院、礼部、吏部、国子监中的土地祠
就是这种背景下的产物⑦。

　　明初建都南京,设立翰林院,为南翰林院;永乐朝迁都北京,设立翰林
院,为北翰林院。南北翰林院保持着相同的建置。洪武十八年(1385)翰林
院公署建成,二十六年十月,始改建于皇城东南宗人府之后,二十七年十月
告成。文献记载中未提及有土地祠。直至嘉靖四年(1525)十一月,南京翰
林院侍讲学士郭维藩上任时见到其中有"土地祠寄于右廊",并对其进行维
修⑧。嘉靖二十六年,鉴于"公署岁久,修葺弗时,风雨振凌,复即颓坏"⑨,对

---

①　陈骙:《南宋馆阁录》卷二,中华书局1998年版,第16页。
②　方凤:《改亭续稿》卷一"土地祠灵应记"条,《续修四库全书》,第1338册。
③　文林:《琅玡漫钞》,《丛书集成新编》,第87册。
④　吕毖辑:《明朝小史》卷一"土地移庙"条,《四库禁毁书丛刊》史部第19册。
⑤　《七修类稿》卷九"国事类·二祖",中华书局上海编辑所1961年版,第146页。
⑥　叶盛:《水东日记》卷六,中华书局1980年版,第63页。
⑦　据明正德间人孙承恩:《文简集》卷四八《重修南京翰林院告土地祠文》,可知南京翰林院有
土地祠,影印文渊阁《四库全书》第1271册;据明万历间人俞汝楫《礼部志稿》卷七,礼部有土地祠,
影印文渊阁《四库全书》第597册;据明末清初人孙承泽《春明梦余录》卷五四,明国子监有土地祠五
间。
⑧　周应宾:《旧京词林志》卷三"署宇",《四库全书存目丛书》史部,第259册。
⑨　孙承恩:《重修南京翰林院告土地祠文》,《文简集》卷四八。

南京翰林院进行整修。两年后修葺一新的翰林院中也有"土地祠三间"[①]，但这并不是说立土地祠始于嘉靖年间。时为翰林院学士的孙承恩作有《重修南京翰林院告土地祠文》及《迁土地祠成祝文》二文，从中可知所迁之土地祠为南京翰林院中历有年所的故物。则在此之前很久，翰林院中就有土地祠之设置。由此大体可以推知，翰林院设置土地祠当在明代前中期。

在明代前中期衙署中盛行设立土地祠，且需要找一位"先代有名德者祀之"的背景下[②]，韩愈才有机会被迎立于其中。至于具体何时被祠祀，则难以考实。赵翼诗中有"即云立社为栾公"一句，可能在他听到的传说中，翰林院祠祀韩愈是出自一位栾姓官员的倡议。此"栾公"身份应曾为翰林院中官员。然宋、明、清翰林院中无栾姓之人，仅元代栾仁为"翰林之从事"[③]。但查考《元史·百官志》，未见这一官职。即使有，可能品级很低。若这样一个人微言轻者倡议在翰林院中立土地祠祭祀韩愈，可能不会有多少人响应。且元代翰林院"以金乌珠第为之"[④]，即使有土地祠，按照传统祭祀的可能也是房主。明人惩胡元之陋，也不大可能承前代旧制。若仅就立土地祠而言，则此"栾公"当指汉代栾布，《史记·栾布列传》曰："（栾布）以军功封俞侯，复为燕相。燕齐之间皆为栾布立社，号曰栾公社。"[⑤]但按此理解，则"即云立社为栾公，公未久修史馆簿"上下句诗意难以衔接。总之，此栾公很难坐实。

翰林院祭祀土地，作为土地神的为何是韩愈而不是其它人？韩愈是在何种因缘下成为土地神的呢？

二、"肇祀不知义何取"：祠祀原因考

古人通常以与此地有联系的历史名人为土地神。清人姚福均在《铸鼎

---

① 周应宾：《旧京词林志》卷三"署宇"。
② 曾国藩：《祭礼部韩公祠文》，《曾国藩诗文集》卷二，第237页。
③ 程文海：《雪楼集》卷二五《栾之昂传》，影印文渊阁《四库全书》，第1202册。
④ 张廷玉等：《词林典故》卷六下，《翰学三书》（二），第146页。
⑤ 《史记》卷一〇〇，第2734页。

余闻》中云:"今世俗之祀土地,又随所在以人实之。"①文后列举几个事例,如县治则祀萧何、曹参,黟县县治大门内祀唐薛稷、宋鲜于侁,常熟县学宫侧祀唐张旭,翰林院及吏部祀韩愈。赵翼也持相同的观点看待韩昌黎为翰林院土地神:"按《夷坚志》:湖州乌镇普静寺,本沈约父墓。约官于朝,尝每岁一归祭扫。其反也,梁武帝辄遣昭明太子远迎之。约不自安,遂迁葬其父于金陵,而舍墓为普静寺,故寺僧祀约为土地神。又《宋史·徐应镳传》:临安太学,本岳飞故第,故飞为太学土地神。今翰林、吏部之祀昌黎,盖亦仿此。"②赵翼所记临安太学土地神为岳飞与史不符,《宋史·徐应镳传》仅云"太学故岳飞第,有飞祠"③,而并未明言岳飞为土地神。但这不影响"随所在以人实之"的土地祀神理论。

试以韩愈为吏部、国子监、礼部土地神为例。元和元年(806)至八年,韩愈两度为国子博士;十五年九月,内调为国子祭酒;长庆二年九月,转吏部侍郎。所以其为国子监、吏部土地神可以理解。只是韩愈一生未曾任职礼部,曾国藩对其为礼部土地神表示不解:"先生之生,未尝莅官礼部,……仅妥侑于一署之内,……如古所称社公云者,亦以亵慢甚矣。"④然考两《唐书》,韩愈死后,赠礼部尚书。这是唐代官制中的惯例,《春明退朝录》云:"唐制:兼官三品得赠官。如韩文公曾为京兆尹,兼御史大夫,后终吏部侍郎,而赠礼部尚书是也。"⑤若此,则韩愈为礼部土地神也可理解。

但韩愈未曾任职翰林院。其生平惟一与翰林院有联系的是元和八年(813)晋升为史馆修撰,完成《顺宗实录》的编写⑥。翰林具有史官性质,"史官肇自黄帝,《周礼·春官》具载五史,……皆翰林之职也。"⑦然翰林虽

---

① 《铸鼎余闻》卷三"土地",清光绪二十五年(1899)常熟刘氏达经堂刻本,第23页。
② 赵翼:《陔余丛考》卷三五"韩昌黎为翰林院土地神"条,第738—739页。
③ 《宋史》卷四五一,第13277页。
④ 曾国藩:《祭礼部韩公祠文》,《曾国藩诗文集》卷二,第237页。
⑤ 宋敏求:《春明退朝录》卷中,影印文渊阁《四库全书》,第862册。
⑥ 吕大防:《韩文类谱》卷一,林云铭《韩文公年谱》,《北京图书馆出版社珍本年谱丛刊》,8册,第23、274页。
⑦ 朱珪:《皇朝词林典故》卷一七,《翰林掌故五种》,第717页。

为史官,但史馆修撰毕竟不是翰林官,且韩愈任此职也仅一年时间,若以此而将其作为翰林院土地神则有些牵强,毕竟"此地初非公故土",所以赵翼不无疑惑地说:"即云立社为栾公,公未久修史官簿。"

那么,到底是什么原因使得韩愈成为翰林院土地神的呢? 美国民俗学家萨姆纳说:"民俗是通过偶发事件形成的。"①韩愈可能也是因为一个偶然的因素被入祀翰林院。但是偶发事件也是受时代文化氛围支配的,因此要探讨韩愈何以成为翰林院土地神,必须从当时的社会文化背景着手分析,明代官方对韩愈的推崇以及韩愈文章的特点是其入祀翰林院的重要原因。

众所周知,韩愈所倡导的古文运动贡献在于,为复兴儒学的需要,排斥藻饰空疏的骈文,提倡明道致用的古文传统。由于其对古文发展做出了重大贡献,故而苏轼有"文起八代之衰"之誉②。但宋代以后,特别是翰林院撰文,多用骈体或骈散相间之体,骈文重新占有优势。尽管欧阳修认识到骈文"屑屑应用,拘牵常格,卑弱不振,宜可羞也"③,但在制草时,仍不能不用这种文体。宣和间翰林撰文俳偶程度更甚,以至于"多用全文长句为对"④,人多仿之。这种变本加厉的藻饰招致时人严厉批评,谓其"不存诰诏唯诺之意,而工雕镌篆刻之文,果何谓哉"⑤。然批评归批评,由于诏书等文体要求典雅庄重,特别是"为典故大事者","翰林学士院四六句行文"⑥。南宋周必大、吕祖谦等翰苑词臣承制草诏时,俱用此体,所谓"东莱早年文章,在词科中最号杰然者",之所以"杰然",就在于其文"藻绘排比"⑦。这种风气也成了后世翰林院撰文的传统。

明太祖以一介平民登上皇位,文化程度不高,因此执政伊始,就对充斥典故和藻绘的骈文非常不满。洪武二年(1369)三月,他在与詹同论文章时

---

① 转引自高丙中:《民俗文化与民俗生活》,中国社会科学出版社 1994 年版,第 85 页。
② 《潮州韩文公庙碑》,《苏轼文集》卷一七,中华书局 1986 年版,第 509 页。
③ 《内制集序》,《欧阳修全集》卷四一,第 598 页。
④ 谢伋:《四六谈麈》,影印文渊阁《四库全书》,第 1480 册。
⑤ 章如愚编:《群书考索续集》卷三四,影印文渊阁《四库全书》,第 938 册。
⑥ 赵升:《朝野类要》卷四,影印文渊阁《四库全书》,第 854 册。
⑦ 吴子良:《荆溪林下偶谈》卷三"词科习气"条,影印文渊阁《四库全书》第 1481 册。

明确提出翰林撰文应简易通达,而不宜过分讲究藻饰:

> 古人为文章,以明道德,通世务。……近世文士,立辞虽艰深,
> 而意实浅近,即使相如、扬雄,何裨实用。自今翰林为文,但取通道
> 理、明世务者,无事浮藻。①

六年九月,诏禁四六文辞,"凡表笺奏疏,毋用四六对偶"。此前曾"命翰林儒臣择唐宋名儒表笺可为法者",词臣以韩愈《贺雨表》、柳宗元《代柳公绰谢表》进,"上命中书省臣录二表,颁为天下式"②。《贺雨表》乃韩愈为京兆尹时所作。全文仅一百五十余字,以散行行文,不事对仗,不施藻采,简洁而切实,正适应朱元璋"通道理、明世务","无事浮藻"的要求。词臣以此文为范文而进,必然得到他的首肯。永乐皇帝也极力在翰苑中推崇韩文,命庶吉士学习古文辞,并亲自检查:"一日,上至馆阁,召秘阁诸吉士讯以韩柳文。"③在两位皇帝的大力提倡下,馆阁文字遂"以韩、柳、欧、苏为宗"④,士子"论大家正脉,未有过于韩欧者"⑤。不仅如此,韩愈的论文观点经常被明代馆阁大臣复述,明初文坛影响甚大的宋濂为文以韩愈为宗,曰:"明道之谓文。"又曰:"为文必在养气。"⑥前者承韩愈文以明道的观点,后者则承其"气盛则言之短长与声之高下者皆宜"之论⑦。尽管明宣宗酷爱欧阳修之文,且此后翰林院骈偶之习再度兴盛,但并没有动摇韩愈在明代翰林院中的根基,其唐宋八大家之首的地位也是在明代最终确立。

宋代初年,作为古文家的韩愈和柳宗元得到其它唐代文人无法比拟的高度评价。此后经吕祖谦《古文关键》、楼昉《崇文古诀》、真德秀《文章正宗》、谢枋得《文章轨范》等选本对经典的树立,八大家之称已呼之欲出。至

---

① 谷应泰:《明史纪事本末》卷一四,中华书局 1977 年版,第 202 页。
② 黄佐:《翰林记》卷一一"撰表笺"条,《翰学三书》(一),第 132 页。
③ 李时勉:《翰林修撰彭君汝器行状》,《古廉文集》卷九,影印文渊阁《四库全书》,第 1242 册。
④ 黄佐:《翰林记》卷一九,《翰学三书》(一),第 276 页。
⑤ 倪谦:《松冈先生文集叙》,《倪文僖集》卷二二,影印文渊阁《四库全书》,第 1245 册。
⑥ 分别见《文宪集》卷二六《文说》、卷二五《文原》,影印文渊阁《四库全书》,第 1224 册。
⑦ 《答李翊书》,马其昶:《韩昌黎文集校注》第三卷,上海古籍出版社 1987 年版,第 171 页。

茅坤《唐宋八大家文钞》,唐宋八大家之名正式确立①。茅坤之前,明初朱右在《新编六先生文集序》(实则八家)中就给予韩愈极高的评价:"有能振起斯道而奋乎百世之下者,独韩文公上接孟氏之绪,而又翼之以柳子厚。"②朱右经宋濂荐举,于洪武六年入史馆纂修日历,授翰林院编修。在翰林时,每以辞章献,奏对精密,朱元璋甚重之。其对韩愈的高度评价,实际上也寓含着翰林院重韩的风气。可见,明代初年,逐渐形成的"八大家"之称让翰林院在奉命寻找符合太祖要求的代表性作家时,很容易考虑到韩愈。而韩愈在翰林院典范地位的确立,又使朱右对其作高度评价。明代对"八大家"形成产生重要作用的唐顺之和茅坤均为翰苑中人,从这一点考虑,"八大家"之成为一个称呼,是在明代翰林院的推动下完成的。因韩愈居八家之首,则若祠祀,必以其为第一人选。

　　韩愈之文能成为翰林院文学的典范,还与其文之特色有关。这种特色就是"廊庙气"。宋人张戒《岁寒堂诗话》云:"退之文章侍从,故其诗文有廊庙气。"③所谓"廊庙气",有学者从"居高临下的盟主气"、"奴视世人的自负气"及"典丽矞皇的清庙明堂气"三方面进行论述④,窃以为第三个方面最为精当。

　　与廊庙气相近的是馆阁气象。宋人吴处厚云:"本朝夏英公(竦)亦尝以文章谒盛文肃(度),文肃曰:'子文章有馆阁气。'"⑤吴处厚所谓的馆阁气,主要是指宋代三馆(昭文馆、弘文馆、集贤院)两制(翰林院掌内制、中书省掌外制)撰文的风格气象。张戒云韩愈文章廊庙气是由于其"为文章侍从",所谓文章侍从,指元和九年(814)韩愈任考功郎中知制诰,次年晋升为中书舍人,直至元和十二年。如果从此着眼,则廊庙气与馆阁气象有类同之

---

　　① 高津孝:《论唐宋八大家的成立》,《科举与诗艺——宋代文学与士人社会》,上海古籍出版社 2005 年版,第 37—51 页。

　　② 朱右:《白云稿》卷五,影印文渊阁《四库全书》,第 1228 册。

　　③ 张戒:《岁寒堂诗话》卷一,《历代诗话续编》本,中华书局 1983 年版,第 459 页。

　　④ 杨子怡:《论韩愈诗文的廊庙气》,载《韩愈与中原文化》,学苑出版社 2005 年版,第 353—375 页。

　　⑤ 吴处厚:《青箱杂记》卷五,中华书局 1985 年版,第 46 页。

处。且二者还有一个共同点,就是均与山林文学相对而言。清人高士奇在
《唐诗掞藻序》中云:"文章体制,各有所宜……。山林之不可施于廊庙,犹
夫廊庙之不可施于山林也。"①此是廊庙与山林的对立;明初宋濂《汪右丞诗
集序》一文中则着力于台阁与山林文学之区别:山林之文气枯槁,台阁之文
气雄丽;山林之文情曲以畅,音眇以幽,台阁之文淳丽雍容,铿鍧镗鞳。二者
形成鲜明的对比。若以宋濂所规定的台阁气象绳之韩愈文章,则大体相合。
如范献之《蠹园诗话》评韩愈七古云:"典丽矞皇,有清庙明堂气象。"沈德潜
《唐诗别裁集》评《石鼓歌》云:"典重和平。"方东树《昭昧詹言》评云:"气体
肃穆沉重。"②以上是评诗。茅坤评《上巳燕太学听弹琴诗序》云:"风雅。"
王文濡评云:"典雅雍容。"曾国藩云:"和雅渊懿。"吴汝纶评《燕喜亭记》
云:"温厚和雅。"茅坤评《徐泗豪三州节度掌书记厅石记》云:"雅致。"评
《禘祫议》云:"醇雅。"吴闿生评《送穷文》云:"浑穆庄重,俨然高文典册。"③
此是评文。明代翰苑作家推崇韩文,也是效法这种风格,如松冈先生"为文
春容详赡,和平典雅,一以韩欧为法"④。正因韩愈诗文有廊庙气,与明代台
阁所追求的文章气象相近,故而易被其时馆阁所尊崇。

　　在明代设置官署建立土地祠风气兴盛,喜以历代名人作土地的背景下,
随着文学史上韩愈八大家之首地位的确立,以及其诗文所表现出的春容典
雅的廊庙气象,其在明代翰林院中作为典范而被膜拜。这种情势下,翰林院
要选择一位名人为土地神,已经非韩愈莫属。而如果要确定一个大致的时
间,则可能在明前中期,因为此间是翰林院崇韩风气最盛之时,此后随着骈
文的复兴,台阁体的衰落,韩愈的地位也有所下降。

---

①　《唐诗掞藻》,《四库全书存目丛书》集部,第402册。
②　分别见吴文治编:《韩愈资料汇编》,中华书局1983年版,第1643、1136页;《昭昧詹言》,人
民文学出版社1961年版,第43页。
③　分别见《昌黎文钞》卷七、八、九、十,高海夫主编《唐宋八大家文钞校注集评》,三秦出版社
1998年版,第373、401、414、503、564页。
④　倪谦:《松冈先生文集叙》,《倪文僖集》卷二二,第452页下。

三、"从来名贤殁为神":仙事演变考

韩愈被明代翰林院作为土地神祭祀,也与其仙事的演变有关。

"从来名贤殁为神",历史上很多著名文人死后都被作为神灵受人膜拜,韩愈也经历了由人到神的转变。韩愈生前虽反对佛道二教,但晚年也曾为追求长生而服食硫磺①,这是后世神化韩愈的一个重要原因。韩愈仙事,与八仙之一的韩湘子密切相连。韩湘子之仙事,最早可以追溯至韩愈《赠族侄》诗,此侄"自云有奇术,探妙知天公"②。这位有奇术的族侄为后世故事敷衍的端倪。稍后段成式《酉阳杂俎》载韩愈疏从子侄用紫矿等物质培植牡丹,使其在一个月后的初冬开出各色花朵③。而到五代杜光庭《仙传拾遗》中,这位疏从子侄变为韩愈外甥,其探妙知天公的奇术被具体化为能令牡丹奇异开放④。此记载已有仙化的倾向。此中的族侄、疏从子侄、外甥与作为侄孙的韩湘尚未发生联系。至北宋刘斧《青琐高议》,则将韩愈外甥、疏从子侄的园艺事迹合而为一,并坐实到韩湘身上,将其完全仙化⑤。

但此时还没有出现韩湘子度脱韩愈的情节。据吴光正考察,度脱故事出现在南宋末年,不过这一情节并未在当时有关仙传中体现出来⑥。直到元末明初,度脱情节才清晰地展现。托名唐韩若云撰《韩仙传》记叙了韩湘成仙以及度脱韩愈的历程。该书现在可知最早收录于元末明初陶宗仪编

① 关于"退之服硫磺"的考察,参考陈寅恪:《元白诗笺证稿》附论《白乐天之思想行为与佛道关系》及卞孝萱《"退之服硫磺"》(《冬青书屋笔记》,东方出版中心 1999 年版,第 121—123 页)。

② 钱仲联:《韩昌黎诗系年集释》卷一,上海古籍出版社 1984 年版,第 98 页。

③ 段成式:《酉阳杂俎》前集卷一九,《唐五代笔记小说大观》,上海古籍出版社 2000 年版,第 701 页。

④ 杜光庭:《仙传拾遗》,李昉等编《太平广记》(2),中华书局 1961 年版,第 331 页。

⑤ 关于韩湘子仙事演变的考察,参看吴光正:《雪拥蓝关故事考论》,收入其著《八仙故事系统考论》,中华书局 2006 年版;党芳莉:《八仙信仰与文学研究》,黑龙江人民出版社 2006 年版,第 43—55 页。

⑥ 吴光正:《雪拥蓝关故事考论》,载《八仙故事系统考论》,第 343 页。

《说郛》"弓"一一二①。故事结尾,韩愈被湘子点化,修炼得道。但玉帝恼于韩愈在度化前执迷不悟,几次三番才度脱成功,故不赞前身为卷帘大将冲和子的韩愈于上仙之列,命湘子"送于昆仑为使"②。至此,继韩湘子仙化之后,出现了韩愈成仙得道的仙话。韩愈入祀翰林院,应该就是在这一仙话的背景下完成的。

在《韩仙传》中,韩愈至昆仑"为使",尚不明确为何种神仙。有人说是城隍神,也有人笼统说是神仙,证据不足,难以论断。不过应该尚未成为土地神。此处有一则材料尚须一辨。收入民国八年西安南山书局代印本《乐道词章》的旧《十渡船》中有云:

> 九船渡的韩文公,湘子度化上云端。云头以上问叔父,你看上苍赛长安?上苍好来真个好,缺你婶娘做老伴。一言未了落秦岭,玉帝封他土地仙。③

吴光正根据旧《十渡船》所载十一个曲目中的几个故事出现年代,断定这是唐宋时期的产物④。若据此,则韩愈在唐宋时期就已经成为土地神了。但根据明清韩愈仙事的演变,这一观点是不可靠的。在明代关于韩湘子度脱韩愈的小说、戏剧中,韩愈最终成为的不是土地神,直到清代中后期,韩愈才作为土地神出现。此一演变情况可以参看下表:

书名	作者	版本时代	度脱结果	备注
八仙出处东游记	吴应泰	明万历间余象斗三台馆刊本	度韩愈升仙	
韩湘子全传	杨尔曾	明天启三年(1623)金陵九如堂刊本	复卷帘旧职	韩愈前世为卷帘大将冲和子

① 《说郛》,宛委山堂本,《说郛三种》,上海古籍出版社1988年影印本,第5171页下—5181页上。
② 《韩仙传》,《说郛》本,第5181页。
③ 转引自吴光正:《八仙故事系统考论》,第358页。
④ 吴光正:《八仙故事系统考论》,第358页。

韩湘子九度文公升仙记		明富春堂刊本	玉境散仙	
新编韩湘子九度文公道情		清咸丰四年(1854)	南京土地	
新刻韩仙宝传(又名白鹤传)		清同治十一年(1872)	玉帝命其归原位，不谢恩，玉帝大怒，封为南京都土地。	
韩祖成仙宝卷		光绪十六年(1890)彰府学善堂重刊本	封卷帘大将不受，改封为土地。	
韩湘宝卷	烟波钓徒风月主人序	光绪甲午(1894)重镌	复还旧职，不得加封。	
绣像全图湘子传(又名九度文公)		熙南书社	不就卷帘大将任，改封南天门外奏事土地。	
全图韩湘宝卷	洗桐主人序	1928年	土地神	
八仙得道	无垢道人	1947年大众书局铅印本	复归旧职	卷帘大将
韩湘子		俗文学丛刊本	南天门外奏事土地	
韩湘子渡林英		陈殿三口述本	打下天界，封为土地神。	

从上表可以看出，明代韩愈被度脱后基本都是天神，而不是地祇。鲁迅先生认为《八仙出处东游记》"盖杂取民间传说作之"①，赵景深先生也认为该书唯一可感谢的地方，"只是保留了一些民间传说而已"②；雉衡山人杨尔曾"阅历疏窗，三载搜罗传往迹"③，编成《韩湘子全传》。二书中韩愈度脱后均未成为土地神，也就是说在明代的民间传说中，韩愈后来成为高贵的天神。清代关于韩愈被度脱的民间故事中，一部分继承了明代的传说，最终复归原位；一部分则出现明显的变化。在《绣像全图湘子传》中，玉帝封韩愈为卷帘大将，"不谢恩，玉帝恼怒，要入酆都水府为鬼，湘子伏奏，封为南天

---

① 鲁迅：《中国小说史略》，上海古籍出版社1998年版，第105页。
② 赵景深：《中国小说丛考》，齐鲁书社1980年版，第237页。
③ 烟霞外史：《韩湘子叙》，《明代小说辑刊》(第三辑)(4)，巴蜀书社1999年版，第680页。

门外奏事土地",文公这才"叩头谢恩"①。《新刻韩仙宝传》中玉帝命韩愈归原位,不谢恩;玉帝大怒,要贬他去酆都受煎熬。在湘子的力保下,封为南京都土地②。这些都是对明代民间传说的改变。在清代的大多传说中,韩愈最后成为南天门外奏事土地、南京都土地以及土地,这可能是韩愈先为地方性的土地神,后来成为全国性土地神而衍生的传说。

顾颉刚先生认为韩愈成为土地神有两种可能,一是由于天师的委派,一是出于民众的拥戴。他认为后者的可能性更大,因为山东、湖北等省的土地与江苏不同,"统统是韩愈",如果由天师委派,"料想不致如此参差"③。顾先生的推论是可信的。托名韩若云的《韩仙传》将韩愈和韩湘子仙事高雅化,给他们一个有正宗背景的出身,此中韩愈为"冲和子"。唐宋以来很多道士就以此为号,如唐开元间假神仙姜抚号"冲和子",此人"自言通仙人不死术"④;道教神霄派的创始人北宋末道士王文卿亦号"冲和子"。由此可知《韩仙传》应该是道士们做的手脚,该书后来被收入《藏外道书》也能看出些迹象。只是此中韩愈并没有作为土地神出现。要说是出于民众的拥戴,则民众是因何种契机将韩愈请进土地祠中的呢?且不仅顾先生提到的山东、湖北等省土地神为韩愈,另外可知北京、江苏、重庆、陕西、安徽等省的一些地区也以其为土地神。韩愈为什么会成为一个全国性的土地神?这确是一个有趣且"很有研究的价值"的问题。不过若考虑到韩愈最先为翰林院的土地神,则不难理解,民众是受了翰林院影响,才将韩愈供奉在各地的土地祠中。

翰林院为人才渊薮,词臣侍直帝王左右,职亲地禁,位望清华,社会尤以翰林马首是瞻。纪昀云:"四民首儒,乡党之风俗,多视儒士趋向;儒士又以翰林为首。名场之声气,尤多视翰林之导引。"⑤纪昀将这种影响分成两个

---

① 《绣像全图湘子传》,重庆熙南书社刻本,第92页上。
② 《新刻韩仙宝传》,清同治十一年(1872)刻本。
③ 《顾颉刚民俗学论集·自序》,《顾颉刚民俗学论集》,上海文艺出版社1998年版,第12页。
④ 《新唐书》卷二〇四《姜抚传》,第5811页。
⑤ 纪昀:《端本导源论》,《纪晓岚文集》第一册卷七,第137页。

层次,首先是翰苑对儒士的引导,其次是儒士对四民的引导。在这种情势下,翰林院土地祠祭祀韩愈的做法通过儒士的传播,也会被整个民间效法,于是全国大多地方的土地庙中祭祀韩愈也就可以理解。

但此处还有一个问题,从文献记载来看,韩愈作为土地神,直到清代中后期才普遍被民间接受。为何在明代韩愈就开始作为翰林院土地神祭祀,而这种影响到此时才显示出来呢?这一方面可能是文献记录民俗的滞后性,更重要的在于明清两代翰林院对社会影响程度的差异。

明代翰林院的社会影响受多种条件的制约而显得有限。首先,明朝翰林处境相对来说比较艰难,与其位望清华的地位不太相称。清人王应奎《柳南续笔》云:"永乐朝教习庶吉士甚严,曾子启等二十八人不能背诵《捕蛇者说》,诏戍边。复贷之,令拽大木。启等书诉执政,执政极陈辛苦状,得释归。"①因不能背诵一篇文章,皇帝下诏处罚,从而遭受非人的折磨,明代词臣之处境可窥一斑。王氏复发议论云:"当时待词臣如此,政亦酷矣。使欧公遇此,归田之后,尚当不寒而栗,岂得复云'顾瞻玉堂,如在天上'乎?"且明代翰林继承前代谏诤之风,"谏争之人接踵,谏争之辞运策而时书"②,在专制统治极为残酷以及宦官专权的时代,经常受到打击和迫害。其次,明代词臣的文学成就在当时也难以起到领袖文坛的作用。曾在清代词垣中编纂《明史》的潘耒说:"尝叹有明词臣不下千人,而其有集传世者数十人而已。"③可见明代翰林文学成就之高低。更为重要的是,以三杨为代表的台阁体在明代前期饱受非议;至中后期,领袖文坛者反而从台阁转移到郎署。前七子"鉴于李东阳等高居台阁,多受庙堂文化的牵制而诗风萎弱,如衰周弱鲁不足以力挽颓风,……便利用他们自己新中进士、供职郎署等有利的条件进而主持一代文柄"④。他们"唱导古学,相与訾謷馆阁之体"⑤,于是"台

①　王应奎:《柳南续笔》"永乐朝词臣"条,中华书局 1983 年版,第 176 页。
②　姚鼐:《翰林论》,《惜抱轩诗文集》卷一,上海古籍出版社 1992 年版,第 5 页。
③　《南州草堂集序》,《遂初堂文集》卷八,《续修四库全书》,第 1417 册。
④　陈书录《明代诗文的演变》,江苏教育出版社 1996 年版,第 197 页。
⑤　钱谦益:《列朝诗集小传》,第 314 页。

阁坛坫移于郎署"①,整个社会形成"尊主事而薄馆翰"②的局面。清人回想起这段往事为明人感到羞耻,觉得"文章之权不在馆阁","此亦古今所未有之辱也"③。

清代翰林院在社会上受重视的程度远远超过明代。康熙在位时,通过直接提拔和鸿博考试等多种途径,将当时影响较大的文士录入翰林院,王士禛、朱彝尊、尤侗、陈维崧、查慎行、方苞等大批著名文士都有翰林院经历。正因如此,清人不无自豪地说:"自古词臣之盛,未有如今日者也。"④其时的文士都以进入翰林院为最高目标,能够顺利者,则无比喜悦:"总是鳌峰清切地,浑忘弱羽筮鹓鸾。"⑤未能进入者,则不免为人惋惜。王熙为《安雅堂文集》作序时,欷歔不已的是宋琬未能进入翰林院的遭际:"先生早负盛名,不得排金门上玉堂,而浮沉郎署间,俯仰眉睫,可谓讪矣。"⑥更有因未曾任职词垣而抱恨终身者,"金台十子"之一的王士禛弟子汪懋麟,以刑部主事为《明史》纂修官,身在词垣而未授馆职,临终口占一绝:"半生心事无多字,只在儒臣法史间。"挚友宋荦分析此诗道:"盖君名厕纂修,而未尝授史职,……赍志以殁,弥留哽咽,诚心怆乎其言之也。"⑦方象瑛也说:"虽在史馆,而实非儒臣,……半生心事,亦其言之悲也。"⑧史职和儒臣均指翰林而言,不得为官翰林是其一生最大的遗憾,难怪临终"怆乎其言"了。在此背景中,翰林院的"片玉碎金",往往被整个社会"奉为至宝"⑨。词垣的社会导向作用无比强大。因此,翰林院祠祀韩愈会被整个社会接受,全国很多地方将韩愈作为土地神供奉就顺理成章了。

① 陈田:《明诗纪事》丁签卷一《李梦阳诗》按语,《续修四库全书》,第1711册。
② 毛奇龄:《唐七律选序》,《西河合集·文集·序》卷三〇,第10页。
③ 郑方坤:《国朝名家诗钞小传》卷三《怀清堂诗钞小传》。
④ 叶方蔼:《拟上疏通翰詹官僚疏》,《叶文敏公集》卷二,《续修四库全书》,第1410册。
⑤ 查慎行:《十二月二十日奉旨特授编修感恩恭纪四首》其一,《敬业堂诗集》卷三一《直庐集》,第879页。
⑥ 王熙:《重刻安雅堂文集序》,《王文靖公集》卷一一,《四库全书存目丛书》集部,第214册。
⑦ 宋荦:《百尺梧桐阁遗稿序》,汪懋麟《百尺梧桐阁遗稿》卷首。
⑧ 方象瑛:《汪蛟门墓志铭》,《健松斋续集》卷八。
⑨ 钟衡:《同馆赋选序》,朱珪:《皇朝词林典故》卷四二,《翰林掌故五种》,第883页。

四、"瀛洲署中坎社鼓"：祭祀仪式考

明清翰林院祭祀土地祠由于缺乏明文记载，难以考实，此处只能作一些零散述论。

明嘉靖间曾因南京翰林院湫隘而加以修葺，并搬迁土地祠。时翰林院学士孙承恩撰文告祭土地神曰："公署岁久，修葺弗时，风雨振凌，复即颓坏。垣墉破缺，栋楹倾欹。上漏旁穿，日渐以弊。不有缮治，后将益艰。卜日维良，兴工伊始。惟神保佑，俾无害灾。谨以清酌庶羞用伸虔告，尚飨！"①就此可知，首先，修葺、迁移翰林院土地祠例撰祭祝文，这对翰林官来说是题中应有之义。其次，立土地祠的一个目的就是"惟神保佑，俾无害灾"，消灾除害的功利性很强。明清词垣极其讲究禁忌，明京师翰林院门左右各积有飞沙，出入者厌之，掌院令除去，官僚罢谪几空，人们认为此乃"形势宜尔"②。这一观念被清代翰林院接受，并被扩大化。曾为翰林院侍读学士的王士禛云："翰林院署前积沙号'沙堤'，形家言衙门风水所系。明嘉靖初，张、桂用事，去之，词林几至空署。近当事欲并开东西门，稍去其半，数月间，孟读学端士亮揆、沈读学宗子上墉、王侍读龙洲钟灵等七人皆去位。曹祭酒峨嵋禾、朱读学天叙典、赵宫赞伸符执信，亦以他事诖误去，其验如此。"③法式善《槐厅载笔》亦载：

> 翰林院堂不启中门，云启则掌院不利。癸巳开四库全书馆，质郡王临视，司事者启之，俄而掌院刘文正公、觉罗奉公相继逝。又门前沙堤中，有土凝结成丸，倘或误碎，必损翰林。癸未雨水冲激露其一，为儿童掷裂，吴云岩前辈旋殁。又原心亭之西南隅，翰林有父母者，不可设坐，坐则有刑克。陆耳山时为学士，毅然不信，竟丁外艰。至左角门久闭不启，启则有司者有谴谪。无人敢试，不知

---

① 孙承恩：《重修南京翰林院告土地祠文》，《文简集》卷四八。
② 《词林典故》卷六下，《翰学三书》（二），第147页。
③ 《居易录》卷一，《王士禛全集》（五），第3680页。

果验否也。①

翰林为史官,本来就是一个非常敏感的职责,正如韩愈所说:"夫为史者,不有人祸,则有天刑。"②为消除作为史官带来的天灾人祸,明代翰林院以成为神仙的韩愈为土地神,希望他在冥冥中佑护,也是很有可能的。正因如此,对作为一方保护神的土地非常恭敬,往往要加以祭祀。

明代国子监祭酒新官上任,"红服谒先师孔子庙,行四拜礼;诣启圣祠,行四拜礼;诣土地祠,行两拜礼"③。翰林院祭祀可能类似。清初大学士上任也要拜祭土地祠。小说《红楼春梦》描写道,贾政升协办大学士,按惯例先至翰林院:"到了翰林院,由典簿引贾政先往土地祠拜过韩文公,然后至大堂上正中坐了,学士、讲、读、编、检、庶常一班一班地见过。"④但乾隆九年(1744)之后,这一规制稍有变化。

乾隆八年(1743),鉴于翰林院衙门"年久未能修葺,倾圮之处甚多"⑤,命专人修整,翌年完工。修葺过程中,翰林词臣认为以韩昌黎为土谷祠"未洽典礼",因别建一祠⑥。所谓"未洽典礼",即祭祀时将土地祠中的韩文公与先师祠中的孔子并祭拟于不伦,因此别建一昌黎祠来和先师祠对等并祀。至此署中建置稍有变化,院中右廊围门内,南向者为昌黎祠,北向者为土谷祠,各三楹⑦。两祠分立之后土地祠中仍祀韩文公。乾隆二十六年,赵翼入翰林院所看到的是两祠分立的情况,而他仍说"翰林院有土地祠相传祀韩昌黎";晚清民初人吴庆坻《蕉廊脞录》云:"杭州府署土地神,相传为苏文忠

① 《槐厅载笔》卷一二,《续修四库全书》,第 1178 册。
② 《答刘秀才论史书》,《韩昌黎文集校注·外集》上卷,第 667 页。
③ 黄佐:《南雍志》卷一一《礼仪考》"新官上任仪"条,江苏省立国学图书馆 1931 年版,第 35 页。
④ 《红楼春梦》第五十九回,中国文史出版社 2003 年版,第 684 页。
⑤ 《清实录·高宗纯皇帝实录》卷二〇七乾隆八年十二月丙子。
⑥ 《词林典故》卷六下,《翰学三书》(二),第 149 页。
⑦ 《词林典故》卷六下,《翰学三书》(二),第 149 页。杨果在《中国翰林制度研究》中论及明清翰林院,认为清代翰林院官署基本沿用明代建置,这是正确的。但该书以明清翰林院署堂西为状元亭,东为韩昌黎祠,这一勾画因没有弄清明清两代翰林院衙署的变迁而造成失误。

公。……京师翰林院衙门,以韩文公为土地神,其不经正相类。"①可见直至清末,韩愈一直是此处的土地神。这样,韩愈在翰林院中一方面与孔子并祀,一方面仍作为土地神被祭祀。

　　乾隆以后,翰林院逢重大场合拜祭先师祠时,一般祭祀昌黎祠而不是土地祠。清代凡除授大学士,未赴阁,先于翰林院受任。《词林典故》卷六上曰:"是日,大学士具公服,诣先师祠行礼,三跪九叩头;诣昌黎祠,一跪三叩头。"②翰林院掌院学士上任时谒拜过先师祠之后要"诣昌黎祠,行一跪三叩礼"③。清代帝王祭拜先师祠时按例也需祭昌黎祠。《词林典故》卷六下曰:"先师祠,凡三楹,南向。上临幸时,亲诣行礼于此。别遣学士一员,祭昌黎祠。"乾隆九年驾幸翰林院,谒先师祠罢,"遣学士一员,祭韩愈祠"④。嘉庆九年(1804)皇帝拜完先师祠后,"遣侍读学士万承风谒唐臣韩愈祠"⑤。而此前祭祀的则是土地祠。赵翼诗云"区区冷官一裔肉,宁足为公增华腬",其实土地神韩文公在乾隆以前也有过荣耀的时刻。此后,只有每年社日还要祭祀一番。赵翼诗云"瀛洲署中坎社鼓"即是此意。考此诗作于乾隆二十六年四月甲午赵翼殿试第三名授翰林院编修入词馆之后,若以此时为翰林院土地社日,则与后来民间每年二月二日的土地社日有所不同。

　　乾隆以后,翰林院土地神还有受代之说。据记载,代替韩愈为土地神的是乾隆十六年(1751)辛未科状元吴鸿。法式善《梧门诗话》云:

　　　　吴云岩侍读鸿,辛未以第一人入词馆,才名噪甚。官十年而没。闻先生没之日,方剧饮,大醉就寝。迟明,家人启扉,则已化去。是夕,有梦翰林署中驺导呵殿云:"吴状元赴土地任者。"⑥

吴鸿号云岩,官至翰林院侍读学士,乾隆二十八年卒。工诗文,著有《云岩

----

①　吴庆坻:《蕉廊脞录》卷三,中华书局1992年版,第92页。
②　《翰学三书》(二),第141—142页。
③　朱珪:《皇朝词林典故》卷四六,《翰林掌故五种》,第907页。
④　《钦定大清会典事例》卷一〇四七。
⑤　朱珪:《皇朝词林典故》卷九,第679页。
⑥　《梧门诗话合校》卷三,第118页。

诗文集》①。死之夜,有梦其赴土地任者。后来被人加以渲染,成为翰林院一个新的掌故。李岳瑞《春冰室野乘》载:

> 嘉庆八年,大兴朱珪方以协办大学士兼翰林院掌院学士。一日,忽语人曰:"此间土地神,韩文公已受代去。代之者,吴云岩殿撰鸿也。"一岁,丁祭毕,珪乘舆过土地祠门,自舆中拱手曰:"老前辈请了!"盖若有见云。②

嘉庆时,朱珪作为掌院学士,不仅宣传吴鸿代替韩愈为翰林院土地神,且过其祠而请安,若亲见其神,真有些玄虚。但事实上吴鸿并未取代韩愈为翰林院土地神,可见韩文公为土地神的观念已经根深蒂固,难以动摇了。

顾颉刚先生"很愿意把城隍神和土地神的人物历史弄明白",并意图从中"看出民众的信仰的旨趣"③,的确这是一项有意思且有价值的课题。历史上每个被神话化的文士背后均有生动的故事,纠缠着文学、宗教学和民俗学等诸种复杂的文化因素,而考察这些因素,无疑会更深刻地认识我们这个民族的历史文化。韩愈之所以成为翰林院和民众膜拜的土地神,就是这样一个显著的事例。由此可以看出,翰林院不仅影响明清文学的发展,而且对普通民众的生活方式与宗教信仰亦起着较为重要的导引作用。

第二节 翰林院与乾嘉朝汉宋之争

翰林官撰拟文章是其专任,不过如前所述,清代词臣撰拟文字的重要性下降,而其他一些职能的作用上升,如编纂书籍、经筵日讲等,这些因素促使词臣将学术研究作为工作的重点。甚至在乾嘉时期,翰林院的学术功能无比凸显,全祖望说:"馆阁诸臣,原以经术为上,词章为末。"④从事学术活动

---

① 乔晓军:《清代翰林传略》,陕西旅游出版社2002年版,第148页。
② 李岳瑞:《春冰室野乘》,载钱基博《韩愈志》,第55页。
③ 《顾颉刚民俗学论集·自序》,第12页。
④ 全祖望:《奉方望溪先生辞荐书》,《全祖望集汇校集注·鲒埼亭外编》卷四六,第1753页。

已经成为清代文学侍从之臣别于前代的重要特点。清代翰林官中有许多是当时学界著名的学者,如朱彝尊、毛奇龄、熊赐履、汤斌、纪昀、朱筠、王鸣盛、钱大昕、翁方纲等人,在学术界享有盛誉。翰林院是学者集中的地方,词垣学术思想的变化呈示了清代学术发展的脉络。且翰苑也是汉学扩大影响的重要场所,"北京翰林院集中着大批前来投奔的江南学者,江南文风、学风及艺术风格通过这些赞助渠道传遍全国"①。翰林院的职能也成为他们进行学术研究的动因,比如经筵、日讲与理学,图书编撰与汉学等等,翰林院在清代学术发展中起过重要的作用。同时,乾嘉时期学术与文学关系密切,文学观点的分歧基本上是以学术趋向为背景的。因此,探讨翰林院与学术的关系,也为理解文学观点冲突提供背景。

一、翰林院与清代汉宋之学

清代翰林院中,经筵日讲官是翰林的专缺,图书编纂也是词臣的职司。经筵日讲与理学的兴衰,图书编纂与汉学的兴盛,二者都归结到翰林官在其中所起的作用。

(一)经筵、日讲与理学

经筵是历代帝王为研读经史而特设的御前讲席。汉宣帝曾诏诸儒于石渠阁讲《五经》,开经筵之始。唐玄宗改丽正修书院为集贤院,并置侍讲学士、侍读学士,经筵规模初具。而经筵一名至宋代才出现,并形成制度。元明因之。清承明制,对其重视程度则过之。顺治十四年定经筵讲官满、汉各八人,康熙九年谕礼部:"帝王勤求治理,必稽古典学,以资启沃之功。朕于政务余闲,惟日研精经史。念经筵日讲,允属大典,宜即举行,尔部其详查典例,择吉具仪以闻。"②十年二月正式举行经筵大典。嗣后形成定制:每岁春秋二仲举行,由翰林院列讲官名奏请钦定,满、汉各二人。直讲官同掌院学士会拟所讲经书奏定,撰讲章,缮清汉文,进呈钦定后,缮正、副本,恭候御论

---

①　(美)艾尔曼:《从理学到朴学——中华帝国晚期思想与社会变化面面观》,赵刚译,江苏人民出版社1995年版,第9页。

②　《钦定大清会典事例》卷一〇四七。

发出,翻清文进呈。届期驾御文华殿,讲官同诸臣赴阶下行礼毕,入殿。讲官出班,至讲案前行一跪三叩礼,起立进讲,讲毕,恭听御论。礼成,本院官进御论及讲章正本。

厕预经筵的都是翰林或翰林出身的官员。《钦定大清会典事例》卷一〇四七载:满洲讲官,以内阁学士、翰林院掌院学士、侍读侍讲学士、詹事府詹事、少詹事,暨六部尚书侍郎、督察院左都御史、左都副御史、通政使司通政使、大理寺卿之曾任内阁学士、翰林院掌院学士、读讲学士者充补。汉讲官以内阁学士、翰林院掌院学士、侍读侍讲学士、詹事府詹事、少詹事、国子监祭酒,暨六部尚书侍郎、督察院左都御史等官之由翰林院官升任者充补。如康熙十年的十名经筵讲官中,满洲讲官折尔肯以中和殿学士充,达都以保和殿学士充,折库讷以翰林院掌院学士充;汉讲官中,熊赐履以翰林院掌院学士充,傅达礼、史大成、宋德宜以侍读学士充,胡密色、李仙根以侍讲学士充,徐元文以祭酒充。经筵讲官基本上就是翰林官的专职。

在每年春秋二仲举行的经筵之外,还设立日讲。日讲之礼,每岁自二月经筵后始,夏至日止。八月经筵后始,冬至日止。每日于部院官奏事后进讲,讲章缮正副二本。以正本先期进呈,本日掌院学士率讲官二人,或三人,以副本进讲,岁终汇录成帙进御。日讲官也是翰林官的专任,如康熙十年的日讲官中,满日讲官折库讷以掌院学士充,莽色、喇沙里以侍讲学士充;汉讲官熊赐履以掌院学士充,傅达礼、宋德宜、史大成以侍读学士充,李仙根、杨正中、杜臻以侍讲学士充,张贞生、严我斯以侍读充,蔡启僔以修撰充,孙在丰以编修充。

清代前中期,帝王非常重视经筵日讲。顺治十二年谕:"朕惟自古帝王勤学图治,必举经筵日讲,以资启沃,今经筵已定于文华殿告成之日举行。日讲深有裨益,不宜刻缓。尔等即选满、汉词臣学问淹博者八人,以原衔充讲官,侍朕左右,以备咨询。"①每日掌院学士率讲官二人或三人进讲,不以冬至、夏至为限。十三年召讲官王熙讲《尧典》,称旨,令每日进讲,且不必

---

① 《钦定大清会典事例》卷一〇四七。

立讲。康熙朝每年两次经筵,远远满足不了圣祖的学习热情,故亲政之初对日讲极为重视。康熙十二年谕:"人主临御天下,建极绥猷,未有不以讲学明理为先务。朕听政之暇,向来隔日进讲,朕心犹然未惬,嗣后尔等须日侍讲读,阐发书旨。为学之功,庶可无间。"①由于日讲的频繁以及康熙的严格要求,以致翰林院昼夜撰拟讲章都不能完成任务,不得不上奏乞求"暂时少缓进讲,俾得陆续撰拟进呈"②。此后直至二十五年,除特殊日子外,不论寒暑风雨,日讲基本上未曾间断。康熙十六年南书房建立,日讲官的职掌逐渐与此合一。二十五年,停日讲,而起居注官仍系"日讲"二字于衔上。五十七年,裁起居注,事归内阁,惟令翰林五员于听政时轮直班行③。雍正元年恢复日讲起居注官,于词臣中择其才品优长者,以原官充补④,日讲起居注重在记注起居,日讲的职能淡退。

经筵与日讲虽为两种不同的形式,实际上讲解内容均以经史为主,而《四书》是其中重要的部分。康熙十六年编成《日讲四书解义》,圣祖御制序曰:"自《易》、《书》、《诗》、《礼》、《春秋》而外,而有《论语》、《大学》、《中庸》、《孟子》之书,如日月之光照于天,岳渎之流峙于地,猗欤盛哉。盖有四子,而后二帝三王之道传,有四子之书而后五经之道备。四子之书,得五经之精意而为言者也。"⑤《四书》的地位如此之高,理学自然要受到重视。康熙朝的理学名臣大多曾充任经筵日讲官,熊赐履于康熙十年、二十七年、三十年三次充任经筵讲官,十年、十二年、二十四年充日讲官;汤斌于二十年充日讲官,二十五年充经筵讲官;李光地于二十五年充经筵讲官兼日讲官。这些理学名臣为帝王灌输理学思想,位望隆崇,形成理学彬彬之盛的局面。

"清世理学之言,竭而无余华"⑥,不重学理的探讨,而是强调躬行践履。

---

① 《钦定大清会典事例》卷一〇四七。
② 《钦定大清会典事例》卷一〇四七。
③ 吴振棫:《养吉斋丛录》卷二,第18—19页。
④ 《钦定大清会典则例》卷一五三。
⑤ 鄂尔泰、张廷玉等编:《国朝宫史》,北京古籍出版社1987年版,第572页。
⑥ 章太炎:《检论·清儒》,《中国现代学术经典·章太炎卷》,河北教育出版社1996年版,第255页。

康熙特别重视这一点,这与熊赐履、汤斌、李光地等曾任经筵讲官的理学家思想密切相关。熊赐履曾云:"理学不过正心诚意、日用伦常之事,原无奇特。我平日虽有理学虚名,不曾立讲学名色,我辈惟务躬行,不在口讲。"①康熙二十四年圣祖与汤斌在日讲时讨论理学真伪,汤斌说:"理学者本乎天理,合乎人心,尧、舜、孔、孟以来总是此理,原不分时代。宋儒讲理,视汉、唐诸儒较细,故有理学之名。其实理学在躬行,近人辨论太繁耳。"康熙说:"朕见言行不相符者甚多,终日讲理学,而所行之事全与其言悖谬,岂可谓之理学? 若口虽不讲,而行事皆与道理符合,此即真理学也。"②君臣在这一点上甚为一致。李光地理学思想以志、敬、知、行为总纲,"立志所以植其本也,居敬所以持其志也,穷理所以致其知也,躬行所以踏其实也。"③康熙思想亦重"敬",他说:"朕自幼喜读《性理(大全)》。《性理》一书,千言万语,不外一敬字。"④李光地死后,康熙说:"李光地久任讲幄,简任纶扉,谨慎清勤,始终如一。……知之最真无有如朕者,知朕亦无有过于李光地者。"⑤可见,康熙的思想大多得益于理学家的经筵日讲。

宋儒程颐为讲官时曾上《论经筵札子》,中有"君德成就责经筵"⑥之语,经筵在培养帝王人格、品德、治国能力的过程中作用是显而易见的,康熙对经筵日讲非常重视。经筵讲义的定式由经史原文、阐述部分和称颂部分组成,而后者往往言过其实,成为具文。康熙帝对其中过分的称颂三令五申加以禁止。如十五年谕:"嗣后经筵讲章,称颂之处,不得过为滥辞,但取切要,有裨实学,其谕各讲官知之。"⑦有鉴于前代经筵日讲徒具故事、"特存其名"而收不到任何实益的史实,康熙还同讲官共同讨论。十四年谕:"日讲原期有益身心,增长学问。今止讲官进讲,朕不覆讲,但循旧例,日久将成故

---

① 《康熙起居注》第 39 页。
② 《康熙起居注》,第 1089 页。
③ 李光地:《榕村集》卷六,影印文渊阁《四库全书》第 1324 册。
④ 《康熙起居注》,第 2465 页。
⑤ 王钟翰点校:《清史列传》卷一〇,中华书局 1987 年版,第 718 页。
⑥ 《二程集》卷七,中华书局 1981 年版,第 540 页。
⑦ 《钦定大清会典事例》卷一〇四七。

事。不惟于学问之道无益,亦非所以为法于后世也。嗣后进讲时,讲官讲毕,朕乃覆讲,如此互相讨论,庶几有裨实学。"五十年又谕:"朕观前代讲筵,人主惟端拱而听,默无一言,如此则虽人主不谙文义,臣下亦无由而知之。若明万历、天启之时,何尝不举行经筵,特存其名耳。朕御极五十年,听政之暇,勤览书籍,凡《四书》《五经》《通鉴》《性理》等书,皆经研究,……遇有一句可疑,一字未协之处,即与诸臣反复讨论,期于义理贯通而后已。盖经筵本系大典,举行之时,不可以具文视也。"①以这种态度对待经筵日讲,其效果自然与明代不可同日而语。

康熙朝经筵日讲官非常认真,如崔蔚林撰《易经》讲义,"每漏下四鼓辄起作草稿,五鼓入朝。罢即闭户谢客,覃竭思虑。"②有的讲官甚至敢于纠正帝王认识的偏差。康熙十二年九月十三日,讲官熊赐履、喇沙里、孙在丰进讲"齐景公问政于孔子"一章、"子曰片言可以折狱者"一章、"子曰听讼吾犹人也"一章。讲毕,康熙召熊赐履至御前,谕曰:"朕昨观《大学》,格物二字最是切要工夫,盖格物即穷理也。"熊赐履对曰:"圣贤本体工夫,只格物二字包括无余。内而身心意知,外而家国天下,皆物也。物无不格,斯知无不致,而德无不明。圣经贤传,千言万语,无非发明此理。但其间有根本,有切要,非泛骛于一草木、一器具之末,为支离无本之学也。孟子曰物皆然,心为甚。盖心又物之大者,万理之所具,而万事之所出也。"③教导康熙分清本体与支节,而不为无本之学。熊赐履刚直不阿,侍直经筵时"上陈道德,下道民隐,引申触类,竭尽表里"④,这对经筵日讲的实际效果不无作用。

理学思想的兴盛与康熙朝的经筵日讲有关,而理学思想在乾隆朝疏离学术主流也与此密不可分。首先,乾隆朝日讲已经与起居注合并,成为虚衔,只剩下每年春秋二仲的经筵大典宣讲理学。其次,乾隆对经筵大典也不如其祖父重视,他说:"帝王宥密单心,缉熙典学,岂专恃此每岁春秋两举之

---

① 《钦定大清会典事例》卷一〇四七。
② 李桓:《国朝耆献类征初编》卷一一六徐元文撰墓志铭。
③ 《康熙起居注》,第121页。
④ 《郎潜纪闻二笔》卷二"熊文端为经筵讲官"条,第350页。

文？特以典礼崇重，必与廷臣面询稽古，乃足懋昭向学亲贤至意。"①至此，经筵成了例行仪式。第三，在经筵讲论时，虽讲官仍以朱子之言立论，而乾隆则每每对朱熹的观点提出质疑。如乾隆二十一年二月仲春经筵，讲官进讲《中庸》"自诚明谓之性，自明诚谓之教。诚则明矣，明则诚矣"一节。朱熹在答门人问《中庸》时云："'自诚明谓之性'，此'性'字便是'性之'也。'自明诚谓之教'，此'教'字是'学之'也。此二字却是转一转说，与首章'天命之谓性，修道之谓教'二字义不同。"②乾隆则认为："朱子谓与天命谓性、修道谓教二字不同，予以为政无不同耳。"其理由是："诚之外无性，明之外无教，圣人浑然天理，无所用其明而明无不照。谓之'所性而有'，尚属强名，则何藉乎教！贤人日月至焉，必待先明乎善而后实之，乃复其性。然明即明此理，实亦实此理而已，夫岂别有所谓教哉！"③这不是偶然的一次，自此之后直至乾隆六十年的三十二次经筵讲论中，明显地向朱子观点提出质疑的竟达十七次之多④。这样的御论对讲官的理学思想冲击无疑是巨大的。

总之，经筵日讲官围绕在帝王周围，他们对帝王思想的形成起了至关重要的作用，并对其学术兴趣、思想动态了如指掌，翰林院的学术走向亦视帝王为转移。理学在康熙朝的兴盛以及在乾隆朝的衰落均与此相联系。

（二）图书编纂与汉学

翰林院职司编纂，编选和校勘书籍是其最主要的工作。翰林院的书籍编纂活动与清代汉学兴盛之间的关系，主要表现在以下几点。

首先，清代翰林院编纂书籍注重考据精核、校勘精审。鉴于明代书籍编纂、刊刻的种种弊端，清代对官方编书机构翰林院要求极为严格。康熙二十四年内阁学士徐乾学奉命编纂《一统志》，康熙要求他务必"考据确实"：

---

① 《钦定大清会典事例》卷一〇四七。
② 黎靖德编：《朱子语类》卷六四，中华书局1986年版，第1566页。
③ 《清实录》第十五册卷五〇六乾隆二十一年二月甲辰，第385页。
④ 参看陈祖武：《从经筵讲论看乾隆时期的朱子学》，《国学研究》第九卷。

"《一统志》记载须详核，……卿学博才优，其殚心参订，考据确实，纂集进
览。"①徐乾学不负众望，在众多著名学者的协助下，"其书考据精核，一洗前
明志书之陋"②。乾隆朝编书不精还将受到惩罚。十三年《皇清文颖》成书，
乾隆偶一披阅自己的御制诗，发现"讹谬甚多"，大怒，将总裁官张廷玉、梁
诗正、汪由敦，并编校人等，著交部议处，"嗣后各馆有错谬失于勘正者视
此。"③即使普通书籍的编纂，考据不精也会受到如此对待。三十二年编纂
《舆地考》，馆臣误"万泉寺"为"万泉庄"，亦惹得龙颜不悦，谕曰："朕之敕
修诸书，固以阐往开来，备乙览而牖后学，亦使词馆诸臣，得效编摩之职，且
于常俸以外，复明月给餐钱，用示朕体恤之惠。……该纂修竟以旁近之万泉
寺，误为万泉庄，此系目前易考之地，何以不加详核，疏略若此！著将该纂修
交部议处。嗣后在馆诸臣，务益加意参稽，勿得率尔操觚，致贻讹谬。"④为
了编纂出符合要求的高质量的书籍，对古籍进行大规模整理研究就势在必
行，这与全国形成的刻书、买书、藏书、卖书、读书的文化热潮相辅相成，为乾
嘉考据学发达的重要成因之一⑤。

　　其次，翰林院编纂的图书为学术活动提供了便利。如《国朝宫史》将顺
治、康熙、雍正以及乾隆前期编纂刊刻的书籍分为十五类，分别是：实录、圣
训、御制、方略、典则、经学、史学、仪象、志乘、字学、类纂、总集与目录、类
书、石刻。这些书除实录、圣训、御制外，均为学术研究提供了便利。翰林院
集中了大批学者，能够编纂大规模的书籍，这些书籍是私人刻书家不愿为或
不能为，而又为学术活动不可或缺的。其中尤以《古今图书集成》和《四库
全书》为最。《古今图书集成》是中国历史上规模仅次于《永乐大典》的最后
一部大型类书，全书分六汇编，下辖三十二典，典下再分为六千一百零九部，
总计一万卷。是书所辑资料，上起先秦，下迄清初，几乎将经史子集囊括殆

　　① 韩菼：《资政大夫经筵讲官刑部尚书徐公行状》，《有怀堂文稿》卷一八。
　　② 齐召南：《志馆口占呈邓逊可（时敏）同年三首》其二"岂有雄才追老辈"句下注，《宝纶堂诗
钞》卷三。
　　③ 《清实录》第十三册卷三二四乾隆十三年九月己未，第 345 页。
　　④ 《清实录》第十八册卷七七八乾隆二十三年二月丙申，第 547 页。
　　⑤ 漆永祥：《乾嘉考据学研究》，中国社会科学出版社 1998 年版，第 24 页。

尽。后为征集书籍,乾隆规定,藏书家进献书籍达五百种以上者,"赏《古今图书集成》各一部,以为好古之劝"①,将这一大型图书公之于众。对乾嘉考据学影响最大的是《四库全书》的编纂。这部耗时九年、汇聚了当时全国最优秀的汉学家编纂而成的书,为"广布流传,以光文治",乾隆下令缮写七部,分别藏在文渊阁、文源阁、文津阁、文溯阁(是为北四阁)、文汇阁、文宗阁、文澜阁(是为南三阁),五十三年特许词馆诸臣和士子入翰林院抄阅,"嘉惠艺林,俾资博览"②。另外如《康熙字典》、《音韵阐微》、《佩文韵府》、《骈字类编》、《天禄琳琅书目》等字书、韵书以及目录书的编纂,为学术研究提供了丰富的材料,促进了考据学的兴盛。

第三,大规模编纂书籍提高了汉学家的地位,扩大了考据学的影响。乾隆十四年,鉴于"词苑中寡经术士",下谕举经学特科③。陈祖范、顾栋高因年老授司业衔,吴鼎、梁锡玙以国子监司业用。这次荐举推动了汉学的发展:"继四先生而起者,家许、马而人郑、孔也。"④乾隆三十八年三月,大学士刘统勋等奏:"纂辑《四库全书》,卷帙浩博,必须斟酌综核,方免罣漏参差。……查有……进士余集、邵晋涵、周永年,举人戴震、杨昌霖,于古书原委,俱能考订,应请旨调取来京,令其在分校上行走,更资集思广益之用。"⑤为"以示鼓励",特改戴震、周永年、邵晋涵、余集、杨昌霖五人为翰林,一时天下荣之,风气亦为之改变:

> 乙未入都,二君(周永年、邵晋涵)者方以宿望被荐,与休宁戴震等特征修《四库书》,授官翰林,一时学者称荣遇。而戴以训诂治经,绍明绝学,世士疑信者半。二君者皆以博洽贯通,为时推许。于是四方才略之士,挟策来京师者,莫不斐然有天禄石渠句垯抉索

---

① 中国第一历史档案馆编:《纂修四库全书档案》,乾隆三十九年五月十四日谕,上海古籍出版社1997年版,第211页。

② 《东华续录》乾隆朝一〇八。

③ 《清实录》第十三册卷三五二乾隆十四年十一月己酉,第860页。

④ 陈康祺:《郎潜纪闻二笔》卷八"进呈著述"条,第462页。

⑤ 《清实录》第二十册卷九三〇乾隆三十八年闰三月庚午,第514页。

之思,而投卷于公卿间者,多易其诗赋举子艺业,而为名物考订,与
夫声音文字之标,盖骎骎乎移风俗矣。①

戴震等五人进入翰林院对乾嘉考据学达到兴盛局面所产生的作用是不可估
量的。之所以能起到这种作用,关键还在于翰林院引领风气的文化地位,即
所谓"名场之声气,尤多视翰林之导引"②。翰林院在编纂书籍的过程中征
用汉学家,并授以馆职,汉学家地位攀升。于是那些散落在民间的考据学者
也能凭一技之长谋生,而寒士为了生计,也转向考据学:

> 今天子右文稽古,三通四库诸馆,以次而开,词臣多由编纂超
> 迁,而寒士挟策依人,亦以精于校雠,辄得优馆,甚且资以进身,其
> 真能者,固若力农之逢年矣,而风气所开,进取之士,耻言举业。熊
> 刘变调,亦讽《说文》《玉篇》;王宋别裁,皆考容金篆石。风气所
> 趋,何所不至哉!③

奉敕编纂书籍的翰林要员,当他们归乡或出任学政,翰林官人手缺乏时,也
会召集民间的学者至其幕府中协助编纂,如徐乾学、朱筠等人的幕府,就集
中了当时大批的著名学者。优厚的俸禄吸引了众多仕途不得意的士子加入
到其中④。翰林院的书籍编纂带动了整个社会的考据学风气。

　　第四,翰林院的编书活动,尤其是《四库全书》的编纂,加速学术风气由
尊宋向崇汉的转变。而引领转变的则是乾隆皇帝。在此之前,高宗虽不时
批评宋学,但态度不甚激烈,且理学有利于统治的一面,故一直都是占统治
地位的学术思想。但在编纂《四库全书》的过程中,乾隆对理学的历史以及
弊端有较深入的了解,于是其态度也发生了变化。导致高宗态度的改变大
概在两个方面,一是理学家君臣共治的思想,一是理学家结党、讲学的流

---

①　章学诚:《周书昌别传》,《章学诚遗书》卷一八,文物出版社1958年版,第181页。
②　纪昀:《端本导源论》,《纪晓岚文集》第一册卷七,第137页。
③　章学诚:《答沈枫墀论学》,《章学诚遗书》卷九,第85页。
④　参见尚小明:《学人游幕与清代学术》的相关章节,社会科学文献出版社1999年版。

弊①。关于前者,乾隆主要是通过批评程颐"天下治乱系宰相"②表现出来的:"夫用宰相者,非人君其谁为之? ……且使为宰相者,居然以天下之治乱为己任,而目无其君,此尤大不可也。"③显然,程颐之论与乾隆加强皇权统治的意图存在着矛盾,而君臣共治的思想又是有宋士大夫的集体意识,这不能不让乾隆对宋学有所保留。关于后者,乾隆主要是对《东林列传》一书的评价表现出来的。在《题东林列传》一文中,高宗虽也肯定"宋之周程朱张,其阐洙泗心传,故不为无功",但论其"致君泽民之实迹",则不能令人满意;而且,理学家讲学标榜门户,有导致国家灭亡的危险:"蜀洛之门户,朱陆之冰炭,已启相攻之渐。盖有讲学必有标榜,有标榜必有门户,尾大不掉,必致国破家亡,汉、宋、明其殷鉴也。夫至国破家亡,黎民受其涂炭者,不可胜数,而方以死节殉难者,多为有光于古,收讲学之效,则是效也,徒成其为害。"④这不能不改变乾隆对理学的态度,而自即位前就已经存在的对考据学的兴趣至此更为浓烈。高宗的这些思想变化,直接导致《四库全书》总纂官纪昀学术思想的变更。在入馆之初,纪昀对程朱理学尚持维护的态度,姚鼐在嘉庆三年读到《四库全书总目》时说:"去秋始得《四库全书目》一部,阅之,其持论大不公平。鼐在京时,尚未见纪晓岚猖獗若此之甚。"⑤从姚氏话中可看出,在离开四库馆的乾隆三十九年,纪昀的思想尚未显示出咄咄逼人的光芒。直到戴震《孟子字义疏证》问世的四十二年,纪昀依旧维护理学:"(戴震)发愤著《原善》、《孟子字义疏证》,……辞有枝叶,乃往往轶出阃外,以诋洛、闽。纪昀攘臂扔之,以非清净洁身之士,而长流污之行。"⑥然而

① 夏长朴:《乾隆皇帝与汉宋之学》,彭林编:《清代经学与文化》,北京大学出版社 2005 年版,第 177—187 页。
② 《论经筵第三札子·贴黄二》,程颢、程颐:《二程集·河南程氏文集》卷六,第 540 页。
③ 《书程颐论经筵札子后》,《清高宗御制文二集》卷一九,《故宫珍本丛刊》本。
④ 《清高宗御制文二集》卷一八。
⑤ 《与胡雒君》(十四),《惜抱先生尺牍》卷三。该信所署时间为"己未",即嘉庆四年,"去秋"则为三年。
⑥ 《释戴》,《章太炎全集》四《太炎文录初编》卷一,上海人民出版社 1985 年版,第 123 页。

此后,他"深恶性理,遂峻词丑诋,攻击宋儒"①,成为反程朱的一员猛将,显然这种变化是乾隆意志的显现。在高宗的理论支持下,"于是纂修者竞尚新奇,厌薄宋元以来儒者,以为空疏,掊击讪笑之不遗余力"②。

翰林院也为词臣的学术研究提供了丰富的文献材料。清代内府的藏书相当丰富,康熙和乾隆都曾下诏征集天下图书入内廷。一旦成为词臣,就意味着能够读到这些普通学者梦寐以求的中秘书。朱彝尊利用翰林院的便利条件编成《瀛洲道古录》,徐乾学携书局南下,"一时金匮石室之秘藏,职方图册之汇献,不惮数千里携载以归"③。李绂、全祖望、朱筠、纪昀等人在翰林院发现了《永乐大典》并仔细阅读,朱筠向乾隆建议对此进行整理还带动了《四库全书》的编纂④,馆臣从《永乐大典》中辑出众多亡佚之书,充实了《四库全书》,并推动辑佚学的兴盛。

此外,学政对汉学的普及、推广之功亦不可没。惠士奇康熙五十九年以编修督学广东,雍正元年,留任三年。尝谓:"汉时蜀郡僻陋,文翁守蜀,选子弟就学,遣隽士张宽等东受七经,还以教授;其后司马相如、王褒、严遵、扬雄相继而起,文章冠天下。汉之蜀,今之粤也。"于是毅然以经学倡。三年之后,通经者多,文体为一变⑤。岭南自此成为经学昌明之地。乾隆三十八年八月,安徽学政朱筠试士徽州毕,召府士于院堂而面命之。婺源禀膳生余元遴抱持其师汪绂遗书十余帙来献,朱筠素闻汪绂之名,至是乃得卒读其书,大合心意,全部缮写进呈《四库全书》馆。"于时博议遍举朱熹之徒十五氏,暨(汪)绂,悉为之主位,以八月二十日迎主紫阳书院,补记诸儒之次。先生躬莅将事,大会诸生,匍伏祭奠成礼。观众千余人,咸感激,有泣下者。"二童生幡然出其箧中制义而弃之,曰:"是不可以言学,吾今乃知所以

① 余嘉锡:《四库提要辨证序录》,《四库提要辨证》,中华书局1980年版,第51页。
② 姚莹:《姚氏先德传》卷四,《中复堂全集》本。
③ 裴琰:《纂修书局同人题名私记》,《横山文钞》,《四库未收书辑刊》第9辑第18册。
④ 中国第一历史档案馆编:《纂修四库全书档案》,乾隆三十七年十一月二十五日《安徽学政朱筠奏陈购访遗书及校核＜永乐大典＞意见折》,第20—21页。
⑤ 支伟成:《清代朴学大师列传》第53页。

学矣。"竟以行媵易书数束而去①。在安徽学政任上，朱筠还为江永立祠，刊刻《说文解字》、《十三经注疏》②。各地学政的此类活动改变了士子为学的取向，汉学影响进一步扩大。

作为官方的学术机构，翰林院还在提高民间汉学研究地位、扩大其影响方面作出了贡献。上述朱筠的表彰江永、汪绂即是一例。再如乾隆十九年，戴震避祸入都，"困于逆旅，饘粥几不继。"但经过馆阁人士的推扬，一时"海内皆知有戴先生"。钱大昕于此事有详细的记载：

> 年三十余，策蹇至京师。……一日，携其所著书过予斋，谈论竟日，既去，予目送之，叹曰："天下奇才也。"时金匮秦文恭公惠田兼理算学，求精于推步者，予辄举先生名，秦公大喜，即日命驾访之，延主其邸，与讲观象授时之旨，以为闻所未闻。秦公撰《五礼通考》，往往采其说焉。高邮王文肃公安国，亦延致先生家塾，令其子念孙师之。一时馆阁通人，河间纪太史昀、嘉定王编修鸣盛、青浦王舍人昶、大兴朱太史筠，先后与先生定交，于是海内皆知有戴先生矣。③

钱大昕、纪昀、王鸣盛、朱筠时为庶吉士，他们折节与戴震定交，迅速提高了这位举人的名气。此外，因为乾隆十四年的荐举以及戴震进入《四库全书》馆，汉学大家惠栋也随之名声大振，民间学术因被官方承认而倍受重视。

当然，无论是汉学还是宋学，其在清代兴盛与衰落的原因是复杂的，不能完全将此归因于翰林院的作用；但是，翰林院因素却是不能忽视的。作为官方的学术机构，它对帝王思想文化政策产生影响，并随最高统治者的意愿而改变学术方向。和民间学术思想相比，翰林院汉宋学术的消长更为清晰地描绘了清代学术发展的历程。

---

① 姚名达：《朱筠年谱》，商务印书馆1933年版，第61页。
② 朱珪：《诰授中议大夫翰林院编修前日讲起居注官翰林院侍读学士加二级竹君朱公神道碑》，朱筠《笥河文集》卷首，《续修四库全书》第1440册。
③ 钱大昕：《戴先生震传》，《潜研堂文集》卷三九，第711页。

二、清代翰林院中汉宋学术的消长

从康熙初到乾隆朝，宋学在学界的地位慢慢滑落，而汉学的地位则不断攀升，最终形成盛极一时的乾嘉学派。与此相对应的是，清代翰林院中学术的格局也发生了类似的变化。理学为何被统治者厌弃？汉学为何被朝廷亲睐？翰林院在这一转型期发生了什么作用？这些问题都是需要加以讨论的。

理学在康熙朝一直占据着学术界、思想界的统治地位。不过在康熙三十年前后，理学地位已经发生了微妙的变化。此前，特别是十八年博学鸿词科，理学家汤斌被授为翰林院侍讲。这次考试以诗赋命题，本不注重学术取向，但毫无疑问的是，汉学家及其著作都遭轻视。康熙元年，阎若璩经龚鼎孳的延誉已为人所知。其后顾炎武以所撰《日知录》相质，若璩即改订数则，炎武为之心折。虽此时《古文尚书疏证》尚未问世，不过其学问已经为徐乾学等人肯定①。陈玉璂博学多闻，举凡天文地志，河渠赋役诸大事，"莫不讲求烂熟，言之娓娓"②。但他们都在这次考试中落选，这并不是偶然的事件。而取中者试卷中甚至有落韵、出韵的现象。康熙曾不满地说："诗赋韵亦学问中要事，何以都不检点？赋韵且不论，即诗韵在取中者亦多出入，有以冬韵出宫字者(潘耒卷)，有以东韵出逢、浓字者(李来泰卷)，有以支韵之旗误出微韵之旂字者(施闰章卷)，此何说也？"大臣回答："此缘功令久废，诗赋非家弦户诵，所以有此，然亦大醇之一疵也。今但取其大焉者耳。"当博学鸿词取中卷内有一名须更换者，大学士冯溥以徐咸清荐。康熙听旁边一位学士说其著作《资治文字》乃是字书，而字书是小学时，"遂置不问"③。这部被毛奇龄称为能"佐一代同文之治"④的字书因为属小学而遭弃，可见此时康熙和翰苑中人均对汉学不甚在意。而进入翰林院的诸如朱

① 江藩：《汉学师承记》卷一《阎若璩传》，三联书店1998年版，第12页。
② 王晫：《今世说》卷三"文学"。
③ 毛奇龄：《制科杂录》，《昭代丛书》本。
④ 毛奇龄：《资治文字序》，《西河合集·西河文集·序》卷一一。

彝尊、毛奇龄、李因笃诸人,其学术成就亦不为朝廷和词垣所重,朱彝尊还因为利用秘阁的条件编纂书籍而成为掌院学士牛钮排挤的理由①。

这一切在康熙三十年以后有所改观。这年三月,康熙想起当年翰林院检讨毛奇龄所进《古今通韵》一书来,急命阁臣索之,最后在皇史宬找到这部被埋藏了整整六年之久的韵书②。其后《佩文韵府》(康熙五十年成书)、《韵府拾遗》(五十五年成书)等韵书相继由翰林院编纂而成。四十九年,康熙谕大学士陈廷敬等"至于字学,并关切要",并对《字汇》、《正字通》、《洪武正韵》等书均表不满,要求"增《字汇》之阙疑,删《正字通》之繁冗,勒为成书,垂示永久"③。于是就有五十九年《康熙字典》、六十一年《分类字锦》等相继成书。至此,字书、韵书并不因为其小学身份而遭遇冷落。自编纂性理诸书后,康熙朝后期以编纂为汉学兴盛必须的字书、韵书等大型工具书成为翰林院工作的重心。

同时,理学在康熙心目中的地位亦不如以前那样神圣,三十三年发生的两件事令他对理学家甚为恼火。首先是李光地被劾母丧期间"贪位忘亲",夺情守制,下九卿议,命光地解任,在京守制④;其次是因南北党争而待职家居的徐乾学被康熙征召修书,徐以为旧事重提,惊悸而亡⑤。理学家的虚伪和政治生活中结党营私的作风,遭到康熙的严厉斥责,本年翰林院大考以《理学真伪论》命题就是针对这些事情。考试结束后,他对当代的理学家一一点评。李光地阴托学生向康熙谋职,被他看出破绽:"李光地曾授德格勒《易经》,李光地请假回籍时,朕召德格勒进内讲《易》,德格勒奏言,李光地熟精兵务,其意欲为将军提督。皇上若将李光地授一武职,必能胜任。反复为李光地奏请。尔时朕即疑之。"熊赐履虚名心重,刊刻书籍并请要人作序,康熙极为不满:"熊赐履所著《道统》一书,王鸿绪奏请刊刻,颁行学宫。

---

① 陈康祺:《郎潜纪闻初笔》卷六,第 120 页。
② 毛奇龄:《西河诗话》卷八。
③ 《清实录》第六册卷二四一康熙四十九年三月乙亥,第 401 页。
④ 《清史稿》卷二六二《李光地传》,第 9897 页。
⑤ 关于清代党争的问题,参看王钟翰:《清朝前期的党争问题》,《清史余论》,辽宁大学出版社 2001 年版,第 110—123 页。

高士奇亦为作序,乞将此书刊布。朕览此书内,过当处甚多。凡书果好,虽不刻自然流布,否则虽刻何益? 道学之人,又如此务虚名而事干渎乎?"康熙甚至没有放过此前已经辞世的汤斌,心头的积怨令其言辞甚为峻刻:"汤斌见德格勒所作之文,不禁大笑,手持文章堕地。向朕奏云:德格勒文甚不堪,臣一时不能忍笑,以致失仪。既而汤斌出,又向众言,我自有生以来,未曾有似此一番造谎者,顷乃不得已而笑也。使果系道学之人,惟当以忠诚为本,岂有在人主之前作一等语,退后又别作一等语乎?"①有鉴于此,理学在其观念中独尊的局面开始瓦解,经学的地位逐渐凸显,他认为治理国家不能仅依赖理学:"治天下以人心风俗为本,欲正人心、厚风俗,必崇尚经学。"②康熙后期集中精力编纂字书、韵书等小学类著作,都是为崇尚经学奠定基础。

康熙帝对翰苑人物伪道学的批评,以及小学类书籍的编纂,崇尚经学的提倡,势必在翰林院中产生反响,在这些因素的作用下,乾隆时期汉学兴盛便水到渠成。

雍正在位时间较短,且精力主要放在整治康熙后期遗留下来的各种弊端上,于学术文化事业顾及不多。不过作为过渡期,有两点较为引人注目。一是在雍正即位前礼遇阎若璩之事,据钱大昕记载:

> 世宗在潜邸,闻其名,手书延至京师,握手赐坐,呼先生而不名,日索观所著书,每进一篇,未尝不称善。疾革,请移就外,留之,不可,乃以大床为舆,上施青纱帐,二十人舁之出,安稳如床箦,不觉其行也。卒年六十有九,时康熙四十三年六月八日。世宗遣使经纪其丧,亲制挽诗四章,复为文祭之,有云:"读书等身,一字无

---

① 《清实录》第五册卷一六三康熙三十三年闰五月癸酉,第785页。
② 《清实录》第五册卷二五八康熙五十三年四月乙亥,第552页。

假。孔思周情,旨深言大。"①

另一件事是雍正即位之后,对理学之"理"的批评:

> 理之一字,可上可下,或执一偏之见以为理,或所见不明为理,
> 或以私狭小为理,或以寻章摘句,得古人糟粕为理,或错会先贤之
> 意为理,或以道听途说,被庸师邪友所惑为理者,不可枚举。②

这两件事情实际上是康熙朝后期文化思想的延伸,即对汉学的逐渐重视和
对理学的愈加不信任。经过康熙、雍正两朝的文化洗礼,乾隆初年的翰林院
中学术状况如何呢? 先看理学:"近来留意辞章之学者尚不乏人,而究心理
学者盖鲜。……总因居恒肄业,未曾于宋儒之书,沉潜往复,体之身心,以求
圣贤之道。"再看汉学:"今之说经者,间或援引汉唐笺疏之说。"③理学已经
衰落,汉学正在崛兴。

　　乾隆即位伊始,便对此种情况非常不满,从有利国家统治的角度出发,
他提倡理学:

> 夫治统原于道统,学不正则道不明。有宋周、程、张、朱子,于
> 天人性命之大本大原之所在,与夫用功节目之详,得孔孟之心传,
> 而于理欲公私义利之界,辨之至明,循之则为君子,悖之则为小人。
> 为国家者,由之则治,失之则乱,实有裨于化民成俗,修己治人之
> 要。所谓入圣之阶梯,求道之涂辙也。学者精察而力行之,则蕴之
> 为德行,学皆实学;行之为事业,治皆实功。此宋儒之书所以有功
> 后学,不可不讲明而切究之也。④

---

　　① 钱大昕:《阎先生若璩传》,《潜研堂文集》卷三八,第 678 页。另,《啸亭杂录》卷六谓所遇为
安郡王玛尔浑,陈康祺《郎潜纪闻》二笔、三笔均认为是世宗雍正潜邸时事,并引何焯言论为证,较为
可信。见陈康祺《郎潜纪闻三笔》卷二,第 683—684 页。清张穆编《阎潜邱先生年谱》据若璩之子
记录亦主实有其事,《故宫珍本年谱丛刊》本。
　　② 中国第一历史档案馆编:《雍正朝汉文朱批奏折汇编》第十六册,江苏古籍出版社 1991 年
版,第 237 页。
　　③ 朱珪等编:《皇朝词林典故》卷二圣谕"乾隆五年十月"条,《翰林掌故五种》,第 606 页。
　　④ 朱珪等编:《皇朝词林典故》卷二,《翰林掌故五种》,第 606 页。

并对真伪羼杂的道学有过谅解："惟是讲学之人，有诚有伪，诚者不可多得，而伪者，托于道德性命之说，欺世盗名，渐启标榜门户之害。……不可以伪托者获罪于名教，遂置理学于不事，此何异于因噎而废食。"①他认为汉学不如宋学：

> 夫典章制度，汉唐诸儒有所传述，考据固不可废，而经术之精微，必宋儒参考而阐发之，然后圣人之微言大义如揭日月而行也。②

九年十月，翰林院重葺竣工，乾隆训诫翰苑诸臣："翰林之职，虽在文章，要贵因文见道。尔诸臣当明体此意。"③同时赠送翰林院康熙朝所修《性理精义》一部。

但乾隆在即位之前并不排斥汉学，认为"汉儒通晓经术，宋儒深于理学。夫穷经即所以明理，而理学未尝不衷之于经术，汉之董子，宋之程、朱，又岂可以经术、理学限哉"④，即位之初贬低汉学，只是重振理学的策略需要。一旦时机成熟，他就开始弘奖经学。十二年三月刊刻《十三经注疏》以"嘉与海内学者，笃志研经，敦崇实学"⑤。此后翰林院中的学术结构亦相应变化，大批汉学考据之士进入翰林院。

汉学家进入翰林院主要通过两条途径：一是荐举，一是科举。乾隆朝曾两次举荐经学之士，第一次是乾隆十四年十一月，谕曰：

> 圣贤之学，行本也，文末也。而文之中，经术其根柢也，词章其枝叶也。翰林以文学侍从，近年来因朕每试诗赋，颇致力于词章，而求其沉酣六籍，含英咀华，究经训之闳奥者，不少概见，岂笃志正学者鲜欤？抑有其人而未之闻欤？夫穷经不如敦行，然知务本，则于躬行为近。崇尚经术，良有关于世道人心，有若故侍郎蔡闻之、

---

① 朱珪等编：《皇朝词林典故》卷二，《翰林掌故五种》，第606页。
② 朱珪等编：《皇朝词林典故》卷二，《翰林掌故五种》，第606页。
③ 《清实录》第十一册卷二二七乾隆九年十月庚午，第934页。
④ 《乐善堂全集定本》，《清高宗御制诗文全集》卷九。
⑤ 《清实录》第十二册卷二八六乾隆十二年三月丙申，第729页。

宗人府府丞任启运,研穷经术,敦朴可嘉。近者侍郎沈德潜,学有
本源,虽未可遽目为巨儒,收明经致用之效,而视獭祭为工、翦彩为
丽者,迥不侔矣。今海宇升平,学士大夫举得精研本业,其穷年矻
矻,宗仰儒先者,当不乏人。奈何令终老牖下,而词苑中寡经术士
也。内大学士九卿,外督抚,其公举所知,不拘进士、举人、诸生以
及退休闲废人员,能潜心经学者,慎重遴访,务择老成敦厚、纯朴淹
通之士以应,精选勿滥。①

此次荐举得陈祖范、吴鼎、梁锡玙、顾栋高等四人,陈祖范、顾栋高俱因年老
授司业职衔。吴鼎、梁锡玙以国子监司业用。对于此次经学特科,被荐举而
辞谢不赴的惠栋评价道:"国家两举制科,尤是词章之选,近乃专及经术,此
汉、魏、六朝、唐、宋以来所未行之旷典。"②这次本为翰林院选拔的经学之
士,虽未直接进入翰林院,但几年之后,吴鼎洊擢翰林院侍讲学士,转侍读学
士;梁锡玙乾隆十七年直上书房,累迁詹事府少詹事,均按最初开科之意图
进入词垣。

乾隆三十八年诏开四库馆,延置儒臣,以翰林官纂辑不敷,大学士刘统
勋荐进士邵晋涵、周永年,尚书裘曰修荐进士余集、举人戴震,尚书王际华荐
举人杨昌霖,同典秘籍。后皆改翰林,时称"五征君"③。他们和纪昀、翁方
纲、程晋芳等人聚集在一起,四库馆一时间成了汉学家的大本营。

清代翰林官的主要来源是进士。科考的内容决定了进入翰林院士人的
学术成分。此前重性理,所以翰林院中汇集了许多理学家。乾隆二十二年
"以实学为海内倡,更定取士令式"④,进士科考试"除去表、判雷同剿袭之
陋,首场试《四书》文及性理论,二场试经义,增五言排律。"⑤四十七年甚至
将性理论由首场置于二场经文后。科考程式的变革说明了对经学的重视,

---

① 《清实录》第十三册卷三五二乾隆十四年十一月己酉,第 860 页。
② 惠栋:《上制军尹元长先生书》,《松崖文钞》卷一,《续修四库全书》,第 1427 册。
③ 《清史稿》卷一〇九《选举志二》,第 3187 页。
④ 王鸣盛:《金轩来圖风月令诗序》,《西庄始存稿》卷二六。
⑤ 钱大昕:《山东乡试录序》,《潜研堂集》卷二三,第 366 页。

理学地位下降。更定取士程式的同时,考试的内容相应发生了变化,和原先科举考试重理学相比,自乾隆十年之后,经史方面的试题比重渐增。经学如乾隆十年殿试题为:"五、六、七、九、十一、十三之经,其名何昉? 其分何代? 其藏何时? 其出何地? 其献何时? 传之者有几家? 用以取士者有几代? 得缕晰而历数欤?"①乾隆三十一年殿试题为:"《易》传三义,《书》分六体,《诗》有三作,《春秋》著五始,《戴记》多后儒之所增,《周礼》以《冬官》为散见,其说可胪举欤?"②乾隆五十四年殿试题为:"《诗》三百十一篇,名见《礼》及《左传》者凡几? 十五国风或谓斟酌序次,或谓以两相比,语出何氏?"③以史籍出题者更多,如:乾隆二十八年殿试题以指陈史传编年、纪传二体利病为问,三十一年问以史传分循吏、儒林、文苑、独行、忠义、道学诸类当否;《梁书》有《止足传》,《隋书》有《诚节传》,《唐书》有《卓行传》,此有何异同④,等等,这些都为经史学者进入中心学术机构提供了便利。

通过这样的考试,进入翰林院的士子中理学家减少,经史学者增多。乾隆十九年殿试试题为:"自宋诸儒出,于是有道学之称。然其时尊德性、道问学,已讦其分途,而标榜名目、随声附和者,遂藉以为立名之地,而大道愈晦。今欲使先圣先贤之微言大义,昭如日星,学者宜何所致力欤?"⑤虽就理学出题,但并不要求士子本朱熹之言立论,而是自由发挥学术观点。此次取中之进士王鸣盛、钱大昕、纪昀、朱筠等人均进入翰林院,成为后来乾嘉学派的领袖人物。另据乔晓军《清代翰林传略》,通过科举考试进入翰林院的著名汉学家还有庄存与(乾隆十年)、朱珪(十三年)、卢文弨、翁方纲(十七年)、赵翼、谢启昆(二十六年)、陆费墀(三十一年)、金榜、邵晋涵、周永年、余集(三十七年)、王念孙(四十年)、孙星衍(五十二年)、阮元(五十四年)、洪亮吉(五十五年)、王引之(嘉庆四年)等人。

---

① 《清实录》第十二册卷二三九乾隆十年四月戊辰,第82页。
② 《清实录》第十八册卷七五九乾隆三十一年间四月庚申,第357页。
③ 《清实录》第二十五册卷一三二七乾隆五十四年四月丁未,第964页。
④ 分别见《清实录》第十四册卷六八五乾隆二十八年四月戊申、卷七五九乾隆三十一年四月庚申,第989页。
⑤ 《清高宗实录》卷四六一乾隆十九年四月乙巳。

经过荐举和科举,其时最有影响的汉学家多曾任职翰林,翰林院也培养了一批考据学者。这些学者集中在翰林院内研讨学问,乾嘉学派的兴盛也就顺理成章。于是,本来不甚明显的汉宋之争,也随着翰林院中汉学势力的不断增强而逐渐成为学术界的大事。

三、乾隆朝翰林院中的汉宋之争——以姚鼐辞四库馆为中心

在本文所叙述的事件发生之前,学术界勉强可以称得上是汉宋之争的要数内阁学士兼刑部侍郎方苞和"徽州老儒"江永以及鸿儒轻隽杭世骏之间的学术交往。据江藩《国朝汉学师承记》载:

> 是时,三礼馆总裁方侍郎苞,自负其学,见永,即以所疑《士冠礼》、《士昏礼》数事为问,(江永)从容答之。苞负气不服,永哂之而已。①

不过江藩的记载与实际情况不一定相符,据余廷灿《江慎修永传》载:"永从容条答,侍郎乃心折服。"②江氏弟子戴震《江慎修先生事略状》载:"先生从容置答,乃大折服。"③看来方、江二人之间未生汉宋之争,江藩站在汉学的立场,极力贬低理学家和桐城派,故篡改史实,虚构了理学家方苞在汉宋之争中败于汉学家江永的事件。其实方苞对精通三礼之人态度极好,王中孚游京师,与方苞交,"时苞方修《三礼义疏》,中孚因举礼经疑义十余条相质,苞大惊,为延誉"④。此条亦可证江藩记录的不实。方苞和杭世骏之间亦有一番过结:"尝有公事,群官皆会。方侍郎苞以经学自负,诸人多所咨决,侍郎每下己意。太史(杭世骏)至,征引经史大义,蜂发泉涌,侍郎无以对,愤然曰:'有大名公在此,何用仆为?'遂登车去。太史大笑而罢。"⑤这则记录与上条相似,怀疑也是汉学家为嘲笑方氏而大肆渲染的传闻,与实际情况不

---

① 江藩:《国朝汉学师承记》卷五《江永》,第93页。
② 余廷灿:《存吾文稿》(不分卷)。
③ 《戴震文集》卷一二,第181页。
④ 清宫懋让修,李文藻等撰:《乾隆诸城县志》卷三〇,《中国地方志集成》本。
⑤ 李桓:《国朝耆献类征初编》卷一二六补录许宗彦撰《杭世骏别传》。

一定相符。其实方苞喜闻他人指出自己的不足。何焯"好面诘人过",人多苦之,方苞"独喜闻其言"。将《管子自记》一文置于朱字绿所,任何焯"背面发其瑕疵"①。由此可见乾嘉学者对方苞极尽丑化之能事。乾隆初年汉宋之争的时机尚未成熟,理学依旧占据学术的主流,汉学还未能与宋学相抗衡,二者并未达到水火不容的地步。而一旦理学式微,汉学势力发展到一定程度,汉宋之争才有可能发生。乾隆三十八年四库馆开,一时宋学家、汉学家纷纷进入翰林院,在直接交流的过程中,汉宋之争就不可避免地上演了。

姚鼐被举荐进入四库全书馆,是在乾隆三十八年。由于编纂《四库全书》需大量人手,大学士刘统勋等奏:"纂辑《四库全书》,卷帙浩博,必须斟酌综核,方免罣漏参差。……查有郎中姚鼐、主事程晋芳、……降调学士翁方纲,留心典籍,应请派为纂修。……举人戴震……于古书原委,俱能考订,应请旨调取来京。"②据翁方纲《翁氏家事略记》③,翁氏入馆是在这年的三月十八日。姚鼐于乾隆二十八年馆选庶吉士,三十一年散馆改兵部主事,三十八年在京任刑部广东司郎中,估计与翁方纲前后相差不久进入四库馆。然而第二年即乾隆三十九年秋,姚鼐即辞官。为何工作了不到两年的时间就要离开?

据姚鼐本人自述,他是因为生病才辞官,这一原因在他此后的文章中经常提到④。此前姚鼐身体状况的确不是很好,在入馆的两年前即乾隆三十六年秋,他就生过一次病⑤。而且编纂四库全书的工作确实很辛苦,戴震就是由于"用心过劳"而逝于四库编纂任上。但姚鼐即使生病,也应该没有太大问题。他辞官之后,并未立即返回家乡,而是应友人泰安知府朱子颖之邀,冲风冒雪来到山东,登上了泰山极顶,还兴致勃勃地在严寒中一睹泰山日出;此后一个月时间内,他和朱子颖又游览了泰山其他名胜。试想如果身

① 方苞:《读管子自记后》,《方望溪遗集》,第5页。
② 《清实录》第二十册卷九三〇乾隆三十八年闰三月庚午,第514页。
③ 翁方纲:《翁氏家事略记》,翁方纲原稿,英和校订,清道光吉林英和刻本。
④ 见姚鼐:《食旧堂集序》和《晴雪楼记》,《惜抱轩文集》卷四、卷一四,第43、223页。
⑤ 《姚惜抱先生家书》,民国二十六年(1937)倪道杰石印本。

体有大碍的话,这样频繁而剧烈的运动肯定是承受不了的。所以可以说,姚氏称自己生病,只不过是托辞罢了。友人翁方纲说他是"以养亲去"①,姚氏侄孙姚莹也说是"乞养归"②。但这并不是主要原因,同藉口生病一样,也是一种托辞,所以姚莹写道:"公乃决意去,遂乞养归。"看来是先有辞官的打算,才找出这个借口。而且姚鼐归家一年后,又应朱子颖之请至扬州梅花书院执教,再一次远离了家乡。

看来姚鼐离开四库馆另有隐情。钱仲联先生认为:"桐城派作者,包括后之梅曾亮,均多少有些反清思想,对清廷不满,故姚氏较早即弃官,去了书院教书,即其对朝廷不肯尽心的表现。"③这里钱先生忽略了姚氏六应礼部试的经历,以及在中进士的前一年即乾隆二十七年作《圣驾南巡赋》歌颂乾隆,意图通过献赋的方式进入仕途的事实。这些情况都足以说明,对清廷的不满未构成姚鼐辞官的原因。

姚鼐在进入四库馆之前曾有过辞官的念头,《述怀二首》之二直接表明了他的这种意愿:

> 昔者先端恪,实作虞廷士。质对与神明,非邀矜恕美。一端或自咎,中夜辄惩惖。当时网信疏,奸猾亦衰止。先朝忠厚统,所垂良远矣。自是百年来,法家常继轨。刑官岂易为,乃及末小子。顾念同形生,安可欲之死。苟足禁暴虐,用威非得已。所虑稍刻深,轻重有失理。文条岂无说,人情或不尔。不肖常浅识,仓卒署纸尾。恐非平生心,终坐再三起。长揖向上官,秋风归田里。④

乾隆三十六年,姚鼐擢刑部广东司郎中。"广东有重辟案不实,堂官与同列无异议,先生核其情,独争执平反之。"⑤诗就是有感于这次事件而发。姚鼐的高祖姚文然曾为刑部尚书,定《大清刑律》。"以盗伐官柳未应刺字,炷香

---

① 翁方纲:《送姚姬川郎中归桐城序》,《复初斋文集》卷一二。
② 姚莹:《姚氏先德传》卷四,《中复堂全集》本。
③ 魏中林记录《钱仲联讲清诗》,苏州大学出版社2004年版,第46页。
④ 姚鼐撰,姚永朴训纂:《惜抱轩诗集训纂》卷二下,黄山书社2001年版,第129页。
⑤ 郑福照:《姚惜抱先生年谱》,清同治七年刻本。

神前,长跪自罚,旋奏减轻"①。诗的前半歌咏高祖之事作为榜样。自清初至乾隆中叶,文字狱不断,众多无辜人士因遭受牵连而丧命。刑官在其中起决定生死的作用,"刑官岂易为,乃及末小子",如今自己身为刑官,该如何对待与"我"同形生的案犯?广东的这次冤案平反了,可是更多情况下自己由于不了解案情而仓猝在卷宗上签名,这岂不是枉杀无辜?要使良心上不受谴责,姚鼐觉得只有离开这个职位。此次事件很可能得罪了部院官员,在官场倾轧的年代,这种事极易将身家性命搭上。姚鼐在一封家书中写道:"本衙门已保送御史,拟将来一得御史。无论能自给与否,决然回家矣。缄口则难,此厚颜妄论则贻忧老母。"②之所以能被保送御史,实得力于赏识其才学的大学士刘统勋③。姚鼐怕在官场上树敌太多,招致祸端,于是打算辞官归家。

不过直到进入四库馆的乾隆三十八年,姚鼐并没有将意愿付诸行动,看来他可能觉得辞官的时机未到。可是,进入四库馆,或者说是进入翰林院之后的第二年,他就毫不犹豫地辞官归里,是什么原因促使他下定这一决心的呢?

姚鼐离开京师时,友人翁方纲写了《送姚姬川郎中假归桐城五首》,其第五首诗写道:

> 新蔬软脆带春冰,风味端宜笋蕨胜。淡意回甘无物喻,苦言近辣有人憎。纪侯秋夕缘诗瘦,严子冬心抱病能。又到唐花风启蛰,桂宦雪洒读书灯。④

"苦言近辣有人憎",这一句应该有很深厚的背景为支撑。临别时姚鼐曾对

---

① 姚鼐撰、姚永朴训纂:《惜抱轩诗集训纂》,第 129 页。
② 《惜抱轩先生家书》。
③ 姚莹:《姚氏先德传》卷四。姚莹以为保送御史是在入四库馆后,实误。姚鼐的这封家书后属"十一月二十八日",另一种字体注年为"乾隆辛卯",即乾隆三十六年,注者可能是据信中"厝事想已办毕"、"伯母大人所寄皮袍褂俱收到,循览曷胜悲咽"之语,想是在伯父姚范逝世后之事。姚范即于本年去世,见孟醒仁《桐城派三祖年谱》第 159 页,安徽大学出版社 2003 年版。
④ 翁方纲:《复初斋诗集》卷一一《宝苏室小草》。

翁方纲说:"诸君皆欲读人未见之书,某则愿读人所常见书。"①此处的"未见"和"常见"之书,可以借用程晋芳的话来解释:"有儒者,有学人。儒者读书不过多,而皆得其精⋯⋯;学人旁搜博览,靡所不通。"②这里的"儒者"和"学人",显然是为区分汉、宋两派的学者而言。如此则姚鼐的话中实际上包含着对汉学和宋学的态度。这必然会令人联想到,作为受理学思想深刻影响的桐城派作家姚鼐,是愤于当时四库馆内的汉宋之争而决心辞官不做。

"有人憎"中的"有人"无疑指的就是汉学家。那么,究竟是哪些汉学家因为姚鼐的言论而对其产生憎恨之情呢?李慈铭为我们提供了一些信息:"惜抱经学甚浅,为同时汉学诸儒所轻,因循而尊宋儒,贬斥惠定宇(栋)、戴东原(震)、朱石君(珪)诸君子。至自夸其笔记中所论史学,谓足与钱辛楣(大昕)相匹。"③李氏的话不尽可信,如此段话中谓姚鼐推尊宋儒的原因就值得斟酌,但他所列姚鼐诋毁的汉学家的名单很有参考价值。以上四人除去已经谢世的惠栋外,似乎还可以加上纪昀、朱筠等这些在四库馆中举足轻重且为汉学家之代表的人物。

但姚鼐与上述数人的关系并非都很紧张,有些甚至还是终身的朋友,这就有必要对他们之间的交谊作些分析。

姚鼐和朱珪、朱筠兄弟保持着终身的友谊。朱珪听说姚鼐至扬州梅花书院任教时,作《闻姚姬传鼐设帐于梅花书院作此代柬》诗赠之,诗中回顾以往的交情及别后的惆怅曰:"十年前叠子瞻诗(予与姬传同辛亥生己丑冬君用东坡"龙钟三十九"诗韵见寄曾和之),弹指风轮隙景驰。"④嘉庆元年任安徽巡抚的朱珪至凤阳赈济灾荒,途中作诗相赠,《惜抱轩诗集》中尚有《朱石君中丞视赈淮上途中见示长句次韵二首》。姚鼐和朱筠的关系更为密切,他们相识时都仅二十余岁,"相聚慷慨论事,摩厉讲学。"⑤朱筠任安徽学政

①　姚莹:《姚氏先德传》卷四,《中复堂全集》本。
②　程晋芳:《正学论五》,《勉行堂文集》卷一,《续修四库全书》第 1433 册。
③　李慈铭:《越缦堂读书记》,辽宁教育出版社 2001 年版,第 978 页。
④　朱珪:《知足斋诗集》卷六,《续修四库全书》第 1452 册。
⑤　姚鼐:《朱竹君先生传》,《惜抱轩文集》卷一〇,《惜抱轩诗文集》,第 142 页。

期满归京,姚鼐作《赠朱竹君学士》诗,其结尾写道:"与君差近古人交,苦语未嫌朋友数。"姚氏曾作何等苦语? 朱筠在安徽学政任上曾刊刻《说文解字》及《十三经注疏》教士,并为江永和汪绂立祠以推崇汉学;姚鼐曾作书与人希望对方能以程朱之学诲人:"愿阁下训士,虽博学强识固所贵焉,而要必以程朱之学为归宿之地,以此觇于士习,庶或终有裨益。"①若说批评的话,姚鼐可能就此对朱筠提出反对意见。但很显然这并没有影响二人之间的关系,所以才有"苦语未嫌朋友数"的诗句。姚氏在《祭朱竹君学士文》中说:"自处京师,君日从语。执拒相诤,卒承谐许。"这也可见他们之间有过激烈的争论,但最终并没有伤和气。姚鼐离京,朱筠执手相送,姚氏写道:"予与君诀,乙未之春。有言握手,期我古人。"②此中可见朱筠不会因为姚鼐的苦言近辣而加以憎恶或排斥,姚氏之辞官与朱氏兄弟没有任何关系。

姚鼐与钱大昕的关系也很密切。他们经常聚集在一起饮酒赋诗,这可从姚鼐《十一月十五日雪翁正三(方纲)学士偕钱箨石(载)詹事、辛楣(大昕)学士登陶然亭回至鼐寓舍与程鱼门(晋芳)吏部、曹殷来(仁虎)赞善、吴白华(省钦)侍读、陆耳山(锡熊)刑部同饮至夜,翁用东坡《清虚堂》韵作诗垂示辄依奉和并呈诸公》、翁方纲《同箨石、辛楣、鱼门、姬川、习庵(曹仁虎)、耳山集道甫(严长明)散木庵同赋》等诗可窥一斑。姚、钱二人还就秦代设郡情况往复讨论,且态度平和,姚氏《复谈孝廉书》曰:"前辱以辛楣先生说秦三十六郡事,与仆二郡说异,示以相较,甚喜。"③据年谱,该文写于姚氏离开四库馆以后的几年,可见二人的交往中并没有产生过破裂的痕迹。

姚鼐和纪昀关系很复杂,有学者认为姚氏之谢病回家,"恐怕首先就是《总目》的锋芒所向"④。这种推断值得商榷。首先,在乾隆四十年以前,纪昀的思想尚未显示出咄咄逼人的光芒,他力反宋学是在姚鼐离开四库馆之后,故而当时对姚鼐提要稿的修改也不构成二人成隙的原因。其次,姚鼐家

---

① 《复陈钟溪》,《惜抱先生尺牍》卷五,《丛书集成续编》本。
② 《祭朱竹君学士文》,《惜抱轩文集》卷一六,《惜抱轩诗文集》,第247页。
③ 《惜抱轩文集》卷六,《惜抱轩诗文集》,第96页。
④ 周积明:《文化视野下的 < 四库全书总目 >》,第69页。

居后,曾致信纪昀,以道别后相思之意:"久别甚思瞻,近又欲作一书,少道怀慕。知先生方殚精力于延阁积卷之中,故未敢轻扰视听也。迩惟兴居万福。"①在另外一封与陆锡熊的信中也提及纪昀:"想与晓岚、鱼门诸先生谈宴极欢时,必念及愚鄙。"②据此,则姚鼐离开四库馆与纪昀及《四库全书总目》的关系不是很大。

朱氏兄弟、钱大昕、纪昀都是当时很有成就的汉学家,而具有浓厚理学色彩的姚鼐与他们保持了较为密切的关系,之所以能做到这一点,还与姚氏对汉学的态度有关。据说姚鼐早年家居读书时,伯父问他行身祈向,他回答说:"义理、考据、文章殆阙一不可。"③这话虽不一定是其早年所说,但姚鼐自幼即受到伯父姚范考据学的熏陶是不言而喻的。据研究,姚范《援鹑堂笔记》体现出重视版本、校勘、辨析以及求证多方、不拘门户的治学路径④,姚鼐早年从伯父学习经学,无疑不会对汉学陌生或者抱有抵触情绪。正因如此,乾隆二十年他还致信汉学家戴震愿意拜其为师。被荐举入馆修书,也得力于他众所周知的学问功底。他常说"考证……不可废"⑤之类的话,就是对"所论义理自可取"的李光地,姚鼐也批评他的汉学功夫之疏漏:"于考证之学疏矣,其说诚不分明,亦不足与辨。"⑥他对汉学大师郑玄十分推崇,认为其解经"大体精密,出汉经师之上。又多存旧说,不掩前长,不覆己短。观郑君之辞,以推其志,岂非君子之徒笃于慕圣,有孔氏之遗风者与?"⑦他为谢启昆的《小学考》作序,多有赞美之辞;且其弟子中出现孔广森这样的汉学名家。这些都可以说明姚鼐基本上能够以一种不偏颇的态度对待汉

---

① 姚鼐:《与人书》(一),《惜抱先生尺牍》卷一。
② 姚鼐:《与人书》(二),《惜抱先生尺牍》卷一。
③ 姚莹:《朝议大夫刑部郎中加四品衔从祖惜抱先生行状》,《东溟文集》卷六,《续修四库全书》第1512册。
④ 童强:《姚范〈援鹑堂笔记〉考述》,《古典文献研究》总第六辑,江苏古籍出版社2003年版。
⑤ 姚鼐:《与汪稼门》(十五),《惜抱轩尺牍》卷一。
⑥ 分别见《与陈硕士》(二十八、三十二),《惜抱先生尺牍》卷六。
⑦ 姚鼐:《仪郑堂记》,《惜抱轩文集》卷一四,《惜抱轩诗文集》,第215页。

学。所以他和当时著名汉学家能够保持愉快的交往。

但是,姚鼐同时也注意到汉学的弊病,比如汉学琐碎:

> 今之为汉学乃不佳,偏徇而不论理之是非,琐碎而不识事之大
> 小,哓哓聒聒,道听途说,正使人厌恶耳。……今之为汉学者,以搜
> 残举碎,人所少见者为功,其为玩物,不弥甚耶?①

> 惠氏《左传补注》亦自见读书精密处,特嫌其所举太碎小,近世
> 为汉人学者率有斯病,愚意不喜之,觉殊不能逮顾亭林也。阅其
> 书,见为用力劳而受功寡。②

汉学与治国之道无关:

> 吾昔论秦三十六郡无象郡等四郡,钱莘楣谓其不然,吾更不与
> 辨,谓此等是非,于身心家国初无关涉,哓哓置辨,夫亦何为?③

上面两点并不能造成姚氏对汉学以及汉学家的反感甚至反对之情,令姚鼐
不满的,是当时汉学家对宋儒之学的鄙薄和攻击。在姚鼐的心目中,宋儒和
理学的地位是崇高的,容不得后人吹毛求疵:

> 天下之学,必有所宗。论继孔、孟之统,后世君子必归于程、朱
> 者,非谓朝廷之功令不敢违也,以程、朱生平行己立身,固无愧于圣
> 门,而其论说所阐发,上当于圣人之旨,下合乎天下之公心者,为大
> 且多。使后贤果能笃信,遵而守之,为无病也。若其他欲与程朱立
> 异者,纵于学者有所得焉,而亦不免贤智者之过。其下则肆焉为邪
> 说,以自饰其不肖者而已。④

当时的情况却令姚鼐忧心忡忡,汉学家不仅已经对宋儒的治经方法不满,甚

---

① 姚鼐:《与陈硕士》(二十四),《惜抱先生尺牍》卷六。
② 姚鼐:《与陈硕士》(五),《惜抱先生尺牍》卷五。
③ 姚鼐:《与刘明东》(一),《惜抱先生尺牍》卷四。
④ 姚鼐:《程绵庄文集序》,《惜抱轩文集后集》卷一,《惜抱轩诗文集》,第268页。

至有人开始攻击程朱理学：

> 考证固不可废，然安得与宋大儒所得者并论？世之君子，欲以
> 该博取名，遂敢于轻蔑闽洛，此当今大患，是亦衣冠中之邪教也。①

以上言论多出于已经离开四库馆的姚鼐之口，但与辞官之前对汉学的态度
一致。作于乾隆三十六年的《述怀二首》其一这样描述了汉、宋学者在其观
念中所占据的分量：

> 门有吴越士，挢首自言贤。束带迎入座，抗论崇古先。标举文
> 句间，所收何戋戋。诽鄙程与朱，制行或异斿。汉唐勤笺疏，用志
> 诚精专。星月岂不辉，差异白日悬。世有宋大儒，江海容百川。道
> 学一旦废，乾坤其毁焉。寄语幼诵子，伪论乌足传。②

菲薄程朱的汉学虽然如星月一样也熠熠生辉，但和普照大地的白日相比，其
差距甚为悬殊；一旦失去理学，这个世界将会变成什么模样呢？在姚鼐看
来，简直就和天地的毁灭相差无几。这种情况下，姚鼐虽然能接受汉学，但
他无论如何也不能容忍某些汉学家对理学的轻蔑和攻击。

不难想象，受此思想的支配，姚鼐必然和反理学的汉学家决裂，并最终
导致他辞官离开四库馆。身为当事人的友人翁方纲在《送姚姬川郎中归桐
城序》一文中奉劝姚鼐道：

> 窃见姬川之归，不难在读书，而难在取友；不难在善述，而难在
> 往复辨证；不难在江海英异之士造门请益，而难在得失毫厘，悉如
> 姬川意中所欲言。③

从翁氏提到的姚鼐今后应予以注意的三点中，可以得到这样的信息，即姚鼐
在对待朋友，交流和探讨学术研究成果，以及论辩时所持的态度上都曾出现
过一些问题。显而易见，这些忠告与姚鼐离开四库馆大有联系。

---

① 姚鼐：《与汪稼门》（十五），《惜抱先生尺牍》卷一。
② 《惜抱轩诗集训纂》，第128页。
③ 翁方纲：《复初斋文集》卷一二，《续修四库全书》第1455册。

如果将视线转移到当时和姚鼐同在四库馆任纂修的戴震身上，则不难发现，姚鼐毅然辞官是与他有关。在此之前的一段时间，姚、戴二人的关系相当密切。乾隆二十年，姚鼐曾打算拜戴震为师，那时戴震受学江永，尚倾心洛闽之学，而他倾动京华的考据功夫更是让姚鼐敬佩不已，所以这次拜师，显然是冲着戴氏这方面而来。虽然遭到戴震的婉言拒绝，但并没有影响到他们的交往。乾隆二十二年，戴震正专心于《尚书·尧典》中"光被四表"一语注释的推求，力图证明"光"是同音字"桄"的讹写，而"桄"又是"横"的古字。因此，"光被四表"应该就是"横被四表"。当时有很多学者对此深感兴趣，纷纷为之提供佐证，姚鼐拈出班固《西都赋》中"横被六合"一语告知戴震，这可见戴氏考证如何吸引着他的注意力①。此后姚鼐还抄录了戴校《水经注》，临缮了戴震整理的惠栋《礼记注疏》②。在共同尊崇程朱的前提下，姚鼐对戴震的考证功夫和汉学研究表现出浓厚的兴趣。姚氏的《赠戴东原》诗能清晰看出他的这种心情：

> 新闻高论诎田巴，槐市秋来步落花。群士盛衰占硕果，六经明晦望萌芽。汉儒止数扬雄氏，鲁使犹迷颜阖家。未必蒲轮征晚至，即今名已动京华。

但是，戴震的兴趣不止是作一名汉学家，他更倾心于义理的探讨。乾隆三十一年《原善》完成，他感到"乐不可言，吃饭亦别有甘味"③。此书尚未对程朱有所不满。乾隆三十四年④，他"发狂打破宋儒家中《太极图》"⑤而完成的《绪言》一书，则开始转变到与宋儒义理的对立面。此后《孟子字义疏证》一书，形成了自己的新义理观，这已经是姚鼐离开四库馆之后的事了。

---

① 有关姚鼐拜师戴震的经过，参见王达敏：《姚鼐拜师戴震见拒考论》一文，收入《姚鼐与乾嘉学派》，学苑出版社 2007 年版。
② 段玉裁：《戴东原先生年谱》，见《戴震文集》附录，第 227 页。
③ 段玉裁：《戴东原先生年谱》，见《戴震文集》附录，第 226 页。
④ 钱穆先生考订戴震的《绪言》作于乾隆三十四年，见钱穆：《中国近三百年学术史》，商务印书馆 1997 年版，第 362—363 页。
⑤ 段玉裁：《答程易田丈书》，《经韵楼文集》卷七，上海古籍出版社 2008 年版，第 184 页。

　　对戴震的考据学，姚鼐可以抱着一种近乎崇敬的心情；而当《绪言》之类与宋儒义理不同或是相背观点的著作出现时，姚鼐就不可能再以从前的态度对待他了。姚氏说："戴东原言考证岂不佳，而欲言义理以夺洛、闽之席，可谓愚妄不自量之甚矣。"①他再也无心象从前那样为戴氏提供论证的依据，而是与之展开了往复论辩：

　　　　今世学者，……以专宗汉学为至，以攻驳程、朱为能，倡于一二专己好名之人，而相率而效者，因大为学术之害。夫汉人之为言，非无有善于宋而当从者也；然苟大小之不分，精粗之弗别，是则今之为学者之陋，且有胜于往者为时文之士，守一先生之说，而失于隘者矣。博闻强识，以助宋君子之所遗则可也，以将跨越宋君子则不可也。鼐往昔在都中，与戴东原辈往复，尝论此事；作《送钱献之序》，发明此旨。②

　　"一二专己好名之人"显然指的就是戴震，他曾自负地说过："当代学者，吾以晓征（大昕）为第二人"，毅然"以第一人自居"③。徐复观也认为"戴氏天资很高，名心很重，不甘居人下"④。姚鼐说是戴震带动了清代的反理学思潮，这种观点值得注意。他和戴震往复辩论的内容，无疑就是怎样对待宋儒的义理之学。这封信作于离开四库馆多年以后，而《赠钱献之序》则写作于论辩的当时，即乾隆三十九年二月⑤。这篇文章所发明的意旨，即是姚、戴二人论辩的内容：

　　　　天地之运，久则必变。……学者之变也，有大儒操其本而齐其弊，则所尚也贤于其故，否则不及其故，自汉以来皆然已。明末至今日，学者颇厌功令所载为习闻，又恶陋儒不考古而蔽于近，于是

①　姚鼐：《与陈硕士》（三十），《惜抱先生尺牍》卷六。
②　姚鼐：《复蒋松如书》，《惜抱轩文集》卷六，《惜抱轩诗文集》，第95—96页。
③　江藩：《国朝汉学师承记》卷三《钱大昕传》，第62页。
④　徐复观：《"清代汉学"衡论》，《中国思想史论集续编》，第347页。
⑤　孟醒仁：《桐城派三祖年谱》，第165页。

专求古人名物、制度、训诂、书数，以博为量，以窥隙攻难为功，其甚
者欲尽舍程、朱而宗汉之士。枝之猎而去其根，细之蒐而遗其巨，
夫宁非蔽与？①

姚鼐和戴震论辩时，双方的态度如何？余英时先生经过考察认为："据我们
所能掌握的材料来看，东原生前惟有姚姬传曾持程、朱的义理和他当面辩论
过。不过姬传最初尝欲奉东原为师，则他们之间的争辩当不致过分地针锋
相对。"②照此推断，姚、戴二人的论辩应当是温和的，就像姚鼐和钱大昕讨
论秦三十六郡的问题一样。然而，事实并非如此。

翁方纲说姚鼐"难在往复辩证"，"难在得失毫厘，悉如姬川意中所欲
言"，看来在这场争辩中，姚鼐是很难保持与钱大昕讨论时的态度了。故而
在许多年以后，姚鼐甚至说出戴震就是由于"乃欲与程、朱争名"，而"身灭
嗣绝"③的话。这种痛恨之情，想来不是一朝一夕之功所能积累的。

戴震会以一种什么样的态度来对待他们之间的论争呢？首先戴震也是
一位容易冲动的人物，翁方纲目睹了戴震和钱载之间的一次辩论："昨莳石
与东原议论相抵，皆未免于过激。戴东原新入词馆，斥詈前辈，亦莳石有以
激成之。"④钱、戴的论争，戴震甚至辱骂词馆前辈，可见他的自负和意气。
试想姚、戴之间的论争，姚鼐在维护安身立命之所的程、朱理学上不可能心
平气和地与戴震进行讨论，相信戴震也将会拿出对待钱载那样的态度来面
对姚鼐，于是一场激烈的针锋相对的争论就会不可避免地产生。

其实戴震在《孟子字义疏证》一书完成之前，其著作中对程、朱的态度
并不象人们想象的那么激烈，所以最了解他的章学诚就说："戴君笔于书
者，其于朱子，……间有微辞，亦未敢公然显非之也。"⑤熟悉清代文献掌故

①　姚鼐：《赠钱献之序》，《惜抱轩文集》卷七，《惜抱轩诗文集》，第 111 页。
②　《论戴震与章学诚》，三联书店 2000 年版，第 124—125 页。
③　《再复简斋书》，《惜抱轩文集》卷六，《惜抱轩诗文集》，第 102 页。
④　《与程鱼门平钱戴二君议论旧草》，《复初斋文集》卷七。
⑤　章学诚：《书朱陆篇后》，《文史通义》，中华书局 2000 年版，第 276 页。

的李慈铭也持同样的观点："若东原则惟为程、朱拾遗补阙,未尝肆言攻击也。"①但是,戴震在口谈中却肆意攻击朱熹,和他著作中的态度并不一致,这一点章学诚有清楚的描述:

> 戴君学术,实自朱子道问学而得之,故戒人以凿空言理,其说深探本原,不可易矣。顾以训诂名义,偶有出于朱子所不及者,因而丑贬朱子,至斥以悖谬,诋以妄作,且云:"自戴氏出,而朱子侥幸为世所宗,已五百年,其运亦当渐替。"此则谬妄甚矣! 戴君笔于书者,其于朱子,……间有微辞,亦未敢公然显非之也,而口谈之谬,乃至此极,害义伤教,岂浅鲜哉!②

余英时先生分析这一现象产生的原因时说:"东原的笔舌分施,其根源正在于考证派的压力所造成的心理紧张。……东原的口谈则似乎是在表达另一个意思,即他与考证派在反宋儒这一点上是志同道合的。……如果程、朱派并非东原发话的对象,则上引东原的口语只能是说给考证派听的。"③

将戴震口谈中激烈攻击朱子的原因归结于是为了迎合当时的考证派,这一点有待商榷。我们发现,从效果来看,考证派不但没有对其攻击朱子报以会心的微笑,反而提出严厉的批评。前面提到纪昀看到戴震著作中"辞有枝叶,乃往往轶出阃外,以诋洛、闽"时,他"攘臂扔之,以非清净洁身之士,而长流污之行"④。看来纪昀当时连戴震著作中批评程朱的态度都不能接受,何况比之更为严厉的口谈? 他如朱筠等人,虽是汉学的拥护者与从事者,他们的文章中尽管对宋学有不满,但是针对某些细节,并没有从根本上反对程、朱,尤其是朱熹,还是他们推崇的对象。戴震去世后,洪榜为其作《戴东原传》,传末附戴作《与彭绍升书》,朱筠见之,深为不满,面谕洪榜。从洪榜作书辩护中能看出朱筠鲜明的立场:

---

① 李慈铭:《越缦堂日记补》(第十三册,壬集68页)同治二年二月初三条,民国二十五年(1936)影印本。
② 章学诚:《书朱陆篇后》,《文史通义》,第276页。
③ 《论戴震与章学诚》,第124—126页。
④ 《释戴》,《章太炎全集》四《太炎文录初编》卷一,第123页。

顷承面谕,以状中所载答彭进士书"可不必载,性与天道不可
得闻,何图更于程、朱之外复有论说乎? 戴氏所可传者不在此。"
……退念阁下今为学者宗,非漫云尔者,其指大略有三:其一,谓程
朱大贤,立身制行卓绝,其所立说,不得复有异同,疑于缘隙奋笔加
以酿嘲,夺彼与此。其一,谓经生贵有家法,汉学自汉,宋学自宋,
今既详度数,精训诂,乃不可复涉及性命之旨,反述所短以掩所长。
其一,或谓儒生可勉而为,圣贤不可学而至,以彼矻矻稽古守残,谓
是渊渊闻道知德,曾无溢美,必有过辞。①

从信中可以看出,朱筠也不能接受戴氏对朱熹的批判:"程朱大贤,立身制
行卓绝,其所立说,不得复有异同。"余英时先生又认为除纪昀、朱筠外,戴
震的反宋学思想还受到王鸣盛和钱大昕的影响,这也是不能成立的,王鸣盛
和钱大昕虽也有如余先生所举的不满宋学的观点,但他们二人对朱熹却是
十分推崇。王鸣盛说:"朱子之学,以研究义理为主,而于古今典章、制度、
象数、名物亦靡不博考之。"②又极力肯定朱熹于《诗经》研究的贡献③。至
于钱大昕,徐复观先生认为:"在《大学论》、《中庸说》中,(钱大昕)实采用
了程、朱的意见,在《朱文公(熹)三世像赞》中,对朱元晦推崇备至。"④又
说,"(钱大昕)在对宋学的批评中,所谓'宋贤喜顿悟',当指陆象山一派而
言,对宋儒的以新意解经,数及二程而未数及朱元晦,由此可知他对朱元晦
的真诚敬意。"⑤徐先生的观点应该更接近钱大昕学术的本质。看来,钱、王
诸人也不能接受戴震攻击朱熹的言论。如此,则戴震口谈的对象不是考证
派,而是另有其人。

当然戴震的这类话也不是说给钱载、翁方纲、程晋芳诸人听的。钱载和
戴氏的争辩,不在义理,而是在考证:"箨石谓东原破碎大道,箨石盖不知考

① 洪榜:《上朱笥河先生书》,《汉学师承记》卷六《洪榜传》附,第117页。
② 王鸣盛:《五礼通考序》,《西庄始存稿》卷二四。
③ 王鸣盛:《毛诗明辨录序》,《西庄始存稿》卷二四。
④ 徐复观:《"清代汉学"衡论》,《中国思想史论集续编》,第340页。
⑤ 徐复观:《"清代汉学"衡论》,《中国思想史论集续编》,第343—344页。

订之学,此不能折服东原也。"①翁方纲《考订论》、《理说驳戴震作》、程晋芳《正学论》中均有不满戴氏的言论,但这些文章都写在戴震辞世之后,文献中也见不到二人与戴震论争的记录。

这样一来,戴震的言论最大的可能是说给姚鼐听的。在激烈的论争中,姚鼐不能保持平静的心态,故而在维护程、朱诸贤时会有严厉的言词,相信被激怒的戴震也会还以颜色,如同他辱骂争论的对手钱载一样。姚鼐也不会坐视静听,要知道,不论是在生活中还是在学问上,姚鼐都是以朱熹为标准的,在四库馆中撰写的分纂提要稿可以清楚看到这一点:

> (黎)立武之言《大学》,一依汉儒古本之次,使文义连贯,推其所归,亦不至背于程朱之教,是以犹为可取。(《中庸指归》、《中庸分章》、《大学发微》、《大学本指》提要)

> 朱子谓是书(指《山海经》)出于《楚辞》之后,所记乃附会《楚辞》,非《楚辞》用《山海经》也。(《山海经》提要)

> (陈)师道人品既高洁,其诗亦深厚沉淡,不以声色为工,是以朱子最喜之。(《任渊注陈无己诗》提要)

> 朱子谓(史)浩喜荐人才,极不易得。今观集内若荐石憝、薛叔似等札子,盖诚能荐贤者。(《鄮峰漫录》提要)

> (王若虚)经说则好与朱子异,凡所言者多矣,岂无一言之善,而不胜其迂谬猥陋者之多也。(《金王若虚文集》提要)②

姚鼐也承认朱子的观点并不是十全十美,也有其不足之处。可是姚鼐毕竟

---

① 翁方纲:《与程鱼门平钱戴二君议论旧草》,《复初斋文集》卷七。
② 吴格、乐怡标校整理:《四库提要分纂稿》,上海书店 2006 年版,第 392、414、427、429、432 页。

太尊崇朱熹了,这就影响了他对一些问题的判断,常常不假思索地采用朱熹的观点。即以上述朱熹关于《山海经》与《楚辞》二者的关系来看,《四库全书总目》就持反对的观点:"朱子《楚词辨证》谓其反因《天问》而作,似乎不然。"①《总目》的论断有可靠的依据。可姚鼐因为朱熹已经有判断在前,故而未对这一问题作深入细致的考辨。在这种心理的作用下,姚鼐当然容不得别人与朱熹立异,更何况是攻击、辱骂了。戴震为"迎合"考证派,更是为了适应当时翰林院的理学环境,其著作中针对程、朱的态度尚能让人接受;而他在和姚鼐论辩时,口语中出现了激烈的言词。戴氏口谈集矢于朱熹而不是别人,其针对性是十分明显的。

　和戴震的论争,姚鼐似乎没有得到他人的支持。当时四库馆中倾心于汉学的如纪昀、朱筠等人,正对戴震的"可传之处"考据学兴趣浓厚,四库馆中最需要的也正是戴氏这方面的才能。乾隆帝虽政策倾斜于汉学,批评理学,但理学仍高居庙堂之上。理学的境地让翰林官们不敢公然非之。至于性理之言,更是被他们置于不议不论之列。对戴震阐发义理之作,他们关注不多,只是认为是"耗有用精神于无用之地",虽不支持,但反对的力度也不够。姚鼐的好友,理学观念较重的翁方纲、程晋芳等人,此时似乎也没有支持姚鼐共同对抗戴震。翁方纲甚至很佩服戴震的考据功夫,在评论钱、戴关于汉学的争论时也说"究必以东原说为正"②。程晋芳与戴氏亦为好友,面对姚、戴之争,他可能采取旁观的态度。翁、程二人在戴震辞世之后才站出来指责戴氏,维护理学。这种形势下,姚鼐深感"力小而孤"③,于是,一直缠绕在心间的退隐之念再次萌动,并最终下定决心辞官还家。这之后,除了翁方纲、程晋芳代表宋学的微弱声音外,四库馆基本上就是汉学家的天下。在编书过程中受乾隆不满理学态度的影响,纪昀的学术思想产生了巨大的变化,继戴震而起,对理学猛烈攻击。此时的四库馆中已经没有了理学的立足之地,汉宋之争也随着姚鼐的离去而逐渐停息。嘉道年间,由于理学重新被

---

① 《四库全书总目》卷一四二。
② 翁方纲:《与程鱼门平钱戴二君议论旧草》,《复初斋文集》卷七。
③ 《复蒋松如书》,《惜抱轩文集》卷六,《惜抱轩诗文集》,第96页。

重视,其势力开始恢复,从而具备了和汉学抗衡的基础,汉宋之争才又一次在学界展开。那时,代表宋学的是姚氏弟子方东树,地点也转移到了翰林院之外。

从姚鼐与戴震的争论中,可以看出其时翰林院内学术趋向的变化。以戴震辞世的乾隆四十二年为界,此前汉宋之争主要表现在姚、戴之间,纪昀、朱筠等人宗汉而不反宋,故虽重戴氏考证之学,但对其反性理之论不满;之后,汉宋之争在翰林院基本消失,翁、程诸人只敢对已故的戴氏表示反对,而纪昀等人实现了向反宋学的转变,翰林院成了反理学的考据学者之天下。

附录:清代翰林院大事简表

凡例:

一、本简表主要摘选有关清代翰林院职衔变迁、人员变动、重大考试(如大考)等情况。他如翰林院出任的乡会试考官、各省学政等,由于法式善《清秘述闻》收集完备,且涉及人员众多,本简表难以容纳,故不收录。

二、本表载录进士朝考后选为庶吉士者名单。入庶常馆读书三年,散馆后有的继续留在翰林院,有的则改为他官。选为庶吉士已表明具有翰林性质,故不管改为何官,其翰林性质不容抹杀,因此改官者本表不再另加说明。

三、本简表主要节录自清历朝实录,乾隆朝以前尚参考吴鼎雯《国朝翰詹源流编年》一书,为避免繁琐,不再逐条注明出处。

顺治元年甲申(1644)

二月,增设内翰林弘文、秘书、国史三院学士各一员。

八月,定翰詹官俸薪银数。

十一月,大学士冯铨等奏定翰林品秩。定翰林院为正三品衙门,晋学士秩正三品,侍读侍讲学士正四品,侍读、侍讲正五品,修撰从六品,编修正七品,检讨从七品。

裁詹事府。

顺治二年乙酉(1645)

二月,复置詹事府官。

三月,定内三院为二品衙门。大学士冯铨、洪承畴等奏言择词臣举行经筵日讲。

四月,令翰林官由内三院补授。

闰六月,裁翰林院以归内三院,定内三院大学士二员为二品,学士四员为三品,侍读六员为四品,笔帖式三员为七品。

顺治三年丙戌(1646)

四月,授一甲一名进士傅以渐为内翰林弘文院修撰,二名进士吕缵祖为内翰林秘书院编修,三名进士李奭棠为内翰林国史院编修。选授进士多象谦、梁清宽、胡兆龙、李若琛、黄志遴、张嘉、石申、董笃行、李霨、胡之骏、夏敷九、傅维鳞、王公选、王炳昆、王士骐、朱之锡、韦成贤、王无咎、魏象枢、王一骥、陆嵩、魏裔介、陈爌、杭齐苏、宋杞、董珝、石维昆、沙澄、单若鲁、李培真、乔映伍、张文明、杨思圣、常居仁、王舜年、王紫绶、袁褵如、沈兆行、艾元徵、法若真、蓝滋、杨运昌、刘泽芳、张尔素、傅作霖、张汧等四十六名,为庶吉士,俱送翰林院读书。命弘文院学士查布海、蒋赫德、侍读陈具庆教习庶吉士。

五月,内翰林秘书院学士钱谦益乞回藉养病。

顺治四年丁亥(1647)

四月,授第一甲第一名进士吕宫为内翰林秘书院修撰,第二名程芳朝为内翰林国史院编修,第三名蒋超为内翰林弘文院编修。选进士周启寯、王大礽、张弘俊、冯溥、冯右京、李昌垣、卓彝、黄机、李目、宋学洙、邓旭、常若柱、杜果、李中白、庄冏生、邹自式、章云鹭、王熙、朱士冲、李廷枢等为庶吉士。

顺治六年己丑(1649)

一月,更定内三院官制,三院各设学士一员,侍读、侍讲学士各一员,侍读、侍讲各一员。

四月,散馆,改庶吉士胡之骏、常若桂为给事中,冯右京、杜果为监察御史。散馆改科道始此。

五月,授一甲一名进士刘子壮为内翰林国史院修撰,二名进士熊伯龙为内翰林弘文院编修,三名进士张天植为内翰林秘书院编修。考选庶吉士成亮、何采、焦毓瑞、王清、张士甄、高光夔、诸豫、张璇、叶树德、季开生、王绍隆、朱廷璟、范廷元、许缵曾、李仪古、范正脉、刘嗣美、于朋举、唐梦赉、庄朝生等二十人习清书。徐致觉、方悬成、周堃、林云京、左敬祖、胡宣、张道湜、杨旬瑛、张表、安焕、周体观、姜图南、黄元衡、马叶曾、吴正治、曹本荣、周曾发、郭一鹗、徐必远、朱绂等二十人习汉书。命内院学士查布海、蒋赫德、胡统虞、刘肇国教习。

順治八年辛卯(1651)
一月,移内三院于紫禁城内。
四月,增设三院侍读学士各三员,秩三品。裁侍读各二员。

順治九年壬辰(1652)
四月,定詹事府官额。
五月,定詹事府官品级,定翰詹官升补例。詹事正三品,少詹事从三品,左右庶子从四品,谕德、洗马从五品,中允正六品,赞善从六品,主簿从七品,正字正九品,录事、通事、舍人从九品。詹事府官,职掌与翰林院互兼。
七月,定按省遴选庶吉士。选授进士白乃贞、方犹、程邑、杨绍先、汤斌、郭棻、俞铎、熊侪鹤、王飂、崔之英、龚必第、卢高、耿介、韩庭苣、金鉉、余恂、吴弘安、史彪古、张应桂、王纪为清书庶吉士;周季琬、曹尔堪、张瑞徵、杨士烋、薛澐、赵曰冕、杨永宁、王元曦、钱开宗、叶先登、吕祖望、李昌祚、张潘、周奕封、陈彩、饶宇杕、汪炼南、陈子达、李文煌、侯于唐为汉书庶吉士。
九月,命学士能图、刘清泰、刘正宗、詹事府少詹事兼侍读学士薛所蕴教习庶吉士。

順治十年癸巳(1653)
二月,御试习清书翰林官于内院。

三月,谕内三院,自吏、礼两部翰林侍郎,及三院学士、詹事府詹事以下,侯旨考试。

四月,试兼翰林衔吏、礼两部侍郎及内三院学士编检以上官六十二员,试题《君子怀德论》、《请立常平仓疏》。少詹事王崇简一下二十一人从优外转。

六月,增置内三院汉大学士各二员,始以翰林五品以下官提督江南、江北、直隶学政。

十月,令内三院大学士、学士,更番入直景运门内。

顺治十一年甲午(1654)

三月,令翰林官升补归吏部。

顺治十二年乙未(1655)

三月,谕内院,侯文华殿告成之日举行日讲,择满汉词臣学问淹博者八员以原衔充任。

四月,以学士麻勒吉、胡兆龙、李霨、侍读学士折库讷、洗马王熙、左中允方悬成、右中允曹本荣俱充日讲官,择于本月二十五日开讲。

谕内三院今后满汉庶吉士,同读书一甲翰林,每二月必面试一次,以辨勤惰高下。永著为令。

授一甲进士图尔宸为内翰林国史院修撰,史大成为内翰林弘文院修撰,查亲为内翰林弘文院编修,戴王纶、索泰俱为内翰林秘书院编修,秦鉽为内翰林国史院编修。选进士董色、吴大阐、莫乐洪、达尔布、拖必泰、查汉、曹申吉、刘芳躅、王命岳、宋德宜、陈凯永、徐元粲、张松龄、沈世奕、綦汝楫、刘祚远、田种玉、孙光祀、严沆、周宸藻、冯源济、李立、邓钟麟、范廷魁、胡简敬、伊辟、党以让、吴贞度、王泽弘、王益朋、田逢吉、梁鈜、邱象升、项景襄、秦松龄、韩雄允等俱为庶吉士,同满汉一甲进士读书。命学士禅代、麻勒吉、胡兆龙、李霨为教习。

八月,敕停选汉军庶吉士。

九月,定翰詹官外转例。

十一月,敕讲官停补祭酒、司业。

顺治十三年丙申(1656)

二月,改庶吉士周季琬等十三人为科道官,御试教习国书翰林官。

闰五月,再试,奖励王熙等六人,余住俸再留教习,及镌级外用有差。

顺治十四年丁酉(1657)

九月,命内翰林弘文院学士麻勒吉、布颜、王熙,国史院学士折库讷、查布海、苏纳海,秘书院学士常鼐、白色纯、胡兆龙、李霨,秘书院侍读学士巴海、冯溥,弘文院侍讲学士方悬成、左春坊左庶子曹本荣、礼部尚书胡安世、兵部尚书梁清标充经筵讲官。时文华殿未成,诏择吉于十月开讲,先期祭告孔子宏德殿。

十二月,增设日讲官十员。

顺治十五年戊戌(1658)

四月,取马晋允、杨正中、王遵训、吴珂鸣、富鸿业、郭谏、王吉人、俞之琰、王封溁、王于玉、山西泽州人陈敬、沈振嗣、萧惟豫、彭之凤、王曰高、谭篆、田麟、殷观光、邹度珙、王扬昌、吕显祖、王钟灵、陆懋廷、徐臻、熊赐履、熊赐玙、李天馥、项嘉、张贞生、崔蔚林、吴本植、直隶通州人陈敬三十二人,俱为庶吉士。

五月,裁詹事府官另补用。谕吏部,翰林官教养有年,习知法度,正宜内外互转,使之历练民事,觇其学问经济,以资任用。

六月,授一甲第一名进士孙承恩为内翰林国史院修撰。

七月,改内三院为内阁,改三院大学士为殿阁大学士,秩仍正五品。置翰林院,定掌院学士,学士秩仍五品。

顺治十六年己亥(1659)

一月,敕停设满洲翰林官,止设满洲掌院学士。

二月,诏翰林官得补授吏部侍郎。

三月,定翰林院职掌。

闰三月,更定在京各衙门满汉官衔品级。翰林院侍读学士、侍讲学士,满汉字俱称侍读学士、侍讲学士。侍读侍讲,满汉字俱称侍读、侍讲。修撰、编修、检讨,满汉字俱称修撰、编修、检讨。

五月,设翰林院侍读、侍讲学士及侍读、侍讲各三员。

九月,敕定翰林官外转例。学士以上,照常迁转,侍读、侍讲以参政用,修撰以副使用,编修、检讨以参议用。每岁春秋外转二员,十八年九月停。

新科进士朱训诰、陈景仁、钟朗、周训成、李为霖、周灿、金国用、郑日奎、马大士、曹鼎望、周渔、王勖、刘如汉、蒋绘、李平、陈元、陈志纪、翟世琪、罗继谟、赵济美、张玮、郑端、管恺、苏宣化、王追骐、杨维乔、郑为光、杨大鲲、刘雯旷、朱之佐、朱锦、戈英、唐寅清、刘元勋、詹养沉、翟延初、卢乾元、蒋弘道、宁尔讲、赵之符、周之麟共四十一名,俱著改为庶吉士。

授一甲第一名进士陆元文为翰林院修撰,第二名鲍亦祥、第三名叶方蔼俱为翰林院编修。

顺治十七年庚子(1660)

六月,诏翰林官分班直景运门内。

九月,增置待诏,以兼少卿、中书四人管理。

顺治十八年辛丑(1661)

四月,散馆,授职十九人,余改授科道部曹及调外有差,散馆改部用始此。

六月,裁内阁、翰林院,复设内三院。

授一甲进士马世俊为翰林院修撰,李仙根、吴光为编修。叶映榴、郑之谌、申涵芬、张玉书、朱世熙、刘芳喆、郑开极、田喜霦、王豫嘉、徐浩武等十员,俱著改为庶吉士。

七月,设内三院官,满汉大学士各一员,满学士各二员,汉军汉学士各一员。

康熙元年壬寅(1662)

二月,增设内三院官,侍读学士各二员,正四品,侍读各二员,正五品。

康熙三年甲辰(1664)

四月,授一甲进士严我斯为内秘书院修撰,李元振为内弘文院编修,秦弘为内国史院编修。严曾榘、吴元龙、汪肇衍、诸定远、杨钟岳、黄彦博、胡士著、熊一潇、吴远、程文彝、劳之辨、陈论、车万育、李棠、卫既齐等十五员,俱著改为庶吉士,教习满书。

命内秘书院编修吴光、礼部司务朱志远谕祭安南国王。定制,讲读学士以下官通差各省正副考官,掌院学士并充会试考官,讲读学士以下充同考官。

康熙五年丙午(1666)

五月,命国史院侍读学士程芳朝、礼部侍郎张易贲册封安南国王。

康熙六年丁未(1667)

四月,授一甲进士缪彤为内秘书院修撰,张玉裁为内国史院编修,董讷为内弘文院编修。

闰四月,夏沇、张英、史鹤龄、卢琦、谢兆昌、刘泽溥、唐朝彝、丁蕙、潘翘生、杨仙枝、储振、王曰温等十二员,著改为庶吉士,教习满书。

八月,以国史院侍读学士杨永宁为光禄寺卿,翰林院改补京堂始此。

康熙七年戊申(1668)

命内秘书院侍读李仙根、兵部职方司主事杨兆杰册封安南。

康熙八年己酉(1669)

七月,裁三院满学士各一员。

康熙九年庚戌(1670)

三月,授一甲进士蔡启僔为内秘书院修撰,孙在丰为内国史院编修,徐乾学为内弘文院编修。

四月,复选满洲庶吉士。

李光地、耿愿鲁、陈琛、李录予、王宽、王掞、黄斐、孟亮揆、陈梦雷、赵文熙、高璜、王维珍、许孙荃、祖文谟、李阜、朱典、李振裕、吴本立、刘恒祥、张鹏翮、孔兴釪、德赫勒、牛纽、李玠、博济、李梦庚、沈独立等二十七员,俱著改为庶吉士。

八月,复改内三院为内阁,置翰林院。

十月,改三院大学士学士衔,加殿阁大学士,兼尚书。学士、掌院学士并兼礼部侍郎。

十二月,设翰林院侍读、侍讲学士及侍读、侍讲等官员,品如顺治十五年定制。

康熙十年辛亥(1671)

二月,命中和殿学士折尔肯等充讲筵讲官,简充者,中和殿学士折尔肯、保和殿学士达都、掌院学士折库讷、熊赐履,侍读学士傅达礼、史大成、宋德宜、侍讲学士胡密色、李仙根、祭酒徐元文,命掌院学士折库讷等充日讲起居注官。

八月,初设起居注馆。定制,文武会试考官,兼用侍读、侍讲学士。定充经筵讲官。

十一月,命郭廷祚、蒋廷桂、张士甄、宋德宜为内阁学士,内阁学士始此。

康熙十一年壬子(1672)

七月,内阁、翰林院题:翰林职掌,专事纂修,与部院衙门不同,若非优通文义,难以办理。

康熙十二年癸丑(1673)

五月,取顾汧、黄士埚、陆祚藩、蒋仲达、宫梦仁、蒋伊、丁廷楗、颜光猷、谢于道、张祖荣、周昌、马鸣銮、徐倬、韩竹、罗秉伦、缪景宣、沈印城、王允琳、李基和、徐潮、汪鹤孙、董闇、徐元梦、韩士修、田成玉、王鼎冕、王尹方、曾寅、李叶、龚章、张志栋、唐四表等三十二员俱著改为庶吉士。并修撰韩菼、编修王鸿绪、徐秉义,分别满汉书教习。

七月,诏赐扈从讲官帐房。

康熙十四年乙卯(1675)

十一月,复置詹事府官。

康熙十五年丙辰(1676)

四月,授殿试一甲进士彭定求为翰林院修撰,胡会恩、翁叔元为编修。魏希徵、沈三曾、沈涵、顾藻、彭会淇、熊赐瓒、沈旭初、李应鹰、杨瑄、高联、高裔、冯云骕、许承宣、潘沐、李涛、张榕端、陈锡碬、王化鹤、史珥、费之逵、杨作桢、王瑞、郑际泰、阎世绳、卞永宁、徐必遴、沈一揆、杨尔淑、高珣、李云龙、方韩、王吉相等三十二员,俱著改为庶吉士。

康熙十六年丁巳(1677)

增满记注官一员。

九月,赐侍讲学士张英等居第于西华门内,嗣后编修励杜讷、检讨朱彝尊均被赐。赐邸始此。

十月,敕选翰林官供奉内廷。

康熙十七年戊午(1678)

一月,特授户部郎中王士禛为侍讲,诏举博学鸿儒。

擢在籍侍讲学士李光地为内阁学士。

康熙十八年己未(1679)

三月,御试博学鸿儒于体仁阁,赐宴,授取中者彭孙遹等五十人官,一等二十名,授翰林院编修;二等三十名,授翰林院检讨。命入翰林院修《明史》。

五月,御试翰詹诸臣,擢侍讲牛钮为侍讲学士。

吴震方、张廷瓒、秦宗游、田需、陈捷、赵执信、曹鉴伦、马教思、刘果实、沈朝初、杨大鹤、陆祖修、方伸、陆舆、李孚青、佘艳雪、王沛思、丁暐、庄延裕、汪晋徵、王承祜、宋敏求、潘应宾、顾镡、梁弓、陈紫芝、张克嶷、张光豸、卢熙、任璇、赵作舟、杨雍等三十二员,俱著改为庶吉士。并修撰归允肃、编修孙卓、茆荐馨分别满汉书教习。

九月,敕起居注官记注折本启奏。

十一月,谕大学士等:内阁与翰林官不妨互为调用。

康熙十九年庚申(1680)

四月,特授中书高士奇为侍讲,州同励杜讷为编修,加掌院学士叶方蔼等衔。

康熙二十年辛酉(1681)

增汉记注官八员。

康熙二十一年壬戌(1682)

一月,上元节,赐宴柏梁体诗,圣祖首倡"丽日和风被万方",内阁大学士觉罗勒德洪以下九十二人赋诗联句。

四月,命检讨汪楫、内阁中书舍人林麟焻册封琉球国王。

九月,授一甲进士蔡升元为翰林院修撰,吴涵、彭宁求俱为编修。

十月,史夔、王九龄、吴一蜚、王喆生、孙岳颁、吴晟、张禹玉、沈恺曾、许汝龙、余泰来、周金然、尤珍、刘国黻、张廷枢、阮尔询、朱珊、金德嘉、吴苑、周蒲璧、曾炳、路元升、潘麒生、袁拱、李复泌、王思轼、胡作梅、鲁德升、武维宁、许嗣隆、王绅、姚文光、黄轩等三十二员,俱著改为庶吉士,并修撰蔡升元、编修吴涵、彭宁求分别满汉书教习。

康熙二十二年癸亥(1683)
八月,敕经筵令詹事官侍班。
九月,以庶子王鸿绪为内阁学士兼礼部侍郎。

康熙二十三年甲子(1684)
十二月,定简翰林官提督学政例。

康熙二十四年乙丑(1685)
一月,御试翰詹诸臣于保和殿。《经史赋》一篇,《懋勤殿早春应制》五言排律诗一首。擢徐乾学等十一人。再试于乾清宫,《班马异同辨》一则,《乾清宫读书记》一通,《扈从祈谷坛》七言律诗一首。徐乾学、韩菼、孙岳颁、归允肃、乔莱学问优长,文章古雅,加以赏赉,以示奖励。彭孙遹等文学亦通,照旧供职。周之麟、崔如岳、庞垲、钱中谐、颜光猷、李元振、费之逵、李复泌、刘果实、刘芳喆,文理荒疏,未娴体式,难胜厥任,著对品调用。
四月,授一甲进士陆肯堂为翰林院修撰,陈元龙、黄梦麟为翰林院编修。
五月,选新进士张希良、宁世簪、许承家、沈辰垣、仇兆鳌、宋大业、李殿邦、徐元正、汪灏、谢陈常、宋衡、高曜、冯瑞、汪薇、许贺来、郑昆瑛、陈迁鹤、李懋、吴之瑜、魏男、俞长城、安箴、樊泽达、王之枢、吴垣、鲁瑗、宋如辰、李朝鼎、邓咸齐、刘坤、梅之珩、张明先、刘涵、刘伟、孙勷等为庶吉士。

康熙二十五年丙寅(1686)
三月,命纂修《一统志》,以大学士勒德洪、左都御史陈廷敬等为总裁官,原任左都御史徐元文、内阁学士徐乾学、翰林院学士张英等为副总裁官,并命陈廷敬、徐乾学专理馆务。

康熙二十七年戊辰(1688)

二月,以检讨卫既齐为山东布政使。

五月,范光阳、邱昇、吴世焘、沈宗敬、汤右曾、姚士蒀、刘灏、张尚瑗、王懿、张复、史申、彭殿元、郝士钧、李本涵、孙致弥、陈綷、梁佩兰、凌绍雯、窦克勤、陈大章、彭始搏、施震铨、李斯义、颜光敩、邹士璁、林文英、叶淳、郑梁、潘宗洛、宋朝楠、王翰、徐日暄、范光宗、高人龙等三十四员,俱著改为庶吉士。并修撰沈廷文、编修查嗣韩、张豫章,分别满汉书教习。

七月,授侍讲董讷为内阁学士兼礼部侍郎。

康熙二十八年己巳(1689)

五月,命大学士徐元文兼掌院学士,以编修丁廷楗等为知府,编修、检讨用知府始此。

康熙二十九年庚午(1690)

三月,以少詹事王士禛为都察院左都御史。

康熙三十年辛未(1691)

复选满洲庶吉士。

六月,杨中讷、张曷、姚弘绪、陈汝咸、张瑗、姜遴、惠周惕、王奕清、狄亿、潘从律、张孝时、胡润、戴绂、金潮、江球、杨名时、王传、冉觐祖、王者臣、李燕生、阎锡爵、阿金、张寿峝、姜承燨、张曾庆、毛鹮、李象元、胡麟徵、张翔凤、喀尔喀、文志鲸、刘琰、何龙文等三十三员,俱著改为庶吉士。并修撰戴有祺、编修吴曷、黄叔琳,分别满汉书教习。

十月,时京堂缺员多,吏部疏请简用,特命以翰詹官改补。

康熙三十一年壬申(1692)

十月,命礼部尚书汤斌兼掌詹事府。

康熙三十二年癸酉(1693)

十二月,谕掌院学士傅继祖等,翰林院衙门甚属紧要,凡翰林官每日作文写字,诵习讲究,是其分内之事,各宜勤勉,以尽职掌。若有结交不肖,牵引妄行,遇学差缺出,恣为奔竞营求者,不时访参。

康熙三十三年甲戌(1694)

四月,授一甲进士胡任舆为翰林院修撰,顾图河、顾悦履为编修。汪倓、汪灏、李暄亨、裴之仙、龚铎、王槙、熊苇、陈成永、陈璋、张逸少、周道新、陈豫朋、丛澍、张大有、袁钟麟、黄龙眉、杨颙、陈恂、阿锡台、岳度、朱辉珏、陈允恭、傅森、张德桂、拉都立、黄中理、周起渭、吴隆元、五哥、海宝、觉罗满保、陈守创、管灏、赵尔孙、吴甫生、高其倬、朱轼、法海、殷元福等三十九员,俱著改为庶吉士。

五月,敕派翰詹官日值南书房。定议,讲读学士至编修以上官,每日四人一班,侍直南书房,四十七年停。

闰五月,诏由翰林升授部院官,仍升补翰林缺。吏部定议,太常寺卿、府尹、光禄寺卿、太仆寺卿、左右通政、大理寺少卿升内阁学士,太常寺少卿、太仆寺少卿、督捕理事官、府丞升少詹事。通政使司参议、光禄寺少卿升讲读学士,鸿胪寺少卿升庶子。

试翰林官于西苑,钦命《丰泽园赋》《理学有真伪论》。陆莱名列第一,由赞善除内阁学士,余各赏赍有差。

六月,再试于畅春园,《万寿无疆赋》(以题为韵),詹事徐秉义名在第一。

七月,命教习学士等选讲读以下官资深学优者,分课庶吉士,名小教习,是年选侍读张榕端等八人。

康熙三十六年丁丑(1697)

六月,汪士鋐、徐树本、车鼎晋、陈壮履、王诰、桑戈、李凤翥、周彝、陈至言、余正健、查夏、许琳、赵宸黼、朱启昆、吴宗丰、张元臣、吴文炎、阿珥赛、孔尚先、李林、甄昭、蔡珽、李周望、昌格、铁范金、郭于蕃、李甡麟、李绍周、阿进泰、傅敏、欧阳齐等三十一员,俱著改为庶吉士。并修撰李蟠、编修严虞惇、姜宸英,分别满汉书教习。

十月,以礼部侍郎韩菼兼掌翰林院事,少詹事顾祖荣为詹事府詹事。詹事自汤斌后皆以尚书、侍郎兼掌,至是复设专官。

康熙三十七年戊寅(1698)

十二月,裁满少詹事以下官。

康熙三十八年己卯(1699)

七月,裁汉右中允右赞善以下官。

汉右中允右赞善各一员,起居注满汉主事各一员,正字录事各一员。

九月,诏翰林官升转京堂。

康熙三十九年庚辰(1700)

四月,诏选编检改授科道。时改授者六人:冯云骕、汤右曾、刘灏、宋朝楠、彭始抟、张瑗。彭始抟旋以会试分校持正不阿,仍改授检讨,编检改授科道始此。

五月,张成遇、管昂发、严宗溥、董麒、许谷、高舆、李楷、王开泰、查嗣瑮、杨尤奇、蔡彬、励廷仪、梁棠荫、李梦昺、文岱、李棟、史贻直、方辰、介孝璟、韩遇春、王允猷、董新策、董玘、阎愉、王士仪、晁子管、周士佃、魏方泰、瓦尔达、韩孝基、刘师恕、盛度、陈鹗荐、李薛、觉罗逢泰、张廷玉、王景曾、郭杞、张象蒲、高其伟、年羹尧、陈若沂、戴宽等四十三员,俱著改为庶吉士。并修撰汪绎、编修季愈、王露分别满汉书教习。

七月,诏翰林官差各省提学道。

十一月,以少詹事王顼龄为宗人府府丞。

康熙四十年辛巳(1701)

二月,擢侍读学士徐汝霖为工部侍郎。

康熙四十一年壬午(1702)

六月,赐翰林院御书"道德仁艺"字,詹事府"德业仁义"字。

康熙四十二年癸未(1703)

敕给庶吉士关税银。

四月,授一甲进士王式丹为翰林院修撰,赵晋、钱名世俱为编修,汪灏、查慎行、何焯、蒋廷锡、吴廷桢、陈邦彦、薄有德、汪文炯、陈世倌、吴瞻淇、汪份、潘体震、廖赓谟、陆秉鉴、涂天相、万经、陈徐基、朱书、林祖望、傅梅、宋至、章藻功、伊泰、杨绪、刘岩、王迈、马汝为、西库、王居建、刘圻、吴涟、赵徵介、谢履忠、单乔年、耿古德、刘祖任、赵泰临、王士钥、董泰、杨万程、李天祥、蒋肇、阿进泰、吴相、李士杞、李堂、郑为龙、才住、万民钦四十九员,俱著改为庶吉士。

康熙四十四年乙酉(1705)

四月,加原任侍读徐倬礼部侍郎衔。

定编检改御史无庸试俸。

康熙四十五年丙戌(1706)

四月,俞兆晟、吴士玉、彭廷训、乔崇烈、蔡学洙、邹奕凤、王之浚、顾秉直、赵士英、祝翼机、俞长策、吴关杰、戴思讷、嵇曾筠、熊本、杨开沅、宫鸿历、庄令舆、查嗣庭、索泰、郑任钥、王薯、汤之旭、卫昌绩、王兆凤、陈均、刘青藜、彭维新、钱荣世、李钟峨、马豫、邵起新、张懋能、王思训、李掌圆、史尚节、潘楷、李日更、杭宜禄、常生、韩凤声、洪晨孚、王玙、蒋纲、寿致润、谢王宠、尚彤庭、徐能容、王俊、朱标等五十名,著改为庶吉士,并修撰施云锦、编修吕葆中、贾国维分别满汉书教习。

康熙四十八年己丑(1709)

定詹事府官升转,通谕前任编检历俸。

三月,朱元英、储在文、陈随贞、徐斌、戚麟祥、阿克敦、须洲、张起麟、李绂、朱一凤、惠士奇、路仍起、徐用锡、李中、秦道然、沈时宜、方觐、蔡世远、陈似源、唐绍祖、朱青选、邹汝模、蒋涟、于广、阎圻、吕谦恒、汪倬、宋筠、黎致远、张照、顾五达、马益、李同声、卢轩、陆绍琦、张玢、谢履厚、刘大毂、何世璂、王时宪、徐士鹭、曹如琯、崔璨、程翅、邱尚志、张应绶、范令誉、曾谨、詹铨吉、张作舟、濮起熊、严思位、陶成、黄越、赵音、王承烈、周凤来、高维新、朱纶、陈会、张大受、曹抡彬、邓葵友、车松等六十四员,俱著改为庶吉士,并修撰赵熊诏、编修戴名世、缪沅分别满汉书教习。

康熙五十年辛卯(1711)

诏满洲汉军翰林官遇行园派二人学习行走。

康熙五十一年壬辰(1712)

三月,令翰林官教习新科进士。诸进士选庶吉士外,俱交礼部,令翰林官学优品端者教习。

四月,卜俊民、曹鸣、李钟侨、陶贞一、刘于义、潘允敏、王图炳、鄂尔奇、杨士徽、何国宗、秦靖然、田嘉谷、徐云瑞、冯汝轼、许镇、俞鸿图、杜诏、鲍开、孟班、杨祖楫、何应鳌、林昂、顾嗣立、王澍、狄贻孙、徐杞、易简、漆绍文、周天祐、程梦星、薄海、春山、秦休、周金简、王时鸿、乔时适、董宏、周彬、郭孙顺、钱廷献、杨湝、沈世屏、夏慎枢、陈王谟、舒大成、觉罗名昌、胡煦、李如璐、徐依、张淳、汤大辂、莫与及、白子云、鲁立、王梦旭、林景拔、王遵宸、谢济世、郑之侨、张旭、刘蛟、孙诏、郑其储、潘祥、王晦、戈懋伦等六十六名,俱著改为庶吉士,并修撰王世琛、编修沈树本、徐葆光分别满汉书教习。

康熙五十二年癸巳(1713)

闰五月,裁汉右谕德左中允左赞善各一员。

十月,令书局编校兼派庶吉士。

十一月,杨绳武、刘自洁、孙见龙、王猷、万承苍、吴襄、徐骏、蔡嵩、陈治滋、景考祥、冯喦、刘嵩龄、王奕仁、蒋洽秀、李元正、乔学君、刘泌、庄楷、蒋继轼、王希曾、唐建中、屠洵、曹鉴临、厉煌、张缙、世禄、姚三辰、梅廷对、潘述祖、张珍、孙嘉淦、陈春英、何人龙、陈世侃、史在甲、吴孝登、朱曙苏、陈法、向日贞、苏彤绍、张汉、朱天保、徐流谦、文大漳、庄论、贾甡、张元怀、巩建丰、臧尔心、王国栋、吴翀、胡安、王运元等五十三名,俱著改为庶吉士,并修撰王敬铭、编修任兰枝、魏廷珍分别满汉书教习。

康熙五十三年甲午(1714)

敕翰林官侍直畅春园,至六十一年停。

康熙五十四年乙未(1715)

一月,御试词臣于乾清宫,《明四目达四聪论》、《为有源头活水来》诗,储在文名在第一,命入直南书房,又直武英殿者八人,致仕者二十四人。

四月,授一甲进士徐陶璋为翰林院修撰,缪曰藻、傅王露为翰林院编修,李文锐、张应造、吴应桢、任中柱、汪受祺、蔡衍浩、陈仪、李锦、李克敬、梅瑴成、胡彦颖、怀渊中、陈邦直、杨超曾、曹友夏、汤倓、李凤岐、张鸣钧、杨克茂、朱璋、张鳞甲、赵城、成文、凌如焕、侯度、李天宠、裴琏、江济、杨凤冈、栗尔璋、德龄、关陈、窦启瑛、宋怀金、沈竹、萨纶锡、吴传觐、蒋林、陈世仁、冀栋、徐学柄、高荀侨、潘淳、德新等四十四人,俱著改为庶吉士,分别满汉书教习。

康熙五十七年戊戌(1718)

四月,授一甲进士汪应铨为翰林院修撰,张廷璐、沈锡辂为翰林院编修,十月,取金以成、潘瀚、查祥、陈万策、李志沆、崔珺、叶长扬、董俊、张梦徵、徐本、习窝、吴家骐、顾仔、曹源郊、许均、伊尔敦、邹登恒、宋照、萧宸捷、曾元迈、沈承烈、徐大枚、顾祖镇、刘丕谟、杨尔德、黄鸿中、张炜、杜藻、夏开衡、吴涛、杨椿、李天龙、沈嘉麟、李兰、郑江、王瓒康、忱胡瀛、严文在、徐聚伦、刘运驸、张灿、李士元、郑嶙、任际虞、觉罗思强、蔡曰逢、卿悦、王梦尧、李洵、李根云、严瑞龙、解震泰、雷天铎、刘灿等五十五员,俱著改为庶吉士,分别满汉书教习。

六月,命检讨海宝、编修徐葆光册封琉球国中山王。

八月,诏翰林官得列名请补六部侍郎。

左都御史蔡允升奏:吏部侍郎,有一兼学士衔者,缺出,开列礼部左右侍郎、内阁学士、讲读学士、詹事、少詹事、祭酒十七员。一不兼学士衔者,缺出,开列户、兵、刑、工四部侍郎、副都御史十员,礼部左右侍郎缺出,开列内阁学士、翰林院掌院学士、詹事、少詹事、祭酒,其户、兵、刑、工四部侍郎缺出,开列副都御史、宗人府府丞、通政使大理寺卿,由翰林院出身者,以十五员而升两缺,由京堂官出身者,以五员而升八缺,请六部侍郎缺出,不论翰林京堂应升官,通行开列议行。

十月,诏翰林官于奏事日,令五人侍班,至六十一年停。

康熙五十八年己亥(1719)
命编修成文、内阁典籍邓廷诰册封安南。

康熙六十年庚子(1721)
四月,授一甲进士邓钟岳为翰林院修撰,吴文焕、程元章为编修,王兰生、黄之隽、俞鸿馨、姚世荣、邵基、邵湘、朱曾煜、姚之骃、靖道谟、邵泰、林廷选、邹世楠、李鍼、王敛福、陈群、沈起元、蒋恭棐、励宗万、留保、谢道承、俞元祺、夏力恕、觉罗恩寿、吴端升、姜任修、梁机、储大文、吴启昆、李光墺、冯咏、杨梦琰、冯栻、冯谦、崔乃镛、唐继祖、宋在诗、杨魁甲、杜灏文、张符骧、夏立中、侯来旌、王克宏、赵笋、陆奎勋、王溥、杨缵绪、程仁圻、王士俊、乔世臣、何朗、黄秀、屠用谦、李梅宾、王恕、关上进、黄焕彰、曹涵、万绳祜、董思恭、李开叶、晏斯盛、李先枝等六十二人,俱著改为庶吉士,分别满汉书教习。

雍正元年癸卯(1723)

一月,定满洲翰林分班递补例。

三月,以侍讲学士郑任钥为湖南布政使,以庶吉士王敛福、杨瓒绪、王恕、程仁圻为吏部员外郎。诏令庶吉士充文乡会试外帘官。

四月,诏复日讲起居注官。

五月,诏选俸浅编检办院事。

十月,敕别择翰林官。命大学士同掌院教习,择学问优长、字画端楷、精于翻译者留本衙门及各官纂修。或才具练达,可当科道吏部之选;或长于吏治,编检可为道府,庶吉士可为州县者,分别具奏,老病者以原官休致,行止不端者,奏闻革退。

诏庶吉士散馆仍以三等分用。向例进士殿试后即待选庶吉士,是年对策后,复引试于保和殿,令九卿各举所知,依文字入选。有保举无保举名次,引见,其文字不入选有保举者,依殿试甲第引见。始简用庶吉士。

十一月,诏拣选庶吉士才堪外任及可任部员者奏闻。

定满洲庶吉士散馆录用例,文理优者,授编修、检讨,平常者,照满洲散进士例,以通政使司、知事等官用。

授一甲一名进士于振为修撰,二名戴瀚,三名杨炳为编修,二甲一名张廷珩为检讨,侍直南书房,雍正以元年特开恩科,故有是命。乾隆元年一甲金德瑛等三人,授职即入南书房,皆异数云。

沈淑、吴龙、戴永椿、徐以升、严民法、焦祈年、张江、周学健、张廷瑑、昌龄、李徵临、沈荣仁、李端、尹继善、李徽、黄元铎、胡光涛、缪曰苣、王坦、何玉梁、胡蛟龄、马金门、许焞、沈文豪、冯懋华、薄履青、沈师孟、颜希圣、胡香山、黄祐、陶正中、松寿、陶士僎、范咸、王乔林、刘敬舆、保良、陈齐实、卢生薰、王又朴、吴钏、陈弘谋、李淮、王步青、喀尔钦、朱仕遇、张考、高山、吴大受、张来求、李桐、杨胪赐、万承芩、顾海、张若涵、牧可登等五十六员,俱著改为庶吉士。

敕日讲官奉差,以翰詹官列名请署。

雍正二年甲辰(1724)

二月,定制翰詹官升转咨吏部题请,由翰林院会同詹事府,以应升官及其次应升官职名,咨送吏部题请简用。

四月,特授左通政钱以垲为少詹事。

十一月,授一甲进士陈德华为翰林院修撰,王安国、汪德容俱为翰林院编修,汪由敦、羊焕然、赵大鲸、于枋、姚璨、吴应枚、张泰基、程恂、诸锦、蒋振鹭、王峻、潘思矩、金相、吴龙应、陈浩、周长发、陈璟、谢朋庚、王泰牲、周廷燮、开泰、李重华、朱陵、李清植、徐延熙、赵晃、周吉士、程光巨、顾赟、严源焘、杨士鉴、吴兆雯、朱良裘、刘统勋、恒德、王廷琬、徐天麒、舒明、张圣训、熊晖吉等四十员,俱著改为庶吉士,并修撰陈德华、编修王安国、汪德容,分别满汉书教习。

雍正三年乙巳(1725)

四月,特授进士夏之芳、姜颖新为编修,黄岳牧、陆宗楷为检讨。先是雍正元年,敕令新科记名进士十七人在各馆效力及内阁学习,若行走勤慎,学问优者,仍拔置翰林。是年,四人遂俱以景山教习授馆职。

六月,诏御门日,令编检四人侍班,班列科道之上。

十二月,晋翰林院侍读、侍讲学士秩从四品,侍读、侍讲从五品,如顺治元年定制。

雍正四年丙午(1726)

九月,诏起用病假翰林官。先是康熙五十三年二月,以翰林告假多,令致仕,不准补官,至是复得起用。

十一月,诏加督学部郎编检衔。凡部内郎中等官,膺督学之任,则加以编修、检讨衔,使其名实相称。时改直省学道为学院,故令加翰林衔。二甲出身者加编修,三甲加检讨。

雍正五年丁未(1727)

四月,授一甲进士彭启丰为翰林院修撰,邓启元、马宏琦为翰林院编修。

六月,钱本诚、庄柱、于辰、刘复、王丕烈、周祖荣、邹一桂、余栋、张鹏翀、张灏、李实蕡、林璁、王云铭、金相、原衷戴、王承尧、缪焕、李学裕、刘东宁、李直、刘青芝、陈师俭、许琰、富魁、世臣、王植、周绍龙、周龙官、杨嗣璟、王兴吾、包祚永、郭石渠、陈其嵩、隋人鹏、常保住、吕炽、张乾元等三十七员,俱著改为庶吉士,并修撰彭启丰、编修邓启元、马宏琦分别清汉书教习。

九月,以少詹事王谟署广东布政使,侍讲尹继善署广东按察使。

雍正八年庚戌(1730)

三月,诏翰林官稽查录书史书。

四月,授一甲进士周澍为翰林院修撰,沈昌宇、梁诗正为翰林院编修。

五月,钟衡、倪国琏、孙人龙、周范莲、陶正靖、沈慰祖、杨廷栋、裘肇煦、吴士琦、曹一士、吴履泰、严树基、王廷鸿、蒋溥、鹿迈祖、徐景曾、吴璋、孙灏、朱凤英、柏谦、徐以烜、陈其凝、任应烈、程盛修、阮学浩、严璲、孙倪城、吴华孙、王文璇、林蒲封、毛之玉、商盘、鄂敏、陈亮世、佟保、王宗灿、嵇璜、林令旭、李敏第、刘元燮、陈中、张先跻、高璇、富敏、卢秉纯、韩彦曾、许希孔、薛韫、杨秀、额尔登额、李贤经、裘思录、色通额等五十三人,俱著改为庶吉士,并修撰周澍、编修沈昌宇、梁诗正分别满汉书教习。

雍正九年辛亥(1731)

一月,命左都御史史贻直等,率庶吉士宣谕陕甘。

特授方苞为中允,念其老学,故有是命。

雍正十年壬子(1732)

十月,敕翰林官升迁派差,凡褒奖训饬俱奏闻。

雍正十一年癸丑(1733)

四月,授一甲进士陈倓为翰林院修撰,田志勤、沈文镐为翰林院编修。

五月,授二甲第一名张若霭编修,张映辰、吴祖修、张湄、赵瓒、鄂容安、雷鋐、朱桓、朱泮功、鄂伦、周正峰、储晋观、陈大受、董邦达、姚孔鈵、张为仪、阮学浚、范从律、张瑗、陆嘉颖、汪师韩、徐梁栋、夏廷芝、吴学瀚、许集、肇敏、沈景澜、朱续晫、张映斗、时钧辙、王锡璋、曾丰、杨二酉、陈仁、王检、梁文山、焦以敬、程钟彦、双庆、赖翰颙、罗源汉、王文充、李修卿、查锡韩、冯元钦、李天秀、刘孔昭、刘学祖、邱玖华、唐进贤、张宗说、介福、沈齐礼、赫成峨、吴士功、王芥园、杜谧、刘元炳、胡定、张兰清、于开泰、杨琨、傅为詝、饶鸣镐、辛昌五、聂位中、陈中荣、王以昌、宋楠六十八员,俱改为庶吉士。

置教习馆,给庶吉士廪饩。

八月,诏派编修、检讨各二员,教习左右两翼宗学。

诏举博学鸿儒。

雍正十二年甲寅(1734)

七月,命侍读春山、兵科给事中李学裕册封安南国王。

增设起居注汉主事一员。

雍正十三年乙卯(1735)

二月,以庶吉士徐景曾为郧阳府知府。雍正元年,诏别择翰林官、庶吉士有改同知运、同知州、知县者,授知府始此。敕内外大臣广行遴选保荐博学鸿儒。

十月,诏顺天武乡试考官,同列开坊翰林。历科顺天武乡试正副考官,止列编修、检讨上请,至是,命通行开列。

乾隆元年丙辰(1736)

二月,敕翰林官拟写谕旨。

四月,授一甲一名进士金德瑛为翰林院修撰,一甲二名进士黄孙懋、一甲三名进士秦蕙田为翰林院编修。

五月,蔡新、曹秀先、游得宜、赵青藜、何达善、旷敏本、史臼、方简、徐铎、张大宗、金门诏、顾之麟、张孝捏、王见川、杨黼时、郝世正、史积琦、彭树葵、胡中藻、邵铎、张若潭、吴乔龄、孙略、张麟锡、闻棠、王秉和、苏襄云、仲永檀、李师中、张应宿、甄锅、万年茂、李为栋、周资陈、季芳馨、张尹、李清芳、壮德、潘乙震、邓时敏、兴泰、朱瑊、蒋枝之、全祖望、鹤年、双顶、钟音、胡杰、吴泰、江汉、叶一栋、郭擢、李兆钰、熊郢宣、王育楠、黄璋、郑毓善、侯陈龄、赵允涵、刘起振、罗世芳、龚渤、洪汝勤、陆仪等六十四员,著以翰林院庶吉士用。

九月,御试博学鸿词于保和殿。刘纶、潘安礼、诸锦、于振、杭世骏俱著授为翰林院编修,陈兆仑、刘玉麟、夏之蓉、周长发、程恂俱著授为翰林院检讨,杨度汪、沈廷芳、汪士锽、陈士璠、齐召南俱著授为翰林院庶吉士。

十二月,增设满洲日讲官二员。

乾隆二年丁巳(1737)

一月,停馆选保举例。

三月,诏翰詹与科道轮进经史奏议。

命侍读高寿、修撰陈倓册封安南国王。

五月,御试翰詹于乾清宫,擢陈大受等官,赏赍墨刻宫纱文葛砚笔墨诸物,余降调休致有差。先引见于养心殿,少詹事至编修、检讨以上官,皆与试。试题《为君难为臣不易论》、《藏珠于渊赋》(以"藏珠于渊南华妙蕴"为韵)、《熏风自南来诗》七言十二韵得"来"字。一等三人,编修陈大受升侍读,赞善赵大鲸升洗马,编修张映辰升侍读。二等十人,检讨敷文、介福,编修张若霭升侍读,侍读吴应枚、侍讲世臣升侍读学士。三等二十人,编修鄂容安升侍读,侍讲邹升恒升侍讲学士,四等五十六人,降调七人,休致十三人,博学鸿词刘纶等九人以御试未久,特免试,并蒙颁赐。停满洲庶吉士分习清书。

六月,授一甲一名进士于敏中为翰林院修撰,一甲二名林枝春、一甲三名任端书为翰林院编修,孙宗溥、何其睿、宋邦绥、观保、张若需、冯秉仁、黄明懿、钱琦、周玉章、王会汾、吴绂、郭肇璜、冯祁、龚学海、程廷栋、黄宫、德保、陆树本、李龙官、沉云蜚、刘炯、丁一焘、胡师孟、周礼、帅家相、张九镒、卢宪观、王士瀚、白瀛、周煌、路斯道、刘恺、李质颖、苏霖润、刘天位、欧堪善、高继光、谢庭瑜、纳国栋、牛琳、杜鹤翱、辛有光、廖鸿章、蒋祖培、郑绍奎、林维雍、张日誉、陈世烈、王寯、周连登、诺敏、张元龙、莫世忠、李时勉、蒋允焄、朱若炳、孙维、彭遵泗、觉罗德成格著以庶吉士用。

七月,试续到博学鸿词于体仁阁赐宴,授万松龄等官。试题第一场田制、政体二策,第二场《指佞草赋》(以"生于尧阶有佞必指"为韵),《良玉比君子诗》七言十二韵得"来"字,《复见天心论》。一等万松龄授检讨,二等朱荃、洪世泽授庶吉士,张汉授检讨。

十一月,敕修撰、编修、检讨挂数珠。

乾隆四年己未(1739)

一月,赐宴柏梁体诗,首倡"洪钧气转叶韶年",赓和者自显亲王衍潢以下九十九人。

四月,授一甲一名进士庄有恭为翰林院修撰,一甲二名涂逢震、一甲三名秦勇均为翰林院编修。

五月,陆秩、陈大晫、裴曰修、沈德潜、储麟趾、徐景熹、曹经、梁启心、徐文煜、叶酉、缪敦仁、邱柱、官献瑶、轩辕诰、蔡扬宗、林兴济、王觉莲、冯成修、钮汝骐、师其德、卜宁一、朱櫄、王居正、陈士琰、伊贵绥、刘斯和、伊兴阿、袁枚、蒋麟昌、杨开鼎、程景伊、徐垣、金文淳、喻炜、唐炳、陶镛、管一清、洪科捷、吴嗣富、陈中龙、周焘、黄澍纶、徐孝常、傅隆阿、程岩、周人骥、孙拱极、鞠逊行、姚廷祐、王锦、王化南、詹肯构、何畴、郑志鲸、兴国、赵德昌、孙景烈、廪格、曾尚增、出科联、杨培、罗愔、陈汝睿,著以庶吉士用。

乾隆五年庚申(1740)

十月,敕翰林院于轮班日带编修、检讨十人引见。

乾隆七年壬戌(1742)

四月,授一甲一名进士金甡为翰林院修撰,一甲二名进士杨述曾、一甲三名进士汤大绅为翰林院编修。

五月,张进、张泰开、钟凤翔、蔡云从、姚范、孙廷槐、朱佩莲、丁居信、凌镐、朱盛江、徐玮、罗暹春、查库兰、蔡时田、经闻、王铤、杜若拙、郑有则、惠元士、金洪、丛中芷、胡泽潢、廖芳莲、劳通、熊为霖、熊元龙、潘伟、邵齐焘、李清时、郑虎文、李应熙、朱履端、吴鹏南、阎循琦、王康佐、李金台、陈桂洲、王太岳、刘炳、窦光鼐、庄有信、德保、盛格、顾汝修、戈岱、周世紫、觉罗奉宽、田沈、蒋辰祥、周孔从、王世仕、何绍东、黄遇隆、刘锡龄俱著改为庶吉士。

乾隆八年癸亥(1743)

四月,御试翰詹于圆明园正大光明殿,擢王会汾等官,赏赉纱葛画篦香囊笔墨,余降调有差。试题《礼以养人为本论》,《藏珠于渊赋》、《折槛旌直臣诗》五言八韵,限三肴。一等三人,编修王会汾升侍读学士,庶子李清植升少詹事,编修裴曰修升侍读学士。二等九人,编修观保升侍讲,万承苍升侍讲学士,沈德潜升左中允,秦蕙田升侍讲,中允于振升左庶子,张若霭、周长发、陈兆崙、周玉章于应升处具名题奏。三等十七人,四等七十一人,降调十九人,罚俸一年者三十二人,休致二十人。

闰四月,试满洲外班翰詹,擢侍读赫瞻等官。大考满洲外班翰詹官始此。

覆试休致翰林。试题:《长勺之战论》、《荧光照字赋》(以“尺璧非宝寸阴是竞”为韵)、《赋得“渭北春天树”诗》五言八韵。留原任者六人,各罚俸一年。

乾隆九年甲子(1744)

十月,车驾幸翰林院,赐大学士及翰林等官宴。

八年冬,诏出大府金,重葺翰林院,是年工成,御书"稽古论思"、"集贤清秘"二额颜其堂,赐《古今图书集成》一部贮宝善亭,诏诹吉送掌院大学士进院。乾隆亲临赐宴,以张说《东壁图书府》五律字为韵,乾隆赋"东"字、"音"字二首,敕诸臣各分一字赋诗,又以人数为字所限,未能遍及从臣,复赋柏梁体诗,乾隆首倡,诸臣依次分韵,凡在籍翰林及既改官而旧为翰林者,皆与焉。凡百六十有五人,赐《乐善堂集》、《性理精义》各一部,及名茶文绮笺绢时果有差。

乾隆十年乙丑(1745)

五月,选宗室达麟图为庶吉士,宗室入翰林始此。

复选小教习,如庚戌科以前定制。

六月,授一甲进士第一名钱维城为翰林院修撰,二名庄存与、三名王际华为翰林院编修,章恺、沈志祖、欧阳正焕、薛芝、蒋元益、史贻谟、徐开厚、张甄陶、张若澄、徐光文、秦鐄、李友棠、励守谦、国柱、刘元熙、毛辉祖、顾渱、钱士云、邵齐烈、汤蓼联、温敏、杨永谟、朱若东、黄叔显、孙汉、冀文锦、何德新、杨维震、张馨、赵秉忠、宋弼、许荧、张绍渠、谢溶生、杨瑝、单铎、李英、冯秉彝、李因培、王协和、杨演时、蔡湉、积善、王楷、梁济瀍、温如玉、梦麟、杨士铭、宗室达麟图、范泰恒、舒禄俱著为翰林院庶吉士。

乾隆十一年丙寅(1746)

赐宴瀛台柏梁体诗。

乾隆十三年戊辰(1748)

五月,御试翰詹于乾清宫,擢齐召南等官,余降调有差。试题:《竹泉春雨赋》(以"有斐君子终不可喧兮"为韵)、《赋得洞庭张乐》得"和"字七言六韵、《时务疏》。一等三人,侍读学士齐召南升内阁学士,编修李因培、王际华升讲读学士。二等十人,检讨程恂升中允,侍讲程景伊升侍读学士,编修张若澄升赞善,国柱升洗马,其未经升用六员,谕于应升缺出,具名题奏。三

等二十人,四等五十四人,降调七人,降知县六人,休致十三人,四等之未降
调者,均罚俸一年,未预试之孙人龙,谕作为四等,罚俸三年,免其休致。

试满洲外班翰林官,擢庶子永世为侍读学士,余降调有差。

授一甲一名进士梁国治为翰林院修撰,一甲二名进士陈楠、一甲三名进
士汪廷玙为翰林院编修,刘星炜、毛咏、郑忭、吴绶诏、钱汝诚、邵树本、陈淦、
雷曰履、邵齐然、陆钧、寅保、陈长镇、张裕莘、李中简、叶世度、邵祖节、陈科
捷、陈大化、冯浩、宗室平泰、钟兰枝、刘宗魏、王翊、舒毓椿、徐堂、杨谷贻、
李宗文、周学伋、史奕簪、刘定迥、朱珪、杨方立、范清沂、林明伦、刘景平、胡
延龄、晏珝、段廷机、苟华南、边继祖、陈炎宗、宗室良诚、王恒、荆如棠、李兆
鹏、朱仕琇、洪其哲、陈庆升、图辂布、福明安、傅清俱著为庶吉士。

八月,罚未预试翰林世臣等俸,休致三人。

裁汉少詹事一员。

乾隆十四年己巳(1749)

正月,裁满汉左谕德各一员。

乾隆十六年辛未(1751)

正月,诏停边省庶吉士分习清书。

闰五月,授一甲一名进士吴鸿为翰林院修撰,一甲二名进士饶学曙、一
甲三名进士周沣为翰林院编修,沈栻、刘墉、叶藩、汤世昌、汤先甲、王应瑜、
卢明楷、蒋楒、李承瑞、狄咏篯、戴天、姚晋锡、柯一腾、戈涛、路谈、王启绪、
田树、李逢亨、李绥、史鸣皋、周曰赞、朱嵇、蒋良骐、梁兆榜、张曾敞、叶观
国、罗典、周于礼、王绂、秦百里、黄元吉、穆丹、吴为墉、刘宗珙、郭兆、全魁、
艾茂、李方泰、高辰、孙昭、黄鸿阁、范思皇俱著改为庶吉士。

六月,特授经学吴鼎、梁锡玙为司业。顾栋高、陈祖范以年老授司业衔。

十一月,加原任詹事黄叔琳侍郎衔。

乾隆十七年壬申(1752)

六月,御试翰詹于正大光明殿,擢汪廷玙等官,余降调休致有差。试题:《纳凉赋》(以"熏风自南来"为韵)、《风动万年枝诗》五言六韵得"名"字、《拟董仲舒第三策》。一等三人,编修汪廷玙升侍讲学士,侍读学士窦光鼐升内阁学士,编修杨述曾升侍读。二等十二人,编修陈兆崙升侍读学士,朱珪升侍讲,庄存与升侍读,侍读陈大畹升侍读学士,编修积善升中允,赞善金甡升庶子。三等二十二人,侍读张九镒升侍读学士,编修张若需升赞善,李宗文升侍读,降调二人。四等三十二人,降调五人,降知县二人,休致七人,留者俱罚俸一年,考试不到之励宗万,降二级调用,检讨王世仕以知县用。

试满洲外班翰林,擢中允德尔泰为少詹事,余降调休致有差。

九月,诏给年老举人徐文靖等检讨衔。

十月,授一甲一名进士秦大士为翰林院修撰,一甲二名进士范棫士、一甲三名进士卢文弨为翰林院编修,钱载、蒋和宁、邵嗣宗、张模、梁同书、谢墉、金维岱、吉梦熊、朱阳、甘立功、马腾蛟、赵瑗、张坦、郑岱钟、卢珏、熊恩绂、汤聘、龙煜岷、赵佑、吴以镇、江声、曹昺、纪复亨、董元度、景福、秦黉、翁方纲、鞠恺、陈齐绅、博明、王猷、王政义、张孔绍、马锦文、陈筌、王懿德、万廷兰、贾煜俱改为庶吉士。

乾隆十九年甲戌(1754)

闰四月,授一甲一名进士庄培因为翰林院修撰。一甲二名王鸣盛、一甲三名倪承宽为翰林院编修。汪永锡、汪致和、汪存宽、平圣台、朱筠、朱荣元、田玉、周升桓、鼐郎阿、阿肃、纪昀、沈业富、钱大昕、秦泰钧、苏绥、卫肃、胡绍鼎、王士棻、徐维纶、林诞禹、柯瑾、庄元、曾承唐、李封、陈梦元、陈圣时、林学易、尹均、曹学闵、于宗瑛、毛式玉、谭世曦、刘天成、张鹤云、史珥俱著改为庶吉士。

乾隆二十年乙亥(1755)

十二月,命侍讲全魁、编修周煌册封琉球。

乾隆二十二年丁丑(1757)

五月,授一甲一名进士蔡以台为翰林院修撰,一甲二名梅立本、一甲三名邹奕孝为翰林院编修,李汪度、钱大经、曹锡宝、袁鉴、彭元瑞、王绍曾、吉梦兰、刘亨地、罗廷梅、王大鹤、戴第元、李宗宝、汪新、蒋士铨、刘成驹、陈兰森、郑爔、薛宁廷、李翊、彭冠、那穆齐礼、焦汝翰、彭绍观、施培应、魏大文、刘显恭、吴湘、田玉成、史大勋、陈于午、富森泰、陈一德、何曰佩、郑鸿撰俱著改为庶吉士。

乾隆二十三年戊寅(1758)

三月,御试翰詹诸臣于正大光明殿,擢王鸣盛等官,余降调休致有差。试题:《瑾瑜匿瑕赋》(以"隐恶扬善执其两端"为韵)、《河防得失疏》、《野含时雨润诗》五言六韵得"和"字,一等三人,编修王鸣盛升侍读学士,修撰秦大士升侍讲学士,侍讲学士钱汝诚升内阁学士;二等十五人,编修钱大昕升赞善,沈栻升庶子,侍讲朱珪升侍讲学士,编修博明升中允,梁同书升侍讲;三等二十五人,降调六人,休致一人;四等十七人,降调二人,降知县一人,休致八人。

乾隆二十五年庚辰(1760)

五月,授一甲一名进士毕沅为翰林院修撰,一甲二名诸重光、一甲三名王文治为翰林院编修。

六月,曹文埴、王燕绪、王显曾、童凤三、钱受谷、宋铣、刘权之、裘麟、张世禄、唐淮、金士松、孟超然、赵升、李瑞冈、刘墫、李孔阳、张光宪、王中孚、芮永肩、陈本敬、沈咸熙、萧芝、冯晋祚、刘经传、福兴、姜锡嘏、蓝应元、李台、蒋曰纶、张翯、达椿、孟邵、谢敦源、张廷桂俱著改为庶吉士。

八月,赐大学士史贻直重预恩荣宴诗。

乾隆二十六年辛巳(1761)

五月,命侍讲德保、大理寺少卿顾汝修册封安南。

授一甲一名进士王杰为翰林院修撰,一甲二名胡高望、一甲三名赵翼为翰林院编修。

蒋雍植、顾震、秦承恩、汪为善、谢启昆、曹仁虎、金云槐、黄腾达、马人龙、嵇承谦、陈步瀛、胡翘元、储秘书、沈士骏、张应曾、汪上林、官志涵、丁荣祚、吴玉纶、马曾鲁、葛正华、刘焯、毛业溥、卜祚光、嵩贵、郭洁、邵庚曾、田均豫、李松龄、余廷灿、刘校之、冯昌绅、陈于畴、杨中选、邓大林俱著改为庶吉士。

乾隆二十八年癸未(1763)

五月,御试翰詹于正大光明殿,擢王文治等官,余降调休致有差。试题:《江汉朝宗赋》、《结网求鱼诗》五言八韵得贤字、《畿辅水利疏》。一等三人,编修王文治升侍读,检讨周升桓升侍讲,侍读钱大昕升侍读学士;二等十八人,检讨张曾敞升侍讲,侍读李宗文升少詹事。未升用者,谕记名于应升处题奏,三等三十人,降调一人,降知县一人,休致二人,罚俸一年七人。四等十七人,降调四人,休致九人,罚俸一年二人,侍读胜格以未经考试,附四等降编修。

是年因御史王懿德奏请,始弥封大考试卷。

授一甲一名进士秦大成为翰林院修撰,一甲二名沈初、一甲二名韦谦恒为翰林院编修,董诰、褚廷璋、李调元、苏去疾、吴省钦、孙效曾、祝德麟、李铎、董潮、程沆、张秉愚、张焘、姚鼐、祥庆、高埈、孙含中、邱日荣、李廷钦、牟元文、孟生蕙、陈其煋、白麟、吕元亮、刘徵泰、易文基、蒋鸣鹿、周位庚、黄义尊、龚骙文俱著改为庶吉士。

乾隆二十九年甲申(1764)

二月,诏选堪任道府翰林。

乾隆三十一年丙戌(1766)

五月,授一甲一名进士张书勋为翰林院修撰,一甲二名姚颐、一甲三名刘跃云为翰林院编修,陆费墀、刘种之、陈桂森、秦潮、陈昌图、喻升阶、善聪、沈世炜、韩朝衡、雷翀霄、王嘉曾、查莹、林兆鲲、福保、陈濂、邹玉藻、管干珍、尹壮图、庄承篯、施学濂、王懿修、李殿图、钱良栋、胡珊、卢应、胡必达、邓文泮、王元棻、王钟健、宋仁溥、林时蕃俱著改为庶吉士。

乾隆三十二年丁亥(1767)

五月,起用休致翰林汪存宽、戈岱。

乾隆三十三年戊子(1768)

四月,御试翰詹于正大光明殿,擢吴省钦等官,余降调休致有差。

试题:《拟张华鹪鹩赋》、《紫禁樱桃出上阑诗》七言八韵、《新疆屯田议》。一等三人,编修吴省钦升侍读、编修褚廷璋升侍讲、少詹事张曾敞赏缎四匹。二等十八人,编修宋铣升洗马、胡高望升侍读、彭冠升中允、金士松、孙效曾升侍读,赞善朱筠升侍读学士,编修秦承恩、彭绍观升赞善,韦谦恒升庶子。未经升用者,记名于应升处题奏。三等三十人,降补四人,降知县四人,罚俸一年二人,休致四人。四等十五人,降调四人,休致八人,不入等二人,革职。

乾隆三十四年己丑(1769)

五月,授一甲一名进士陈初哲为翰林院修撰,一甲二名徐天柱、一甲三名陈嗣龙为翰林院编修,杨寿楠、萧际韶、金蓉、徐烺、刘锡嘏、吴寿昌、姚步瀛、刘湄、陈观光、秦泉、郑际唐、雷轮、朱纫兰、吴典、何德峻、梦吉、郭寅、张运暹、程元基、萧广运、罗国俊、温常绥、王仲愚、左周、莫异兰、李学锦俱著改为庶吉士。

乾隆三十五年庚寅(1770)

四月,起用休致翰林陈本敬等官。

乾隆三十六年辛卯(1771)

三月,裁司经局正字。

四月,诏停庶吉士京察一等。

五月,授一甲一名进士黄轩为翰林院修撰,一甲二名王增、一甲三名范衷为翰林院编修,王尔烈、黄瀛元、吴震起、林澍蕃、吴覃诏、周兴岱、张明谦、李簧、周厚辕、马启泰、李潢、吴昕、曹城、陈源焘、项家达、吴俊升、仓圣脉、李光云、朱诰、陈昌齐、闵思诚、朱依鲁、顾葵、孔广森、钱沣、包愫、龚大万、陈国玺、江琅、马慧裕、章铨、佛尔卿额俱著改为翰林院庶吉士。

六月,御试休致翰林萧芝等,起用改补有差。

十月,敕候补讲读中赞官,通融补用。

谕曰:向来翰林院侍读、侍讲学士,及侍读、侍讲、中允、赞善等官,需次候补者,例俱坐补原官,词曹清秩,额缺有数,未免守候需时。因思读之与讲,系衔虽缺,品秩相等;而汉缺中允赞善,亦非若满员之铨用殊途,分别五六品顶戴者可比。嗣后此等候补人员,讲、读、中、赞,准其各自通融补用,著为令。

乾隆三十七年壬辰(1772)

五月,授一甲一名进士金榜为翰林院修撰,一甲二名孙辰东、一甲三名俞大猷为翰林院编修,平恕、李尧栋、沈孙琏、朱绂、潘曾起、茅元铭、裴谦、许兆椿、邹炳泰、钱樾、李镕、方炜、黄寿龄、庄通敏、张飏扬、苏青鳌、邱庭漋、王兆泰、朱攸、莫瞻菉、张百龄、闵惇大、萧九成、图敏、蔡廷举、张家驹、彭元珫、王坦修、黎溢海、王福清、王汝嘉、胡敏、陈科銷俱著改为翰林院庶吉士。

乾隆三十八年癸巳(1773)

三月,定编检考选御史例。御史唐准奏编检保送御史,须俟散馆后历俸三年,议行。

七月,特命进士邵晋涵、周永年、余集与壬辰科庶吉士一体散馆,校勘

《四库全书》。乾隆以诸人尚无职任,命试看年余,行走勤慎,实于办书有益,进士出身者,准与壬辰科庶吉士一体散馆,举人准与下科新进士一体殿试。

八月,因校书勤勉,特授编修纪昀、刑部郎中陆锡熊为侍读。

乾隆四十年乙未(1775)

五月,特授进士杨昌霖为庶吉士。

授一甲一名进士吴锡龄为翰林院修撰,一甲二名汪镛、一甲三名沈清藻为翰林院编修,王春煦、戴心亨、翟槐、张慎和、严福、徐如澍、王念孙、曾廷槐、于鼎、戴联奎、陈崇本、陈文枢、许烺、李廷敬、章宗瀛、梁上国、何循、罗修源、戴均元、徐立纲、王晋、吴锡麒、毛凤仪、卢遂、周琼、曹锡龄、陈墉、周宗岐、汪如藻、范来宗、谷际歧、王允中、孙玉庭、饶庆捷、五泰、德昌、戴震、瑞保、程光瑛、何思钧俱著改为翰林院庶吉士。

十月,定左右中允、赞善升转例。

乾隆四十一年丙申(1776)

六月,诏设文渊阁官。设文渊阁领阁事二员,以大学士、协办大学士、翰林院掌院学士兼充,总司典掌。文渊阁直阁士六员,以科甲出身内阁学士、詹事、少詹事、读讲学士兼充。同司典守厘辑。文渊阁校理十六员,以庶子、侍读、侍讲、洗马、中赞、修撰、编检,满员用内班及科甲出身之内阁侍读兼充,分司注册点验。文渊阁提举一员,以内务府大臣兼充。每岁五六月,提举会同领阁大臣,定期奏请曝书,直阁校理官,公同启阁翻晾,检阅官随同点检。

乾隆四十二年丁酉(1777)

十一月,以吏部主事程晋芳为编修。

乾隆四十三年戊戌(1778)

　　五月,授一甲一名进士戴衢亨为翰林院修撰,一甲二名进士蔡廷衡、一甲三名进士孙希旦为翰林院编修,邵自昌、冯培、吴省兰、吴璥、潘庭筠、吴绍浣、彭翼蒙、汪溎、吴舒帷、王天禄、徐文干、张九镡、钱栻、吴裕德、祖之望、何西泰、杨炜、颜崇汐、吴鼎雯、冯敏昌、王汝泰、祁韵士、窦汝翼、李鼎元、汪昶、公春、张位、德生、洪其绅、钱世锡、许霖、薛绍清俱著改为翰林院庶吉士。

　　乾隆四十五年庚子(1780)
　　五月,授一甲一名进士汪如洋为翰林院修撰,一甲二名江德量、一甲三名程昌期为翰林院编修,关槐、陆伯焜、初彭龄、吴蔚光、甘立猷、范鳌、谢振定、李铭、吴树萱、许兆棠、刘汝蓉、高栻生、陈有会、柴模、王晟、蒋师爚、徐鉴、郭在逵、周之适、余德洋、温闻源、钟文韫、杨嘉材、李奕畴、运昌、徐准俱著改为翰林院庶吉士。

　　乾隆四十六年辛丑(1781)
　　五月,授一甲一名进士钱棨为翰林院修撰,一甲二名陈万青、一甲三名汪学金为翰林院编修,秦承业、王朝梧、陈廷庆、曹振镛、俞廷㱿、冯集梧、王受、蒋予蒲、祝德全、卢荫溥、祝堃、沈步垣、宋澍、欧阳健、蔡善述、潘绍观、万承风、刘锡五、玉保、印鸿经、萨龙光、旷楚贤、曾燠、蔡共武、阿林、郑应元、屈为鼎、戴斯琯、潘德周、寇赍言、张绥、陈尧华俱著改为翰林院庶吉士。

　　乾隆四十七年壬寅(1782)
　　二月,赐《四库全书》总裁等宴于文渊阁,赉如意文绮等物有差。
　　以《四库全书》第一部告成庋阁,赐宴并赉赏总裁九人、总纂、分校等官七十七人如意杂佩文绮笔墨砚笺等物,恭和御制诗,下逮誊录生,均颁赐宴席果品。

　　乾隆四十九年甲辰(1784)
　　五月,赐一甲一名进士茹棻为翰林院修撰,二名邵瑛、三名邵玉清为翰

林院编修,陈万全、王锡奎、吴廷选、贺贤智、周兆基、郭缙光、温汝适、刘若
璨、吴芳培、崔景仪、文宁、蒋攸铦、杨志信、李骥元、倪思淳、潘奕藻、郑敏
行、刘炘、朱依炅、张翯、邓再馨、程嘉谟为翰林院庶吉士。

九月,命内大臣西明、翰林院侍读学士阿肃册封朝鲜世子。

乾隆五十年乙巳(1785)

二月,御试翰詹于乾清宫,擢陆伯焜等官,余降调休致有差。试题:《以
仁安人以义正我赋》《循名责实诗》七言八韵得"班"字、《圣人定之以中正
仁义而主静论》。一等二人,编修陆伯焜、吴璥均升侍读学士。二等三七五
人,编修蔡廷衡、陈万青、茅元铭、颜崇浤、吴舒帷升侍读,侍讲瑞保、玉保升
侍讲学士,编修陈崇本升中允,方炜升赞善,其未升用者,谕记名遇应升缺
出,具名题奏。三等五十人,开坊官降调九人,仍罚俸半年。编修汪如藻等
七人注销议叙,仍罚俸半年。四等三十二人,降改郎中一人,员外一人,主事
八人,知县二人,休致四人,不入等四人革职。

试满洲外班翰林。

裁满洲讲读学士、侍读、侍讲各一员。

九月,敕降调侍读张焘、庄承篯以主事改补。

乾隆五十二年丁未(1787)

四月,给年老举人李宏道等编修、检讨衔。

五月,授一甲一名进士史致光为翰林院修撰,一甲二名孙星衍、一甲三
名董教增为翰林院编修,朱理、王观、李如筜、秦恩复、马履秦、何道冲、范逢
恩、龙廷槐、谢恭铭、李传熊、任衔蕙、何泌、柳迈祖、胡钰、王祖武、陈士雅、
汪彦博、初乔龄、吴烜、顾钰、潘绍经、杜南棠、陈若霖、张溥、翁树培、瑚图
礼、尹英图、周维坛、赵继昌俱著改为翰林院庶吉士。

乾隆五十四年己酉(1789)

五月,授一甲一名进士胡长龄为翰林院修撰,一甲二名汪廷珍、一甲三

名刘凤诰为翰林院编修,钱楷、李钧简、阮元、张锦芳、施杓、周栻、杨祖纯、黄
镕、祝孝承、顾德庆、游光绎、那彦成、吴灼、达林、刘镮之、钱开仕、张鹏展、
汪滋畹、杨昭、尚庆云、张履元俱著改为翰林院庶吉士。

十二月,诏裁詹事府官兼衔。

乾隆五十五年庚戌(1790)

四月,给年老举人刘湘等检讨衔。

五月,授一甲一名进士石韫玉为翰林院修撰,一甲二名洪亮吉、一甲三
名王宗诚为翰林院编修,辛从益、蒋祥墀、顾王霖、钱学彬、陈预、洪梧、张师
诚、王苏、钱福胙、祝曾、秦维岳、郭淳、牟昌裕、德文、叶大观、庞士冠、恩普、
罗廷彦、赵未彤、卞云龙、延弼、张问陶、熊方受、盛安著改为庶吉士。

乾隆五十六年辛亥(1791)

二月,御试翰詹于正大光明殿,擢阮元等官,余降调休致有差。

试题:《拟张衡天象赋》(以"奉三无以齐七政"为韵),《眼镜诗》五言八
韵得"和"字,《拟刘向请封甘延寿陈汤疏并陈今日同不同》。一等二人,编
修阮元升少詹事,侍读吴省兰升詹事。二等十一人,修撰胡长龄、编修刘凤
诰、吴树本升侍读学士,侍读陈嗣龙、曹城升侍讲学士,编修汪廷珍、检讨刘
镮之升侍讲,编修程昌期、崔景仪升赞善,检讨蔡共武、编修邵青涵升中允,
三等七十四人,编修曹振镛升侍讲,降调十人,降员外二人,降主事七人,降
知县二人,四等八人,降中书五人,休致三人。

试满洲外班翰詹官。

十月,更定满洲翰詹官升转例。

十一月,定坊局官京察,归掌院学士。

乾隆五十八年癸丑(1793)

五月,授一甲一名进士潘世恩为翰林院修撰,一甲二名陈云、一甲三名
陈希曾为翰林院编修,叶绍楏、张燮、蔡之定、吴云、王麟书、谭光祥、周系英、

戴敦元、狄梦松、李师舒、英和、李宗瀚、魏元煜、周麟元、黄洽、吴贻咏、何学林、谢淑元、甘家斌、朱桓著改为翰林院庶吉士。

乾隆六十年乙卯（1795）

四月，授一甲一名进士王以衔为翰林院修撰。一甲二名莫晋、一甲三名潘世璜为翰林院编修，玉麟、沈乐善、严荣、严振先、陈廷桂、黄因琏、陈琪、乔远炳、李继可、贾允升、王瑶台、韩鼎晋、何会祥、董健、张凤枝著改为翰林院庶吉士。

嘉庆元年丙辰（1796）

五月，授一甲一名进士赵文楷为翰林院修撰，二名进士汪守和、三名进士帅承瀛为翰林院编修，戴殿泗、李锡恭、王鼎、吴拜庆、张锦枝、许应嵅、陆以庄、黄焜望、秦渊、赵慎畛、汪德钺、靳文锐、邱勋、沈学厚、陈兰畴、蔡维钰、陆泌、石时矩、那尔丰阿、韩克均、李可端、李华庭、邱立和、刘澍、严烺著改为翰林院庶吉士。

嘉庆三年戊午（1798）

二月，御试翰詹于正大光明殿，擢陈琪等官，余降调休致有差。

试题：《拟徐阶井鲋赋》（以题为韵）、《春雨如膏诗》五言八韵得"讹"字、《除邪教疏》。一等二人，编修陈琪、修撰潘世恩升侍读，二等二十一人，编修莫晋升侍讲，侍讲汪廷珍升侍讲学士，侍读学士曹振镛升少詹事，编修吴廷选、祝曾升中允，侍读英和升侍读学士，侍读学士文宁升詹事，侍讲学士刘镮之转侍读学士，编修李宗瀚、陈希曾升赞善，赞善李钧简升右庶子，右庶子钱棻转左庶子。三等四十人，降补七人，降主事三人，降知县一人。四等六人，降补二人，休致四人。

试满洲外班翰詹官。

嘉庆四年己未（1799）

五月,授一甲一名进士姚文田为翰林院修撰,二名进士苏兆登、三名进士王引之为翰林院编修,程国仁、汤金钊、吴赓枚、汪桂、汪如渊、梁运昌、白镕、李翃、鲍桂星、宋湘、史致俨、张惠言、李端、丁履泰、徐名绂、蒋云官、吴荣光、戴聪、李本榆、李象鹍、陈超曾、吴鼒、赵在田、花杰、黄鸣杰、毛谟、张师泌、彭蕴辉、俞恒润、朱渌、杨世英、许鋐、张述燕、胡大成、曹汝渊、任伯寅、周开谟、吴其彦、孔昭铭、陆言、钱昌龄、何南钰、陈寿祺、赵玉、彭良裔、象曾、赵敬襄、李光晋、张傅霖、董大醇、周锡章、王廷绍、莫与俦、淡士涛、廉能、张鳞、毛式郁、赖勋、许亨超、黄郁章、杨汝达、觉罗桂芳、姚廷训、张澍、贵庆、陈钟麟、林天培、赏锴、祝孝凭、卢坤,著改为翰林院庶吉士。

嘉庆六年辛酉(1801)

五月,授一甲一名进士顾皋为翰林院修撰,二名进士刘彬士、三名进士邹家燮为翰林院编修,席煜、崔问余、商载、王泽、陈嵩庆、方振、沈酉、邓廷桢、汪润之、刘澍、陈中孚、徐华岳、王利亨、黄士观、黄任万、康以铭、孔昭虔、余正焕、倪琇、袁名曜、潘恭辰、齐鲲、樊如杞、聂镐敏、吴熙曾、杨惠元、杨怿曾、蔡任、王钟吉、叶绍本、汪庚、朱方增、喻鸿、朱澄、张玉麒、吴毓宝、冯辅、刘士棻、陈用光、郑锡琪、杜堮、刘奕煜、刘彬华、佟景文、徐赓扬、张文凤、秀宁、傅棠、王堃、徐焕、达麟、梁中靖、黎德符、陈杲、吴杰、普保、陈煦、姚堃、黄中位、查讷勤、张廷鉴、陈廷达、胡长庆、蔡行达、许绍宗、严昌钰、窦心传、王以铻、阙邦觐、王达、徐心田、凯音布、黄孟甫、李鸿宾、常英、廖方彦著改为翰林院庶吉士。

嘉庆七年壬戌(1802)

四月,授一甲一名进士吴廷琛为翰林院修撰,二名进士李宗昉、三名进士朱士彦为翰林院编修。

五月,新进士李仲昭、朱琦、吴椿、章道鸿、何丙咸、顾纯、董桂新、梁章钜、吕兆麒、金式玉、朱鸿、费兰墀、洪占铨、陶澍、何应杰、胡开益、程寿龄、张源长、易元善、饶向荣、邓士宪、黄锡援、张鉴、任英、谢学崇、谢兰生、李振矗、施鸢坡、何兰汀、刘加封、黄中杰、李钟壁、李可蕃、朱廷庆、瞿昂、赵蘧、程邦宪、沈维鳛、霍树清、张元宰、万鼎琛、黎燮、卿祖培、洪燿、陈声遹、程赞宁、蔡以成、宁古齐、卢炳涛、朱玉林、张元模、龚守正、黄茂、张本枝、宋潢、周毓麟、林春溥、葛方晋、盖运长、孙汶、隆安、林文竹、魏邦彦、陈永图、孙世昌、庄诜男、刘谷万、高廷魁、徐骧、王百龄、王青莲、哈晋、钟庆、王珽、吉士瑛、宗室果齐斯欢、申启贤、卓秉恬、任郇祐、李蟠根、达清阿、柳体青、马倚元、宗室德朋阿、陈铭、海龄、宗室惠端、李成芳、谢干、夏修恕、常山著改为翰林院庶吉士。

嘉庆八年癸亥（1803）

三月，御试翰詹于乾清宫，擢陈嵩庆等官。

试题：《拟潘岳藉田赋》、《知人安民论》、《怀德维宁诗》得"心"字五言八韵，一等三人，编修陈嵩庆升侍讲学士，吴鼒升侍读，王引之升侍讲。二等三十人，编修鲍桂星升中允，王鼎升赞善，右赞善周系英升中允，编修李潢升赞善，左庶子陈希曾升侍读学士，侍讲学士万承风转侍读学士，左庶子周兆基升侍讲学士，侍读学士莫晋赏缎二匹，洗马施朸、少詹事茅元铭各赏缎一匹，均记名，遇缺题奏，检讨张问陶、编修李锡恭、杜堮、吴荣光、汪守和、蔡之乏、陈崇本、孔昭虔各赏缎一匹，及名在二等未经升赏者，俱照例记名，遇缺题奏。三等三十九人，降调八人，罚俸十四人。四等三人，罚俸一人，休致二人。

试满洲外班翰詹官。

嘉庆十年乙丑（1805）

五月，授一甲一名进士彭浚为翰林院修撰，二名进士徐颋、三名进士何凌汉为编修，徐松、李兆洛、石葆元、张聪贤、孙尔准、王琇、姚元之、谢崧、程德楷、盛唐、程家督、史谱、董桂敷、章汝金、汪全德、孙源湘、马瑞辰、童璜、胡敬、邵葆钟、潘际云、苏绎、彭邦畴、于克家、葛宗昶、李可琼、蒋诗、聂铣敏、费卿庭、吴遇坤、顾寅、张锡谦、陈鸿墀、何彤然、徐鉴、倪思莲、张志廉、程伯銮、汪汝弼、王德本、曹芸细、陈玉铭、李建北、周尚莲、邱煌、陈宗畴、翟锦观、和桂、程元吉、何增元、鲁垂绅、姚原绂、周寿椿、陈俊千、孙升长、胡承琪、李黼平、觉罗宝兴、许绳祖、郭承恩、龚元鼎、邹植行、宗室崇弼、钱人杰、叶申万、张光焘、帅承瀚、穆彰阿、徐学晋、秦基、徐铨、黄步堂、平志、萧朗峰、张濂堂、色卜星额、严焴、崇绥、刘谦、裴元淦、何承先著改为翰林院庶吉士。

嘉庆十三年戊辰(1808)

五月,授一甲一名进士吴信中为翰林院修撰,二名进士谢阶树、三名进士石承藻为翰林院编修,朱棨、陈官俊、萧应荃、周之琦、方保升、陶樑、尹济源、董国华、贺长龄、赵光禄、饶绚春、钱林、龚以镗、唐业谦、郑城、胡兆兰、罗家彦、史评、张葆、赵植庭、王耀辰、潘恭常、钱仪吉、宫焕、杨镇、屠倬、解运衢、元在功、李恩绎、沈学廉、区玉麟、郑家兰、林培厚、陈传经、沈岐、戴宗沅、恩宁、刘嗣绾、李桂林、于学宗、费丙章、高翔麟、张美如、赵维熊、吴恩韶、吴其浚、刘荣黼、杨煊、熊遇泰、邵凤依、唐善良、于德培、涂晋、冯清聘、赵钟彦、徐江、何珣、郝兆钰、李聚元、夏国培、廖敦行、曾冠英、吴昌龄、魏元烺、程钟灵、杨本浚、隆文、徐步云、王道行、姚丙成、王矩曾、贾秉钟、宗室敏勤、冯缵、王锡蒲著改为翰林院庶吉士。

嘉庆十四年己巳(1809)

五月,授一甲一名进士洪莹为翰林院修撰,二名进士廖金城、三名进士张岳崧为翰林院编修,黄安涛、吴慈鹤、顾元熙、许乃济、姚樟、潘楷、李振庸、徐镛、黄中模、陈鸿、刘教五、俞肯堂、齐彦槐、孔传纶、谭瑞东、蔡培、曹德赞、龚镗、周之桢、马志燮、吴孝铭、钟昌、王家相、李广滋、邱云腾、郭尚先、余源、陈继义、郑家麟、姚庆元、潘正常、高赐礼、玉绶、黄旭、光聪谐、佘文铨、廖鸿藻、熊常镎、张思诚、张曾霭、龙云圻、谭言蔼、陈瑞球、敏德、宗室瑞林、何炳、路德、何惠群、喻士藩、周祖荫、金洙、杜薇之、何太青、唐鉴、宗室崇硕、丁杰、陶廷皋、周际钊、叶申芗、杨立冠、朱瀛、郭安龄、李德立、潘光炜、戚人镜、李韫英著改为翰林院庶吉士。

嘉庆十六年辛未（1811）

四月，授一甲一名进士蒋立镛为翰林院修撰，二名进士王毓吴、三名进士吴廷珍为翰林院编修，黄崇光、曾秩、林则徐、王赠芳、许邦光、卢振新、王惟询、黄玉衡、戴葆莹、钱骙、张敦来、喻元准、马步蟾、宋劭谷、陈焯、王培、恩贵、陆尧松、王茂松、汤锡蕃、潘锡恩、黄扬镳、倪彤书、刘斯嵋、邱家炜、汪鸣谦、冯元锡、刘炜、莫焜、罗永符、宗室奕溥、胡方朔、朱壬林、朱文来、罗以丰、程恩泽、姚维藩、袁铣、李恩绥、李莒、陈逢年、蒋超曾、凌铨、廖文锦、刘体仁、周凯、蔡世松、杨希铨、杨思荣、卢演复、孙贯一、辛文沚、方观旭、赵钺、徐谦、李象鹍、王云锦、尹佩珩、陶克让、阮贻昆、奎耀、曹师恕、边凤翔、阎善庆、何炳彝、党绍修、龚绥、尹世衡、福申俱著改为翰林院庶吉士。

嘉庆十七年壬申（1812）

二月，御试翰詹于正大光明殿，擢徐颋等官，赏赉缎匹，余降调休致有差。

试题：《帝京赋》（以"春色满皇州"为韵）、《精一执中论》、《春风扇微和》得"春"字诗五言八韵。一等四人，编修徐颋升侍读学士，陈嵩庆升侍讲学士，顾莼升侍读，姚元之升侍讲。二等四十七人，编修彭邦畴升赞善，左赞善果齐斯欢升侍读学士，未升用者俱记名，遇缺题奏。三等七十人，降调六人，降郎中一人，降员外二人。四等四人，休致四人，革职一人，罚俸十六人。不入等一人。

试满洲外班翰林官。

嘉庆十九年甲戌（1814）

五月，授一甲一名进士龙汝言为翰林院修撰，二名进士祝庆藩、三名进士伍长华为翰林院编修，裘元善、瞿溶、祁寯藻、牛鉴、张玕、陈传均、陆以烜、王丙、端木杰、帅寿昌、呈麟、阳宗城、杨殿邦、朱逵吉、奎照、彭邦畯、祝庆扬、吴杰、王协梦、叶维庚、徐鉴、余凤喈、陶廷杰、程赞采、刘学厚、万承宗、程川佑、贺熙龄、刘逢禄、戴于义、盛思本、朱德芬、强上林、王统仁、李逢辰、胡世琦、颜伯焘、傅绳勋、王玮庆、蒋庆均、蓝瑛、李云青、郑敦允、吴振棫、王端履、张翱、宗室德喜保、朱惠、觉罗德宁、李之琯、李家蕙、李裕堂、姜梅、王炳瀛、苏廷玉、熊一本、李浩、傅授、龚文炳、赵光祖、陈凤翰、常恒昌、黄暄、殷齐贤、周师、刘礼奎、靳会昌俱著改为翰林院庶吉士。

嘉庆二十二年丁丑(1817)

五月,授一甲一名进士吴其浚为翰林院修撰,二名进士凌泰封、三名进士吴清鹏为翰林院编修,赵柄、徐瑊、朱阶吉、吴敬恒、龚裕、裕泰、沈兆沄、赵荣、徐培深、廖鸿苞、罗瑛、周宏绪、曾锡恩、徐法绩、龙元任、周贻徽、刘嘉会、彭玉田、雷文模、易曰廉、浦曰楷、李煌、王植、巫宜禊、潘光岳、郎葆辰、许乃赓、沈巍皆、陆尧春、张日晸、毛树棠、蔡学川、祁墡、董承熹、时式敷、吴坦、马伯乐、王贻桂、赵先雅、汪琳、岳镇东、俞登渊、祥宁、李钧、周如兰、王金策、成世瑄、陈肇、陈溎、章启、潘光藻、绳格、穆馨阿、刘冀程、陈功、叶殿铭、裘元俊、王铸、王兆琛、宗室保瑞、龙瑛、毛家槐、李惺、庞大奎、德兴、胡国英、冯赓扬、闵受昌、黄德濂、许湘、强望泰俱著改为翰林院庶吉士。

嘉庆二十三年戊寅(1818)

二月,御试翰詹于乾清宫,擢潘锡恩等官,赏赉缎匹,余降调休致有差。

试题:《澄海楼赋》(以"故观于海者难为水"为韵)、《炉烟添柳重诗》五言八韵得"烟"字、《以义制事以礼制心论》。一等五人,编修潘锡恩升侍读,顾元熙升侍讲,修撰吴信中升庶子,编修钱林升洗马,许邦光升赞善。二等四十五人,三等五十四人,改郎中二人,改员外二人,改主事一人。四等八人,降调罚俸三人,休致五人。

嘉庆二十四年己卯(1819)

四月,授一甲一名进士陈沆为翰林院修撰,二名进士杨九畹、三名进士胡达源为翰林院编修。

闰四月,孙起端、邵甲名、俞诵芬、沈鑅彪、魏建中、王文骧、杨峻、慕维德、韩大信、邵正笏、周曰炳、陆荫奎、徐士芬、钱宝琛、阮灿辉、刘梦兰、吴文镕、李绍昉、蔡家玕、刘荣熙、朱德华、方长庚、刘宇昌、裴鉴、杨景曾、朱国淳、但明伦、程澐、周祖培、巫宜福、尚开谟、陈兆熊、花咏春、李昭美、谢兴峣、姜坚、德春、胡美彦、方传穆、徐述虔、朱澜、盛增、叶敏昌、周濂、郑瑞玉、蒋立诚、王云岫、龚文焕、郭应辰、戴修道、朱崸、松峻、胡湜、王宝华、宗室铁麟、何辉绥、汪淦、赵存洵、焦维棫、吕梦飞、李印万、蔡如蘅、王昺俱著改为翰林院庶吉士。

嘉庆二十五年庚辰(1820)

四月,授一甲一名进士陈继昌为翰林院修,二名进士许乃普、三名进士陈銮为翰林院编修。

五月,龚文煇、何桂馨、王德宽、周作楫、田嵩年、罗士菁、贾克慎、刘俊德、许应藻、吴式敏、金光杰、吴其泰、徐广缙、金更生、许有韬、张星焕、张日章、梁尊涵、唐惇培、陆炯、赵光、吴家懋、刘师陆、冯登府、陆沅、侯桐、俞焜、邵曰诚、章沅、万辕、吴庆祺、徐汝銮、韦德成、张扩廷、吴继昌、龚昌龄、陈辉甲、陈增印、陈荣燮、费开绶、朱一贯、鄂木顺额、冯赞勋、金石声、莫树椿、程焕采、周景、胡鉴、张曾、刘耀椿、邢福山、李泰交、潘文辂、明训、周兆锦、宫思晋、朱材哲、葛天柱、来学醇、张兆衡、刘之蔼、张万年、刘荫棠、马疏、李重轮、周锜、文蔚、刘万程、袁文祥、戴谦、李崶、宗室桂森、陈锟、尚连城、张德凤、许汝恪俱著改为翰林院庶吉士。

十二月,以翰林院检讨铁麟充日讲起居注官。侍讲德兴、司经局洗马谢阶树署日讲起居注官。翰林院侍读学士吴信中充文渊阁直阁事。

道光元年辛巳(1821)

九月,命内阁侍读学士荣庆、翰林院侍读穆馨阿、编修邹植行、修撰蒋立镛每日一员,以次听候召见。

十月,命内阁侍读学士保昌、卿祖培、左春坊左庶子恩贵、左赞善恒安、翰林院侍读学士彭邦畴、侍读德遐、编修铭德、史评、何彤然、孙贯一、颜伯焘、检讨丁杰、蔡如蘅、每日一员,以次听候召见。命翰林院侍讲学士敏勤、沈维鐈、编修林春溥、董国华、易元善、检讨李象鹍、黄德濂每日一员,以次听候召见。

十二月,以翰林院侍讲帅承瀚充日讲起居注官。

道光二年壬午(1822)

夏四月,授一甲一名进士戴兰芬为翰林院修撰,二名进士郑秉恬、三名进士罗文俊为翰林院编修。陈嘉树、曾元海、翁心存、岳镇南、李儒郊、陆建瀛、彭宗岱、曾望颜、陈宪曾、黄宅中、沈丹槐、文庆、舒恭受、汪于泗、蔡赓扬、王煜、滕子玉、顾元恺、李菡、胡霖苍、王治、李棠阶、宗室恩桂、叶桂、陶青芝、继志、王藻、豫益、况澄、张洵、温葆淳、舒梦龄、徐思庄、马方钰、许冠瀛、赫特赫讷、宗室受庆、陈熙健俱著改为翰林院庶吉士。命翰林院编修伍长华提督广东学政。

洗马陈玉铭于试差考试中怀挟诗文,训饬翰詹科道进士出身人员,凡修身敬事之道,克己慎独之功,应时加省察。

四月,命翰林院侍读学士、编修每日一员,以次听候召见。

六月,以户部尚书英和署翰林院掌院学士。

十月,以协办大学士英和兼翰林院掌院学士。

道光三年辛未(1823)

三月,以户部尚书黄钺署翰林院掌院学士。

五月,授一甲一名进士林召棠为翰林院修撰,二名进士王广荫、三名进士周开麒为翰林院编修,杜受田、鲍俊、卞士云、陶福恒、岳维城、常太淳、黄仲容、汪世樽、高树勋、池生春、鲍文淳、李品芳、杜中士、张琴、孙瑞珍、沈拱辰、王成璐、郑荣九、丁善庆、刘源灏、褚登、孙济、韩振欧、黄士瀛、李彦彬、黄爵滋、胡德璜、觉罗普庆、万家福、周良卿、梁宝常、丁铠、李莼、李菡芳、王燕堂、宗室华德、石景芬、郑敦亮、周仲墀、万贡珍、蒋方正、林士傅、袁履方、和色本、曾毓璜俱著改为翰林院庶吉士。

道光四年甲申（1824）
八月,大考翰林院詹事府各官于圆明园正大光明殿。

道光五年乙酉（1825）
二月,补考未与大考翰林于乾清宫。

道光六年丙戌（1826）
四月,授一甲一名进士朱昌颐为翰林院修撰,二名进士贾桢、三名进士帅方蔚为翰林院编修。
五月,麟魁、许前轸、成观宣、温承悌、孙日萱、任泰、郭道闿、朱成谷、吴廷鉁、顾燮、俞东枝、汪怀、王笃、王玥、高枚、朱成烈、周启运、赵镛、陈光亨、赵兴周、程应权、鄂恒、陈熙曾、玉藻、方宝庆、朱应元、史宝徵、曾维桢、龚维琳、陈驷门、宗室德诚、徐继畬、松筱、洪锡璜、黄琮、李恩继、谌厚光、辛联玮、许尚德、邓锡畴、卢鸿翔、李嗣棠、吴仪澄、书英、宗室奕书、殷增、仇效忠俱著改为翰林院庶吉士。

道光七年丁亥（1827）
七月,以兵部尚书玉麟兼翰林院掌院学士。

道光八年戊子（1828）
三月,谕内阁,著将简放试差年分轮班引见之例停止。

道光九年己丑（1829）
三月,以工部尚书穆彰阿署翰林院掌院学士。
五月,授一甲一名进士李振钧为翰林院修撰,二名进士钱福昌、三名进士朱兰为翰林院编修,朱淳、步际桐、李嘉端、夏恒、李国杞、徐广绂、张沇度、庆勋、方锴、陶澐、朱其镇、王庆云、张集馨、朱逢辛、潘绍烈、全庆、彭舒荨、姚振启、张宝璇、倭仁、李攀龙、罗绕典、陈兰祥、郭景僖、徐云瑞、司徒照、邓瀛、金炽福、易长桢、马福安、白譓卿、刘良驹、杨景、李从图、何荣章、金安澜、丁彦俦、桂文耀、苏孟旸、李熙龄、宗室恩来、雷成朴、崔恭、穆通阿、何俊、锡麟、严保庸、孙葆元、袁玉麟、吴文林、马沆、况澍俱著改为翰林院庶吉士。

六月,命工部尚书穆彰阿为翰林院掌院学士。

道光十二年壬辰(1832)

三月,以都察院左都御史白镕兼署翰林院掌院学士。

四月,授一甲一名进士吴钟骏为翰林院修撰,二名朱凤标、三名季芝昌为编修。

五月,赵德潾、王立中、姚福增、刘荣桂、陈本钦、单懋谦、瑞常、朱楷、高人鉴、张星灿、花沙纳、汪振基、潘铎、严良训、邵灿、王朝杰、宗室庆安、戴熙、郭利宾、骆秉章、舒兴阿、方城、劳崇光、吴光业、罗传球、杨仁、黄廷珍、陈鼎雯、胡增瑞、许乃安、蔡锦泉、桑春荣、周铭恩、李湘棻、张道进、李方、陈燨、朱庆祺、郭柏荫、宗室善焘、赵缙、贾臻、原珏、沈玉麟、钟保、夏廷桢、吴珩、陈庆镛、陆应谷、李星沅、赵长龄、曹楙坚、李锦业、汪道森俱著改为翰林院庶吉士。

十一月,以兵部尚书那清安署翰林院掌院学士。

道光十三年癸巳(1833)

六月,授一甲一名进士汪鸣相为翰林院修撰,二名进士曹履泰、三名进士蒋元溥为翰林院编修,司徒煦、李恩庆、朱宪曾、朱丽宣、宗室崇文、宋延春、郭樟、黄庆昌、焦友麟、武新亨、王芳、何元杰、邓尔恒、廖维勋、翟惟善、汪元方、唐潮、福济、张邦佺、叶翙仪、史佩玲、花譓春、黄钟音、黄赞汤、孔继勋、王清选、邱景湘、蔡宗茂、车克慎、姚宪曾、周有簠、王兆松、郑辉堂、胡正仁、萧良城、杨培、黄炳光、黎光曙、刘浔、陈文矗、韩椿、胡嵩年、曾克敬、徐耀、王树滋、董作梅、李樾、谭廷襄、夏廷榘、博迪苏、乔邦宪、刘德熙、黄廷璠、温予巽、何家驹、刘用宾、孔昭慈、杜浣、许本塘俱著改为翰林院庶吉士。

七月,大考翰林院、詹事府各官于圆明园正大光明殿。

道光十五年乙未(1835)

正月,以大学士潘世恩兼翰林院掌院学士。

五月,授一甲一名进士刘绎翰林院修撰,二名曹联桂、三名乔晋芳翰林院编修。张芾、徐夔典、陶庆增、彭崧毓、张廷选、龙元僖、喻增高、叶琚、金濂、陶恩培、余春照、廖朝翼、郑敦谨、吕贤基、周恩绶、胡应泰、叶名琛、瑞徵、崇祀林、赵振祚、春熙、何裕承、黄宗汉、陈坛、陈鹤年、吴式芬、贾瑜、宗室英淳、何桂清、张云藻、春轮、陈宝禾、张景星、朱琦、罗惇衍、秦淳熙、李佐贤、陈嵩、杜翮、刘源浚、张鏻、苏廷魁、戚维礼、徐资乾、孙铭恩、舒文、袁溥、许乃钊、锡祉、何庆元、黄铭先、景霖、江泰来、邱建猷俱著改为翰林院庶吉士。

八月,以刑部尚书成格署翰林院掌院学士。

道光十六年丙申(1836)

五月,授一甲一名进士林鸿年为翰林院修撰,二名何冠英、三名苏敬衡为翰林院编修,张锡庚、李汝峤、王发桂、彭以竺、翁祖烈、梁敬事、徐士谷、何绍基、徐文藻、赵楫、梁同新、李道生、刘涝、丁楚玉、孔庆镠、杨能格、沈兆霖、路慎庄、胡林翼、庄俊元、吕佺孙、刘映丹、樊肇新、谢荣埭、徐之铭、宗室和淳、郭世亨、李本仁、蔡振武、方俊、徐瀛、毓检、江绍仪、王遹昭、翟松、杨天柱、苏学健、慧成、梁瀚俱著改为翰林院庶吉士。命大学士阮元、协办大学士吏部尚书穆彰阿教习庶吉士。

道光十七年丁酉(1837)

三月,以刑部尚书成格署翰林院掌院学士。

道光十八年戊戌(1838)

闰四月,授一甲一名进士钮福保为翰林院修撰,二名进士金国均、三名进士江国霖为翰林院编修,宗室灵桂、恽光宸、丁嘉葆、钟音鸿、林汝舟、郭沛霖、王履谦、徐相、刘定裕、王壔、吴吉昌、钱福元、支清彦、段大章、晏端书、沈祖懋、陈源兖、戴鸾翔、金昀善、仓景恬、方埔、田雨公、梁国琮、刘印星、曹澍钟、何桂珍、吴存义、史致谔、吴嘉宾、童华、吕德玉、杨和鸣、杨福祺、董似谷、刘琨耀、朱右曾、毛鸿宾、吕偭孙、孙翔林、钟宜年、但钟良、李临驯、梅钟澍、叶声扬、周祖衔、萧尚钦、曾国藩、祁宿藻、王东槐、时大杭俱著改为翰林院庶吉士。

道光十九年己亥(1839)

二月,大考翰林院詹事府各官于圆明园正大光明殿。

道光二十年庚子(1840)

五月,授一甲一名进士李承霖为翰林院修撰,二名进士冯桂芬、三名进士张百揆为翰林院编修,殷寿彭、庄受祺、王祖培、廉师敏、顾嘉蘅、金肇洛、厉恩官、陈枚、黄麟祥、邹振杰、李载熙、史淳、郑元璧、卓檩、翁同书、方允镮、王沆、吴敬羲、万青藜、叶球、沈元泰、郑琼诏、吴保泰、黄兆麟、彭飞鸿、许振祊、甘守先、匡源、毓雯、范承典、马铸、龚绍仁、周炳鉴、黄倬、宗室和润、郑大诚、萧时馥、车顺轨、蒋琦淳、殷兆镛、周镇南、林鹗腾、蔡殿齐、汤云松、顾开第、雷维翰、曹炯、吴廷溥、胡光泰、何其仁、虞家泰、韩锦云、李祜、玉衡、孙晋墀俱著改为翰林院庶吉士。

道光二十一年辛丑(1841)

二月,以协办大学士吏部尚书汤金钊署翰林院掌院学士。

五月,授一甲一名进士龙启瑞为翰林院修撰,二名进士龚宝莲、三名进士胡家玉为翰林院编修,何若瑶、张金镛、徐棻、俞长赞、蔡念慈、高鸿飞、周宗濂、徐墉、曾广渊、贾樾、陈洪猷、潘曾莹、刘琨、赵畇、洪毓琛、汪堃、郭礼图、李希彬、陈启迈、孙耀先、陈庆松、田树桢、高延绶、葛景莱、童以炘、孙镠鸣、徐玉丰、朱锡珍、覃振甲、葛高嚣、梁绍献、杨式谷、文瑞、张振金、蔡徵藩、李湘华、张桐、刘廷榆、章琼、张晋祺、梁国瑚、郭凤冈、张樾、胡焯、卢庆纶、蒋达、彭涵霖、吴鼎昌、陈寿图、王凤翔、马品藻、张炜、张兴仁、张衍重、沈大谟、宗室载龄、颜培瑚、青麐、李光彦、杨元白、姚光发、钟世耀、张舒翰、宗宗锡龄、毕道远、陈鉴俱著改为翰林院庶吉士。

道光二十三年癸卯（1843）

三月，大考翰林院詹事府各官于圆明园正大光明殿。

道光二十四年甲辰（1844）

五月，授一甲一名进士孙毓溎为翰林院修撰，二名进士周学浚、三名进士冯培元为翰林院编修，王景淳、黄经、王之翰、李杭、边浴礼、孙鸣珂、冯誉骥、呼延栻、汪廷儒、周玉麒、朱梦元、吴骏昌、章嗣衡、周矗、何彤云、陈廷经、华日新、窦奉家、萧浚兰、张广居、邓廷楠、陈立、吴惠元、张弼、龚自闳、李宗焱、富呢雅杭阿、张堃、方浚颐、王恩祥、启文、刘熙载、殷寿臻、宋晋、马仪清、赵绶章、宋玉珂、杜翰、袁泳锡、宗室煜纶、胡连耀、克明、刘祝庚、金钧俱著改为翰林院庶吉士。

道光二十五年乙巳（1845）

三月，以吏部尚书恩桂署翰林院掌院学士。

五月，授一甲一名进士萧锦忠为翰林院修撰，二名进士金鹤清、三名进士吴福年为翰林院编修，钟启峋、周寿昌、陈介祺、何桂芬、徐元勋、蒋志淳、冯琛、孙鼎臣、李联琇、张正椿、阎敬铭、童福承、潘遵祁、皂保、贡璜、沈炳垣、袁芳瑛、左瑛、李国棠、杨翰、郭骥远、孟培桢、胡瑞澜、刘书年、周士炳、黄廷绶、宜振、章光斗、恽世临、罗嘉福、萧玉铨、陈泰初、曹骅、沈锡庆、徐德周、吕序程、何廷谦、张守岱、王荣第、李鹤年、李梦周、曹炳燮、奎章、罗宝森、毛昶熙、丁士元、阎翥鹏、徐嵩生、徐鼎、岳云衢、包炜俱著改为翰林院庶吉士。

道光二十七年丁未(1847)

五月,大考翰林院詹事府各官于圆明园正大光明殿。

授一甲一名进士张之万为翰林院修撰,二名进士袁绩懋、三名进士庞钟璐为翰林院编修,许彭寿、孙观、徐树铭、曹登庸、周德荣、袁希祖、刘其年、沈桂芬、陆秉枢、苏仲山、鲍源深、陈元鼎、徐申锡、陈毓麒、李德仪、蒋兆鲲、崔荆南、李培祜、伍肇龄、刘崧骏、胡寿椿、帅远燡、潘斯濂、萧铭卣、华祝三、李品三、李鸿章、黄彭年、沈葆桢、郭椿寿、吴慰曾、唐壬森、陈浚、何璟、白恩佑、周悦让、张炳堃、尹国珍、郭嵩焘、福全、陈鼐、粟增煜、林之望、文启、来煦、刘有铭、宗室载铿、叶毓祥、张修府、周道治、万良、彦昌、丁寿昌俱著改为翰林院庶吉士。

道光二十八年戊申(1848)

九月,礼部尚书麟魁署翰林院掌院学士。

十月,以礼部尚书麟魁为翰林院掌院学士。

十二月,以吏部尚书文庆为翰林院掌院学士。

道光二十九年己酉(1849)

八月,以礼部尚书孙瑞珍署翰林院掌院学士。

道光三十年庚戌(1850)

四月,授一甲一名进士陆增祥翰林院修撰,二名进士许其光、三名进士谢增编修。

五月,黄统、孙衣言、慎毓林、杨庆麟、钱錂、晋康、何福咸、张云望、武廷珍、袁保恒、季念诒、俞樾、吴焯、朱文江、戚士彦、岳世仁、赵树吉、梁巍、陈元楷、丁绍周、郑守诚、李嗣元、王敦敏、储德灿、梁骏观、钱桂枝、叶炳华、曾璧光、陶绍绪、邵亨豫、周誉芬、宋金鉴、吕耀斗、吴兰芳、孙学驹、张大枬、徐桐、杜联、刘传祺、王道塘、邹石麟、姚诗彦、沈史云、崇实、袁嵩龄、寇嘉相、杨书香、李羲钧、寿昌、童秀春、傅观海、宗室载肃、杨彝珍、濮庆孙、马佩瑶俱著改为翰林院庶吉士。

六月，以户部尚书孙瑞珍为翰林院掌院学士。

七月，以吏部尚书柏葰为翰林院掌院学士。

咸丰二年壬子（1852）

三月，以吏部尚书贾桢署翰林院掌院学士。

五月，大考翰林院詹事府各官于圆明园正大光明殿。以都察院左都御史花沙纳署翰林院掌院学士。

授一甲一名进士章鋆翰林院修撰，二名进士杨泗孙、三名进士潘祖荫编修，彭瑞毓、薛书堂、朱潮、萧培元、蒋英元、罗瀚隆、周学源、扎拉丰阿、倪文蔚、董元醇、张庭学、冯晟、胡履吉、李庆翱、王兰谷、王楷、李鸿藻、黄先瑜、孙楫、吴嘉善、景其浚、陈介猷、丁培镒、吴仰贤、梅启照、邓兆熊、庞际云、周恒祺、俞奎垣、张洵、赵曾向、刘成忠、景廉、张方咏、卫荣光、蔡兴楷、徐启文、孙翼谋、易堂俊、孙庆咸、曾光斗、同掞奎、李恩长、黄师阎、宗室绵宜、贺澍恩、衍秀、陆仁恬、吕锦文、李甲先、陈丙曾、曾省三、饶世贤、娄道南、游显廷、张鼎辅、何瑞丹、刘洪简、王化堂、郭鉴襄、寻銮炜、谢金浩、郑守廉、杜瑞联、孙登瀛、武尚仁、邓贤芬、许峕、许应骙、夏廷楫、恽鸿仪、余撰、李应田、任兆坚、陈梦兰、志和、许宗衡、范鸣璃、赵新、孙桐生、汪雨时、赵福淳俱著改为翰林院庶吉士。

咸丰三年癸丑（1853）

三月，命协办大学士贾桢署翰林院掌院学士。

五月，授一甲一名进士孙如仅翰林院修撰，二名进士吴凤藻、三名进士吕朝瑞编修，黄钰、沈祖谏、朱学勤、林庆贻、陈亮畴、汪承元、陈兰彬、高延祜、卢士杰、王兑、恩吉、郭梦惠、颜宗仪、贺锡福、宋梦兰、闵璜、王澍、丁宝桢、张德容、余鹏、周式濂、杨荣绪、陈光甲、浦安、敖册贤、蔡兆槐、李鹤龄、薛春黎、郝铎、任廷槐、方熊祥、林凤辉、刘澍覃、梁肇煌、袁方城、张锡荣、蓝拔奇、张曰衔、袁承业、黄图南、段广瀛、葛桐衔、徐赓臣、曹贻诚、曼惠吉、包欣芳、何耀纶、蒋理祥、靳邦庆、章永康、田景瀛、曾椿寿、李佩琳、马恩溥、武骊珠、聂泰、傅寿彤、程维清、宗室瑞联、姚亮臣、柳炯、王作孚、赵昌业、童槭、谢辅墀俱著改为翰林院庶吉士。

十二月，命协办大学士贾桢署翰林院掌院学士。

咸丰四年甲寅（1854）

五月，以吏部尚书协办大学士贾桢为翰林院掌院学士。

十月，以户部尚书文庆为翰林院掌院学士。

咸丰六年丙辰（1856）

五月，授一甲一名进士翁同和翰林院修撰，二名进士孙毓汶、三名进士洪昌燕编修，钟宝华、史崧秀、赵有淳、徐昌绪、沈秉成、陈彬绶、宗室延煦、谭钟麟、洪调纬、汪祖绶、华晋芳、杨秉璋、蒋彬蔚、唐嘉德、徐景轼、夏同善、柴友芝、李士芸、叶衍兰、于光甲、铭安、任传纶、孔宪珏、庞掌运、潘祖同、绍祺、李鼎、范运鹏、马元瑞、邢景周、高廷栋、夏献馨、贾春暄、陈燕、翁延绪、喻秉绶、李宏谟、刘昭文、萧延福、罗贤升、范鸿谟、范希淳、刘钟祥、王题雁、黄廷金、孙钦昂、陈寿祺、洪麟绶、董文焕、汪朝棨、陈传奎、秦赓彤、黄文璧、许业香、张其蕙、顿福之、周维翰、孙官云、彭桂馨、吴增逵俱著改为翰林院庶吉士。

十月，以吏部尚书翁心存为翰林院掌院学士。

十二月，以户部尚书柏葰充翰林院掌院学士。

咸丰八年戊午（1858）

十二月，以刑部尚书麟魁充翰林院掌院学士。

咸丰九年己未（1859）

四月，授一甲一名进士孙家鼐翰林院修撰，二名进士孙念祖、三名进士李文田编修，朱学笃、马文梦、金庆鹏、张丙炎、龚易图、胥瑞瑢、王正玺、王师曾、楼震、张丕烈、周家楣、胡毓筠、马传煦、杜寿朋、田书年、于荫霖、赵一林、周瑞清、黄锡彤、左隽、王寅亮、特亮、宗室常珩、贾瑚、严辰、田国俊、岳维翰、周光祖、李振家、孙树、英启、张璟槃、王荫丰、赵继学、吉长清、关燿南、饶佩勋、何探源、徐尔鬐俱著改为翰林院庶吉士。

九月，大考翰林院詹事府各官于正大光明殿。

咸丰十年庚申（1860）

五月，以兵部尚书全庆充翰林院掌院学士。

授一甲进士一名钟骏声为翰林院修撰，二名林彭年、三名欧阳保极为编修，黎培敬、黎翔、牛元恺、林天龄、崔穆之、刘秉璋、陆懋宗、惠林、姚清祺、刘湘年、王珊、郭从矩、王荣瑄、何亮清、祁世长、钱来商、欧寿檩、杜庭琛、彭世昌、毕保厘、陈楷、李祉、胡昌铭、徐致祥、宗室宝森、崇谦、孙汝霖、路桓、苏辂、孙诒经、吴镇、王庆祺、王桐、周冠、吴元炳、尚林焱、许廷桂俱著改为翰林院庶吉士。

同治元年壬戌（1862）

二月，以工部尚书倭仁充翰林院掌院学士。

五月，授一甲一名进士徐郙翰林院修撰，二名进士何金寿、三名进士温忠翰编修，陈彝、柳熙春、陈学菜、刘瑞祺、吴鸿恩、龚聘英、平步青、薛斯来、游百川、张家骧、寻銮晋、董兆奎、张鸿远、龙湛霖、周德润、黄槐森、吴文钊、唐国翰、宗室昆冈、王福保、仇炳台、范德馨、曹秉浚、王昕、王琛、鹿传霖、张良璋、黄彬、姜敏修、尹绍甫、童毓英、王允谦、谢维藩、徐肇嵋、赵子端、宜绶、王道源、廖坤培、周浚、谭钧培、杨先菜、崔志道、马相如、段福昌、潘家钰、李祖光、孙凤翔、宗室桂昂、汪正元俱著改为翰林院庶吉士。

十二月，鉴于近来积习相沿，专以诗赋为揣摩进身之阶，无裨实用，著自明年癸亥科起,新进士引见分别录用后,教习庶吉士务当课以实学,治经治史治事,及濂洛关闽诸儒等书,随时赴馆,与庶吉士次第讲求,辨别义利。期于精研力践,总归为已之学。其有余力及于诗古文词者听之。除课期照旧举行外,其课题及散馆,改诗赋为论策,论用经史性理等书,策用时事,皆准直摅所见,畅所欲言。

同治二年癸亥(1863)

正月,谕内阁:庶常散馆,嗣后请仍用诗赋。于诗赋策论两项内,不拘何项,出题考试。该庶吉士等仍当研求经术,修明正学,求为本末兼赅之士。俾词章经济,相辅而行,用副朝廷乐育英才至意。

五月,授一甲一名进士翁曾源翰林院修撰,二名进士龚承钧、三名进士张之洞编修,周兰、夏子鐊、龚显曾、陈翼、廖寿恒、光炘、边宝泉、杨仲愈、黄体芳、罗振云、何继俨、王绪曾、解煜、许振祎、王炳、张相宇、郭怀仁、曹炜、吕式桄、周为翰、梅启熙、铁祺、蒋维垣、邹振岳、鄂芳、周声澍、宗室奎润、李端棻、高学瀛、张鹏翼、李嘉乐、尹琳基、陈锦、张怀恩、刘燡、冯尔昌、陆尔熙、王绵、楼誉普、沈宝楠、刘曾、宗室承福、彭君谷、刘子镜、云茂济、陈振瀛、景善、张观准、文澂、郑梦锦、黄桂丹、黄绍薪、张道渊、萧世本、汤献祥、夏裕纶俱著改为翰林院庶吉士。

同治四年乙丑(1865)

四月,以户部尚书宝鋆、罗惇衍暂署翰林院掌院学士。

五月,授一甲一名进士崇绮翰林院修撰,二名进士于建章、三名进士杨霁编修,牛瑄、罗家劭、沈成烈、宗室松森、韦业祥、张清华、吴仁杰、唐景崧、胡聘之、钮玉庚、杨松兆、黄毓恩、周开铭、汪鸣銮、朱以增、黄煦、崔文海、费延厘、杨绍和、张英麟、李士彬、曹秉哲、萧晋卿、福臣、刘恩溥、李汝霖、臧谷、张端卿、崔焕章、彭泰毓、杨颐、顾奎、施之博、屈秋泰、李鸿逵、易子彬、郑守孟、顾云臣、郝同簏、董执、郑溥元、胡元照、王廷辉、李璠、庆锡荣、逢润古、汪叙畴、邬纯嘏、温绍棠、潘衍鋆、徐进、王凤池、刘凤苞、朱福基、王先谦、周岱、冯光勋、李绪昌、李用清、文治、林梁材、陈本枝、茹芝、柳长庚、启秀、谢文启、杨泰亨、黄中瓒、苏维城、田翰墀、德生、霍鹏南、刘青照、杨超元、刘名瀚、王邦玺、甘杰俱著改为翰林院庶吉士。

同治六年丁卯（1867）

五月，谕内阁：都察院代奏候选直隶州知州杨廷熙……恳请将翰林进士科甲有职事官员撤销，尤属谬妄。国家设立科目，原以登进人才，以备任使。曾国藩、李鸿章均系翰林出身，于奉旨交办中外交涉事件，从无推诿。岂翰林之职，专在词赋，其国家政务，概可置之不问乎？……所请著毋庸议。

同治七年戊辰（1868）

闰四月，授一甲一名进士洪钧翰林院修撰，二名黄自元、三名王文在编修，许有麟、吴宝恕、王寿国、锡珍、吴大澂、宗室宝廷、孙慧基、周崇傅、张登瀛、郑嵩龄、吴华年、胡乔年、谭承祖、陈启泰、阎迺竤、陈寿昌、焦肇骏、鲍存晓、刘廷枚、邵曰濂、刘常德、周璜、李肇锡、陈宝琛、何如璋、赵继元、梁仲衡、李郁华、熊汝梅、杜瑞麟、周麒、张人骏、鲁琪光、顾树屏、苑菜池、刘海鳌、慕荣干、秦钟简、何莱福、陶模、关朝宗、黄湘、李瑞裕、沈善登、潘衍桐、馨德、鸣泰、林懋祉、许景澄、蔡以瑺、徐祥麟、邵积诚、张清元、叶大焯、李振南、陆芝祥、吴士恺、李培元、刘治平、高万鹏、戴恒、徐兆澜、余鉴、徐文泂、姚协赞、魏弼文、广照、许振祥、刘春霖、程泽霈、徐会澧、洪良品、贺尔昌、姜球、皇甫治、郑贤坊、杨际春、郑扬芳、嵩申、联元、苏冕、萧振汉、赵汝臣、陈瑜俱著改为翰林院庶吉士。

同治十年辛未（1871）

五月，命兵部尚书载龄、户部右侍郎李鸿藻教习庶吉士。授一甲一名进士梁耀枢翰林院修撰，二名进士高岳崧、三名进士郁昆编修，恽彦彬、黄利观、李铁林、陆继辉、赵时俊、李岷琛、刘韫良、谢元福、吴西川、袁善、王祖光、吕绍端、曹驯、左璿、雷钟德、李殿林、张佩纶、金保泰、陆廷黻、吴观礼、丁振铎、孙汝赞、崔国因、洪镔、陈梦麟、樊恭煦、朱文镜、熊景钊、陈卿云、赵履道、龚履中、毛松年、王履亨、朱琛、张楷、潘炳年、余弼、王崧辰、寇本珹、欧德芳、朱成熙、陈理泰、王文锦、毛五和、承翰、丁立瀛、王廉、陈庆禧、卢釜、张星锷、唐景崇、陈钦、瞿鸿禨、廖寿丰、林国柱、彭垚曦、曹昌祺、曾培祺、杨成炎、陈序球、漆埔、韩文钧、张曾扬、李联芳、臧济臣、王贻清、朱元治、邓蓉境、郑成章、李肇南、王玉森、周衍恩、黄崇惺、区谔良、丁立干、李端、李绂藻、吴浚宣、英煦、周福清、成占春、汪运鎔、李长龄、周晋堃、陈秉和、贵恒、曾瑞春、潘仕钊、孔继钰、陈宝俱著改为翰林院庶吉士。

同治十三年甲戌(1874)

四月,授一甲一名进士陆润庠翰林院修撰,二名进士谭宗浚、三名进黄贻楫编修。

五月,新进士华金寿、刘传福、檀玑、冯光遹、翟伯恒、张百熙、何崇光、屠仁守、牟荫乔、陈华褧、刘集勋、赵增荣、刘凤纶、姚礼泰、诸可炘、林绍年、罗锦文、沈锡晋、张礽杰、高爕曾、章洪钧、周晋麒、庞玺、陈文騄、陈才芳、任贵震、李熙文、黄卓元、白遇道、王亦曾、朱百遂、凤鸣、詹鸿谟、张廷燎、蒋璧方、赵尔巽、李光斗、黄玉堂、钟家彦、宝昌、殷源、冯应寿、郑思贺、梁廷栋、陈崧龄、鲍临、徐浩、孙佩金、王烈、涂庆澜、顾怀壬、敖名震、李寅、王兰昇、尚贤、秦澍春、杨钦琦、乌拉布、吴讲、王绰、良贵、朱光鉴、胡胜、程其珏、胡燏棻、滕经、潘颐福、杨鼎昌、徐兆丰、刘廷镜、陆葆德、汤鼎烜、石成峰、辛家彦、詹嗣贤、王作枢、吴锡璋、赵宗鼎、张景祁、张恩荣、张德迪、陈荣仁、孙其正、陈存懋、李蕊、陈光煦、李昭炜、彭启瑞、王会英、赵尔震俱著改为翰林院庶吉士。

光绪二年丙子(1876)

四月,授一甲三人曹鸿勋为翰林院修撰,王赓荣、冯文蔚为编修。

五月,新进士吴树梅、章志坚、顾璜、戴鸿慈、刘中策、春溥、唐椿森、殷李尧、倪恩龄、金星桂、谢祖源、吴兆泰、庞鸿文、高钊中、贾联堂、朱卓英、王锡蕃、徐玮文、陈琇莹、黄绍谋、陈兆文、冯汝骐、黄国瑾、茅景容、张世恩、黄群杰、张炳琳、廖廷相、朱一新、周材芳、潘宝璜、陈焘、管廷鹗、刘心源、闻福曾、陈懋侯、裕德、黄彝年、冯金鉴、陈履亨、李桂林、吴福保、崔澄、黄汝香、袁镇南、罗经学、曹昌燮、刘宗标、陆宝忠、路朝霖、张继、陶方琦、杨鸿元、郑绍成、况桂馨、朱镜清、钟德祥、黎荣翰、高维岳、周盛典、朱善祥、徐致靖、林启、邓倬堂、李端、会章、高赓恩、赵树禾、陈思相、周照、党蒙、郑衍熙、胡瀛涛、魏起鹏、缪荃孙、常山、金学献、施典章、汤子坤、黄显瓒、黄均隆、杨际清、曾长治、涂廉锷、陶揩绶、陈德薰、陈毓麟、冯崧生、龙朝言俱著改为翰林院庶吉士。

光绪三年丁丑(1877)

四月,授一甲三人王仁堪为翰林院修撰,余联沅、朱赓扬为编修,孙宗锡、孙宗谷、程夔、唐景崶、洪思亮、张鼎华、杨佩璋、杨晨、周克宽、盛昱、吴郁生、张嘉禄、潘通、支恒荣、于钟霖、李兆勖、戴兆春、吕凤岐、江澍畇、徐道焜、谢希铨、吴祖椿、杨文莹、张桢、濮子潼、周銮诒、许泽新、周龄、锡珍、何福堃、林壬、樊增祥、胡孚宸、吴大衡、张泳、国炳、谢若潮、朱益浚、胡湘林、刘永亨、孔祥霖、马毓鋆、梁枚、霍为楙、黄中理、严家让、张仲炘、潘彬、长萃、赵世曾、治麟、何荣阶、孔宪曾、管辰熙、武吉祥、林翰清、余德秀、熊祖诒、陈炳奎、崔舜球、张东瀛、朱显廷、王骧、王引昌、徐铭勖、卢俊章、徐埮、刘秉哲、吴日升、翁斌孙、锡元、廖正华、杨凤翔、罗瑞图、蒋式芬、王恩湛、任焕奎、朱锡蕃俱著改为翰林院庶吉士。

光绪六年庚辰(1880)

四月,赐一甲三人黄思永为翰林院修撰,曹诒孙、谭鑫振为编修。

五月,戴彬元、庞鸿书、吕珮芬、张星炳、刘沛然、黄绍箕、朱福诜、彭士芳、吴维藩、郭曾炘、陈夔麟、杨澍先、丁立钧、吴保龄、崔永安、王懿荣、盛炳纬、志锐、陈与冏、叶大遒、崇宽、蒋艮、汪概、刘焕、安维峻、吴树棻、梁鼎芬、汤绳和、郭赓平、王秉燮、强鹏飞、李经世、溥良、沈士鏻、陈鼎、胡连、王丕厘、李士鉁、吴国镇、杨崇伊、蔡世佐、柏锦林、左绍佐、于式枚、顾莲、汪致炳、福楙、陆善格、吴成熙、黄俊熙、王兰、冯应荣、徐琪、梁锦奎、高凌霄、杜庆元、王濂、褚成博、谢隽杭、姜自驹、胡锡祜、王颂蔚、裴维侒、何乃莹、刘名誉、赵曾重、陈景鎏、丁象震、柳芳、林元炗、李佩铭、萨廉、钟灵、范德镕、刘桂文、吴同甲、张世英、周遂良、余熙春、袁鹏图、段树藩、余文蔚、石鸿韶、汪受礽、连培基、杨福臻、陈应禧、毛澄、陈光明俱著改为翰林院庶吉士。

光绪九年癸未(1883)

四月,授一甲三人陈冕为翰林院修撰,寿耆、管廷献为编修,朱祖谋、志钧、丁仁长、徐炳文、邵松年、张预、熊亦奇、李葆实、黄福楙、严修、准良、曹寯瀛、钱正圜、鲁鹏、王培佑、秦绶章、秦夔扬、甯本瑜、赵汝翰、陈荣昌、胡景桂、曹福元、洪家滋、童祥熊、施纪云、柯逢时、何维栋、陈如岳、汪凤藻、赵尚辅、王式文、马吉樟、彭鸿翙、施调赓、陈凤楼、沈潜、郑祖焕、华辉、陈同礼、张琦、周锡恩、傅汝梅、张筠、伍兆鳌、陈后琨、王念祖、绵文、张亨嘉、王绍廉、俞成庆、熙麟、黄桂清、曾宗彦、郑淑璋、阎迺竹、骆景宙、济中、高祚昌、李培兰、陈受颐、陈名珍、彭清藜、李荫銮、刘晸燮、郑邦任、李振鹏、梁鸿翯、雷在夏、康际清、郑炳麟、李敬修、冯汝骙、孔昭乾、蒯光典、李岳瑞、阎萃峰、周绍刘、王祖畲俱著改为翰林院庶吉士。

光绪十二年丙戌(1886)

四月,授一甲三人赵以炯为修撰,邹福保、冯煦为编修。

五月,新进士彭述、姜自驹、蔡金台、周爰诹、张星吉、姚丙然、陈昌绅、华学澜、吴庆坻、刘启襄、吴鸿甲、王荫槐、王荣商、于齐庆、冯芳泽、丁秉乾、张燮堂、连捷、杨士骧、孙锡第、宋伯鲁、王廷相、朱延熙、凌彭年、葛振元、陈志喆、刘玉珂、徐嘉言、罗光烈、沈曾桐、周承光、陈遹声、李端棨、陆寿臣、宋滋兰、韩培森、柯劭忞、杨天霖、李焕尧、陈文堥、李玮堂、徐世昌、盛沅、徐受廉、李子荣、刘学谦、余赞年、孙综源、鹿瀛理、高熙喆、孔宪教、高觐昌、仇继恒、江希曾、沈维善、丁良翰、马芳田、余朝绅、吴炳、尹殿扬、渠纶阁、徐敏中、阔普通武、林鉴中、贺沅、瑞洵、陈田、梅汝鼎、林仰崧、李子茂、张元奇、钟大椿、承德、荣庆、凌芬、陈兆葵、庄钟济、杨森、王新桢、谢崇基、宋育仁、叶在琦、王荣先、景厚、王守训、黄绍曾、格呼铿额俱著改为翰林院庶吉士。

光绪十四年戊子（1888）

十一月，庶吉士有熟谙洋务堪备出洋之选者，应准出使大臣奏调。

光绪十五年己丑（1889）

四月，授一甲三人张建勋为翰林院修撰，李盛铎、刘世安为编修，杜本崇、周树模、饶士腾、刘彭年、丁惟禔、费念慈、魏时钜、熊方燧、陈嘉言、许叶芬、曾广钧、江标、陈长橿、徐仁铸、陈钟信、叶昌炽、王万芳、王同愈、张孝谦、卢丛林、何尔钧、陈祥燕、恽毓鼎、刘启端、程械林、刘若曾、陆钟琦、熙元、邓维琪、孙鼎烈、豫泰、陈鸣秋、张澂、崇寿、欧阳熙、马步元、刘尔炘、傅世炜、熙瑛、曹树藩、段友兰、叶新第、薛启荣、朱锦、爱仁、刘奉璋、李传元、姚士璋、景方昶、余诚格、张鸿翊、孔繁昌、王祖同、徐德沅、薛宝辰、高枬、王尢、朱延薰、戚扬、张维彬、钟广、王继香、赵秉璋、冯端、林孝恂、吴嘉瑞、武玉润、唐右桢、刘元亮、孙廷翰、钱骏祥、希廉、李鹏飞、陈曾佑、宫耀月、梁銮藻、喻兆蕃、王埕、刘秉钧、宝丰、黄炳辰、程丰厚、萨嘉乐、劳肇光、温仲和、梁肇荣俱著改为翰林院庶吉士。

光绪十六年庚寅（1890）

四月，授一甲三人吴鲁为翰林院修撰，文廷式、吴荫培为编修。

五月，黄绍第、李立元、徐继孺、孟庆荣、何声灏、程秉钊、朱益藩、谢佩贤、王沛菜、任文灿、刘崇照、石振鋆、余堃、王敩成、李经畬、许晋祁、江云龙、载昌、潘宝琳、吴怀清、陈光宇、朱祥晖、王修植、王安澜、王以慜、杨家骧、朱景轼、汪凤梁、王庆平、杨承禧、蔡曾源、徐兆玮、刘成杰、夏之森、黄家杰、黄树菜、王公辅、洪嘉与、管象颐、王乃徵、王全纲、郑锡光、华俊声、夏寅官、于受庆、赵惟熙、启绥、吴煦、霍勤燡、李骥年、李孝先、夏曾佑、王景禧、杨捷三、宋瞻宸、韦履洁、孙百斛、王海涵、胡安铨、田庚、李晋熙、郑叔忱、范仲垚、黄曾源、陈启绪、陈宝璐、陆承宗、米毓瑞、何锡禔、刘树屏、张学华、吴庆祥、姚文倬、黄履初、方霖、叶文铨、邱聿徵、晁鸿年、俞明震、阎志廉、宋子联、孙筹经、王塾、高润生、郑文钦、崔广沅俱著改为翰林院庶吉士。

光绪十八年壬辰(1892)

四月,授一甲三人刘福姚为翰林院修撰,吴士鉴、陈伯陶为编修,恽毓嘉、张鹤龄、李云庆、周学铭、赵启霖、周景涛、宝熙、汪诒书、田智枚、屠寄、汤寿潜、伍铨萃、黄炳元、杜彤、范德权、汪洵、王良弼、赖鹤年、徐中铨、卢维庆、张元济、张瀛、胡继瑗、饶士端、陈希贤、谭启瑞、林国赓、李哲明、蔡元培、夏孙桐、吴家俊、翟化鹏、范家祚、朱家宝、叶尔恺、郎承谟、尹昌龄、刘可毅、刘润珩、李豫、赵国泰、丁昌燕、赵熙、衡瑞、王得庚、裕绂、方家澍、武延绪、周钧、沈文瀚、吴士武、赵士琛、王铭渊、蓝钰、池伯炜、王仁俊、延燮、傅增淯、高宝銮、郭曾准、姚晋圻、吴良棻、陈兆丰、顾瑗、王庆垣、孙多玢、龚心铭、周颂声、周云、连甲、李书翰、哈锐、杜翱、耆龄、胡鼎彝、陈树屏、贻谷、赵鼎仁、杜作航、俞鸿庆、高锡华、曾述棨、王殿甲、伍文琯、洪汝源、万云路、宋书升、陶福履、长绍、蒋式瑆、田宝蓉、安秉玠、杨介康、郝增祐、戴锡之俱著授为翰林院庶吉士。

光绪二十年甲午(1894)

二月,谕内阁:翰林为清华之选,必应遴拔真才。近来阅卷,拟取前列等第,逐渐加多,殊非慎重选择之道。嗣后殿廷各考试该阅卷大臣务当秉公校阅,详慎拟取。如有文字平常及疵累之卷,均不得滥置前列。以杜幸进。

四月,大考翰詹,升迁有差。

授一甲三人张謇为翰林院修撰,尹铭绶、郑沅为编修。

五月,吴筠孙、沈卫、李家驹、徐仁镜、朱启勋、吴庭芝、李翘芬、李组绅、饶芝祥、梁士诒、陆士奎、邹毅洪、刘廷琛、夏启瑜、汪一元、袁桐、于普源、冯恩昆、储英翰、李灼华、张其淦、王廷铖、关冕钧、林铖、姚舒密、景燨、黄秉湘、陈昭常、裴汝钦、郭育才、翁成琪、胡矩贤、江衡、沙元炳、张启藩、达寿、张琨、范溶、张琴、吴敬修、熊希龄、陈君耀、黎承礼、朱锡恩、王英冕、周绍昌、齐忠甲、张怀信、王会厘、谭文鸿、程友琦、王照、沈云沛、林炳章、洪锦标、蔡琛、夏树立、萧立炎、李清琦、叶大可、毓隆、孙鸣皋、陈德铭、余晋芳、谭绍裘、叶大年、梁文灿、沈鹏、吴式钊、张祥龄、桂坫、孙同康、尹春元、张林焱、王瑚、江春霖俱著改为翰林院庶吉士。

光绪二十一年乙未（1895）

四月，授一甲三人骆成骧为翰林院修撰，喻长霖、王龙文为编修。

五月，新进士萧荣爵、吴纬炳、傅维森、曹汝麟、林开謩、雷镇华、张继良、齐耀琳、赵炳麟、刘嘉琛、赵增琦、潘龄皋、李瑞清、刘燕翼、叶芾棠、彭树华、陈楠、胡思敬、谈国楫、罗长裿、谢馨、朱永观、刘汝骥、何莘耕、陈望林、聂延祜、吴钧、萧之葆、兴廉、尹庆举、戴展诚、涂福田、葛毓芝、成连增、龚心钊、李翰芬、于疏枚、赵鹤龄、胡峻、欧家廉、文林、金鉽、锡嘏、廖基钰、世荣、胡嗣芬、赵黻鸿、万本端、李景骧、张世培、雷以动、林玉铭、陈恩荣、陈翰声、章华、余炳文、秦锡圭、江蕴琛、李之钊、石长信、李于锴、杨锡霖、何业健、谢远涵、沈同芳、罗经权、林清照、锡铎、顾祖彭俱著改为翰林院庶吉士。

光绪二十四年戊戌（1898）

四月，授一甲三人夏同和为翰林院修撰，夏寿田、俞陛云为编修。李稷勋、陆懋勋、魏家骅、姜秉善、黄诰、傅增湘、孟锡珏、秦曾潞、叶在藻、何作猷、江志伊、潘鸿鼎、何元泰、施愚、荫桓、庄清吉、黄大埙、梁用弧、丁惟鲁、李福简、华焯、朱耀奎、吴震春、张鸿基、伍毓崧、于式棱、吴功溥、曾广嵩、李彝坤、何联恩、赵东阶、易子猷、江明源、凌福勋、何国澧、李端棨、管象晋、张鸣珂、崔肇琳、罗琛、邓邦述、蒋熊、张学智、周渤、云祥、魏鸿仪、蒋炳章、阿联志琮、陈骧、查秉钧、陈培锟、钟锡璜、章际治、张履春、文斌、黄彦鸿、董若洵、寿富、郭恩庚、陈汝康、潘昌煦、袁励准、饶叔光、鲁尔斌、计邓起枢、周维藩、牛东藩、谢绪璠、朱名炤、胡浚、蔡侗、邓曾觐、余宝菱、黄寿衮、范桂萼、高桂馨、龙焕纶、林东郊、陈海梅、王兰庭、冯绍唐俱著改为翰林院庶吉士。

光绪二十七年辛丑(1901)

十二月,谕:翰林院为储材之地,平日并无公事,从容清暇,正宜博通经济,期为有用之才,以备国家任使。著掌院学士将该衙门人员,督饬用功,于古今政治,中西艺学均应切实讲求。务令体用兼赅,通知时事,而无习气。限五个月后甄别一次,由该掌院学士严行考核,分别优劣,据实奏闻,毋稍徇隐。

光绪二十八年壬寅(1902)

五月,谕军机处:翰林院为储材之地,迁转皆循资格。且由学士可径升阁学,由侍读可径升学士,由编检可径升侍讲。读、讲可转京堂,编修可送御史,京察人数,保送年数,与各衙门相较。

光绪二十九年癸卯(1903)

五月,授一甲三人王寿彭为翰林院修撰,左霈、杨兆麟为编修,黎湛枝、胡嗣瑗、朱国桢、胡炳益、金兆丰、曹典初、徐谦、张恕琳、王大钧、范之杰、张濂、郭宗熙、李庆莱、杨渭、商衍瀛、张家骏、刘凤起、衷冀保、胡大勋、高毓泽、朱笃庆、陆鸿仪、郭则澐、郭立山、区大典、邵章、李坤、陈敬第、孙智敏、胡藻、郑家溉、史宝安、王鸿翔、周蕴良、彭世襄、张之照、陈善同、袁嘉谷、李效儒、汪昇远、刘焜、夏寿康、王震昌、李海光、赖际熙、顾承曾、陈云诰、陈树勋、龚元凯、蓝文锦、吴增甲、胡骏、朱寿朋、方履中、杨廷纶、于君彦、顾视高、温肃、华宗智、周杰、陈国华、张祖荫、路士桓、吴璆、杨思、水祖培、解荣辂、马君实、张书云、延昌、林步随、班吉本、周廷干、区大原俱著改为翰林院庶吉士。

十一月,于翰林院补设三品官满汉各一缺,升侍读学士为正四品,升侍读为正五品。增设侍读侍讲满汉各一缺,补设六品满汉各二缺。补设正三品官,拟定名为翰林院学士;正六品官,拟定名为翰林院撰文。

光绪三十年甲辰（1904）

五月，授一甲三人刘春霖为翰林院修撰，朱汝珍、商衍鎏为编修。张启后、林世焘、颜楷、麦鸿钧、贺维翰、黄瑞麒、徐潞、林志烜、庄陔兰、宋育德、杜严、张成栋、谷芝瑞、岑光樾、林乾、江孔殷、郭寿清、潘浩、王庆麟、谭延闿、叶先圻、杨毓泗、李翘燊、许承尧、唐尚光、吴德镇、高振霄、童锡恭、钱崇威、朱点衣、阎士璘、李湛田、李榘、徐钟恂、陈国华、景润、吴琨、程宗伊、钱淦、张成修、张琴、田明德、陈启辉、苏舆、张国溶、马荫荣、章祖申、朱元树、许业笏、竺礜祥、舒伟俊、毕太昌、程叔琳、雷恒、章梫、陆光熙、云书、李德鉴、梁善济、邢端、王慎贤俱改为翰林院庶吉士。

光绪三十一年乙巳（1905）

六月，出洋毕业学生金邦平、唐宝锷均著给予进士出身，赏给翰林院检讨。

七月，谕军机大臣等：翰林院奏酌筹经费，兴办实学一摺。翰林院为储才之地，所求实学，培植成材，实为当今要务。所需购置仪器等费，著各省督抚按照所请，酌定数目，逐年筹解，以资兴办。

光绪三十三年丁未（1907）

十二月，酌增秘书郎四缺为从六品，京察以六员计额，并专办讲习馆。由掌院学士择成绩最优者，每二年密保一次，备各部丞参之用，每次每部不得过二人。

光绪三十四年戊申（1908）

四月，廷试游学毕业生。进士章宗元、程明超均著授为翰林院编修，陆梦熊、王建祖均著授为翰林院检讨，嵇芩孙著改为翰林院庶吉士。

宣统元年己酉（1909）

五月,引见廷试游学毕业生。进士黄德章、陈振先、洪镕、程树德均著授为翰林院编修,虞铭新、朱献文、李盛铎、彭世俊均著授为翰林院检讨,王孝缜、张煜全、胡栋朝、顾琅均著改为翰林院庶吉士。

九月,会议政务处奏,遵议内阁侍读学士延昌奏请变通翰林旧制。

宣统二年庚戌(1910)

五月,引见廷试游学毕业生。进士项骧、林大闾、程鸿书、陈箓、唐有恒、刘钟华均著授为翰林院编修,林志琇、濮登青、颜惠庆、朱光焘、王焕文均著授为翰林院检讨,王兆枬、吴匡时均著改为翰林院庶吉士。

十一月,引见北洋大学堂毕业学生。冯熙敏、王正黼授为翰林院编修,王钧豪授为翰林院检讨,朱行中、王瓒、徐岳生、卢芳年、萧家麟、黄保传改为翰林院庶吉士。

宣统三年辛亥(1911)

五月,引见廷试游学毕业生。进士江古怀、何育杰、钟世铭、刘冕执、俞同奎、高胜儒、凌春鸿、吴乃琛、孙昌润、罗忠诒、刘国珍、刁作谦、陈祖良、梁赍奎、陈训昶、董如奉、林葆恒、叶可梁、朱天奎、韩楷均著授职翰林院编修,诸翔、王蔚文、谢培筠、季新益、罗听余、汪果、孙多钰、薛宜琪、崔潮、吴鼎昌、刘先骕、沈玊桢、方擎、刘庆绶、赵世瑄、廖炎、杨寿桐均著授职翰林院检讨,朱公钊、张嘉森、胡骧、黄曾铭、唐在贤、钟伟、薛楷、方时简、韩振华、江顺德、屠密、严恩棫、彭炳、张修敏、杨德森、朱葆勤、黄瀛元、席聘臣均著改为翰林院庶吉士。

参考文献

（按文献名称音序排列）

［清］朱彭寿撰：《安乐平康室随笔》，中华书局 1982 年版。

吴光正撰：《八仙故事系统考论》，中华书局 2006 年版。

党芳莉撰：《八仙信仰与文学研究》，黑龙江人民出版社 2006 年版。

［清］汪懋麟撰：《百尺梧桐阁集》，四库全书存目丛书本。

［清］吴省钦撰：《白华前稿、后稿》，续修四库全书本。

［清］梅曾亮撰：《柏枧山房文集》，上海古籍出版社 2005 年版。

［清］王懋竑撰：《白田草堂存稿》，四库全书存目丛书本。

［清］李澄中撰：《白云村文集》，四库全书存目丛书本。

［明］朱右撰：《白云稿》，影印文渊阁四库全书。

［清］齐召南撰：《宝纶堂诗钞》，续修四库全书本。

陈元锋：《北宋馆阁翰苑与诗坛研究》，中华书局 2005 年版。

［清］钱仪吉编：《碑传集》，周骏富辑《清代传记丛刊》本，（台）明文书局 1985 年印行。

［清］叶方宣、程奂若编：《本朝馆阁赋》，乾隆甲申（1764）冬新镌，困学斋藏板。

［清］周日琏编：《本朝馆阁赋后集》，乾隆戊子（1768）冬新镌，困学斋藏板。

［清］陶福履撰：《常谈》，丛书集成初编本。

［清］邵同珩、孙德祖增补重校：《长兴县志》，清同治十二年（1873）修，

光绪十八年(1892)刻本。

[清]郑珍撰:《巢经巢诗文集》,续修四库全书本。

[宋]赵升撰:《朝野类要》,影印文渊阁四库全书本。

[清]陈维崧撰:《陈维崧集》,陈振鹏标点、李学颖校补,上海古籍出版社2010年版。

[清]陈衍撰:《陈石遗集》,福建人民出版社2001年版。

[清]陈仪撰:《陈学士文集》,四库未收书辑刊本。

[清]张廷玉撰:《澄怀园文集》,四库全书存目丛书本。

[清]程恩泽撰:《程侍郎遗集》,续修四库全书本。

[清]王士禛撰:《池北偶谈》,中华书局1982年版。

《重修纬书集成》,河北人民出版社1994年版。

[清]鄂尔泰、张廷玉编:《词林典故》,傅璇琮、施纯德编:《翰学三书》(二),辽宁教育出版社2003年版。

[清]周长发撰:《赐书堂诗钞》,四库全书存目丛书本。

[清]吴德旋撰:《初月楼古文绪论》,吕璜述,人民文学出版社1959年版。

[明]孙承泽撰:《春明梦余录》,北京古籍出版社1992年版。

[宋]宋敏求撰:《春明退朝录》,影印文渊阁四库全书本。

[清]王昶撰:《春融堂集》,续修四库全书本。

[清]庞垲撰:《丛碧山房文集》,四库全书存目丛书补编本。

[清]法式善撰:《存素堂诗初集录存》,清嘉庆十二年(1807)王墉刻本。

[清]余廷灿撰:《存吾文稿》,续修四库全书本。

[清]储大文撰:《存研楼文集》,乾隆九年(1744)刻本。

[清]戴名世撰:《戴名世集》,中华书局1986年版。

[清]戴震撰:《戴震文集》,中华书局1980年版。

[清]徐乾学撰:《憺园文集》,四库全书存目丛书补编本。

[清]徐汝霖撰:《德星堂文集》,四库全书存目丛书本。

[清]阿克敦撰:《德荫堂文集》,续修四库全书本。

［清］于源撰:《镫窗琐话》,清道光丁未(1847)刊本。

［明］廖道南撰:《殿阁词林记》,影印文渊阁四库全书本。

［清］程祥栋编:《东湖草堂赋钞》,同治五年(1866)刊本,抱朴山房藏板。

［清］王先谦等撰:《东华续录》,续修四库全书本。

［宋］吕祖谦撰:《东莱集》,影印文渊阁四库全书本。

［明］陈鼎撰:《东林列传》,影印文渊阁四库全书本。

［清］邱嘉穗撰:《东山草堂迩言》,四库全书存目丛书本。

［清］邱嘉穗撰:《东山草堂文集》,四库全书存目丛书本。

［宋］魏泰撰:《东轩笔录》,影印文渊阁四库全书本。

［清］何绍基撰:《东洲草堂诗集》,曹旭校点,上海古籍出版社2006年版。

［清］黄钊撰:《读白华草堂诗初集》,续修四库全书本。

［清］王芑孙撰:《读赋卮言》,赋话广聚本。

［清］李恩绶编:《读骚阁赋存》,光绪庚寅(1890)金陵刻本。

［唐］杜甫撰:《杜诗详注》,仇兆鳌注,中华书局1979年版。

［清］姚莹撰:《东溟文集》,续修四库全书本。

［清］英和撰:《恩福堂笔记》,续修四库全书本。

［宋］程颢、程颐撰:《二程集》,中华书局1981年版。

［清］邵长衡编:《二家诗钞》,四库全书存目丛书补编本。

［清］方苞撰:《方苞集》,上海古籍出版社1983年版。

［清］方苞撰:《方望溪遗集》,黄山书社1990年版。

［清］王士禛撰:《分甘余话》,中华书局1989年版。

［清］顾汧撰:《凤池园诗集》,四库未收书辑刊本。

［清］翁方纲撰:《复初斋集外诗》,吴兴刘氏嘉业堂刊本。

［清］翁方纲撰:《复初斋集外文》,吴兴刘氏嘉业堂刊本。

［清］翁方纲撰:《复初斋诗集》,续修四库全书本。

［清］翁方纲撰:《复初斋文集》,续修四库全书本。

［清］李调元撰:《赋话》,赋话广聚本。

许结师:《赋体文学的文化阐释》,中华书局 2005 年版。

［清］徐光斗撰:《赋学仙丹·赋学秘诀》,清道光四年(1824)刻本。

［清］李元度编:《赋学正鹄》,光绪十一年(1885)文昌书局校刊。

［清］鲍桂星撰:《赋则》,赋话广聚本。

［清］唐绍祖撰:《改堂先生文钞》,四库全书存目丛书本。

［明］方凤撰:《改亭续稿》,续修四库全书本。

［清］计东撰:《改亭文集》,续修四库全书本。

［清］赵翼撰:《陔余丛考》,河北人民出版社 1990 年版。

［明］高拱撰:《高文襄公集》,四库全书存目丛书本。

［清］沈珩撰:《耿岩文钞》,四库全书存目丛书本。

［清］龚自珍撰:《龚自珍全集》,上海古籍出版社 1975 年版。

［明］李时勉撰:《古廉文集》,影印文渊阁四库全书本。

顾颉刚撰:《顾颉刚民俗学论集》,上海文艺出版社 1998 年版。

［清］李光地编:《古文精藻》,四库全书存目丛书本。

［清］蔡世远编:《古文雅正》,影印文渊阁四库全书本。

［清］徐乾学编:《古文渊鉴》,影印文渊阁四库全书本。

王国维撰:《观堂集林》,河北教育出版社 2001 年版。

［清］阮元纂:《广东通志》,道光二年(1821)刻本。

［清］屈大均撰:《广东文选》,四库禁毁书丛刊本。

［清］王念孙撰:《广雅疏证》,续修四库全书本。

［清］王嗣槐撰:《桂山堂文选》,四库未收书辑刊本。

［清］胡浚编:《国朝赋楷》,清乾隆刻本。

［清］江藩撰:《国朝汉学师承记》,三联书店 1998 年版。

［清］鄂尔泰、张廷玉等编:《国朝宫史》,北京古籍出版社 1994 年版。

［清］郑方坤撰:《国朝名家诗钞小传》,光绪丙戌(1886)盂夏万山草堂藏版。

［清］李桓撰:《国朝耆献类征初编》,清光绪甲申(1884)湘阴李氏刊本。

[清]魏茂林编:《国朝三十五科同馆诗赋解题》,清道光二十九年(1849)有不为斋刻本。

[清]杨际昌撰:《国朝诗话》,清诗话续编本,上海古籍出版社1983年版。

[清]黄爵滋撰:《国朝试律汇海》,清道光三年(1823)刊本。

[清]张维屏撰:《国朝诗人征略》,续修四库全书本。

章太炎:《国故论衡》,上海古籍出版社2003年版。

韩愈撰:《韩昌黎诗系年集释》,钱仲联集释,上海古籍出版社1984年版。

[清]郑梁撰:《寒村诗文选》,四库全书存目丛书本。

[明]黄佐撰:《翰林记》,傅璇琮、施纯德编:《翰学三书》(一),辽宁教育出版社2003年版。

[汉]班固撰:《汉书》,中华书局1962年版。

[明]杨尔曾撰:《韩湘子》,明代小说辑刊本,巴蜀书社1999年版。

[唐]陆贽撰:《翰苑集》,中华书局2006年版。

钱基博撰:《韩愈志》,中国书店据商务印书馆1935年版影印。

[清]吴鼎雯撰:《国朝翰詹源流编年》,清道光刻本。

[清]李集辑、李富孙等续辑:《鹤征录》,四库未收书辑刊本。

[清]裘琏撰:《横山文钞》,四库未收书辑刊本。

[南朝宋]范晔:《后汉书》,中华书局1973年版。

[清]洪亮吉撰:《洪亮吉集》,刘德权点校,中华书局2001年版。

[美]魏斐德:《洪业——清朝开国史》,陈苏镇、薄小莹等译,江苏人民出版社1995年版。

[清]卞宝第、李瀚章等修:《(光绪)湖南通志》,续修四库全书本。

[清]法式善撰:《槐厅载笔》,续修四库全书本。

[清]朱珪等编:《皇朝词林典故》,余来明、潘金英校点《翰林掌故五种》本,武汉大学出版社2009年版。

[清]黄培芳撰:《黄培芳诗话三种》,广东高等教育出版社1997年版。

[清]张廷玉等编:《皇清文颖》,故宫珍本丛刊本。

[清]董诰等编:《皇清文颖续编》,故宫珍本丛刊本。

[宋]黄震撰:《黄氏日钞》,影印文渊阁四库全书本。

[清]王步青撰:《己山先生文集》,四库全书存目丛书本。

[清]秦瀛撰:《己未词科录》,续修四库全书本。

[清]纪昀撰:《纪晓岚文集》,河北教育出版社1991年版。

[清]冯溥撰:《佳山堂诗集》,四库全书存目丛书本。

[清]魏裔介撰:《兼济堂文集》,中华书局2007年版。

章太炎:《检论》,《现代中国学术经典·章太炎卷》,河北教育出版社
1996年版。

[清]方象瑛撰:《健松斋集、续集》,四库全书存目丛书本。

[清]乔亿撰:《剑谿说诗》,清诗话续编本,上海古籍出版社1983年版。

[清]林联桂撰:《见星庐赋话》,赋话广聚本。

[清]林联桂撰:《见星庐馆阁诗话》,高凉耆旧遗集本。

江苏省地方志编纂委员会办公室编:《江苏省通志稿》,江苏古籍出版
社1989年版。

[清]王夫之撰:《姜斋文集》,续修四库全书本。

[清]徐乾学撰:《教习堂条约》,四库全书存目丛书本。

[清]方浚师撰:《蕉轩随录、续录》,中华书局1995年版。

[清]全祖望撰:《全祖望集汇校集注》,朱铸禹汇校集注,上海古籍出版
社1975年版。

王赓撰:《今传是楼诗话》,辽宁教育出版社2003年版。

[清]陈衍撰:《近代诗钞》,商务印书馆1935年版。

[元]脱脱等撰:《金史》,中华书局1975年版。

[清]王晫撰:《今世说》,续修四库全书本。

[唐]房玄龄等撰:《晋书》,中华书局1974年版。

[清]许承宣撰:《金台集》,四库未收书辑刊本。

[清]萧穆撰:《敬孚类稿》,黄山书社1992年版。

［清］高士奇撰：《经进文稿》，四库未收书辑刊本。

［清］胡敬撰：《敬修堂词赋课钞》，清同治刻本。

［宋］吴子良撰：《荆溪林下偶谈》，影印文渊阁四库全书本。

［清］查慎行撰：《敬业堂诗集》，上海古籍出版社 1986 年版。

［清］段玉裁撰：《经韵楼文集》，上海古籍出版社 2008 年版。

［清］朱彝尊撰：《静志居诗话》，人民文学出版社 1990 年版。

［清］朱彭寿撰：《旧典备征》，中华书局 1982 年版。

［明］周应宾撰：《旧京词林志》，四库全书存目丛书本。

［五代］刘昫等撰：《旧唐书》，中华书局 1975 年版。

中国第一历史档案馆整理：《康熙起居注》，中华书局 1984 年版。

［日］高津孝：《科举与诗艺——宋代文学与士人社会》，上海古籍出版社 2005 年版。

［清］魏裔介撰：《昆林小品》，四库全书存目丛书补编本。

岑仲勉撰：《郎官石柱题名新考订（外三种）》，中华书局 2004 年版。

［清］陈康祺撰：《郎潜纪闻初笔、续笔、三笔》，中华书局 1984 年版。

［清］陈康祺撰：《郎潜纪闻四笔》，中华书局 1990 年版。

［明］文林撰：《琅玡漫钞》，丛书集成新编本。

［清］延君寿撰：《老生常谈》，清诗话续编本，上海古籍出版社 1983 年版。

［明］俞汝楫等编：《礼部志稿》，林尧俞等纂修，影印文渊阁四库全书本。

［清］陆莱编：《历朝赋格》，四库全书存目丛书本。

［清］陈元龙编：《历代赋汇》，凤凰出版社 2004 年版。

［清］沈辰垣等编：《历代诗余》，影印文渊阁四库全书本。

［清］阮元撰：《两浙輶轩录》，浙江古籍出版社 2012 年版。

［元］脱脱等撰：《辽史》，中华书局 1974 年版。

［清］钱谦益撰：《列朝诗集小传》，上海古籍出版社 1983 年版。

［清］刘彬华编：《岭南群雅》，嘉庆十八年（1813）玉壶山房刻本。

［清］宋征舆撰:《林屋文稿》,四库全书存目丛书本。

［清］董讷撰:《柳村诗集》,四库全书存目丛书本。

［清］王应奎撰:《柳南随笔、续笔》,中华书局1983年版。

［唐］柳宗元撰:《柳宗元集》,中华书局1979年版。

［清］倪涛撰:《六艺之一录》,影印文渊阁四库全书本。

［清］梁佩兰撰:《六莹堂集》,四库全书存目丛书本。

［宋］曾巩撰:《隆平集》,影印文渊阁四库全书本。

［清］叶矫然撰:《龙性堂诗话初集》,清诗话续编本,上海古籍出版社1983年版。

余英时:《论戴震与章学诚》,三联书店2000年版。

［清］顾莼编:《律赋必以集》,清嘉庆二十五年(1820)菊坡精舍重刻本。

［清］顾鹓编:《律赋荟新》,清道光刻本。

［清］汤稼堂编:《律赋衡裁》,瀛经堂藏板。

［清］朱一飞撰:《律赋拣金录》,清乾隆刻本。

［清］萧应蘷、郑伯壎编:《律赋锦标集》,清嘉庆壬申刊本。

［清］阮亨编:《律赋经畬集》,道光己亥(1839)秋月新镌,扬州二酉堂藏板。

［清］顾嗣立撰:《闾丘诗集》,四库全书存目丛书本。

［清］钱泳撰:《履园丛话》,中华书局1979年版。

［清］祁寯藻撰:《馞欱亭诗集》,续修四库全书本。

［清］宋荦撰:《漫堂年谱》,续修四库全书。

［清］宋荦撰:《漫堂说诗》,清诗话本,上海古籍出版社1978年版。

［清］杨椿撰:《孟邻堂文钞》,续修四库全书本。

钱仲联撰:《梦苕庵诗话》,齐鲁书社1986年版。

［清］冯煦编:《蒙香室赋录》,光绪十一年(1885)刊。

［清］程晋芳撰:《勉行堂文集》,续修四库全书本。

［清］朱克敬撰:《暝庵二识》,艺秀山房丛书本。

［明］吕毖辑:《明朝小史》,四库禁毁书丛刊本。

陈书录：《明代诗文的演变》，江苏教育出版社 1996 年版。

[清]龙文彬撰：《明会要》，中华书局 1956 年版。

朱保炯、谢沛霖编：《明清进士题名碑录》，上海古籍出版社 1980 年版。

熊礼汇：《明清散文流派论》，武汉大学出版社 2003 年版。

[清]张廷玉等撰：《明史》，中华书局 1974 年版。

[清]陈田撰：《明诗纪事》，续修四库全书本。

[清]谷应泰撰：《明史纪事本末》，中华书局 1977 年版。

[清]傅维鳞撰：《明书》，畿辅丛书本。

[清]李绂撰：《穆堂初稿、别稿》，续修四库全书本。

[清]钱谦益撰：《牧斋有学集》，上海古籍出版社 1996 年版。

[明]倪谦撰：《倪文僖集》，影印文渊阁四库全书本。

[宋]陈骙撰：《南宋馆阁录》，中华书局 1998 年版。

[清]彭定求撰：《南畇文稿》，四库全书存目丛书本。

[清]赵翼撰：《瓯北集》，上海古籍出版社 1997 年版。

[宋]欧阳修撰：《欧阳修全集》，中华书局 2001 年版。

[清]陈廷敬等编：《佩文斋咏物诗》，影印文渊阁四库全书本。

[清]朱彝尊撰：《曝书亭全集》，吉林文史出版社 2009 年版。

[明]郎瑛撰：《七修类稿》，中华书局上海编辑所 1961 年版。

漆永祥：《乾嘉考据学研究》，中国社会科学出版社 1998 年版。

[清]钱大昕撰：《潜研堂集》，上海古籍出版社 1989 年版。

《钱仲联讲清诗》，《魏中林记录》，苏州大学出版社 2004 年版。

[清]允祹等编：《钦定大清会典》，影印文渊阁四库全书本。

[清]昆冈等修、刘启瑞等撰：《钦定大清会典事例》，续修四库全书本。

《钦定大清会典则例》，影印文渊阁四库全书本。

[清]文庆、李宗昉等编：《钦定国子监志》，北京古籍出版社 2000 年版。

[清]梁国治等纂：《国子监志》，影印文渊阁四库全书本。

[清]永瑢等编：《钦定历代职官表》，影印文渊阁四库全书本。

[清]于敏中等编：《日下旧闻考》，影印文渊阁四库全书本。

［清］方苞编:《四书文》,影印文渊阁四库全书本。

［清］素尔讷等撰:《钦定学政全书》,续修四库全书本。

［清］徐珂编:《清稗类钞》,中华书局 1985 年版。

《清朝文献通考》,商务印书馆 1936 年版。

［清］乾隆撰:《清高宗御制文集》,故宫珍本丛刊本。

张仲谋:《清代文化与浙派诗》,东方出版社 1997 年版。

陈祖武:《清初学术思辨录》,中国社会科学出版社 1992 年版。

乔晓军:《清代翰林传略》,陕西旅游出版社 2002 年版。

邸永君:《清代翰林院制度》,社会科学文献出版社 2002 年版。

彭林编:《清代经学与文化》,北京大学出版社 2005 年版。

商衍鎏:《清代科举考试述录及有关著作》,百花文艺出版社 2004 年版。

邸永君:《清代满蒙翰林群体研究》,黑龙江人民出版社 2005 年版。

詹杭伦撰:《清代律赋新论》,北京燕山出版社 2008 年版。

支伟成撰:《清代朴学大师列传》,岳麓书社 1986 年版。

张健:《清代诗学研究》,北京大学出版社 1999 年版。

钱实甫撰:《清代职官年表》,中华书局 1980 年版。

《清国史》,中华书局 1993 年影印嘉业堂抄本。

［清］邵长衡撰:《邵子湘全集》,四库全书存目丛书本。

［清］法式善撰:《清秘述闻》,中华书局 1982 年版。

张舜徽:《清人文集别录》,华中师大出版社 2004 年版。

［清］沈德潜编:《清诗别裁集》,上海古籍出版社 1984 年版。

邓之诚撰:《清诗纪事初编》,上海古籍出版社 1984 年版。

［清］赵尔巽等撰:《清史稿》,中华书局 1976 年版。

《清史列传》,王钟翰校注,中华书局 1987 年版。

刘世南:《清诗流派史》,人民文学出版社 2004 年版。

《清实录》,中华书局 1985、1986 年版。

严迪昌:《清诗史》,浙江古籍出版社 2002 年版。

王钟翰:《清史余论》,辽宁大学出版社2001年版。

[宋]吴处厚撰:《青箱杂记》,中华书局1985年版。

[清]张映斗撰:《秋水斋诗》,四库全书存目丛书本。

[清]彭定求等编:《全唐诗》,上海古籍出版社1986年版。

[清]徐倬编:《全唐诗录》,影印文渊阁四库全书本。

[清]董诰等编:《全唐文》,中华书局1983年版。

[清]张之洞撰:《劝学篇》,张文襄公全集本。

[宋]章如愚编:《群书考索续集》,影印文渊阁四库全书本。

[清]顾炎武撰:《日知录集释》,黄汝成集释,上海古籍出版社2006年版。

[清]于敏中等纂:《日下旧闻考》,北京古籍出版社1985年版。

[清]李光地撰:《榕村语录》,中华书局1995年版。

[宋]洪迈撰:《容斋随笔》,上海古籍出版社1978年版。

[清]朱克敬撰:《儒林琐记》,抱秀山房丛书本。

[宋]黄庭坚撰:《山谷诗集注》,任渊注,上海古籍出版社2003年版。

[清]汪师韩撰:《上湖文编》,续修四库全书本。

[清]林昌彝撰:《射鹰楼诗话》,上海古籍出版社1988年版。

[清]沈德潜撰:《沈德潜诗文集》,潘务正、李言编辑点校,人民文学出版社2011年版。

[宋]郑起潜撰:《声律关键》,宛委别藏本。

王小舒:《神韵诗学论稿》,广西师范大学出版社2001年版。

[清]康熙撰:《圣祖仁皇帝圣训》,影印文渊阁四库全书本。

[清]康熙撰:《圣祖仁皇帝御制文集、二集、三集、四集》,影印文渊阁四库全书本。

[清]龙顾山人撰:《十朝诗乘》,卞孝萱、姚松点校,福建人民出版社2000年版。

[清]史申义撰:《使滇集》,四库未收书辑刊本。

(港)邝健行:《诗赋与律调》,中华书局1994年版。

［清］邓汉仪撰：《诗观》，四库禁毁书丛刊本。

［宋］叶梦得撰：《石林燕语》，中华书局1984年版。

［汉］司马迁撰：《史记》，中华书局1959年版。

［清］汪廷珍撰：《实事求是斋遗稿》，清道光二十九年（1849）扬州刻本。

［清］陈衍撰：《石遗室诗话》，人民文学出版社2004年版。

［清］王士禛编：《十种唐诗选》，四库全书存目丛书本。

［唐］张彦远撰：《法书要录》，人民美术出版社1964年版。

［明］叶盛撰：《水东日记》，中华书局1980年版。

［宋］叶适撰：《水心集》，影印文渊阁四库全书本。

启功等：《说八股》，中华书局2000年版。

［清］朱筠撰：《笥河文集》，续修四库全书本。

［清］永瑢等撰：《四库全书总目》，中华书局1981年影印本。

司马朝君：《四库全书总目研究》，社会科学文献出版社2004年版。

余嘉锡：《四库提要辨证》，中华书局1974年版。

［宋］谢伋撰：《四六谈麈》，影印文渊阁四库全书本。

［清］傅维鳞撰：《四思堂文集》，四库全书存目丛书本。

［清］彭孙遹撰：《松桂堂全集》，影印文渊阁四库全书本。

［清］汪由敦撰：《松泉集》，影印文渊阁四库全书本。

［清］惠栋撰：《松崖文钞》，续修四库全书本。

［元］脱脱等撰：《宋史》，中华书局1977年版。

［梁］沈约撰：《宋书》，中华书局1974年版。

王友胜：《苏诗研究史稿》，中华书局2010年版。

［宋］苏轼撰：《苏轼诗集》，中华书局1982年版。

［宋］苏轼撰：《苏轼文集》，中华书局1986年版。

四川大学中文系唐宋文学研究室编：《苏轼资料汇编》，中华书局1994年版。

［清］潘耒撰：《遂初堂文集》，续修四库全书本。

［宋］张戒撰：《岁寒堂诗话》，历代诗话续编本。

[清]高士奇撰:《随辇集》,四库未收书辑刊本。

[清]袁枚撰:《随园诗话》,江苏古籍出版社2000年版。

钱锺书:《谈艺录》,中华书局1984年版。

[清]杨恩寿撰:《坦园赋录》,长沙杨氏坦园藏板。

毛蕾:《唐代翰林学士》,社会科学文献出版社2000年版。

李福长:《唐代学士与文人政治》,齐鲁书社2005年版。

傅璇琮:《唐翰林学士传论》,辽海出版社2005年版。

[宋]王溥撰:《唐会要》,中华书局1955年版。

[唐]李林甫等撰:《唐六典》,中华书局1992年版。

[清]沈德潜编:《唐诗别裁集》,中华书局1975年版。

[清]高士奇编:《唐诗掞藻》,四库全书存目丛书本。

[清]储欣编:《唐宋十大家全集录》,光绪壬午年(1882)江苏书局刻本。

[清]梁诗正等编:《唐宋诗醇》,影印文渊阁四库全书本。

齐治平:《唐宋诗之争概述》,岳麓书社1984年版。

莫砺锋:《唐宋诗歌论集》,凤凰出版社2007年版。

[清]允禄等编:《唐宋文醇》,影印文渊阁四库全书本。

傅璇琮:《唐宋文史论丛及其他》,大象出版社2004年版。

[日]池田温:《唐研究论文选集》,中国社会科学院出版社1999年版。

[清]法式善撰:《陶庐杂录》,中华书局1959年版。

[清]张锦芳撰:《逃虚阁诗钞》,光绪甲申(1884)孟秋龙江张氏重刊本。

[明]艾南英撰:《天傭子集》,清道光年间刊本。

[清]张维屏撰:《听松庐诗钞》,嘉庆十八年(1813)刻本。

[清]福格撰:《听雨丛谈》,中华书局1988年版。

孟醒仁:《桐城派三祖年谱》,安徽大学出版社2002年版。

[唐]杜佑撰:《通典》,中华书局1988年版。

[清]法式善编:《同馆赋钞》,清光绪十六年(1880)刻本。

[清]王家相编:《同馆赋钞》,清刻小字本。

[清]钱载撰:《萚石斋诗集 萚石斋文集》,丁小明整理,上海古籍出版

社 2012 年版。

[清]吕留良撰:《吕晚村先生论文汇钞》,历代文话本。

[明]沈德符撰:《万历野获编》,中华书局 1959 年版。

徐世昌编:《晚晴簃诗话》,华东师范大学 2009 年版。

[清]王士禛撰:《王士禛全集》,袁世硕主编,齐鲁书社 2007 年版。

黄河:《王士禛与清初诗歌思想》,天津人民出版社 2002 年版。

王水照:《王水照自选集》,上海教育出版社 2000 年版。

[清]王熙撰:《王文靖公集》,四库全书存目丛书本。

蒋寅撰:《王渔洋事迹征略》,人民文学出版社 2001 年版。

蒋寅:《王渔洋与康熙诗坛》,中国社会科学出版社 2001 年版。

[清]吴乔撰:《围炉诗话》,清诗话续编本,上海古籍出版社 1983 年版。

周积明:《文化视野下的四库全书总目》,中国青年出版社 2001 年版。

[明]孙承恩撰:《文简集》,影印文渊阁四库全书本。

[清]李宗昉撰:《文妙香室文集》,清道光十五年(1835)刻本。

[清]章学诚撰:《文史通义》,中华书局 2000 年版。

[明]徐师曾编:《文体明辩》,四库全书存目丛书本。

[梁]萧统编:《文选》,中华书局 1986 年版。

王立群:《文选成书研究》,商务印书馆 2005 年版。

[明]宋濂撰:《文宪集》,影印文渊阁四库全书本。

[元]马端临撰:《文献通考》,中华书局 1986 年版。

沈津撰:《翁方纲年谱》,台北中央研究院中国文哲研究所 2002 年版。

[清]《翁氏家事略记》,翁方纲原稿,英和校订,清道光吉林英和刻本。

(光绪)《吴川县志》,中国地方志集成本。

[清]吴梅村撰:《吴梅村全集》,上海古籍出版社 1990 年版。

[清]法式善撰:《梧门诗话合校》,张寅彭、强迪艺校,凤凰出版社 2005
年版。

[清]黄之隽撰:《唐堂集》,四库全书存目丛书本。

[清]陈廷敬撰:《午亭文编》,影印文渊阁四库全书本。

[清]陈廷敬撰:《午亭集》,四库全书存目丛书补编本。

[清]宋荦撰:《西陂类稿》,影印文渊阁四库全书本。

[清]毛奇龄撰:《西河合集》,清嘉庆元年(1796)萧山陆凝瑞堂补刊印本。

[清]姚鼐撰:《惜抱先生尺牍》,丛书集成续编本。

[清]姚鼐撰:《惜抱轩诗文集》,上海古籍出版社1992年版。

[清]姚鼐撰:《惜抱轩诗集训纂》,姚永朴训纂,黄山书社2001年版。

[清]王鸣盛撰:《西庄始存稿》,续修四库全书本。

[清]冯士履编:《先君子太史公年谱》,北京图书馆馆藏珍本年谱丛刊本。

[五代]杜光庭撰:《仙传拾遗》,太平广记本,中华书局1961年版。

[清]田明曜修、陈澧纂:《香山县志》,续修四库全书本。

[清]钱陈群撰:《香树斋文集》,四库未收书辑刊本。

[清]王士禛撰:《香祖笔记》,上海古籍出版社1982年版。

[清]冯敏昌撰:《小罗浮草堂诗钞》,佩弦斋藏板,嘉庆十四年(1809)刻本。

[清]王时翔撰:《小山文稿》,四库全书存目丛书本。

[清]林昌彝撰:《小石渠阁文集》,续修四库全书本。

[清]昭梿撰:《啸亭杂录、续录》,中华书局1980年版。

[清]邹汉勋撰:《斅艺斋诗存》,续修四库全书本。

故宫博物院编:《新刻癸丑科翰林馆课》,故宫珍本丛刊本,海南出版社2000年版。

《新刻韩仙宝传》,清同治十一年(1872)刻本。

[宋]欧阳修、宋祁等撰:《新唐书》,中华书局1975年版。

王英志:《性灵派研究》,辽宁大学出版社1998年版。

《绣像全图湘子传》,重庆熙南书社刻本。

[宋]苏易简撰:《续翰林志》,傅璇琮、施纯德编:《翰学三书》(一),辽宁教育出版社2003年版。

［宋］李焘撰:《续资治通鉴长编》,中华书局 1992 年版。

［清］马传庚编:《选注六朝唐赋》,光绪丙子(1876)刻本。

尚小明:《学人游幕与清代学术》,社会科学文献出版社 1999 年版。

［清］施闰章撰:《学余堂文集》,影印文渊阁四库全书本。

陆宗达、王宁:《训诂与训诂学》,山西教育出版社 1994 年版。

［清］吴翌凤撰:《逊志斋杂钞》,清光绪刻槐庐丛书本。

［清］严熊撰:《严白云诗集》,四库未收书辑刊本。

［清］黄叔琳撰:《砚北杂录》,四库全书存目丛书本。

［清］阮元撰:《研经室文集、二集》,上海古籍出版社 1993 年版。

［清］张穆撰:《阎潜邱先生年谱》,北京图书馆馆藏珍本年谱丛刊本。

［清］严虞惇撰:《严太朴先生集》,四库未收书辑刊本。

［清］惠周惕撰:《砚溪先生集》,续修四库全书本。

［清］吴振棫撰:《养吉斋丛录》,中华书局 2005 年版。

［清］赵翼撰:《檐曝杂记》,中华书局 1982 年版。

王达敏:《姚鼐与乾嘉学派》,学苑出版社 2007 年版。

［清］姚鼐撰:《姚惜抱先生家书》,民国二十六年(1937)倪道杰石印本。

［清］郑福照撰:《姚惜抱先生年谱》,清同治七年(1868)刻本。

［清］叶方蔼撰:《叶文敏公集》,续修四库全书本。

［明］沈鲤撰:《亦玉堂稿》,影印文渊阁四库全书本。

［清］沈廷芳撰:《隐拙斋集》,四库全书存目丛书补编本。

［清］高敏编:《瀛奎玉律赋钞》,道光庚寅(1830)刻本。

中国第一历史档案馆编:《雍正朝汉文朱批奏折汇编》,江苏古籍出版社 1991 年版。

［清］韩菼撰:《有怀堂文稿》,四库全书存目丛书本。

［清］田肇丽撰:《有怀堂文集》,四库全书存目丛书本。

［五代］段成式撰:《酉阳杂俎》,唐五代笔记小说大观本,上海古籍出版社 2000 年版。

［清］朱鹤龄撰:《愚庵小集》,上海古籍出版社 1979 年版。

［清］安致远撰：《玉砣集》，四库全书存目丛书本。

［宋］沈作喆撰：《寓简》，影印文渊阁四库全书本。

［宋］周必大撰：《玉堂类稿》，庐陵周益国文忠公集本，清道光二十八年（1848）刊本。

［清］陈邦彦编：《御定历代题画诗类》，影印文渊阁四库全书本。

［清］张豫章等编：《御选四朝诗》，影印文渊阁四库全书本。

［清］乾隆撰：《御制文集》，故宫珍本丛刊本。

［清］王士禛撰：《渔洋精华录集释》，李毓芙、牟通、李茂肃整理，上海古籍出版社1999年版。

［清］王士禛撰：《渔洋诗话》，清诗话本，上海古籍出版社1978年版。

［宋］黄庭坚撰：《豫章黄先生文集》，四部丛刊本。

［清］姚范撰：《援鹑堂笔记》，清道光姚莹刻本。

［明］袁宏道撰：《袁宏道集校笺》，钱伯城校笺，上海古籍出版社1981年版。

［清］袁枚撰，王英志主编：《袁枚全集》，江苏古籍出版社1993年版。

［明］宋濂等撰：《元史》，中华书局1976年版。

［清］顾嗣立编：《元诗选》，中华书局1987年版。

［清］黄与坚撰：《愿学斋文集》，《清代诗文集汇编》本。

［清］黄玉阶辑：《粤东三子诗钞》，清道光二十二年（1842）广州刻本。

［清］盛大士辑：《粤东七子诗》，清道光二年（1822）刻本。

曲向邦撰：《粤东诗话》，诵清芬室铅字本。

［清］李慈铭撰：《越缦堂读书记》，辽宁教育出版社2001年版。

［清］李慈铭撰：《越缦堂日记补》，民国二十五年（1936）影印本。

［清］杜诏撰：《云川阁集》，四库全书存目丛书本。

［清］曾国藩撰：《曾国藩全集》，岳麓书社1994年版。

［清］曾国藩撰：《曾国藩诗文集》，王澧华校点，上海古籍出版社2005年版。

［清］余丙照编：《增注赋学指南》，赋话广聚本。

［清］姜宸英撰：《湛园札记》，影印文渊阁四库全书本。

［清］王嵩儒撰：《掌故拾零》，近代中国史料丛刊本。

［清］陈祖言撰：《张说年谱》，香港中文大学出版社 1984 年版。。

章太炎：《章太炎全集（四）》，上海人民出版社 1985 年版。

［清］张玉书撰：《张文贞集》，影印文渊阁四库全书本。

［清］章学诚撰：《章学诚遗书》，文物出版社 1958 年版。

［清］方东树撰：《昭昧詹言》，人民文学出版社 1961 年版。

［清］梁章钜撰：《制艺丛话》，上海书店 2001 年版。

［清］李调元撰：《制义科琐谈》，续修四库全书本。

［清］朱珪撰：《知足斋诗集》，续修四库全书本。

［汉］《周礼注疏》，郑玄注、唐贾公彦疏，十三经注疏本。

周勋初：《周勋初文集》，江苏古籍出版社 2001 年版。

［清］姚莹撰：《中复堂全集》，续修四库全书本。

卿希泰：《中国道教》，东方出版社 1994 年版。

许结师：《中国赋学历史与批评》，江苏教育出版社 2001 年版。

杨果：《中国翰林制度研究》，武汉大学出版社 1996 年版。

钱穆：《中国近三百年学术史》，商务印书馆 1997 年版。

徐复观：《中国思想史论集续编》，上海书店 2004 年版。

萧华荣：《中国诗学思想史》，华东师范大学出版社 1996 年版。

郭绍虞：《中国文学批评史》，百花文艺出版社 1999 年版。

鲁迅：《中国小说史略》，上海古籍出版社 1998 年版。

赵景深：《中国小说丛考》，齐鲁书社 1980 年版。

［清］徐葆光撰：《中山传信录》，续修四库全书本。

马自力：《中唐文人之社会角色与文学活动》，中国社会科学出版社 2005 年版。

姚名达：《朱筠年谱》，商务印书馆 1933 年版。

［宋］黎靖德编：《朱子语类》，中华书局 1986 年版。

［清］屠倬编：《紫阳书院课余选》，清道光四年（1824）潜园刻本。

中国第一历史档案馆编:《纂修四库全书档案》,上海古籍出版社1997年版。

[清]罗人琮撰:《最古园二编》,四库全书存目丛书本。

[清]汪廷珍撰:《作赋例言》,逊敏堂丛书本。

后　记

　　本书是在我的博士论文基础上修改而成的。回思博士毕业至今已经整整八年，而自确定这个选题也已十年，十年的时间可以做很多事情，我仅仅完成这本不成系统的小书，每念及此，不觉热汗涔涔。

　　十年前，翰林院与文学关系的研究正成为热门。这个选题不仅要求研究者有坚实的文学修养，还需扎实的史学功底，我本不具备这些条件，但出于挑战自我之想，还是不畏艰难，确定以清代顺治朝至嘉庆朝翰林院与文学研究为博士论文选题。业师许结教授对于我的愚钝无知给予了最大限度的宽容，在他的精心指导下，论文如期完成。答辩时，南京师范大学文学院陈书录教授、程杰教授，南京大学文学院莫砺锋教授、张伯伟教授、程章灿教授多所鼓励，并提出了宝贵的修改意见。毕业后，我又将这一选题的时段延长到整个清代，并申请国家社科基金项目且得以立项。这些年来，大量精力就用在这个课题上。南京大学古代文学专业学风朴实，强调问题意识，我从入学的第一天起，耳濡目染的都是这一学风。若说这本小书还有值得称道的地方，则应归功于各位老师的谆谆教诲。

　　十四年前，在跨进新世纪的同时，我也跨进南京大学的校门开始我的求学之路。许结师并未嫌弃我的出身和资质，欣然纳我于弟子之列。先生经历坎坷，对我这个乡下来客抱有理解之同情，为我量身定制独特的教育方式。在许师身边的每一天都值得怀念：我至今还记得和许师去南图看书时所乘公交突然冒烟的情形，登紫金山时误入农家庭院被一条身躯庞大的狼狗扑上身的场景；仍记得烟雨里游览夫子庙，春光中漫步秦淮河的美好时

光。受他的感召，我这个生性悲观的人也逐渐开朗起来。在许师身边硕博六年，亲炙先生的教诲，感受先生的人格魅力，我不仅学到诸多知识，性格上也有了巨大的变化。毕业后，许师仍常常关心我的生活、工作和学术研究情况，在我不如意时，先生总是耐心地开导我，帮我调整心态，让我重新步入生活的正轨。对于许师的恩情，学生不能报答于万一，实在愧恨之至！

我是个幸运的人，不仅遇到好老师，还遇到诸多体贴下情的领导和无话不谈的朋友。安徽师范大学文学院前任院长胡传志教授、现任院长丁放教授、副院长储泰松教授、王昊教授等给予我各方面的关心和帮助，本书在出版经费不足时，诸位领导多方协调，帮我渡过难关，令我感激莫名！虽然待遇不是太好，但这里却有着非常和谐的人际关系。平时酒桌上的阔谈和长江边的闲聊，让我感受到了浓浓的温情。

尽管过了十多年，我仍不会忘记在南京大学中文系资料室内，高我一届的学长张晖鼓励我考博的情景。去年他寄来的新著《中国"诗史"传统》我迟至两三个月才收到，我发了条短信感谢他并告知情况时，他回复说："呵呵，太慢了！"没想到这几个字竟然是他在人间留给我的最后的纪念！师弟李新宇本拟研究清代馆阁赋，后因行动不便难以广泛查阅资料而另选他题，当他得知我做这个题目时，慷慨地将已经搜集到的资料转赠于我。不幸的是去年七月他因病猝然辞世，留下了难以抹灭的遗憾……

本书的校对，研究生宋永祥襄助颇多；如果没有责任编辑陈寒节先生的鼎力相助，拙著的出版可能会还要拖延一段时间，在此一并表示感谢！本书的大部分章节经修改后发表在《文学遗产》、《中华文史论丛》、《安徽师范大学学报》等刊物上，对以上杂志和编辑致以最诚挚的谢意！由于笔者水平有限，这本小书尚有诸多不足乃至错误之处，敬请批评指正！

潘务正

2014.5